教师培训丛书·说课、备课、评课系列

丛书主编　祝智庭　闫寒冰

如何说课

编著　方贤忠

华东师范大学出版社
上海

图书在版编目(CIP)数据

如何说课/方贤忠编著. —上海:华东师范大学出版社,
2008.1
 ISBN 978-7-5617-5810-6

Ⅰ.如… Ⅱ.方… Ⅲ.课堂教学—教学研究 Ⅳ.G424.21

中国版本图书馆 CIP 数据核字(2008)第 004537 号

教师培训丛书·说课、备课、评课系列

如何说课

编　　著	方贤忠
策划编辑	周志凤
文字编辑	周志凤
责任校对	邵　冰
封面设计	黄惠敏
版式设计	蒋　克

出版发行	华东师范大学出版社
社　　址	上海市中山北路 3663 号　邮编 200062
网　　址	www.ecnupress.com.cn
电　　话	021-60821666　行政传真 021-62572105
客服电话	021-62865537　门市(邮购)电话 021-62869887
地　　址	上海市中山北路 3663 号华东师范大学校内先锋路口
网　　店	http://hdsdcbs.tmall.com
印 刷 者	宜兴市德胜印刷有限公司
开　　本	787 毫米×1092 毫米　1/16
印　　张	19
字　　数	542 千字
版　　次	2008 年 3 月第 1 版
印　　次	2024 年 1 月第 22 次
印　　数	64101-67200
书　　号	ISBN 978-7-5617-5810-6
定　　价	50.00 元

出 版 人　王　焰

(如本版图书有印订质量问题,请寄回本社市场部调换或电话 021-62865537 联系)

目 录

总 序 ·· 1
前 言 ·· 1

说课总论

1. 关于说课 ·· 1
   1.1 认识说课 ·· 1
   1.2 说课的特点 ·· 1
   1.3 说课的局限性 ·· 2
   1.4 说课的意义 ·· 2
   1.5 说课的原则 ·· 4
2. 说课内容 ·· 6
   2.1 说教材 ·· 6
   2.2 说学生 ·· 9
   2.3 说教法手段 ·· 11
   2.4 说教学程序 ·· 12
3. 说课模式 ·· 16
   3.1 传统说课模式 ·· 16
   3.2 改进型说课模式 ·· 17
4. 说课策略 ·· 19
   4.1 理论运用策略 ·· 19
   4.2 程序设计策略 ·· 21
   4.3 情感策略 ·· 23
   4.4 语言艺术策略 ·· 24
5. 说课方法 ·· 24
   5.1 说课的准备方法 ·· 24
   5.2 说课过程中的方法 ·· 26
   5.3 说课的表达方法 ·· 26
6. 说课类型 ·· 27
   6.1 教学研究型说课 ·· 27
   6.2 等级评比型说课 ·· 28
   6.3 典型示范型说课 ·· 29
   6.4 组内随机型说课 ·· 30
   6.5 群体展示型说课 ·· 30
   6.6 小组互动型说课 ·· 30
   6.7 拓展型说课 ·· 31

7. 说课艺术(一) 33
- 7.1 说课是一门艺术 34
- 7.2 说课艺术的优化 35

8. 说课艺术(二) 38
- 8.1 说教学目标的艺术 39
- 8.2 说教学重点、难点的艺术 40
- 8.3 说教材教法的艺术 43
- 8.4 说教学程序过程的艺术 46
- 8.5 说板书设计的艺术 47
- 8.6 说多媒体应用的艺术 49

9. 说课的评价 52
- 9.1 说课评价的基本认识 52
- 9.2 说课评价的原则 53
- 9.3 说课评价的功能 54
- 9.4 说课评价的内容 55
- 9.5 说课标准的把握与评价表设计 59
- 9.6 说课评价的管理 63

10. 说课与教学研究 64
- 10.1 说课与备课 64
- 10.2 说课与上课 65
- 10.3 说课与评课 65
- 10.4 听——说——评课活动 65
- 10.5 说课与教研活动 68
- 10.6 说课与校本培训 70

11. 说课与教师专业发展 74
- 11.1 说课的价值取向与教师专业知识结构 74
- 11.2 说课促进教师专业发展的三个维度 77

12. 说课与教师教育理论素养 82
- 12.1 说课教师的教育观念 82
- 12.2 说课教师的基本教学理论 85

学科说课分论

导 言 89
- 1. 关于学科特点 89
- 2. 关于学科课改新理念 90
- 3. 关于学科备课 90
- 4. 关于学科说课 90

语文学科 91
- 1. 语文学科特点 91
- 2. 语文学科课改新理念 92
- 3. 语文说课特点 94
- 4. 语文备课 96

5. 语文说课内容 …………………………………………………… 98
数学学科 …………………………………………………………………… 104
　　1. 数学学科特点 …………………………………………………… 104
　　2. 数学学科课改新理念 …………………………………………… 105
　　3. 数学备课 ………………………………………………………… 107
　　4. 数学说课关注点 ………………………………………………… 110
英语学科 …………………………………………………………………… 113
　　1. 语言的基本特点 ………………………………………………… 113
　　2. 英语新课程标准 ………………………………………………… 115
　　3. 英语说课策略 …………………………………………………… 117
思想(政治)品德学科 ……………………………………………………… 124
　　1. 思想(政治)品德学科特点 ……………………………………… 124
　　2. 思想(政治)品德学科课改新理念 ……………………………… 126
　　3. 思想(政治)品德学科备课与说课 ……………………………… 128
历史学科 …………………………………………………………………… 133
　　1. 历史学科特点 …………………………………………………… 133
　　2. 历史学科课改新理念 …………………………………………… 134
　　3. 历史学科备课与说课 …………………………………………… 135
　　4. 历史学科说课 …………………………………………………… 137
地理学科 …………………………………………………………………… 143
　　1. 地理学科特点 …………………………………………………… 143
　　2. 地理学科课改新理念 …………………………………………… 144
　　3. 地理学科说课的构思 …………………………………………… 144
　　4. 地理学科备课与说课 …………………………………………… 150
物理学科 …………………………………………………………………… 155
　　1. 物理学科特点 …………………………………………………… 155
　　2. 物理学科课改新理念 …………………………………………… 157
　　3. 物理学科说课特点 ……………………………………………… 159
　　4. 物理学科备课与说课 …………………………………………… 160
化学学科 …………………………………………………………………… 166
　　1. 化学学科特点与课改新理念 …………………………………… 166
　　2. 化学学科备课 …………………………………………………… 168
　　3. 化学学科说课的特点和策略 …………………………………… 169
科学学科 …………………………………………………………………… 174
　　1. 科学学科特点 …………………………………………………… 174
　　2. 科学学科课改新理念 …………………………………………… 176
　　3. 科学说课内容的案例分析 ……………………………………… 178
　　4. 科学学科说课的关注点 ………………………………………… 184
信息技术学科 ……………………………………………………………… 185
　　1. 信息技术学科特点 ……………………………………………… 186
　　2. 信息技术学科课改新理念 ……………………………………… 189
　　3. 信息技术学科说课特点 ………………………………………… 190

4. 信息技术学科备课与说课 ……………………………………………… 196
　5. 信息技术学科说课与上课 ……………………………………………… 198
　6. 基于认知学徒制的个性化说课研习 …………………………………… 200
美术学科 …………………………………………………………………………… 201
　1. 美术学科特点 …………………………………………………………… 201
　2. 美术学科课改新理念 …………………………………………………… 202
　3. 美术学科说课 …………………………………………………………… 205
幼儿教育 …………………………………………………………………………… 211
　1. 幼儿园《学习活动》课程的主要特点 ………………………………… 211
　2. 幼儿园《学习活动》课程新理念 ……………………………………… 212
　3. 幼儿园《学习活动》课程的构思 ……………………………………… 214
　4. 幼儿园《学习活动》课程的说课 ……………………………………… 216

说课案例

案例1　中学语文《母亲这样的女人》说课	224
案例2　小学语文《田忌赛马》说课	229
案例3　中学数学《集合及集合的表示》说课	231
案例4　小学数学《长方体表面积》说课	235
案例5　中学英语《Spring Festival》说课	238
案例6　小学英语《Book 2A Unit6 Christmas》说课	243
案例7　中学政治《关注我们的人文环境》说课	247
案例8　中学政治《投资理财与规避风险》说课	250
案例9　中学历史《三大发明的进步与传播》说课	252
案例10　中学地理《经纬线知识的运用——制作简易经纬网地球仪》说课	257
案例11　中学物理《简谐运动》说课	260
案例12　中学化学《分子和原子》说课	263
案例13　中学科学《纯碱与胆矾》说课	266
案例14　中学信息技术《让板报变得图文并茂》说课	272
案例15　小学信息技术《彩色世界》说课	276
案例16　中学生物《植物的蒸腾作用》说课	279
案例17　小学美术《会摇摆的玩具》说课	284
案例18　幼儿故事活动"好主意"(大班)说课	287

总　　序

　　教师在所有教育教学改革中的关键作用毋庸置疑。正因为如此,各种各样旨在提升教师素质的教育理论、教师教育培养(培训)项目不断地被摆到中小学教师面前,令人感到颇有"地毯式轰炸"之势。然而有许多事实证明,如此那般的努力往往收效甚微:不堪教学压力的一线教师,又多了一重"消化"理念、知识的压力。即使教师们有心学习、追求发展,但外在的知识、理念却总让他们感到无法亲近,付诸实践更显困难。终于,在反思这样一种尴尬状况的过程中,教师教育界逐渐意识到,教师教育的基本方向需要改变:从以传输新知识、新理念为主向着力培养教师的实践智慧倾斜。

　　对于一线中小学教师而言,这应该是一种福音。然而,难题又接踵而至:实践智慧如何培养?如果我们沿袭原来的教学习性,仅仅告诉教师实践智慧的重要性、实践智慧的概念、原则等一堆关于实践智慧的"理论",那么我们依然没有走出"知识传输"的怪圈,对教师成长的帮助也许还将收效甚微。更何况,当代教师已不习惯于"应该如此如此"的对话方式。因此,如何促进教师关于实践智慧的思考,而不是以"先知先觉"的姿态为他们提供一大堆应然性的理论,是帮助教师理解和发展实践智慧的关键所在。

　　教育理论研究者、教师教育研究者和实践者的作为空间究竟在哪里?可能需要重视这样两个层面:首先,丰富关注点,即在深化理论研究的同时,直面现实,深入教育实践,发现理论与实践的结合点;其次,推敲表达方式,以一线教师易于接受的话语系统,呈现理论与实践的关系方式,展示理论对实践的启发和实践对理论的印证。

　　作为以教师教育,尤其是在职中小学教师专业成长为重要服务领域的华东师范大学网络教育学院,在多年的实践中一直在鼓励这样一种取向,也见证了一些成功的尝试。为了进一步扶持这样一种努力和取向,让更多的一线教师获益,我们精心挑选了在远程教育实践中取得良好效果的课程,鼓励主讲教师进一步丰富成专门的教材。这些教师在主持网络课程时,收集了大量来自一线的案例与资源,这些课程生成性资源为这些书增添了生命力。我们希望这套"华东师范大学网络教育学院教师培训丛书"能实现如下两个基本功能:

　　一是呈现实践智慧。丛书作者均与中小学教学一线有着密切的联系:或者长期关注中小学教学实践,或者曾经从事中小学教学实践,或者目前依然耕耘于中小学教学一线。积极开展教育理论学习、研究的同时扎根于实践的信念和行为,使他们养成了对中小学教学实践的特别敏感性。一个"平常"的教学细节、场景有着怎样的丰富意义?关于某个教学策略、原则或理念,在实践层面该如何落实?这样一些对于一线教师喜闻乐见的问题,丛书作者通常都有着独到的见解和丰富的经验。可以说,丛书里展示的正是弥足珍贵的实践智慧。

　　二是引发实践智慧。实践智慧有着鲜明的个体性、情境性,呈现的实践智慧并不一定能在教学实践现场原封不动地再现。但在旁观和思考这些呈现出来的实践智慧的过程中,我们能感悟到实践智慧的意义,发现教育教学实践现场的丰富性和创造空间。领域不同、话题多样的丛书,看似"散乱",但这也正是我们的用意之一:以事实说明,实践智慧的施展空间无处不在。我们提供的只是部分思考点,更多的切入点有待一线教师去挖掘。

　　辅助教师将教育学和学科教学中的"理论知识"与从现实的教育活动中产生的"实践智慧"相结合,使他们能够在教育现场发挥出最大的能量,这是我们的愿望和努力方向。但愿这套具有理论与实践"中介"性的丛书,能使一线教师获得真切的"实惠"。

  在总结远程教师教育成功经验和推出相应精品资源之余,华东师范大学网络教育学院也致力于开辟教师培训新天地,譬如,教师远程研修基地的建立和发展,面对面体验式培训项目的开发……种种努力都是为了推动教师教育研究与实践领域的发展。欢迎各位读者经常访问我们的教师远程研修网:http://jsjy.dec.ecnu.edu.cn,我们期待着向您展示更多的课程,与您分享更多的经验与思考。

祝智庭
2007年11月

前　　言

　　我们正处在改革开放的时代,基础教育领域以新课程的构建与实施为重要标志的改革方兴未艾,新课改把教师专业发展提到了一个前所未有的高度,以校为本的教研活动和研修活动正如火如荼地实践着。

　　教师研修活动的高质量进行,需要专家引领、同伴合作、彼此互动以及实践探究。其中以实践为本的教师专业发展:备课、说课、听课、评课活动以及开展教学反思,撰写教学叙事、教学案例、课例等,正在中小学广泛开展。经常走进基础教育的教育专家也指出:"实践"也是教师专业发展活动中关注的焦点和实际上最有效的学习机制的核心。

　　说课,作为新颖的中小学教研活动形式,正在有力地改变着教师备课的思维方式,正在生成全新的彼此间的话语系统。说课植根于课堂,基于群体的合作;发端于理性,侧重于过程,也许这就是说课能生存与发展的意义所在,它在改变教师教学实践行为上的功效,也是其他研究活动无法取代的。2006年华东师大网络教育学院将"如何说课、评课"纳入了网络培训通识类课程,采用专家引领下的互动合作探究形式,取得良好培训效果,受到学员的广泛欢迎。

　　《如何说课》一书,以本人编著的《备课、说课、听课、评课研究》为理论基础,以网络培训中学员们的作业为基本素材,全面深入对"说课"作系统论述。努力遵循理论与实践相结合、说理性与通俗性相结合、中观与微观相结合的原则,以提高它的可读性与应用性。

　　全书包括总论与分论两大部分:总论部分,用系统思维架构纲目,列出十多个章节,用大量各类案例解读相关内容的"是什么"、"为什么"和"怎么样";分论部分以学科为独立单元,论证与分析各学科特点与学科教学个性下的说课,对一线教师所写的说课好案例与问题案例作具体点评。

　　本书呈现如下特点:一是在综合归纳近年来有关说课研究与实践成果的同时,对说课内涵与外延又作了开创性研究与探讨;二是加强理论与实践的结合度,引入大量的说课中的各类各学段的案例,进行"夹叙夹议";三是将中小学各主要学科说课作为分论,以增加学科教师的可学性,使之"总"、"分"结合,"宏观"、"中观"与"微观"尽量有所兼顾。此外,为了帮助幼儿教师开展说课活动,在分论中增加了幼儿教育说课的论述,并配以较为详细的案例,以提高幼儿园教师的说课能力。

　　上述三个特点都指向如下一个宗旨——让中小学一线教师深入理解说课内涵与外延,全面掌握说课策略与方法,努力使它在促进中小学教师在专业成长与发展中,成为"悦读"的参考书、"选读"的工具书和专题研究的"指导书"。

　　在华东师大网络教育学院闫寒冰博士的策划与指导下,全书由我主持编写,先提出编写思路与提纲,接着确定总论与分论侧重点和结构组成,由参与华东师大网络通识课程学科指导教师为主体组成编写小组,然后分工执笔撰稿,最后由我对全书作修改统稿。

　　全书各部分执笔者如下:说课总论:方贤忠;语文学科:董凌云、张蓉、贾贝;数学学科:王桂华;英语学科:董亚男;政治学科:钱毓琴;历史学科:王亚娟;地理学科:张焱;物理学科:汪卫平、杨鸣华;化学学科:李军;科学学科:朱越;信息技术学科:刘霞;美术学科:林军;幼儿教育:沈琴芳。其中学科分论导言由方贤忠撰写。各学科说课案例收集与评析均由上述相关学科教师承担。华东师范大学出版社责任编辑周志凤在编写中也给予全程指导;在编写中我们参阅借鉴了不少专家学者的研究成果,采集了包括上海市南汇区中小学骨干教师在内的一线教师说课案例,在此一并表示感谢! 我衷心地希望本书的出版,能得到教育研究者和广大教师的关注与指教。由于本人水平有限,加上时间仓促,疏漏与不足之处,在所难免,敬祈专家、同行批评指正。

方贤忠

2007 年 9 月

说 课 总 论

1. 关于说课

"说课"是教学改革中涌现出来的新生事物,是进行教学研究、教学交流与探讨的一种教学研究形式。说课是教师备课基础上的理性思考,它有利于提高教师的理论素养和驾驭教材的能力,也有利于提高教师个人在同伴之间的语言表达能力,因而受到教师与教育研究者的广泛重视,登上了教育研究的大雅之堂。

1.1 认识说课

说课是在教师备课的基础上,授课教师对同行教师或教育行政领导,系统地谈自己的教学设计及其理论依据,然后由听者评说,达到相互交流、共同提高的目的。

说课教师主要说明教什么、怎么教、怎么做、为什么这样教、为什么这样做。它能集中而简明地反映教师的教育理念、教学技能与教学风格;能较好地反映教师的教学智慧,架通了备课、上课与评课之间的有机关系;使教师的教学实践能上升到一定的理性层面,解决教学与研究、实践与理论脱节的矛盾,是一项基于学校、面向教师、服务实践的教学活动。

说课基本要素构成如下:
(1) 理念——以教学理论为指导,解读教学行为、表达教学行为的理论依据;
(2) 主体——教师(包括说者与听者);
(3) 客体——所教的课程与教材;
(4) 中介——以语言表达为主,配以文字、图像或实物演示;
(5) 形式——个体阐述,群体评析、研讨。

说课形成的背景性要素:一是理论。科学的教育理论即新课改理论以及学科课程标准;二是教案。从教案中的教什么、怎么教为基础,构思"为什么这样教、这样做",指出理论依据。

狭义的说课是指教师以口头表达的方式,将某节课的教学设计作理性化论述和实践过程的说明。广义的说课由教案、说稿、口头表达以及听者的评价等构成。从说课的时间段来看,说课还可以安排在讲课之后进行,这种说课能够把教师的课后反思、修正也纳入其中。从说课的环境上看,广义的说课,也可集备中的说、说中的评、评中的研、研中的学于一体,成了新教改中集体大备课的一种重要形式。

1.2 说课的特点

说课改变了教师个人写教案或集体备课议教案之后即进入课堂授课的传统模式;说课使教师

的教学构思从隐性思维走向显性思维,从静态思维走向动态思维,从个体独立劳动走向群体合作劳动。

1.2.1 理论性与科学性

教师在备课中,虽然对教材作了一些分析与处理,但这种分析和处理往往比较肤浅、感性。说课是教师写教案基础的再提高,要求教师从新课程理念上审视教材,这就有可能发现备课中的疏漏与不足,进而修改授课方案。从这个意义上说,它能帮助教师更深入地解读教材、研究教材。

另外,说课的准备过程也是优化教学设计的过程。说课的核心要点是"说出为什么这样教",而不仅是教什么、怎么教的问题。这样就迫使教师去学习教学理论,从高位上去构思自己的教学设计,从理性上去解析将要发生的教学过程。教师为了说课,必须先有教案,再从教案转换成说稿,最后在同伴中进行讲演,这又是提高教师写作能力与语言表达能力的过程。

1.2.2 交流性与示范性

说课是教师与教师之间双向的备课交流活动,它符合现代教育所倡导的合作学习理念。无论是同行,还是教研人员在评议说课中,都能通过切磋教艺、交流教学经验获益,尤其对说课的教师是最实在、最贴切的指导。

说课是新颖的教研活动,能带给教师更多的理性思考的各种说课活动都具有一定的示范性。青年教师的教学评优活动、名师的说课带教活动和教学专题研究中的说课活动,其示范与辐射性则更为明显。

1.2.3 简易性与操作性

说课不受时间、空间与人数的限制,备课组内2～3人,用20～30分钟时间,便可以在教师办公室里完成。作为日常教研活动的说课,说课教师一般应在10～15分钟内完成,然后由同伴共同评析。可见说课具有较强的参与合作性,能很好地解决教学与教研、理论与实践相脱节的矛盾。

1.3 说课的局限性

上课之前,教师必须做好充分准备,通过头脑中的构思形成上课的书面计划,这就是教案。对教案作理性思考,说出理论依据、构思的缘由、讲清道理就是说课。无论是教案还是说课,都是课前预设、预想的。教案与说课都是提高课堂实际教学质量的手段,而不是目的。

可见,说课的局限性就表现在看不到教师临场发挥,看不到随堂的随机应变的教学机智,看不到学生掌握知识形成能力的实践效果。此外,预想的理性构思和具体的教学方案,还要靠科学有效的组织教学,才能使教与学达到和谐状态。其次,在具体实施过程中,也确实存在说得好,但教得不好,或者教得好而说得不好的现象。这就需要在开展教学系列化过程性研究中,不能简单和孤立地看待教师说课的好坏,要把说课评价与课堂教学评价结合起来。

1.4 说课的意义

1.4.1 说课开辟了教学研究的新领域

教学既是一种认知过程,也是一种情感过程。教学论尤其教学过程论的学者们,曾经对教学过程的阶段、环节和步骤,有过很多提法。凯洛夫主编的《教育学》把教学分为六个阶段,后来又扩充为八个阶段。著名的美国教育学家杜威提出"创设情境、引起动机、确定问题、研究步骤、总结评价"五步教学说。我国现代教育学中则分为七个步骤：①启发学生的积极性是教学过程的条件；②提供学生必要的感性认识；③使学生形成概念，掌握规律；④巩固学生的知识；⑤形成学生的技能与技巧；⑥指导学生在实践中应用知识；⑦对学生知识技能和技巧的检查。这些教学论中的阶段性、过程性显然是集中回答如何进行教学、如何授课的问题，对教师的指导意义在于"怎样教"。

尽管教学过程论的研究中，强调了认知的阶段性与规律性，指出了教学过程的情感因素、情感活动与情感结果，还指出了认知与情感的关系，作为中小学的授课教师往往还是会机械地套用相关理论，沿用传统的教学法中的课堂教学环节，进行各学科的教案设计。许多教师又根据自己的经验与学科特点设计出各不相同的教学过程与环节。以集中研究"怎样教"的思路来设计教案，往往会忽视"教的原理"、"教的依据"，难以从"为什么这样教"的理性构思中去解决过程设计。

传统备课在书写教案时仅仅是以构思与预设"如何教"来框定一个基本的格式，而忽视了学生能力的培养、情感的提升与教学中的生成。

(1) 教学目标——机械地照搬教参中的目标或沿用他人设定的目标或凭经验设定目标；只书写目标"是什么"，少思考"为什么"。

(2) 教学重点与难点——以内容定重点，凭经验定难点，少思考重、难点的相关性，没有集中思考突出重点、化解难点的有效策略，教案中只要写明重点、难点是什么就可。

(3) 教学过程(教学步骤)——以教师为中心，以知识体系为顺序，以传递、习得为基本方法设计教学过程。缺少思维深化、拓展，缺乏师生互动与合作，缺乏知识重构与生成。

说课是一项原创性的教育科研活动，起源于20世纪80年代的中国——它是教学预案的理性化，是改传统的经验备课为理性备课的一项变革。说课将教学实践中客观存在的某些因素，通过不断探索总结概括出来，成为介于备课与上课之间的一个相对独立的教学活动的阶段与环节。现在说课已深入教师教学活动系列之中，它开辟了教学研究的新领域。

1.4.2 说课有利于新课改背景下教师的专业成长与发展

新课程背景下教师的专业成长与发展的基本特点是基于教育实践，在实现观念更新的同时，开展丰富多彩的教育实践活动，提供促进教师专业发展的关键事件。相对于教师个人靠长期摸索与积累而成的经验，以说课、评课为重要形式的"经验移植与整合"——研究和借鉴具体而鲜活地存在于身边的他人(专家)——则显得更为便捷。

教师专业发展的标志性基点是教育学科知识、教育技能知识和教育实践知识及不断发展丰富的"如何教"的知识和能力。长期以来，许多教师在进入课堂前仅仅通过备课(从个人备课到群体备课)这一环节，将"施工的操作"作为主题与话题，而很少涉及"理性思考"与"理论依据"，教师关注的是彼此之间"狭隘的经验"。当教师的教学实践活动，注入了说理层面——说课、感悟层面——反思、微格层面——案例等活动，就能不断在"深思"与"探究"中，实现观念更新和文化再造，进而形成一种教学研讨的气氛，促进教学与研究结合，理论与实践结合；起着以"虚"带"实"、以"理"统"行"、共同提高的作用。

新课改背景下，以校本研修活动为重要标志的教师学习文化正在兴起，教师的教学方式、研究方式以及专业发展方式都在经历着一场深刻的变革。说课作为教师教学研究活动中理性思考与新话语交流的平台，显然是新时期教师学习文化的重要"构件"。

从具体方面说，说课能够展现教师备课中的思维过程；能够展现教师对课程标准、教材、教参的理解把握；能够展现教师对现代教育理论、先进教育经验的理解水平。

说课是学校教师个体与众多听者群体之间相互学习、相互交流的好形式，是通过平等参与在理性层面和操作层面上形成自我培训的机制。青年教师通过说课，加强理性思维，深入剖析教材，构思课堂教学结构,可以迅速提高自己的备课能力;再通过老教师的点评,还可以将上课时可能会造成的失误、偏差消灭在"萌芽"状态。

1.4.3 说课有利于教师个体与群体的综合评价

对教师教学效果的评价一般通过听课和学生成绩来获得,而教师教学的过程性评价则要从备课开始,然后是听课、评课和教师对学生的作业指导、批改等程序,但由于时间与空间上的限制一般难以全程进行。然而说课由于时间短,又不需要学生,不受场地的限制,能弥补时间与空间的不足,在短时间内,能有更多的人参与,提高了评价效率。通过说课活动,选拔优秀教师开公开课、研究课,要比只看教案来选拔更全面更科学,因为说课更能反映教师的教学思路、教学原理的运用,口头表达能力也能充分显示出来。

说课活动不但是说课教师个人的独立表演,还是听说者共同参与的内容具体的贴近教学实际的教研活动。"说"发挥了说课者的作用,"评议"又使教师群体智慧得以发挥。说课者要努力寻求先进的教育教学理论指导,把自己的才智展示在大家面前,评议者要努力寻求说课教师的特色与经验的理论依据,自觉地进行换位思考。说评双方围绕着同一课题,各抒己见,交流互动,相互启发,各有所得,优势互补。这不仅锻炼了参与说课评课者的教学评价能力,更促使教师在理论与实践的结合上有所提高。说课是考评教师专业知识、分析教材能力、设计教学能力、教学技能和教育理论素养的有效手段。由于说课不受教学进度、学生、场地、教学媒体等条件的限制,简便易行,节省时间,经济实用,能为教学业务竞赛和考评教师提供依据,因而各地选聘教师、评定教师职称时往往优选说课。说课没有僵化的模式,其内容不必包罗万象,应有所侧重,详略得当。

1.4.4 说课有利于教学管理人员与教研员的素质提高

如果不开展说课活动,备课就完全是教师的个体行为,而教案只有在被检查时才会"公布于众"。说课中,要将教学设计作口头介绍,还有更高的要求是要说出"课的结构"和"为什么这样做"的道理、原理。这就要求管理者或教研员除了要加强对教师说课的能力培训外,自己首先要对课程标准、教材、教参、教育理论、心理理论等有深入的研究,要对课堂教学的原理和策略、课程教材改革的精神十分熟悉,只有这样,才能有声有色、扎扎实实地开展说课活动。

1.5 说课的原则

根据说课的宗旨和特点,尤其我们将说课纳入教学实践研究的系列活动之中所积累的经验,说课正日渐成为教师专业发展、提升课堂教学理论层次的一条简捷而有效的途径。说课自然要和其他教学研究活动一样,必须遵循一定的原则指导。说课的"原则指导",既包括"教学原则",又包括"教案编写及其说明"所要遵循的原则。

根据李秉德主编的《教学论》,教学原则应包括如下九条:教学整体性原则、启发创造原则、理论联系实际原则、有序性原则、师生协同原则、因材施教原则、积累与熟练原则、反馈调节原则和教学最优化原则。[①]

参照教学原则,结合说课特点与属性,说课的原则可归纳为如下几方面。

1.5.1 科学性原则

科学性原则是若干基本教学原则的归纳,它应成为保证说课质量的前提和基础。说课活动要

---

① 李秉德主编:《教学论》,人民教育出版社1999年9月版,第80—90页

在正确的轨道上运行,其基本要求如下:

(1) 教材分析与处理正确、透彻

说课中,教师要全面理解教材,不仅要从具体环节上弄清弄懂各知识点的内涵和外延;做到准确无误,更要在宏观上确定本节、本课教材在本学科、本年级的地位与作用,把握知识体系、教材编写思路及重点、难点。

(2) 学情分析客观、准确、符合实际

说课中,教师应从学生的知识基础、生活经验、基础能力以及心理特点等几方面作出分析,并将其作为所采用的教学对策的依据。

(3) 教学目标符合新课标要求,经处理的教学内容符合学生实际

新课程理念指导下的三维目标,在各学科具体目标中均有更为贴切的表述。说课中,要将本学科的总目标,分解成本年级、本单元的教学分目标,并能说出目标分解与构成的依据。

(4) 教学设计紧扣教学目标,有利于学生思维发展,可行性强

教学设计主要包括教学程序设计、教学形式方法的设计以及教学手段的有效应用。要充分体现手段为目的服务,方法为内容服务,过程始终围绕目标的实现服务。此外,重点的强调与落实,难点的破解与解决也应有所交代。

1.5.2 理论联系实际原则

说课是课前的构思和设想,是教学与研究相结合的一种活动。说课不但要说清其构想的理论与实际两方面的依据,还要将新课改理念、教育教学理论与具体的教学方法步骤联系起来,做到理论与实际的高度统一。

(1) 说课要有理论依据

说课内容中的教材分析与教材处理,不能以教师个人经验为出发点,而要以本学科的基础理论、课程标准以及编写者的意图作为说教材的指导。对学情的分析主要以教育学、心理学为指导;对教学策略、教学方法的设计,应以教学论、教学过程论以及本学科的教学方法为指导,力求说得有理有据。

(2) 教学过程设计要有理论高度

教学过程的程序与阶段,体现了学生认识过程与心理活动的变化,是师生的信息加工处理、情感交流与经验分享的过程。因此,说课中的教学过程设计不应该只是机械的"做什么","怎么做"的回答,而应上升到理性高度,使之系统化、规律化。

(3) 理论与实际要高度统一

课堂教学是学科化的具体教学行为,每一项做法和手段均有相应的理性思考。说课时,只要说出直接理由与缘由就可,要避用空谈理论,脱离现实,更要避免为增加理论色彩而张冠李戴,理论与实际不一致、不吻合。

说课重在说理,要做到理论依据可靠、可信,理论与实际结合有力,理论与实际运用创新。

1.5.3 实效性原则

实效性是说课的宗旨与目的决定的。任何教学研究活动的开展,都有其鲜明的目的。在备课与上课之间增加一项"说课"活动,目的是提高教师教学行为的理论层次,加强教学理论与教学实践的结合,并以此作为教师团队研修活动的重要形式。为了保证每次说课活动能收到好的效果,应做到如下几点。

(1) 明确目标

每次说课都应有明确的目标指向,大体上,说课有着包括检查、研究、评价、示范等各种单项与

多项要求。检查式说课应按照说课常规要求,在备课组或教研组内进行;研究性说课,要以一个专题研究的主题作指导,并配以相应的专题评价项目;评价式说课,主要用于教学评比、竞赛活动,要用有量化指标的评价表评分,以提高区分度;示范性说课,要侧重对说课教师的特长和教学优势作出评价,以提高示范与辐射作用。

(2) 精心组织

任何说课都不是个人行为,而是集体协作、互动交流的群体行为。大型的说课内容,要有一份实施方案,明确目的要求,拟定过程方法、制订评价量表以及组织相应的评价活动。班组内的说课活动,组织者要事先定出计划、布置任务,作出分工,安排日程和活动时间。各种说课活动都应留下相应的文本资料。

(3) 评说准确

说课之后的评议分析是发挥说课功能与作用不可缺失的重要环节。评价者要围绕本次说课的目的要求,从教学理念、教学思想、教学能力进行评析,尤其要突出重点,对倾向性、普遍性问题作深入评说。主持者还应该将已达成的共识和仍然存在的分歧予以归纳,以便在教学中贯彻执行或今后再作进一步研究。

1.5.4 创新性原则

说课本身就是一种新颖的教学活动,是构思的显性化,课前理性思维的交流。说课人方面要充分发挥个人的特长与教学风格;评说者方面要善于发现说课人的创新之处,用自己成功的经验对说课人予以"支援"。说课借助同行、专家与评说众人共同研究的良好机会,扬己之长,取人之长,补己之短,不断提高理性认识,提高教学设计能力。

思考题

1. 说课重在说理,说为什么这样教。对此,有的教师认为:"说理",就是从教育理论书上搬几句理论;"说依据",就是从课程标准中找一些论述就可以了。你认为是这样吗?为什么?

2. "关于说课"一节中对传统备课、写教案提出了三个弊端,结合你撰写的教案,你认为教案撰写如何适应新课?改进型教案应该增加什么项目与内容?新型教案转换成说课是否会创造更有利的条件?

3. 从说课的四点意义中你是否领会到说课的教育价值?结合"说课的局限性"你认为应当用怎样的辩证观来看待说课?

2. 说课内容

在说课开始之前,应当先做自我介绍,再报出课题以及本课题是哪个年级使用的哪个版本的教材,在教材中哪章、哪节、哪课时。整个说课将分为如下几个部分。

2.1 说教材

说教材,就是要全面正确地理解教材,达到两个目的:一是确定学习内容的范围与深度,明确"教什么";二是揭示学习内容中各项知识与技能的相互关系,为设计教学顺序定基础,知道"如何教"。

2.1.1 教材的地位与作用

在认真阅读教材的基础上,向听课的教师介绍这部分教学内容是在学生学了哪部分知识基础上进行的,是前面所学哪些知识的延伸与应用,又是后面哪些知识的基础,它在整个知识体系中处在什么地位。

[案例2-1]

《春》一课收录在上海H版语文六年级第二学期第三单元中。这一朗读单元,要求学生了解一些熟读与背诵的方法,通过反复朗读,达到熟读成诵的目的。我上的是课文《春》的第二课时,是课文的重点部分。朱自清先生用清新细腻的笔触,极其生动细致地描绘了春天最常见的草、花、风、雨,抒发了对春天由衷的喜爱和赞美之情。

第二单元学生刚学过运用符号圈划、感受词句的阅读方法,因而能够较好地体会到这篇课文中用词的准确、生动,描写景物的委婉与细致。这就能向"圈划词句并对其表达句意与文章中心的作用提出问题、解决问题"的阅读方法的过渡。另一方面,也可以让学生认识到只有细致的观察、积累生动丰富的词句,才能把生活中常见的景物写得形象生动,并以此帮助学生提高写作水平。

[案例2-2]

初中地理《南极洲》一章教材的地位与作用的说课:

本章教材是初中《世界地理》分区中的重要组成部分,是前几章的继续和深入。南极洲虽然是人类发现最晚的大陆,但它具有原始、独特的自然环境和自然资源,是人类进行科研的理想场所。因此,具有很高的科研价值和经济价值。从学生认识世界、面向未来考虑,南极洲一章具有重要的意义。

[案例2-3]

高中数学《集合与集合的表示》教材的地位与作用的说课:

集合是近代数学最基本的概念之一,很多重要的数学分支都建立在集合论的基础上。因此,中学阶段学习一些集合初步知识显得十分重要。九年制义务教育教材中对集合概念已有所渗透,还引入了不等式的解集等概念,故而集合作为高一年级第一学期数学教材第一章,学习是有基础的。通过集合初步知识的学习,一方面可以使学生对初等数学中的一些基本概念理解得更深刻,表达得更明确;另一方面,也可为参阅一般科技读物和学习后继内容准备必要条件。因此集合对知识点的链接起到了承上启下的作用。

教材是课程的载体,能否准确而深刻地理解教材,高屋建瓴地驾驭教材,教师首先要弄清该教材编写的意图或知识结构体系。上述《春》的案例,将"教与学"之间的最基本要求作了说明与分析;《南极洲》的案例,突出了"南极洲"教材的独特地位与作用;《集合》案例重点分析了该教材与前后知识的关联,指出集合知识的"链接"与"承上启下"的作用。

2.1.2 提出本课题教学目标

教学目标的介绍主要解决两个问题:一是阐述目标确定的依据,如课标要求、教育理论与教学经验中的依据等;二是要将目标细化。课时目标越具体、越有条理,说明备课越充分。要从认识、理解、掌握、应用四个层次上分析教学目标。教学目标要从思想目标、知识目标、能力(或技能)目标、个性发展目标等几方面加以说明。

这部分要集中说明:以教材内容为依据,以本学科课程总目标为指导,并结合学生实际来确定本节课的教学目标或任务。课时目标是本课时结束阶段要达到的具体化的教学标准。课时目标越明确、越具体,反映执教者认识越充分,教法设计安排越合理。分析教学目标也要从知识与技能、过程与方法、情感态度与价值观三个方面加以说明。

[案例2-4]

山东省荣城市第二实验中学宋修花在撰写初中语文《最后一课》说课稿中对教学目标作了如下表述。

上课前,我先请学生预习文章,提出本文他们已经知道了些什么,还想知道些什么,并拟订出来,这样,综合学生的意见,依据新课程标准的要求,再结合本单元的教学重点和本课的特点,我最终确定以下教学目标。

(1) 把握小说的情节结构,从分析人物形象入手,培养学生准确把握小说主题的能力。

(2) 品味语言,揣摩人物的心理。

(3) 感悟小说所表现的强烈的爱国主义精神,激发学生的爱国情感,培养他们对汉语的热爱之情。

这三个目标的设置符合学生的认知规律,即整体感受——局部思维——迁移拓展,根据本单元的教学目标、学习重点,并结合初一学生的学习实际,确定目标(1)、目标(2)为本节课的教学重点。初一学生的理解能力有限,生活阅历贫乏,再加上时代背景久远,因此,我把热爱祖国语言是一种爱国的理解作为本节课的教学重点。

[案例2—5]

初中地理"南极洲"一章的教学目标。

(1) 认知目标:地理位置,冰雪高原,丰富的矿产和海洋生物资源,我国科学考察站。

(2) 能力目标:①培养运用极地地图判别方向的能力;②理解气候特点与成因,培养学生综合分析地理环境特征、评价地理环境的能力。

(3) 情感目标:①通过对各国南极洲科学考察站的了解进而懂得人类对南极洲的利用只限于和平目的;②培养学生热爱科学、不畏艰难、勇于探索的精神,激发爱国主义热情,增强学生的环境意识。

从上述例子中,我们似乎发现,他们在表达教学目标上有些不同,一种告诉别人我这堂课教学目标是什么,另一种是从"我为什么要确定如下的目标"说起,然后列出教学目标。

从说课基本性质与特点上看,"说教材"中的"教学目标"的提出,应该遵循如下的思路进行:一要尽量以学科课程标准的总目标的设定为指导,结合本章节教学要求来说"教学目标",指出它被如此确定的依据;二要按知识与技能,过程与方法,情感、态度、价值观三个维度具体分解本节课的教学目标,切勿将本学科目标或本章的教学目标取代本节课的具体目标;三要用"学生学到什么、获得什么、悟出什么"的角度来表达,不能用"教师教什么、怎么教"来表达;四要有相应的量化指标,尤其在知识点的掌握上。

总之,说课中的"教学目标"不是简单地将备课教案中的文字表达迁移过来,而应当对"目标"的确立与分解作必要的说明。

2.1.3 分析教材编写意图、结构特点以及重点、难点

上海二期课改教材系列中有一本供教师使用的教学参考资料,资料中列出"基本理念"、"整体内容框架"等专题,阐述编者对本学科、本年级教学内容的编排意图,每个单元(一组材料)又具体指出本单元的编写意图。教师在准备说课的过程中,要详细阅读,深入理解,以此作为分析教材的指导思想和依据。

例如,上海高一语文新课程的基本理念是:以课程标准"工具性与人文性统一"的原则,"开发语言潜能,提高语文素养"和"增强文化积淀,提高文化品位"两者并重。高中一年级阅读部分侧重于理解与感悟。每学期阅读部分均分为六个单元。《沁园春·长沙》是以"生命体验"为主题的第一篇,要求领悟诗人以天下为己任的胸怀,体会字里行间的豪情壮志,理解作品情境交融的表现手法,感受凝练、豪放的语言风格。而该单元目的在于对学生进行生命教育,让学生通过课文的学习理解生命的意义,培养热爱生命的意识,初步建立积极向上的生命观,从而形成正确的人生观。

"说课"中的"重点与难点"的说法与教案中的"重点和难点"的文字表达不同。前者应当强调"这些难点与重点"是在怎样的背景下被确定的,点明难点与重点的破解方法;后者则只要写明所教的教材其难点是什么、重点在何处即可。

例如上海高中二年级(H版)语文教材中的《琵琶行》,季珏老师的说课中是这样表述的:

"《琵琶行》是H版高二第一学期的一篇传统篇目,是我国古代叙事诗中的优秀篇章。本单元的教学重点是思路探索,通过作品联想与想象的分析,来把握作品的脉络,感受人物形象,理解感情意蕴。而《琵琶行》又是古诗,在教学中有针对性地指导学生鉴赏诗歌的角度很有必要。

"对此,我把教学重点设定为:①体会诗歌的艺术特点,提高诗歌鉴赏水平;②体会文章的情感与内涵。在具体教学中,又把它细化为:学习并鉴赏描摹音乐的方法;体会景物描写的渲染环境与烘托人物情感方面的作用,体会音乐入耳、入情之美;领会天涯沦落的感伤和含意。"

教学的难点往往与教学重点相联系。难点又大多表现在对知识的理解和技能的有效掌握上,破解了难点就可能为学生完整地掌握重点铺平道路。

2.1.4 教材的处理、裁剪与加工

对教材的分析,目的是准确把握教材、处理教材。新课改理念是用教材"教",而不是简单的"教"教材。这部分说课,就是在教学目标确定之后,为如何实现目标而组织材料、筛选材料,经过怎样的加工之后将其转化为教师的教学内容。教学中要择其"精要",增加"浓度",如语文教师不可能对一篇课文的每一句话都作分析;教学中要"详略得当"并根据具体的教学方法与手段对教学内容作裁剪与处理。

一位教师在小学语文《一件珍贵的衬衫》说教材处理与师生活动:教材处理上我打破传统的教学方式,采用"逆向分析法",先让学生自读课文的主体部分,而把文章开头这段倒叙部分放在后面单独分析,这样有助于突出本课重点。

再如小学语文《田忌赛马》,一位教师在叙述了故事要点后,侧重对材料结构特点作了分析:"本单元的训练重点是学习将人物对话改成一般叙述,并能根据提纲简要复述课文。从编排的意图看,作为第六单元的打头篇起着举一反三的作用。再从教材本身看,本课有三个特点:一是课题概括了主要事情;二是全文描写生动,叙述清楚,两次比赛层次分明,人物形象鲜明丰满;三是文章结尾言简意赅,耐人寻味。可见,本文在本单元中起着重要作用。"

2.2 说学生

说学生,包括说学生学习本课程、本教材的基础状态即学情,然后在此基础上进行学法指导。分析教学对象的共性与差异性是教师教学的基础条件。教师要做到"目中有人"、"教中知情",才能使自己的教学切合实际,有的放矢。

对学生的共性分析应包括如下几方面。

2.2.1 学生的知识基础与生活经验

知识基础指接受新知识前的认识(包括课本知识和实践经验),生活经验指与本节课相关的生活经历与体验,同时指出它对学习新知识将会产生怎样的影响。

2.2.2 学生基础能力分析

分析学生掌握教学内容所必需的学习能力和技能,主要包括自学能力、思维能力和动手实践能力等。

2.2.3 心理特点和学习风格

从教学任务出发,分析该年龄段学生在学习本教材时的心理特征以及这种特征与本部分知识的相关性。有时,教师任教的班级具有一些独特的学习风格和学习习惯也可作为说学生的必要内容。

2.2.4 说学法指导

针对学生学法和教学目标,教师要侧重说出教给学生什么样的学习方法,培养怎样的学习能力,在"学会"向"会学"的转化上应当怎样指导。

这部分说课也可以置于说教法、手段中,作教学互动、合作学习式的分析与说明。

[案例 2—6]

山东省滨洲四中习妹君关于《南极洲》教材"说学生"的内容如下:

南极洲的严酷气候学生可能难以想象并难以理解其成因。教师可积极诱导,一是可以从感性知识入手,通过生动的文字叙述加深印象;二是从学生已有的影响气候的因素知识入手,温故而知新,使学生对南极的纬度位置、巨厚冰层对气温的影响、极地高压对降水和风的影响等难点知识容易掌握。

初一学生思维活跃、感情丰富,求知欲、好胜心强,在接受知识上往往带有浓厚的感情色彩,乐于接受有趣的感性知识,所以若对南极洲的气候特点和成因平铺直叙地讲述,学生会感到枯燥乏味,接受起来较为困难。另外,初一学生已习惯于在平面图上判别方向,运用极地投影图判别方向可能不甚适应。

[案例 2—7]

上海市南汇区网络培训学员朱金琯在初中语文教材《背影》中的"说学生说学法"如下:

初一学生具有一定的自学能力和思维能力,并且都很爱表现自己,喜欢和别人比个高低,都较活泼。作为农村学生,语言表达能力和理解能力相对较弱,因此教师的启发诱导很重要。

根据我班学生的情况及素质教育的要求,在学法方面我采用"导—思—点拨—练"的学习过程,让学生自主参与知识的发生、发展、形成过程。在这过程中对学生进行以下学法指导。

(1) 课前预习法

要求学生通过预习,扫除字词障碍,并初步了解本课的主要内容,在预习过程中圈划出关键句与关键词。指导学生注意体会文中语言特点,加以积累、运用,加强语文基础;指导学生注意文中抓住人物特征进行细节描写的特点,把这种写法运用到具体写作中去,提高语文写作水平。

(2) 体验感悟法

让学生有感情地朗读课文。通过朗读,使学生体会并理解文中的父子情。

(3) 质疑法

引导学生注意围绕所设计的问题,扣住文中关键性语句,结合当时的特定背景,联系自身的生活,提出问题、解决问题。

[案例 2—8]

上海市南汇区网络培训学员倪惠良在小学语文《田忌赛马》中的"说学生说学法"如下:

目前所任班级大部分学生喜欢阅读,喜欢语文课,喜欢历史故事,而且思维活跃,善于竞争与合作,善于想象和推测。其中部分学生有较好的朗读水平,能大胆地进行表演性朗读,同时语言表达能力较强,课堂教学效果明显。这些都是我们学好课文的有利因素。但不足是:学生们的理解概括能力不够强,班内后进学生也不少,他们不善于思考,不能非常积极主动地投入到学习过程中来,这也是我应该考虑的实际问题。

语文教学中只有在讲读课中将学习方法传授给学生,并引导学生在阅读课文中加以运用直至掌握,才会真正收到比较理想的效果。本设计旨在通过学生"读"、"摆"、"思"、"谈"、"演"的方式完成学习任务。通过"读"让学生找出本文的重点句子,了解课文内容,然后抓住文中的重点句子来突破难点,知道两次比赛的经过和结果,培养学生的阅读能力;通过摆布对阵图旨在进一步了解田忌失败和胜利的原因及孙膑的足智多谋;通过"想一想、谈一谈"体会孙膑的足智多谋,知己知彼,深化人物性格特征,以培养学生的想象和口语表达能力;通过让学生扮演记者采访孙膑和齐威王的好友,深化对课文的认识,锻炼学生的自我表现的机会。

说学生、说学情的意图在于它能为教师设计教学过程和教法提供依据,作为教师教学行为的背景。因此,说学情时不能空泛而谈,如"根据初一学生的特点,我采用……"。实际情况如何,并没有作具体表述。说课时,教师要对学生基础条件的优势和现实中可能存在的问题等方面作针对性分析,以便为采取相应的教学对策提供现实依据。

2.3 说教法手段

手段为目的服务,方法为内容服务。介绍教法和手段的要点和条理要清楚,还要说明采用这些教学方法和手段的理论依据。

教学方法是由教学内容、教学目标决定,要参照学生认识活动的规律和一定年龄阶段上的发展水平。教学方法可以多样化灵活化。一旦确定了教学方法,就应该介绍为什么采用这种方法,在具体课堂教学中,通过什么途径有效运用这些教学方法,预计达到什么样的效果。

实际上教师在一堂课中的教法是多样的,说课时应说出本节课所采用的最基本最主要的教法,指出其相关的依据。

现代教学论认为教学方法,是在教学过程中,教师与学生为实现教学目的,完成教学任务而采取的教与学相互作用的活动方式的总称。

因此,教师教法构思时,要充分认识教法在教学活动中的双边性,深入理解教的方法与学的方法相互的关联性。

新课改十分强调对学生的学法指导,关注学生的学习方式和转变。基于这种变化,说教法中要突出教法为学法服务的理念,即说如何激发兴趣,如何引导学生学习;说如何指导学生理解教材、建构知识体系;说如何激活思维,培养创新精神与创新实践能力。

说教法时,除了讲清包括上述内容在内的教法自身内容外,还要适当指出选择这些教学方法的依据。《教学论》专著中把教学方法依据归纳为如下几个方面:

(1) 依据教学目标与任务;
(2) 依据教学内容的特点;
(3) 依据学生的实际情况;
(4) 依据各种教学方法的职能、适应范围和使用条件;
(5) 依据教师自身的特长与素养。

一般情况下,根据教材知识、内容确定主要教法。如就学科特点来说,语文、外语多采用讲读法;物理、化学、生物多采用演示、实验法;数学多用讲练法。而一堂课中,有些部分可用讲授法,有些部分可以用讨论法,有些部分又可用练习法。在说教法时,教师务必选择本堂课的主要教学方法作重点说明。

从知识构成上看,本原性知识常常采用以观察、实验为主的探索方法,培养学生观察能力、实验能力、分析归纳以及独立思考能力;派生性知识一般采用以讲授为主的教学方法,以培养学生的推理能力、演绎能力、抽象思维能力和利用旧知识的能力。[①]

上海市南汇县网络培训学员李建军在初三语文《第二次考试》的说课中对教法构思与意图作了较好的表达。

[案例2—9]

这是一篇十分感人的文章。所以我把朗读(朗读全文和朗读能表现人物品质的句子)作为本文

---

① 李兴良、马爱玲:《说课原理与表达》,教育科学出版社2006年7月版,第73页

的主要教学手段之一。

这是一篇看似浅显实则耐人寻味的好文章。所以我把教师精巧设问、层层深入与学生的积极质疑、主动探究紧密结合起来作为本文的又一主要教学手段。

这是一篇很有教育意义的文章。所以我尝试用创设情境,激发学生的道德反思,升华学生的思想情操,我在最后一个教学环节中设计了这样的一些问题:假如你有机会遇到陈伊玲,你最想对她说的一句话(一段话)是:_____。假如你有机会遇到苏教授,你最想对他说的一句话(一段话)是:_____。

这个环节的设计,既训练了学生的口头表达能力,又培养了学生高尚的思想情操。

(1) 通过朗读感悟的方法,引导学生把握文章的基本内容和主要情节。

(2) 通过合作交流的方法,引导学生抓住能反映人物品质的主要句子,把握主人公的主要品质和本文主题。

(3) 通过质疑交流的方法,引导学生深入地理解本文的标题含义、详略安排,陈伊玲为什么不讲明自己第二次考试失败的原因等,从而提高学生的小说鉴赏水平。

(4) 通过情境创设的方法,培养学生的口头表达能力和提高学生的思想道德情操,体现语文学科人文性和工具性结合的特点。

现代课堂教学手段主要指教学媒体的使用。传统教学媒体包括教科书、教具、模型、黑板、图表等;现代教学媒体,又叫电子技术媒体,包括幻灯、投影、录音、录像、电子计算机、电视等。

如果教学中现代多媒体手段使用比较充分,教师就有必要增加"说教学手段"的环节,主要内容是:①使用什么媒体,集中呈现哪些教学内容;②采用怎样的多媒体教学法;③多媒体手段设计的原理、原则。

2.4 说教学程序

教师的教学思想、本人的个性和风格,很大程度上能在教学设计的程序中反映出来。因此,程序是说课的重点内容。说教学程序,即说教学过程的安排以及为什么这样安排,一般分为说教学过程(流程、阶段)和说教学结构的特点两方面,在说课的实践中,可以偏于过程,也可以偏重于结构,还可以将过程与结构组合起来说。

选择教法要掌握好"三个特点",处理好"三个关系"。[①]

表 2.1 选择教法要掌握好的三个特点、三个关系和三点价值

三个特点	① 掌握课程的性质和教材内容的特点,根据不同的内容选择不同的方法 ② 掌握学生年龄特征和个性特点选择教学方法 ③ 掌握不同学习的特点采用不同的教法
三个关系	① 处理好方法与内容的关系,使方法更好地为内容服务 ② 处理好方法与效果的关系,使方法与效果统一,讲实效,不图形式 ③ 处理好教法与学法的关系,使学生由学会变成会学
三点价值	① 适应性——教法适应教学内容传递的需要和适应学生的智力结构 ② 启发性——启发式反馈教学原则。启发独立思考,鼓励主动寻求知识,掌握方法 ③ 生动性——能激发起学生兴趣、情感,达到反馈求知、开发智力的目的

---

① 刘显国编著:《说课艺术》,中国林业出版社 2000 年 8 月第一版,第 33 页

2.4.1 说教学过程

学科教学任务是通过精心设计的教学过程来完成的,从教学过程论角度来分析、解说教学过程一般包括如下几个部分。

(1) 教学总体思路和环节。教师在设计教学过程时,总要站在课程标准和完成教学任务的高度来架构教学过程,按教学内容,配以相应的教学方法手段来组织教学。按传统知识教学程序看,一般分为组织教学——复习旧知识——导入新课——新课讲授——知识应用——巩固小结——练习(布置作业)。在新课改中,我们十分重视学生智力、能力的发展,强调重发展教学的三个阶段:

① 设置问题情境——非智力因素(学会参与);
② 引导信息加工——智力因素(学会学习);
③ 设计实践活动——能力与技术(学会迁移)。

(2) 教学环节与方法、手段之间的联系。教师为完成教学目标,要说出根据自设的程序、环节,如何处理教材,运用哪些教学方法手段,使教学过程流畅、有效。此外还可适当点明这样安排的目的和将要达到的预期效果。

(3) 教与学的双边活动安排。教师在复习旧知识、讲授新知识中,一般都要安排学生的参与。素质教育强调学生的主动发展,课堂上活跃的师生双边活动是成功教学的一个重要标志。双边活动要体现教法和学法的和谐统一,知识传授与智力能力开发的和谐统一,德育与智育的和谐统一。下列问题均属双边活动的内容,可以各有侧重地作些阐述。

教师准备提哪些问题,这些问题能起什么作用,学生怎样参与,如何组织,学生可能会出现哪些问题;教师有什么应对措施,有哪些思维定式需要克服,采取哪些措施等。

在说师生的双边活动时,根据需要还可以继续说说突出重点、突破难点的具体做法。"突出重点"不完全依赖于多耗时,而要在剖析、点拨、深入上下功夫;"突破难点"不仅靠良好的教学方法和手段,更有其教学的艺术,才能化解难点。

(4) 总结归纳,拓展延伸。如果有的教师在设计课堂教学时,在总结与延伸以及习题练习上有一定创意,或占有比较重要的课堂地位,那么可以说说如何归纳知识体系,形成结构,通过怎样的形式与方法实现知识与思维活动的适度拓展。总结阶段习题设计与课后的作业布置,如有自己独特的创见也可作适当说明。

此外,板书是直观教学的组成部分,很能体现教师的教学风格,尤其颇有特色的板书,更要加以说明。要说出板书结构和设计的意图。

2.4.2 说教学结构

说教学结构不同于说教学过程,教学结构是教师对教学具体程序的归纳,构成若干板块,而教学过程是教学流程中的步骤。说教学结构可以防止教学步骤作过细分析。

现代教学强调教与学的互动、情境创设与情感体验。教师在课堂教学中会设计出若干师生互动的板块,如创设情境、架设桥梁;探究新知、自主构建;回归生活、解决问题;布置作业,课外延伸。这就是一种组合式板块状的说课表达。

教师说教学一般程序改为集中说教学结构,具体要求是:①说清教学总体构思和各个教学板块;②每个板块的表述要充分体现是什么、为什么、怎么样;要突出教与学的双边关系;③适度交代重点怎样突破,难点如何化解。

刘显国编著的《说课艺术》书中,收集了全国说课获奖案例——小学数学《轴对称图形》,是由昆明市五华区教育科研中心古晓华撰写的,说课内容很精彩。

[案例2-10]

轴对称图形的教学是在学生学习了多种平面图形的基础上进行的。目的是使学生对所学平面图形中轴对称情况作全面的了解，进一步认识所学平面图形的本质特征，结合自然界和日常生活中许多事物具有轴对称的这一特点，渗透轴对称思想，从而更好地发展学生的空间观念。

我们知道21世纪是人才与科学技术竞争激烈的时代，当前教育领域正发生着一场意义重大影响深远的改革，这场改革具体表现在教育思想、教学内容、教学方法、教学手段等方面。基础教育要适应时代的发展，要培养21世纪人才，首先要进行教学思想和教学手段的更新。为此，设计这节课的指导思想是"重视信息反馈、教给学习方法"。

教学目标：①初步认识轴对称图形，知道轴对称图形的特点，能找出各种轴对称图形的对称轴；②教给学生们通过观察、实验、自觉发现规律的学习方法，培养自主的学习能力；③激发学生对轴对称图形的审美情趣，培养学生空间想象能力。

教学过程：运用现代教学媒体，创设情境，为学生提供丰富、生动、直观的观察材料，激发学生学习的积极性和主动性。教学过程分为以下三个环节。

(1) 观察找特点

课一开始，提出了本节课的学习要求，"认真观察，动脑思考，发现问题，勇于探索"。接着计算机创设情境"涓涓溪流随山而转，满山的枫叶映在清灵的水中，那一片片火红的枫叶随风飘零，在绿荫草地的映衬下显得妖艳似火"。柔美的音乐，舒缓而流畅，声、光、色一体展现在学生面前的诗情画意的大自然，当这片枫叶逐渐放大、定格时，要求学生观察"这片枫叶，除了颜色美，它的形状有什么特点？"把学生思维的注意力从观察事物的形象引向观察事物的本质特征。在这一过程中，不要求学生急于回答，而是让同学们静静地思考，用同样的方法去观察蜻蜓、天平。当学生充分接受信息后，组织讨论，同学们不难发现三幅图形的特点那就是"沿中线对折，两侧图形的形状相同，大小相等"。接着让学生列举出周围具有这种特点的物体图形。这一反馈措施，既使学生获得了完整的信息，又实现了信息反馈的全面性和系统性。

(2) 操作实验，形成概念

在第一阶段学习成功的基础上，继续利用计算机演示把一张长方形纸沿中线对折，画上沿中线左右两侧具有对称特点的图案，用剪刀剪开，展开后会是一个什么样的图形，通过想象激发学生动手操作的欲望，让学生模仿，自己动手制作一幅雪松图，然后给枫叶、蜻蜓、天平、雪松这样的物体图形取名叫轴对称图形。那什么是轴对称图形？让学生们自己阅读材料，得出结论："沿直线对折，两侧图形完全重合，这样的图形叫做轴对称图形。"那要判断一个图形是不是轴对称图形，关键是什么？这时候继续用计算机演示出不同位置放置的雪松图，让学生通过观察、讨论，自己发现判断一个图形是否是轴对称图形，不是看它位置的变化，而是要看沿一条直线对折后，两侧图形能否完全重合。由于抓住了信息反馈的真实性和发展性，学生独立正确地判断是不是轴对称图形就水到渠成，最后用计算机辅助进行判断练习。

本节课的教学难点是找出对称轴，在大量形象生动的演示、观察后，让学生动手操作，自学课本，相互讨论，同学们能弄清"折痕所在的这条直线是这个图形的对称轴"。那么是不是所学过的平面图形都是轴对称图形，是不是所有轴对称图形都只有一条对称轴？从而诱发学生探索的欲望进入第三阶段的学习。

(3) 大胆尝试，寻找规律

概念形成后，让学生大胆尝试，用八个平面几何图形自己做对折实验，去发现规律。在实验过程中要求学生画出这八个图形的对称轴，并完成自学练习卡。通过这一活动，同学们创造性地发现平行四边形或非等腰梯形，无论怎么折，两侧图形都不能完全重合，它们没有对称轴，所以它们不是轴对称图形，与此同时也深刻地认识到轴对称图形的对称轴不仅只有一条，有的有两条，有的有三条,有的有四条,还有的有无数条。难点突破,达到活跃思维,发展个性,使信息反馈的创造性和深刻达到新的境界。

通过以上环节的教学,结合计算机、声、光、色一体的动画演示,打破了时间和空间的限制,把不同场景不同时间的生活画面糅合在一起提供给学生,使学生学得轻松有趣,并领悟到数学知识的美的感觉就在我们生活和学习中,生活中的你、我、他要做一个会观察、会思考、会学习、会创造的有心人。

(昆明市五华区教育科研中心　古晓华)

2.4.3 说教学程序的注意事项

(1) 注重说理,强调理性思考下的过程设计

说教学程序也要按说课的基本思路:"教什么"、"怎样教"、"为什么这样教"来表达。不能简单地理解为教学程序就是教学过程的简述,缺乏应有的理性分析。教学程序中的"说理","理"在何处?首先是教材展开时自身的逻辑顺序和结构体系;其次是教师所采用的某种教学策略或教学法自身的要求;再次是教师在日常教学所积累的实践经验和教学基本规律中悟出的理性认识。总之,"说理"在说教学程序中是不可或缺的,而教学程序自身的说明则是"理论依据"的表现形式和载体。

(2) 突出重点,强调教学过程的机理

说教学程序,要求教师对整个教学过程作详略与主次的处理,突出阶段性和关节点,大胆删除无关紧要和过细的具体内容。

"教学过程"不仅表现在时间的先后和"阶段"的变换,还表现在教学方法融入其中,教学艺术交汇其中,构成一个充满教与学的整体。因此,无论是说程序,还是说结构,都要将线性思维与多元思维结合起来,将教学程序与教材、教学目标、重难点之间对应关系以及所采用的教法等作有重点、有侧重的交代。

徐世贵所著的《怎样听课评课》书中列举佟艳丽老师的《一件珍贵的衬衫》一课,"在说教学程序"中的文字表达颇具特色,表现在过程层次清晰、目的明确、说理性较强。

[案例2—11]

根据本课教学目标及重点难点,我设计了以下教学程序。

第一环节:导入新课(2分钟)

导语是这样设计的:

小学时大家就读过写周总理的文章,谁能讲讲周总理的故事呢?(请1~2名学生讲述)"今天我们一起来学习一篇课文,学习后会让大家感到周总理确实是人民的好总理。"

教师板书课题:一件珍贵的衬衫。

请学生解题,着重解释"珍贵"二字。

设计此环节的目的在于:由故事引入新课,能诱发学生积极思考,开启学生思维,集中学生注意力,并能创设教学情境,激发学生学习的兴趣。

第二环节:自读指导(28分钟)

步骤一:(11分钟)指导学生默读自读提示,明确提示的要点,从提示入手,以"一件珍贵的衬衫"的由来为线索,结合投影片上的思考题,边听教学录音,边在书上圈点勾画,自学文章的追述部分——2~7自然段。

投影片上的思考题为:①追述部分表示时间的词语有哪些?②这部分是按什么顺序来写的?③这件事中记叙的各个要素是什么?

听完录音后,让学生分组讨论,然后选派第一组的代表来主持,除围绕思考题进行外,还要让学生提出新的问题,并通过讨论加以解读。

学生可能提出这样一些问题:本来是"我"自己的过错,可周总理为什么这样对我呢?描写"我"的动作和心理的句子有哪些?文中描写周总理采用了什么方法?……这些问题难度不大,尽可以让学生各抒己见,互相交流,教师要做到心中有数,注意宏观调控。

教师有选择地写出第二部分的板书。

设计此步骤的目的:①让学生明确这部分是按时间顺序来写的;②能准确找出这部分的时间词语,为后面突破难点奠定基础;③锻炼学生提出问题的能力。

步骤二:(4分钟)列出追述部分的提纲,结合板书,复述故事内容。

复述时要求学生既要做到要素清晰、内容完整,又要做到必要概括和适当取舍,切忌机械地背诵原文。

设计此步骤的目的:①让学生熟悉故事内容;②培养学生口头表述能力。

在完成这个教学步骤,我用这样的方法进行过渡:

既然这部分内容已把衬衫的来历说清楚了,结构看起来似乎也很完整,那么课文的开头、结尾是不是多余呢?

……

思考题

1. 许多教师往往会倾向于"重教学过程设计,轻教学目标的设定与探究",因此在"说教材"板块中要说"目标"如何确定和"目标"是什么及其分解时会有一定困难,学习本章后对此你有何新的认识?

2. 有的教师认为:"说课"中的"说学生"、"说学情"只是一种形式,不"说学生",我也是按既定方案授课。这显然是一种误区,你认为怎样"说学生"才能体现它的真正价值呢?

3. 说课的内容相当丰富,结合本章学习,你认为应当怎样突出重点、突出各自教学优势?

3. 说课模式

说课是备课与上课的中介,是教师从上课的程序流程设计转向理性指导下的综合设计。它有较强的理论支撑,有预想的过程行为和希望达到的目标。这样,说课过程的组织就有一个模式可研究,有方法问题可探讨。

3.1 传统说课模式

一些学校将"说课"作为教师教研活动的一种形式时,往往对说课缺乏基本的研究,其组织与准备过程都比较简单,我们经常可以看到说课还停留在"个人全程准备"——"群人一次听评"的简单模式。

个人全程准备的一般步骤如下。

(1) 教师将已有的教案转换成说课说稿(说案)

重新审视教学目标→寻找教学目标确定的依据;

确定重点与难点→提出突破重点、化解难点的办法并指出"办法"背后的教育原理和策略;

梳理教学过程→将教案中的"个人明白"为主的教学程序,转变为"他人明白"的教学程序,弄清程序设计的理论依据;

提炼教学方法→将教案中隐含的教学方法提炼出来,集中表达本节课占主导地位的教学方法。

教师个人将先前自我储备的旧教案转换成说课,在没有充分学习说课基本原理的状态下,即使个人对"什么是说课"比较清楚,但往往受个人的知识储备和理论功底的限制而难以高质量地完成说课准备。

(2) 教师直接根据说课要求写出说案

大体程序是以下几个环节:钻研教材、分析学情→确定教学目标,选择教学方法→设计教学过程,弄清理论依据→写出说案。

3.1.2 传统说课模式的弊端

(1) 个体投入

从备课到说课基本上是教师个体创造性劳动。从构思阅读、收集资料,到教案形成然后转换为说稿,几乎全部在说课教师身上。其他众多教师参加说课活动时只起了一个听众作用,况且有的教师与说课教师是不同年级、不同学科,他们对教材不熟悉或钻研不深,评议时难以深入,只能作一些粗略发言。这就造成说者责任重,听者轻松;表面热闹,"实效不大"的现象。

(2) 单向传递

说课时的信息传递是单向性的,形成了教师个体对教师群体的"满堂灌"。由于说课活动在不少单位开展时,仍然停留在少数教师身上,这样对大多数教师的激励与导向性就会削弱。

3.2 改进型说课模式

说课过程,从本质上是一种教师对教学的认识过程,是教师认识客观世界的认识过程。每一个有一定教学实践经验的教师,都会积累一定的教学经验,这种经验一般处在感性认识阶段,从感性认识上升为理性认识,又在新的理性认识的指导下再实践,这就是说课重说理的认识理论上的意义。鉴于这样的认识,许多学校已形成不少改进型说课模式,综合这些模式,我们可称为"多向组合说课模式",其特点和操作过程介绍如下。

3.2.1 个体与群体组合模式

(1) 集体研讨

按学科或年级团队确定一门学科1~2个课题,集体讨论说课总体方案(一般由教研组长或年级组长召集),对说课表达的文字结构和内容体系作粗略探讨。

(2) 专人准备

在集体探讨中推荐一或两名教师作具体说课准备,说课教师可以将集体讨论中初步的构思融入备课之中,汇集集体智慧,然后加上自身的特长,便会产生共性与个性、听者与说者互为一体的效果。承担具体说课的教师,在准备中要进一步独立钻研教材,查阅资料,最后写成说课讲稿。

(3) 集中说课

即一人(或两人)说课,众人听评。"说者"所说的内容既有个人钻研的成果,又有集体意见的汇总;"听者"因为参与了前期的讨论,也很想听听说者是如何将自己的意见纳入其中表达出来的。如果听众扩大到组外,那么组内成员的"参与经历",就会有共同的责任感,而提升了群体说评课的价值与功能。

(4) 合作研讨

根据说课目标要求,群体参与评议,吸收合理化建议,改进不足,形成新的共识。如果意见不能统一,可以求同存异,允许保留意见,通过教学实践的检验,找出改进措施。

(5) 积淀经验

说课教师根据众人评说的意见,对说稿作进一步修改。通过回味、反思、总结,提高对说课的理性认识的同时,完成一篇质量较高的说课稿。说课稿可以代表小组参与校内外说课评比竞赛活动。

3.2.2 说课与备课相结合模式

目前说课活动中,说课教师主要围绕"教什么"、"怎么教"、"为什么这样教"这三方面展开说课活动,将备课隐性思维显形化。其实,教师所形成的教学方案的背后还有许多相关的经验累积与资料准备活动,如怎样收集相关资料、怎样了解学情、怎样取舍教学信息等内容,可以加入说课活动中,这样说课尤其对青年教师的培养很有帮助。

(1) 示范性说课

由教学骨干、教学能手承担由学校领导或区(县)教研部门下达的专题说课任务。说课教师结合自己的教学特色或特长,做精心准备。努力做到:突出教学新理念、诠释自己的教学思想、特色,展示自己的演讲才华。说的过程中,尽量做到脱稿,不照本宣科。

(2) 说"课"的准备

说课教师的说课稿和说课的话语都是上课构思的最终"产品"。骨干教师在作示范性说课后,还可以结合这次说课的准备作若干专题说明。专题的选择可由教师自定,也可由组织者与说课教师商定。为了更好地帮助青年教师提高,为了提高备课、说课技能,可以围绕如下专题中的一个专题进行:一是结合说课所在的章节,说如何分析、处理、重构教材内容,以提高知识教学、思维训练的深度与广度;二是结合所教章节,说教学方法的选择的针对性、过程性和该方法的实施要领;三是对说课中的若干板块说学生、说教材、说教法、说程序等项目中的某一专项的构思与准备。

3.2.3 上课后再说课

一些教师在说课时,以自己传统的经验设计教学程序,冠以空洞的理论,尽力"美化"自我设计,使理论与实际相互脱节,这就使听者产生厌烦情绪,造成说课程序化、教条化,失去了说课应有的生命力。改进办法之一是加强说课的规范要求,实施监控式评价;改进办法之二是把先前的说课放在公开课之后进行。教师既讲清课前的构思和预想的实施方案,又要说出"预想"变成"现实"后作了哪些变更,为什么要调整与变更,最后请听课教师评议。

上课后再说课教师的思维轨迹是:教学设计→用教案方式表达→提升理论层次→用说稿文字表达→上课,进入教学实施状态→以总结、反思为主导,重新审视说稿,结合上课实践进行说课。

上课后再说课的意义在于:一是教师的理解教材、驾驭教材、分析处理教材,不仅靠理性构思和语言、文字(说课)向同伴表白,更重要要进入"实战状态"验证。这样做可避免因突出说理,而脱离教学现实。二是促进教师求实说课,克服预想与现实脱节。说课中的说理不是理论越高级、越时尚、越多越好,说课中的程序也不是越复杂、越精细越好,说课中的教法不单靠说得精彩,而要实践来检验教是否得法。三是促使教师把预想与实践结合起来进行反思,实践是检验真理的唯一标准,经验加反思才能促使教师走向成功。

思考题

1. 怎样的说课模式对教师最有帮助,要看组织者与教师的目的要求,你认为校内经常性说课的模式应当是怎样的?你校的说课形式有哪些地方值得改进?

2. 不少教师认为"课后说课"这种形式,更能促进教师反思,有更多的话要说。你认为上课后说课应当怎样进行会更有效果呢?

4. 说课策略

说课与备课的差异在于它是理性的构思,是科学理论指导下的教学预设;说课与上课的不同在于它不能对学生发展产生直接影响。在面对成年人的说课过程中,教师的引导、组织与促进的角色不能直接体现,学生现场学习状态、情感体验往往不被教师的预设完全左右。由此可见说课也和备课教案一样是一种"半成品",要使这种教学活动过程性的"半成品"真正发挥作用,让说课在一定程度上对传统教学操作技术取向起改造与撼动作用,有必要在说课的准备、筹划和实施中讲究一定的策略。

"策略"一词,最早见于《人物志》,"术谋之人,以思谋为度;故能成为策略之奇"。意思说,专事方法谋略的人,把思考、探究计策方法作为准绳,因此才能成为策略的新奇。可见策略就是计策方略。

教学策略是为实现教学目标而制定的教学实施的综合性方案。

教学策略重点研究"如何教"的问题,它包括教学内容、教学思路、教学方法、教学组织、教学测评等一系列有助于最优实现教学目标的工作总和。

这样看来,传统备课及其产生的教案只能是教学策略的"初级产品",而说课加新颖的教案设计,就能较好地呈现教师个人的教学策略。

现在我们要探讨的"说课策略",属于教学活动中的准备策略,它包括思想的准备、理论的准备、程序的设计、说课现场情感的投入以及语言的表达等方面。

4.1 理论运用策略

说理是说课的灵魂。教师的教学设计各个环节都需要一定的理论支撑,需要相关的理念、理论作指导。一次教学实践、一次课堂教学其背后的指导思想和教学原理可以追溯到深处,过于追求所谓高深的理论就容易空洞化,而我们所强调的是要把说理论与说教学实践有机地结合起来,以达到自然贴切、顺理成章,从而使听者既知其然,又知其所以然,以达到增进说课效果之目的。

4.1.1 学习教学理论,解读教学实践

说课要求教师在教学中要认真学习当代先进的教育理论、教育思想、课程知识、课程理论,了解当今国内外教育改革动态,以便从中获得各种最新鲜的教育情报,通过学习,形成知识积淀。只有这样,在说课和授课时才能从实践的源头找到相应的理论依据。另外,有了一定理论武装就可以从自己的积累中产生行之有效的教学行为——一种缄默知识逐步显性化,进一步促使教师用理性思维去发现和澄清自己的隐性教育观念。

(1) 学习和钻研学科课程标准

《基础教育课程改革纲要(试行)》指出:"国家课程标准是教材编写、教学评估和考试命题的依据,是国家管理和评价课程的基础"。许多教师习惯于用"课本加教参"两个本本作自己教学的依据,觉得课程标准理论性强,学起来费劲,因此必须迅速改革这种思维定势。

内化课程标准应当看成是教师有效教学的基本保证。了解新课程标准,你就能大致回答:自己所教的课程是什么?有何特点?结构怎样?如何有效地实施课程?说课中,一定要说课标对本节课内容的基本要求;二要说课程标准中对学生提出了哪些技能、能力要求;三要说出从本学科基本课改理念出发,应贯彻怎样的教学原则(如政治及思品课强调"德智共生原则",数学课和地理课倡导生活数学和贴近学生生活的地理等),可以采用课标中要求的哪些教学方法(数学课中应特别注

重启发式"教"和探究式"学")。教师只有解读课标,与新课程理念对话,自己的教学实践才是自觉、有效的实践,才是理性指导下的实践。

(2) 学习和钻研相关的教育科学理论

教师要了解学习教育学、心理学的原理和规律,熟悉教学论基础知识(其中包括教学过程论、教学构成论、教学实施论、教学艺术论),此外还要学会适当应用系统论、控制论和信息论原理来设计自己的教学过程。用先进的科学理论指导教学,就能不断充实、完善、提高说课的科学性、实用性和可行性,增加其深度、广度和可信度。

[案例4-1]

江苏省张家港市沙洲小学陈惠芳(市学科带头人)在《备课:用终生的时间来准备》一文中写道:"怎样进行准备呢?那就是读书,给自己一个规矩,每天定时看书,看一些数学原著。像《小学数学教学论》、《小学数学教育心理学》、《课程与教学论》等等。看这些专著,对于了解数学发展史,掌握学生学习数学的心理变化规律,系统地解读教材,很有好处。"鉴于陈惠芳老师的良好自学习惯,她在说课中一定表现很出色。

在这过程中还要把握好理论与实践的结合度,浅了,仅仅是点到,贴上很"超然"的理论,没有针对性,说些无论哪一学科、什么学段都要贯彻的准则,就会给人以"虚假"、"不贴切"的感觉。另一方面,不是所有的教学程序、教学方法都要"寻根探底",不管需要不需要或有无直接联系,都搬出来也没有必要。

(3) 突出学科教学理念

学科教学理念是指导本学科教学思想的主线,当然也是说课时的理论支撑。备课、写教案时,学科教学理念是潜在的作用,而说课则要摆上突出位置。没有本学科教学基本理念,说课便没有分量、力度与光彩。

如物理课改中提出了:注重学生发展,改变学科本位;从生活走向物理,从物理走向社会;注重科学探究,提倡学习方式多样化;构建新的评价体系。物理教师在课堂实践中,就可以该理念为指导,设计出诸如问题探究式教学、实验分析与论证相结合过程设计、采用与社会和生活息息相关的案例式教学等。

突出学科教学理念尤其要体现学科教学思想。

[案例4-2]

一位数学教师在七年级《绝对值》的说课中对教材的地位与作用是这样说的:

本节课是在学生已经学习了有理数和数轴概念的基础上,从几何的角度得出绝对值的概念。通过本节课的学习可以向学生初步渗透数形结合的数学思想,以使学生借助直观的图形来理解有理数的有关问题,同时也为今后继续学习有理数的运算和二次根式的性质奠定基础。在教法分析中的说课是:"数学是一门培养思维,发展人的思维的重要学科。因此在教学中,不仅要使学生'知其然',而且要使学生'知其所以然'。基于本节课特点:绝对值概念来自实际,并在实践中得到应用的特点,应着重采用'引导—探索'的教学方法,配合小组合作、游戏等形式调动学生的学习兴趣。"

从这些话语中,既可以看出它与备课教案表达的区别,又可以了解说者的学科思想和所要突出的与其相关的教法设计的依据。

4.1.2 感悟教学实践,总结教学实践

如果说,教师学习教学理论,解读教学实践是一种通过理论来指导实践,从高位来审视自己的实践行为的话,那么感悟、反思与总结教学实践就是将自己行之有效的教学实践提升到理论层次,对实践作出合理的解说,这种解说同样具有理论意义。任何成功的教学经验的背后总有相对应的理论作支撑。中小学教师说课中的"说理",只能说是一种"依据"、"意图"和直接的"道理",不必追

溯到某些理论的源头,也不必一味地用专业化的术语来标识自己课堂上每一次具体的教学行为。那么怎样提升自己的教学实践呢?我们有必要具体分析一下,从教案转换成说课会遇到怎样的问题。

有一定的教学经历的教师在备课时,只要不是新编的教材,对所教的内容是比较熟悉的,面对教学过程的安排和采取怎样的教学方法则大多凭借自己的经验行事。一位教师或几位教师要共同完成一次彼此都比较熟悉的教学单元的说课任务时,往往又会遇到众多难题,因为他们在面对已完成的教案之后还必须回答与教案内容不一样的问题。

(1) 所教章节的教学理念是什么?整体教学思路如何?
(2) 所教教材的地位与作用是什么?如何处理教材,用教材"教"?
(3) 教学目标从何而来?如何确定?
(4) 学生的学习起点如何分析?(包括知识、能力基础、生活经验、心理特点与班级学习氛围)怎样以贴近学生主体来构建有效课堂?
(5) 教学过程有若干环节,各环节设计的意图是什么?
(6) 我有教学方法吗?主要教法是什么?

对此上海市南汇区赵杰老师就有这样的感觉,他说:"为什么老师会对说课感到害怕,我觉得关键在于教师对教材的把握、对学生的分析、对目标的确定等很多方面还没有系统、完整、清晰的思路,所以要说好课的关键是仔细备课,要多问几个为什么,是什么、怎么做。"也就是说,只有认真思考并作出较好的回答才能高质量地完成说课任务。首先要善于总结、归纳。教师要对自己在课堂中经常性的做法、教法作一翻梳理,尤其是行之有效、受学生欢迎的具体教学经验会用精辟的话语概括。在此基础上对已有的教案(实际上不少教案已经历过多次课堂检验)作修改使之更具有逻辑性和系统性。对教学中的各个环节与师生的活动作"教学意图"的追忆和再探究,用规范化、合理而准确的教育语言来表达。如一位物理教师根据自己多年的教学经验理出了下面几点主要教法:"感知知识,以演示法、尝试法、实验法为主;理解新知识,以谈话法、问题探究法为主;形成技能时,以练习法为主。"

其次要深度备课,智慧备课。有些教师说课质量不高,不仅是因为说不清"为什么",还在自身的教学设计存在不少问题:一是过分强调教师的主观作用和教学预设;二是没有深入了解学生,教学的针对性不强;三是重知识的传递和解题训练,忽视学生体验与社会生活的结合。由于备课不充分或过于偏重于知识性教学程序设计,那么说课就只能是一种"教案的说明书",而无法从不同板块和角度来说深。

要深度备课,一要深入剖析与解读教材,将教"教材"变为用"教材"教;二要全面细致地了解教育对象,"学情"是教学设计的基础条件,有效的教法来自对学生学法的研究;三要深刻挖掘教材的知识与思维的联系,提升课堂教学人文精神,发现教学过程中的真、善、美。

小学特级教师邱学华总结了"备课三级制"与"编写教案八个要求":

备课三级制:制订学期教学计划—单元教学计划—课时教学计划;

编写教案八个要求:确定内容要适当;教学要求要具体;教学重点要突出;结构安排要科学;新旧过渡要自然;练习设计要合理;运用方法要灵活;面向全体要周到。

4.2 程序设计策略

"理论运用"是说课的核心要素,而"程序设计"则是告诉他人你是如何进行课堂教学的,是说课的主干、脊梁。从说课顺序安排是否合理,理论运用能否具体化,往往可以看出一名学科教师是否具有认真、严谨的工作态度,缜密细致的思维风格和雄厚扎实的业务功底。

说课中的程序设计总策略是：①理论依据与缘由要与教学过程行为密切相关，是相应的理性思考下"顺理成章"的必然行为；②让听者明白教什么，怎么教，将实现怎样的教学目标；③整个教学过程的介绍与说明要思路清晰，详略得当，重点内容重点说，难点突破详细说，理论依据合理说，创新之处强调说。

4.2.1 理清程序结构

教学程序是以课堂教学的时间段来划分的，没有阶段化教学或没有形成一定的课堂教学结构的课，就势必影响课堂教学的科学性与严密性。

课堂教学行为是教学内容、师生行为和教学策略这三部分的有机结合。这三大要素又以教师的不同教学模式或教学风格被分阶段地呈现在过程之中。常规备课中，许多教师并没有注意到如何将一堂课分出阶段，理清结构，说不清各阶段的教学策略(教学方法)，没有洞察所发生的师生行为组合的有理性。

理清程序结构应从如下几方面入手：一是理清一节课的组成部分及各部分之间的联系、顺序和时间分配；二是按照各部分教学功能给出教学阶段的"名称"。如新授课一般分为巩固旧知训练——导入新课——讲授新课——课堂练习——小结拓展——布置作业；新课改中有的教师将教学过程设计成：创设情境，引出课题——探究合作，讲授新课——联系反馈，拓展提高——梳理知识，小结收获。

[案例4—3]

由沃苏青、曹存富主编的《初中数学说课稿精选》一书中，张立宏老师的《合并同类项》说课稿将教学程序与师生相对应的活动组合起来，作如下设计：

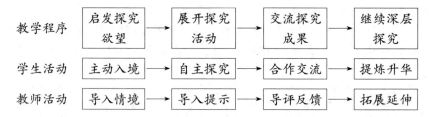

该教师的具体教学过程还有教学环节、教学程序、教师活动、学生活动和设计意图等内容。

4.2.2 说清程序结构的机理

国家《基础教育课程改革纲要(试行)》中指出："教师在教学过程中应与学生积极互动、共同发展，要处理好传授知识与培养能力的关系，注重培养学生的独立性和自主性，引导学生质疑、调查、探究，在实践中学习，促进学生在教师指导下主动地、富有个性地学习。"这是对教师设计教学过程的总体要求，所谓说清程序结构的机理，就是要根据学科理念和本堂课的教学目标，充分回答教学过程中师生关系、教师的引导与学生的主动、个性化学习是怎样呈现、怎样进行的。

[案例4—4]

上海市南汇区网络培训学员陈红在小学教学"年、月、日"说课稿的"教学过程"板块是这样表达的：

"动手实践、自主探索与合作交流是学习数学的重要方式。"因此，教授本课我采用"问题探究"为中心的教学模式。设计如下教学程序：同学们喜欢过生日吗？已经过了几个生日？老师也喜欢过生日，可是老师只过了九个生日，为什么呢？通过今天的学习，你就会明白了。老师为什么只过了九个生日？怎么比我过的生日还要少呢？

请注意上述例子中划线的句子是教师的课堂语言。是"设疑激趣，激活思维"阶段的语言行为，而其他文字就是表达说者的构思和设计这一过程的理由。

[案例4—5]

在《初中数学说课稿精选》一书中王萍老师的《线段的长短比较》说课稿中的教学过程第一部分是这样写的：

创设情境

分享小故事：东东一个人在家，想拿搁在柜台上的玩具，可是人太小，够不着。于是他找来一条凳子，一站，凳子不稳，于是他找来锯，把长的脚锯去一部分，结果还是不稳，他继续锯掉长的桌脚……一直到凳子脚没有了，他也没有修好凳子。没办法哭着去找邻居王大伯，王大伯笑着说："这太简单了……"你知道王大伯是怎样解决这个问题的？

（同学们可以畅所欲言）

这是我们生活中常遇到的一个问题，其实它也是一个数学问题，那就是今天我们要学习的内容：如何来比较线段的长短。

设计意图：通过以故事形式的生活实例作为引题可以激发学生的好奇心及求知欲，充分调动学生的积极性、主动性，使学生对故事情节深入思考，找出解决问题的关键是要比较线段的长短。

王老师在"教学过程"板块中将教师说的小故事作为教学情境，引发学生思考关于线段的长短问题，而将这一起始过程的设置动因，用"设计意图"为标题予以集中说明，这是一种较好的说课表达形式。

4.3 情感策略

人的情感与认知是相互作用、相互制约、相互促进的；情感本身也是教育应当达到的目标之一；情感智力是学生未来成功的关键。基于上述对情感的基本认识，可以说课堂教学离不开情感交流，离不开对学生的情感智力培养。《学记》云："知其心，然后能救其失也。教也者，长善而救其失者也。"所以没有情感交流，学生就不能向你敞开心扉。

教师的课堂教学设计要始终以情感为纽带，以知学生之心为教育基础，教师要精心设计有感人的语言、有意境的教育氛围和有激情的课堂。教师说课时首先要注意把教学设计中的情感教育表现出来。

说课不仅要说课堂教什么、怎样教，还要说为什么这样教；不仅要用说明、叙述的语言，也要用"心"来表白、用"情"来表现教师情感教育的活力。当然情感教育可以预设，更多的情况下是在教育的现场生成与发展的。其实许多教师所说的课，曾经上过，那么就有必要把曾经历的情感体验用贴切的语言表现出来。

教师在自己说课现场要准确表达自己的情感。"感人之心，莫先于情"。情感是决定人的活动效率的重要心理因素，对说课活动具有积极的情感可激发教师说课活力，激活自己的思维活动和表达能力，进而提高说课的精神境界和感染力。一方面可以将预设课堂或过去的课堂的情感，通过自己的语言予以再现；另一方面用自己的情感语言，调动听课者和评课者的情绪和思想，感染他人，以产生共鸣与共享的效应。上海华东师大网络培训学员唐建军老师说："确实，我们说课者要好好把握'情'字，突出一个'自信'，一个'个性'。既然是说课，说的成分很重要。最好能说得神采飞扬，激情澎湃，感染听众。"陈军贤老师说："当然，我很有同感，对学生要以情感人。当然要掌握好'火候'，该扬该抑要得当。"

4.3.1 说课要有激情

激情是一种迅速强烈地爆发而时间短暂的情感。这种激情表现出的是合理、恰当的自信，准确而简洁的推论,生动而贴切的陈述。理科教师常常具有冷静的理智,如果能把科学的态度、科学的精神转化为激情,就能提高说课的说服力与感染力。

4.3.2 说课要有热情

巴甫洛夫指出:科学是需要人的高度紧张性和很大热情的。什么是热情? 热情是一种强有力的稳定而深刻的情感,它可以左右整个人的身心,决定一个人思想行动的基本方向。说课的说稿文字量并不大,说课的时间一般也在10~15分钟左右,但完成一项说课任务却需要深刻反思,需要深刻挖掘教学行为的动机,需要阅读许多相关的文件资料。可见说者只有化消极情感为积极情感,用饱满的激情、稳定的心境、满腔的热情投入到说课活动之中,说课活动才会结出丰硕的果实。

4.4 语言艺术策略

语言是思维的工具也是人际交流的工具。教师面对学生进行授课,凭借自己的角色和地位,语言表达一般都比较顺畅,表现出较强的语言表达能力。但是说话对象转为成年人的同行,心中又觉得听者似乎在审视自己时,就会觉得底气不足,缺乏自信。因此在说课时首先要调整好心态,把说课看成自我发展、自我提高的机会,是获得同伴帮助与支持的机会。其次要遵循语言运用的四个基本原则:

一是"非礼莫语"。即不合理的话不要说,既要显现教改的精神境界,崇尚变革,又要尊重他人,平易近人。

二是言之有信。即"言必诺"、"言必行"。教学构想与设计都应建立在课堂的现实之中,要求真实、不虚假。

三是言之有物。说课中的理论与实践、构思与践行、过程与环节要"血肉丰满",避免空话连篇、装腔作势。

四是言而有度。这是指话说多少恰当,语气的适度,与说话对象的相适应,与语言环境的相统一等。说课时要精选文字(指说稿)和语言,最大限度地发挥有限时间的语言传播效应,既体现连贯性、逻辑性和机智风趣,又给人以语感美的享受(说课语言的现场应用在"说课的表达方法"一节中还有相关阐述)。

思考题

1. 你对"内化本学科的课程标准是实施新课程有效教学的基本保证"这句话是如何理解的? 在如何表达一节课的教学目标上你有自己的应对策略吗?

2. 你认为教师深度备课就能说好课吗? 面对说课与教案不一样的六大问题,除了本书提供的策略外,你有自己应对的方法吗?

5. 说课方法

5.1 说课的准备方法

说课准备和备课写教案的过程大体上是同一个思路。备课从构思到落笔写教案,以及在写教案过程中再仔细推敲教法,主要是沿着教什么、怎么教的思路进行;而说课除了要说明教什么、怎样教之外,重点是说出为什么这样教。也就是说,说课应以说理为主。

5.1.1 选好要说的课

选好要说的课。每课应有一"案",但每课不一定都要"说"。除了学校指定的课外,自选的说课要首先考虑有代表性、典型性的课文,主要指既能充分体现本学科特点,又能将当前该学科教改新教法融入其中。其次,要选择与教师本人业务专长相呼应的有关章节。第三,要突出重点,避免面面俱到。根据课文特点和自己的教学优势,在说课的"四大板块"中选中某一板块重点说,其他板块选"点"说,如重点的突破、难点的化解、切入点的选择、关节点的诠释;突破点的确定,拓展点的安排等又可以作为其他板块中的重点。

5.1.2 寻准教法的依据

以纲(大纲)本(课本)为选法的基础条件,以学情为教法与学法指导的出发点,在此基础上采用说课准备过程与学理论相结合、与教师自身积累的课堂教学经验相结合的办法,往上找理论依据,往下升华、提炼教学经验。

课堂教学策略、教学方法的理论很多,从宏观、中观到微观,跨多种学科。有教学论中的教学规律、教学过程、教学原则、教学策略方法和教学组织管理等方面的理论;有现代流行的控制论、信息论和系统论,还有教学艺术与技巧的方法论等等。

"教法选择",要求教师在说课的准备阶段以方法论为指导,从理论层面确定所教内容所应采用的最佳教学方法。这个过程也是教师再学习、再提升的过程。"教法选择"还可以理解为对自己教学实践的反思、总结。有多年教学经历的教师,对所要说的课已经上过很多遍,可能对多次的重复教学竟未梳理出"说得清、道得明"的教学方法,即使其教学效果不错。此类教师还需要审视自己的教学过程,学习一点有关理论知识,以解读自己的教学实践。要知道,任何成功教学的背后都有一定的教育规律可循。

教学中的程序设计与具体做法,在说明理论依据时,关键一步是要"自圆其说"、"言之有理"。如一位教师教语文课时,采用"启示、诱导、领悟"三步完成学习指导,这符合儿童认知心理;用设疑、设问引入新课,授课中不断提出新问题,并创设问题情境,组织学生解决问题、归纳总结问题、应用解决问题,这是问题解决教学模式。

5.1.3 把握说课程序

说课中的"程序"与教案中的"教学过程"在构思和表达上是有所区别的:前者是理性思维下的过程呈现,它体现着执教者的逻辑顺序和时间顺序及这两个顺序的有机组合;后者主要是过程性、阶段性安排。

关于说课程序的把握,要从三个维度作分析:一是理清所教课文的知识系统和结构,这是需要学生全面掌握的,它是教师说教学程序中的内含主线;二是教师在课堂上所表现的教学程序和结构,它是动态的,师生互动中呈现出来的;三是教师说课时"说"的程序,即先说什么、后说什么、突出什么、淡化什么等方面的处理。

5.1.4 突出重点,呈现个性

说课的内容十分丰富,一堂 40~45 分钟(有的小学每节课 35 分钟)的课的构思和设计不可能什么都说,各部分内容不宜平均分配,应有所侧重。如果备课时,侧重研究一种全新的教学模式或教学方法的,说课时就要侧重介绍这种模式是什么、该模式的程序设计以及教学效果的预测;又如备课时,以研究学生问题意识,进行思维训练,发展思维的,则要从教育心理学角度,分析本学科思维特点,从中获得本节课进行思维训练的依据;从本堂课实际出发介绍具体的方法与步骤。

教学方法和手段的选择是受教师的教学经验与个性影响的,不同性格、个性的教师在各自教学经历中又会积累出各不相同的个性化教学经验。因此教师说课时要突出自己的个性化教学。如哪些地方体现了自己的独到之处、创新之处,哪一步骤或环节展现出教学艺术,都可以用适当的语言来表达。

5.2 说课过程中的方法

说课不能念教案、读教案,也不能用解说的方法说教案。因为教案无法全部反映说课应有的内容,写教案时的思路与写说课说稿的思路有明显差异。对教案作解读式说课,仍然无法体现"说"的本质特征。

以教案为蓝本,以说理、说缘由、说依据为主线,写成说课的说稿或称为"说案",这是说课前的最后阶段。但是如果把说稿(文字表达)一字不漏地照说一遍、读一遍,仍有朗读之嫌,无感情注入,无相关体态语言相匹配,这样的说课,效果就不佳了。

5.2.1 说课是"说明书"

说课是信息传递,是告知。说课首先要告诉听者"我是谁"(所在学校、所教学科、任课年级),所说教材的版本、章节,随后围绕"教什么"、"怎样教"、"为什么这样教"展开说课。这样的过程,要求教师以叙述、解说为主线,在分析时可适当用辨析的词语加以推理和论证。

5.2.2 说课是"新闻发布会"

教师在说课中,要明确说出意图、说出依据、说出缘由,要为"为什么要这样教",亮出自己的观点与见解。还要说出在这些观点的指导下,如何采用相应的教学措施与手段。

说课教师教学上的创新与个性化教学的信息,都可以成为听者比较感兴趣的"信息源"。从传播理论上看,传播模式的四大组成部分:信息发送者(说课教师)、信号(以语音与相关图像为主)、信息通道、信息接受者(又称受众,听评课教师),要建立流畅的并给受众留下较深刻印象的通道,说课教师就要精心设计,使这部分说课内容达到观点鲜明、说理有度、自圆其说。

5.2.3 说课是"真诚的告白"

一般说课安排在备课之后上课之前进行,说课说在教学效果产生之前,暂时无法得到实践效果的验证。未经验证的教法与过程设计不宜用十分肯定的语言来表达,不宜过多地"赞颂"自己。从备课写教案,再转向说课,也许这并不难,难的是说课之后,能引起教学研究人员与同行教师的同感、启示和共鸣,引起听者争论也不失为一次有意义的说课活动。

5.3 说课的表达方法

说课主要通过语言、图表、图像以及多媒体辅助手段来表达。说课以教育科学基本原理为科学基础,体现说课的科学性,说课在表达过程中又体现出它的特殊艺术性。语言用于表达教学思维,交流情感;多媒体技术用于直观呈现,调动听者的视觉、听觉,引起注意;体态语言和相关演示操作,辅助呈现感性直观从而提高说课效果。

说课尽管有多种表达方式方法,但仍然以"说"为主,"说"中又以说理说服为主,配以适度的情感与情境表达。

说课进行中主要注意如下六点：①守时守信,不要随意拖拉；②说态自然、谦逊、大方；③语言简练、流利,速度适中；④条理清楚,层次分明,逻辑性强；⑤表述完整,理由充分,具体实在；⑥个人特长显现,有感染力。

此外,说课时还可适当展示有关板书设计、教学程序结构的示意图表和有关教学设备。

总之,说得新颖,说得有理,说得熟练就是一次好的说课。

思考题

1. 从教案的构思转换为说课构思,有的教师认为难在说出依据,对此又有教师认为"依据"可照抄课程标准,你认为"说依据"、"说理论"应当怎样根据自己的说课设计说得适当准确？

2. 你对说课是"说明书"、"新闻发布会"和"真诚的告白"的说法是怎么理解的？是怎么把握它们的"尺度"的？

6. 说课类型

说课的主体要素包括说课者、听评者以及组织者,而客体中介包括说课内容、方法与传播媒介,其中主体即教师是说课活动的核心要素。人的行为发生都有一定的目的和意图,按说课的组织管理的目标取向一般分为:教学研究型说课、等级评比型说课、典型示范型说课；按人员组合的多少与规模一般分为:组内随机型说课、群体展示型说课和小组互动型说课；以校本研修与促进教师专业化发展所开展的说课,要形成听、说、评系列,构成不同的说课模式。本书在"说课模式"与"说课与教学研究"中有具体论述。

6.1 教学研究型说课

为改变备课组、教研组的工作职能,改变传统的个体备课之后再到群体中介绍自己的备课教案,征求大家意见,形成对教案的共识,将说课纳入备课之中,不以如何设计教案为唯一话题,而先由组内一位教师将教案写成说稿,说后众人评议。这种说课可以每周或隔周进行一次,组内成员轮流进行,以提高对备课的理性认识。

这种常规性、经常性备课活动,如果没有明确的目的与任务,没有专题作为研讨项目并作详细记录,就容易陷入形式主义,不是为了共同发展,而仅是彼此完成一项任务。有些学校校长抓教学存在认识上的误区,先是抓教案,要求人人有教案,每学期开展一次教案评比,随后又抓集体备课,当说课活动开始流行时,又要求人人参与说课,而始终没有提出具体的研究方向和任务。其实备课写教案、写了教案写说稿,从教学系列活动来看,都只是提高课堂效率、效果的手段,而不是目的。要将手段与目标指向联系起来,就必须改进与改善"手段的过程"。

某小学在开展教师说课时,采用如下办法:一是邀请教学研究人员为全体教师作"关于说课"的专题报告,让教师明确什么是说课,怎样说课；二是在语文与数学组的教研活动中开展说课试点,由语、数两门学科各一名骨干教师承担说课任务；三是在集体讨论、专家介入指导后由两位骨干教师在全校教师大会上作尝试性示范性说课；四是在上述工作基础上,第二学期由教导处拟定说课计划,各教研组针对备课中存在的共性与难点问题,作为说课的研究项目,形成"听——说——评"有目的的系列研究活动。

6.1.1 教学研究型说课的特点与功能

教学研究型说课是以不断促进与改善教师个体与群体日常教学,提高备课理性水准,以突破教学难点问题,探讨教学热点问题,寻找解决方法而进行的说课,因此它具有经常性、参与性和实践性特点。

经常性特点,表现在它能进入教师的文化生活,生成新的教研话语系统,改善教师教学的思维状态。

参与性特点,使教师个体与群体的主体意识增强,大家以说课为载体,彼此之间易形成"同伴指导"与"同伴教练"关系。

实践性特点,使这种说课能不断地去解决教师在学习中自我醒悟而发现的问题,并将这些问题提高到不是就事论事,而是理性审事,将课堂建构与课堂实施方案结合起来去解决。

6.1.2 教学研究型说课的基本程序

这种类型的说课,一般以教研组、年级组或备课组为单位,以一个研究专题或一个值得争议的问题为主题,选择一堂或几堂课的教学设计,将其提升为说课形式进行集体研究,目的是促进教师在切磋中提高课堂施教能力。

(1) 集体研讨,确定说课内容和研究专题

一般由组长提出研究方向,如"新课程新教法研究"、"新教材的教学最佳程序设计",在共同商定相关课文后,开展以新理念为指导的教法探讨与程序设计的初步探索,并研究关于如何说课的初步构思。

(2) 分头准备,撰写说课稿

如果在集中讨论阶段已有相对共识的教法或程序,可以其为基准,在各自备课的基础上,进一步钻研教材,查阅资料,写出各自的说课稿或说课案例。

(3) 集中说课,做好记录

这种集中说课不是"各自为政"、"各说各的",而是围绕共同话题,显现各人的教学智慧。大家既是说课者,也是评课者,围绕中心话题展开评议。

(4) 合作研讨,提出改进方案

以讨论教学方法为例,可以围绕如下几方面展开:①这种教学方法是否切实可行?能否找到更为准确的理论依据?②该教法的实施应具备怎样的先决条件?课堂上还要营造怎样的教学环境?③这种教学方法将会带来怎样的教学效果?这些问题都需要深入研究,在各人说课材料中和研讨中找到共同的答案。如果意见不统一,可以求同存异,允许保留意见。通过课堂教学实践检验,找出改进措施。

(5) 总结反思,积累经验

说课的反思来自同伴的合理化建议,来自课堂实践的检验以及自我的再学习。在上述系列活动之后小组负责人要提出总结反思的专题,一方面让教师个体总结反思,另一方面要有专人将上述系列活动用文本的形式留档,以便形成有一定理性指导的专题经验。

6.2 等级评比型说课

等级评比型说课,是鉴定、评价、认定等第,以比较优劣为主要目的,以发扬优点,相互学习借鉴为次要目的。按组织者的层次分为省、市、区县和校级评比,一般程序如下:

(1) 确定说课对象和说课内容

参选教师可以由组织机构指定,也可以在指定范围内的教师自愿报名。参选者根据组织者的规定范围,确定课文内容,按具体的说课要求做初步准备。

(2) 钻研教材,撰写说课讲稿或提纲

参选者根据组织者要求,备好教科书,到达现场后根据抽签,确定章节,然后在规定的时间内按要求写出说稿或说课提纲。

(3) 按要求依次说课

说课者按有关规定,面对评委说课,并在规定时间内完成。

(4) 综合评价,评定等第

评委根据预先制定的评分标准,采取定性与定量相结合、群体合议形成共识的办法评出名次或等第,给每个说课者写出综合评语。对评比结果,可以现场反馈,也可以事后反馈。评语要立足发展性评价,充分肯定优点,同时指出不足及努力方向,为进行职称评定或奖励定基础。

对于参加评比型说课活动的说课者来说,应把它看成是机遇也是挑战,要消除焦虑感,调整心态积极应对;对于评价者要客观、公平、公正、公开地参与评价,以负责任的态度对参评者作出鉴定。

从目前说课的项目与内容变化上看,已经出现了下列几种不同的评比型说课:

一是专题式说课,即不要求说课教师说出一节课设计及其依据的全部内容,只选择其中1~2个板块,如说目标设计与教材分析、说教法与程序等。

二是组合式说课,即说课者根据要求,先在指定时间内完成一份简案,之后在提交简案时说出教学构思、思路和教学策略。

三是程序式说课,即说课者可以事先对指定的说课课文做准备,在进入说课评比现场后除按说稿说课外,还要回答评委提出的问题,问题是围绕着说课内容的深化和拓展而展开的。

6.3 典型示范型说课

以点带面,发现典型,树立榜样,集中展示是区域教学研究活动中经常采用的办法。作为区(县)的教学能手和教学骨干,理应成为说课能手,通过说课展示让他们在一定范围内起示范引领作用。

典型示范型说课的一般程序如下。

(1) 发现典型,明确目标

区(县)、乡、校一级教研部门,为了规范化推广包括说课在内的教研活动,要深入课堂听课,发现教学有方、教育有成效的教师,尤其是具有个性化教学思想的教师,让他们以说课、上课的示范行为,推广先进的教学经验。

(2) 重心下移,阵地前移

各级教学研究人员和学校领导,在推进新课改进程中,应在教学第一线作调研,用不同层次的优秀任课教师作为教改的领军人物,帮助做好示范型说课的准备工作,做好说课活动的具体指导。说课人选、说课内容与说课形式,要在校领导、教研人员和教师三方共同协商下作出决定。

(3) 说课展示,记录在案

典型示范说课的目的不仅是让听课教师进一步明确什么是说课、怎样进行说课,还要让聆听者从中获得说课教师先进的教学思想,感悟说课教师的教学智慧。示范型说课的组织者在说课前要明确告知这次活动的意图,介绍示范的内容与项目,以便让听课者带着学习的意向进入现场。说课与评析过程要全程记录或录音,这是开展实践研究最原始的资料,应给予充分重视。

(4) 总结反思,专业引领

示范型说课关键是示范什么、总结推广什么。因此组织者既要重视过程的组织,又要善于作阶段性总结归纳,通过总结规律性经验,结合专业研究人员的理论研究,为进一步深化教学研究活动创造条件。

6.4 组内随机型说课

组内随机型说课是一种非组织型说课，只要个人有说课意向，组内其他教师也乐于共同探讨，可以不拘场所，不限时间，也无固定内容，灵活进行。这种说课也可称为"微型说课"，它是新型教师教研文化的重要组成部分。这种说课的优势主要表现在如下几方面：一是只要涉及课堂教学的方方面面都可以成为彼此交流的话题，从而有利于形成浓厚的说课氛围；二是有效利用课余时间，积零为整，以说课为主要形式，进行包括教历研究、叙事研究在内的合作实践研究。

[案例6—1]

江苏省江阴市华士实验学校夏青峰（小学特级教师）在《名师备课经验》一书中列举了如下一个案例："圆周长的一半等于半圆的周长"。判断错误。究竟什么是半圆呢？如果说圆是一条定点到定长的封闭曲线，那半圆不就是这曲线的一半，这不正好是圆周长的一半吗？把直径纳入进去形成半圆，不就承认圆是一个块而不是线了吗？有一天，我突然醒悟并为此感到兴奋，并和老师们交流，老师们也大呼其对。可是过几天，我还是不放心地去翻了《数学大辞典》，它明确告诉我"半圆就是半条弧和直径所组成的圆形"。我空欢喜了一场。这个知识点其实是次要的，关键是我们花了那么长时间，去让学生搞懂连自己也不确定的东西，其价值何在呢？

以下是一种组内教师之间反思性的说课交流。

上海市思源中学语文教师杜玉在组内交流时，从反思和感悟的视角作了如下发言："我认为教师拿到一篇新的文章后，要自己首先熟悉它，仔细揣摩每一句话、每一段话在文中的含义和作用，让文章的语言好像都出自我的口中、出自我的心中，然后在整体理解的基础上确立教学目标、重点和难点。""有时，自认为有了一定教龄，往往会习惯于已有的知识积累，在备课时容易导致走入自己的传统思维之中。上周的一次教学督导，我和徐老师商量着《可爱的地球》一文，因为这篇文章用一课时就能上完，以便给听课老师一个相对完整的感觉，当我们各自备完课后，教研员的一句话给我开启了新的思维，她说：'《可爱的地球》，这可爱包含作者的情感内涵，文章中相关语句应让学生找出来，领悟领悟。'我听了这些话后，感觉在自己已经比较僵化的思维中开启了一条缝。因为，在我看来，说明文，只要围绕说明文的四个方面讲清楚就行，从来没有想过说明文也不是无情之物。因此，在后来讲授《罗布泊，消逝的仙湖》课文时，我们就比较好地处理了这个问题。"

6.5 群体展示型说课

群体展示型说课是一种有专题组成式的教学研究。一般由若干名教师根据组织者要求，在不同教室开展说课活动，然后将说课内容付之课堂教学，最后说课组织者或教学研究人员对说课教师及课堂教学作出评价，并提出导向性意见。

一般情况下，示范型与评比型说课都采用群体展示形式，根据需要其规模和参加人数可有所不同。群体展示型说课具有一定的规模效应，给众多的教师提供学习机会。倘若没有为听课者提供一定的资料，如说课稿、教案以及所要推广的经验等，专家集中式评课者不精心准备，就会大大削弱应有的教育效应。

6.6 小组互动型说课

小组互动型说课是指甲、乙两组教师可以互为说课者与评课者，实行角色互换，双方对说课具体项目内容与说课方法进行动态探讨。

甲组教师集体备课,拟出备课提纲,再写成说课稿,由一位代表进行说课;乙组教师要求事先熟悉相关教材后参与听评活动。第二次说课由乙组承担备课与说课任务,甲组参与听评活动。

小组互动型说课可以发挥小组的集体备课优势,克服个体承包式说课的弊端,因有角色互换,大家都会处在主动参与状态,充分调动双方的教学研究的积极性。

除了上述几种常见类型外,还有研修型说课与师资培训型说课系列,本书在说课与教研、说课与校本培训的章节已有详细阐述,此处不再重复。

6.7 拓展型说课

有人把说课分为示范式、训练式、汇报式、评比式、考试式、预演式、反思式等多种类型;如果按课程类型分则包括基础课程说课、拓展课程说课和探究课程说课;如果按照设计者的目的和需要,我们可以把这些类型再归为两大类,即考核式和评比式。考核式说课的特点是趋同,评比式说课为求异。

目前,学校课程包括国家课程、地方课程与校本课程,按功能分又有基础型课程、拓展型课程与探究型课程。学校开展的说课主要是选择基础型课程的教材为载体,但随着学校课程的多样化和教学活动的多样化,说课的内容也拓展了,形式也更丰富多彩。

上海市杨浦区小学骨干教师(中原路小学)华鸣在作文教改中,颇有创意地上了一堂基础课程中作为教学的拓展型改革课,她的说课稿有一定新意。

[案例6—2]

《写段:一只桔子(或其他水果)》作文教学的说课

1. 背景分析

《上海市中小学语文课程标准》在"总目标"中要求学生:"养成观察生活、体验生活、思考生活的习惯,能及时记录自己的所见、所闻、所思、所感;能用规范的书面语正确表达自己的思想感情……"

《一只桔子(或其他水果)》是上海S版教材四年级第一学期中的一篇写段。它要求学生:"把一种水果分几个方面先说清楚,再写下来;注意用词正确,语句通顺、连贯。"教材还提供了一篇例文《一只西瓜》,旨在教会学生:可以从几个方面写一种水果(形状、颜色、重量、味道),每一节写一个方面。

2. 作文教改思路

(1) 作文教学是语文教学极其重要的组成部分,然而,目前作文教学的境况却不如人意。学生缺乏应有的主动性、积极性,创造精神和创造意识更是缺乏。

针对上述情况,我提出了"学习、批判、独立、创新"的作文课堂教学模式。在作文教学中,把教学生"学会学习"作为最重要的职责。在作文教学中,教学生学会欣赏、学会批判、学会独立、学会创新,以真正提高作文教学的实效性。

(2) 为了与二期课改的教材内容相结合,我对教材作了调整:首先是课题改为《我喜欢的一种水果》;随着课题的改变,教学目标也作了相应的调整,重点落实在指导学生在介绍水果时要突出"喜爱"之情。

在学生眼里,教材具有无可怀疑的威信。实际上,任何一篇作文,都有可推敲、可探究之处。学无止境,"改"亦无止境。在教学中,我注重培养学生对例文"叫板"的勇气;培养学生敢于直面教师发表自己观点的勇气(第一次让学生点评教师的下水文)。

3. 教学步骤

(1) 明确教学目标

首先,我要求学生读懂本次写段在写作以及语言文字上的教学目标:"把自己喜欢的一种水果分几个方面写清楚(每一节写一个方面);注意用词正确,语句通顺、连贯。"

(2) 学习教材中的例文

作为教材中所编写的例文,一定有值得学生学习、借鉴之处。

在课堂教学中,我设计了"夸夸例文《一只西瓜》"这一教学环节,目的就在于通过例文的学习,明确可以从水果的形状、颜色、重量、香味、味道等几方面把自己喜欢的水果写清楚,还可以通过"看、摸、掂、尝"等方法,运用学过的修辞手法把水果写具体。

学生在课堂中回答:文中对西瓜形状的描写运用了比喻的手法:"桌子上放着一只圆圆的西瓜,这瓜就像一只碧绿的大皮球(把西瓜比作碧绿的大皮球)";对瓜瓤和瓜子的颜色描写也很贴切:"鲜红的瓜瓤出现在我眼前,几粒乌黑的瓜籽镶嵌在瓜瓤中";文中还注重语句前后的呼应,例如:第一节中"我想:这瓜已经熟透了吧!"和第三节的第一句"用刀轻轻一切,'嚓!'一声,瓜自己裂成两半"等。

通过品读,学生体会到了小作者把西瓜每一个方面写具体的方法,在学会欣赏的同时学会了积累。

同时,我还设计了"你能让例文'更上一层楼'吗"的环节,培养学生批判地学习例文的勇气和方法。

(3) 点评教师的下水文

我写的这篇下水文名为《甜甜的石榴》,目的在于:既想让学生巩固和积累把水果某一方面写具体的方法(提供词句),同时提醒学生介绍水果时还可以写一写它的营养和药用价值(当然,也可以引用一些相关的古诗)。

在下水文中,我还设计了一组小作者与母亲的对话。让学生读读找找文中人物的语言,复习对话描写中提示语在中和提示语在后的句式。通过品读让学生体会这样写的好处:让品尝水果这一环节透出浓浓的母子情、母女情。

我认为,教师在课堂教学中有责任营造民主的教学氛围,鼓励学生用"独立"的眼光去评判教师的下水作文。

我故意设计了一组词语:"像一粒粒水晶玻璃似的"和"珍珠似的"果肉,告诉学生仔细品读会发现"珍珠似的果肉"这个比喻并不恰当,那句话可改成:"我剥下许多晶莹透亮的果肉,放在果盆里。"

教师的习作也只是仅供参考,不要迷信教师,这是我想传递给学生的又一个信息。

(4) 片断小练笔

通过两篇文章的学习,学生对写好这篇作文已心中有底。于是,我请学生拿出自己喜爱的水果,选一个方面写一写:或形状、或颜色、或重量、或香味、或味道、或营养以及药用价值等。

最后,告诉学生水果不仅好吃,而且有利健康,例如西瓜能清热解暑;香蕉有助睡眠;苹果可以降低胆固醇、预防胆结石等等。相信他们通过今天的学习,对水果的观察会更仔细,也会更加喜爱我们身边的营养宝库——水果。

【课后说课】

在点评书上的例文时,学生表现得比较大胆,因为在此以前已进行过几次。他们修改了例文中的标点:"令我口水直流。"把句号改为省略号;"啊!好清凉,好甜。"把句号改为感叹号。标点的改动令文章生辉。除此之外,例文中并没有出现对话的形式,学生巧妙地把最后一句话改为:"'啊!好清凉,好甜!'我情不自禁地说。"我听后,示意学生:掌声响起来……

当然,学生也有想改但没改好的句子,一位学生说:"我把西瓜托起来,掂了掂,哎!还真沉呢!我费了九牛二虎之力。"我在表扬他的同时及时加以纠正:"我费了九牛二虎之力把西瓜捧起来,掂了掂,哎!还真沉呢!"

听了他们的发言,我感到欣慰。"文章不厌百遍改",学生敢于批判地学习例文不仅需要勇气,更需要对词句的理解。

民主氛围的营造,为学生点评教师的下水文打下了基础。一位学生认为老师习作的开头和结尾比较好:用设问句式设计了开头,用反问句式来结尾。实际上这也是我写这篇下水文的目的之一,为"从段到篇"打下基础。而这一目的是通过学生在自主学习中发现的。另一位学生在结尾处的反问句前,加了三个字:"你们说,"句子成为:"你们说,我能不爱石榴吗?"我发现后及时表扬。学生学习的热情高涨……

在学习中批判,在批判中学习。我发现学生乐于接受这一形式的作文教学。同时,我认为这对培养学生学习的主动性、积极性,以及他们的创新意识是有益的。

附教师下水文:

甜甜的石榴

同学们,你们知道我最喜爱吃什么水果吗?告诉你们吧!我最爱吃的水果是——石榴。

石榴的形状圆圆的,像一个娃娃头。可它和其他水果不一样,顶端还"梳"着一个洋葱瓣。

石榴的外表并不好看——褐色中带点红色和黄色。

我顺手拿了一个,用手掂了掂,哟!分量还不轻呢,大约有三、四两重。

它的外表虽不好看,但它的"内心"准会让你惊叹一番。不信?你瞧,我用水果刀在石榴的果皮上切开一道口子,然后用手一掰。哇!一颗颗白里透红的果肉像一粒粒水晶玻璃似的呈现在我的眼前。如果你用鼻子凑近一闻,一股特有的水果香味扑鼻而来。我再也忍不住了,急忙抠下一颗水灵灵的果肉塞进嘴里,轻轻一咬,顿时,一股甜甜的汁水流出来了。"嚄!真甜啊!"我吃了一颗又一颗,那甜津津的味儿,让我回味无穷。这时,我看见厨房里妈妈忙碌的身影,一个念头在我脑海里闪过。对!让妈妈也来尝尝这石榴。想到这,我剥下了许多珍珠似的果肉,放在果盆里。"妈妈,您快来尝尝这石榴。"我来到厨房,把果盆里的果肉塞进妈妈的嘴里,"它可甜啦!"妈妈边吃边不住地点头:"真甜!真甜!"望着妈妈那喜悦的神情,我心里乐开了花……

石榴不仅好吃,从电视节目中我还知道它那土里土气的皮,还是专治拉肚子的中药呢!我能不爱石榴吗?

思考:

(1)老师是分哪几个方面来写石榴的?是怎样把每方面写具体的?

(2)老师写出了对石榴的喜爱之情了吗?请你评一评老师的例文,谢谢。

思考题

1. 如果你被确定为典型示范型说课对象,根据其一般程序,你认为应怎样做好构思准备、资料准备?怎样写出具有你个人特色的说课稿?

2. 教研型说课关键性步骤是"集体研讨"和"集中说课",结合学校实际,你认为应如何选择主题,设定一些话题以提高说课的实效性?

7. 说课艺术(一)

何谓艺术?《现代汉语词典》的解释是"用形象来反映现实但比现实有典型性的社会意识形态,包括文学、绘画、雕塑、建筑、音乐、舞蹈、戏剧、电影、曲艺等"。《简明社会科学词典》的解释是"用语言、动作、线条、色彩、音响等不同的手段构成形象以及反映社会生活,并表达作家、艺术家的思想感情的一种社会意识形态"。此外"富有创造性工作方式、方法"也被认为是艺术。

教学是一种科学的艺术性创造活动。不少教育专家认为:教学的艺术与科学有双重意义的相关性,一是教学活动的科学规律是通过教学艺术孕育和发展起来的;二是教学活动又必定是教学的科学规律的艺术再现。也就是说,教师的教学活动既是遵循科学规律的艺术性创造劳动,同时,又不断从教学艺术探究中,丰富教学科学。

说课作为一种新颖的教研活动,它是由系列性活动构成,就教师的"说"而言,说者是采用了艺术的表达手段,如语言、神态、动作、图像、音响等,同时说课又是教师(包括个体与群体)富有创造性的工作方式、方法。如说课中的简洁、精要的表达,高度浓缩一个完整的教学准备和实施过程的巧妙设计等都是教师艺术化的表现。

7.1 说课是一门艺术

河南省新乡市被人们认为是说课的起源地,该市的红旗区编辑的《说课论》给出了"说课艺术"的界定:"说课艺术是指说者运用说课技术和手段,创设优美的说课情境,将说课内容和信息巧妙而有效地传递给听者,并使听者产生深沉而快慰的美感。这种说课艺术就是说课者的高深教学造诣和听者美的享受的统一。也即说课艺术是说课者个人素质修养基础上的丰富造诣,是上述说课方法和手段熟练而巧妙的运用"。

以上界定是否精确、完整暂且不论,但从中可为我们打开认识"说课艺术"之门。说课艺术至少包含如下三层含义。

一是说课不论内容形式,本身就是一种创造:它是快餐式的教学预演,是教师之间新型的理性话语的交流。

二是说课现场是说课规范和教师表达美的形象与情境的组合,是说课者教学魅力与聪明智慧的表演舞台。

三是说课艺术不追求"虚假"、不追求"外在",而以最终优化课堂教学,提高教学效率,提升教师素质为宗旨。

7.1.1 说课本质特征的呈现是说课艺术的基础

说课从某种意义上说,是课堂现实通过某种艺术加工、选择、处理后的形象化再现。说课中教师的口头表达艺术的张力,受说课性质与宗旨的制约,也就是说只能以现实课堂为基础。在这样的基础上,说课的艺术表现力,就以教师个体差异与教育对象的不同而展开。

为了充分呈现说课的效能,教师首先要丰富自己的知识内涵,深究教学活动科学原理,然后在此基础上像艺术家一样,运用灵感、激情、想象、创造性思维等艺术活动的各种要素,通过说课充分表达、展示、交流和反思自己的教学观、学生观和教学过程观、教学基本途径,从而获得最优化说课效果。其次说课还需要换位思考,关注听者,并与听者建立密切的互动、共进的关系,从而促进包括说课活动在内的系列教学活动的开展,提高教学质量。

7.1.2 说课手段的丰富性是说课艺术的必要条件

语言是表达思想情感,反映社会生活最直接的工具,正如马克思指出的"语言是思想的直接现实"。说课中的教师语言就是最主要的手段和媒介。"运用语言可以表达出那些不可触摸和没有形态的东西,亦被我们称为观念的东西;还可以表达出我们所知觉的世界中那些隐蔽的,被我们称为事实的东西。"[①]教师说课中的"观念"、"程序事件"、"事实材料"都要靠语言来表达,因此可以这样说,说课的艺术性,首先是教师语言表达的艺术性。

说课的辅助手段主要是现代教学手段(图像、色彩、音像等),作为多样化信息传递的媒介,它可

---

① 《艺术问题》,中国社会科学出版社1983年版,第22页

以让听者听觉、视觉介入，引起注意帮助理解说课内容，提高说课效果。其次是教师的体态语言，教师适当应用姿态、动作和表情等非语言手段，来增强口头语言的效果。此外，说课时必要的演示、操作感性直观，能起着相辅相成的效果。各种手段的优化组合，构成了说课必不可少的条件。

7.1.3 说课功能的多样性，构成说课艺术的基本特征

说课艺术不仅在于外显的表现力，而且还在于内涵的丰富性与创造性。说课的教研深探、观念提升、教师新文化的形成、师资培训以及促进专业发展的多样化功能，都呈现在艺术化的说课过程之中，并和艺术的三大功能——认识功能、教育功能和审美功能相呼应。"说课"加深了教师对教学活动的认识，促进了教师的自我更新、自我发展。成功的说课活动不仅内容美、语言美、结构美，还有情感美和教态美。

7.2 说课艺术的优化

教学是一门艺术，这是被许多中外教育家得出的共同结论。说课属于教学活动的范畴，说课艺术就和教学艺术有着密切的关系：一是两者都是教师教学智慧的表现，都能较充分反映教师个性与教学风格；二是两者互为包容，具备了这样的包容，教师在说课时，就能反映出这种艺术的基本状态。由于说课现场与教学现场各不相同，因此教学艺术与说课艺术还有不少具体的差异。

说课艺术的优化，首先要从课堂教学设计的优化做起，教学设计既要符合教育规律、遵循现代教学理念，又要充分发挥教师的聪明才智，尤其要优选最适切的教学方法，因为教学方法是教学科学性与艺术性的操作中介及其信息的载体。其次要不断提高说课语言传播的艺术性，掌握说课内容甄选艺术，把握说课方法运用的艺术以及心理调节的艺术。

7.2.1 说课语言传播艺术

教育心理学家认为，语言是教师最重要的创造工具。很难想象语言平淡、逻辑混乱、缺乏激情的教学语言会带来好的教学效果，同样说课之魅，就在于语言之魅。

根据英国教育心理学家恰尔德的研究，教师的讲授和口头言语表达应具有下列特点：

描述简洁规范，重点明确突出；

根据学生的年龄和知识水平，运用易于接受的适当的语言；

不用含混不清或拼凑的语言；

多用简练而具有吸引力的新闻报道式语言；

恰当地运用比喻或隐喻；

保持语言的流畅性和不间断性；

讲授尽早进入主题，重点不烦琐，发音要抑扬顿挫，增强语言效果；

利用副语言，辅以动作表情。

由于教师说课的内容和对象都与课堂教学语言不同，那么教师说课的特点应当是什么呢？

(1) 科学性

说课中无论是说理，还是说教学设计都要熟练应用符合教育理论、教育常规的语言，并做到逻辑严谨、层次分明、前后连贯，能让听者清晰地明白说者的教学思路和理论依据。

(2) 创造性

教师的劳动具有很强的个性化特点，几位教师上同篇课文时，他们的课堂语言仍然会有很大的差异。因此，说课语言同样存在着人际差异，每位教师都可以借助说课平台发挥各自的创造性。教师可根据学科特点、教学内容以及自己教学设计的特点，充分张显自己的语言表达能力。例如，是

说理在先还是陈述在先;何处要重点强调,何处可简略带过;何处要声情并茂,何处侃侃而谈等等,都以充分发挥说课各种功能为目标,以便使语言表达做到科学性与艺术性的统一。

(3) 交流性

说课的功能载体很大程度在"说"的语言的交流与沟通上。"传播不仅仅是传播者向受传者传递信息的单向过程,而且具有信息交流的双向性质。这是因为传递者在发出信息后,总是根据受传者的反馈信息来调整自己的传播行为,以便取得最佳的传播效果。"[①]从某种意义上说,说课就是"传播",必须建立双向互动与交流关系。

说者,即传播者要用与所要表达内容相匹配的词语,如独白用语、告知用语、教学用语、演讲或朗诵用语等有效地传递预先设计的信息,做到有讲有演、有说有议、有问有答、有读有讲等相得益彰的语言传递。

听者,即受传者,他们与新闻学中所指的受众有很大的不同,他们有明确的意识倾向,是带着学习、交流、参与、共享的心态来聆听并参加评析的。

7.2.2 说课内容甄选艺术

本书在"说课内容"一章中已对"说什么"、"怎么说"作过详细论述,随后又在"说课策略"一章对说课的程序设计作了策略性探索。在此,主要从说课内容遴选、甄别的艺术,说课内容的整体构思与安排的艺术作一番探究。

说课中的语言是说课表达形式的主体,它以说课自身的内容为依托,否则就会变成"无源之水,无根之本"。教师说课要既"述",又"作",使"述"、"作"优化结合。

(1) 思路清晰,层次分明

教师说课时首先要精读教材、熟悉教材,用新课改理念审视与处理教材,其次对所要说的内容作高屋建瓴的统整,处理好整体与局部的关系。

所谓"思路清晰"就是指理清的脉络和结构,从说稿的文本表达上一般有如下几种思路。

一是"总——分——总"式。在作教材简析后,先不具体呈现说课的项目内容,而是以新课改理念为指导,介绍本堂课的总体设计构思,然后引入课标的设定、重难点确定与分析,再按课的结构阐述教学过程,最后作简要小结。

二是矩阵式。在作课文名称、版本介绍后,立即以说课的若干板块展开:说教材——说学情——说教法——说程序,并以各项目为名称,将说理与说过程、方法的相关内容分解在各板块之中。

三是论述式。在对教材作分析、解读、处理后,引入对教学目标的确认,随后以论文标题的形式,将说理与程序过程组合在其中,最后作简要小结。

例如,一位说课教师是以"动画激趣,引生入境";"初读课文、自主识字";"巩固识记,指导书写";"读文延伸,感悟拓展"这四个标题来书写说稿的。

所谓"层次分明"是指不论采用怎样的说课文本结构,都要建立层级关系、内在机理关系。当然不仅外显于说稿的段落分明,理出大小标题,还要在切入点、呈示点、延伸点和拓展点上作研究。上述的"矩阵式"说课构思中,如果本人的教法有独创之处,那么说稿的层次就应从"教材分析处理"之后便引出"教法",并建立两者之间的因果关系;如果本人教学过程环节具有环环相扣的特点,那么就要加大这部分说课内容。

例如,一位教师在说小学二年级语文课《台湾的蝴蝶谷》时,以三个环节为教学过程设计的标题:环节一:赏读课文,创设情境;环节二:阅读探究,品词品句;环节三:理解运用,拓展升华。

[①] 戴元光:《20世纪中国新闻学与传播学》,复旦大学出版社2001年10月版,第82页

(2) 探究规律,理清轻重

教学是科学又是艺术,科学讲规律,如何遵循教育规律,各人有创造,各人都可以自己积累的艺术手法来表达和实施。说课要讲教学规律,也要充分呈现自己以艺术的手法遵循规律,揭示因果关系。

整个说课过程就内容而言,总是围绕"是什么"、"为什么"和"怎么样"三个大问题展开,其中关键问题是讲清规律,说出道理,揭示因果。

[案例7-1]

一位高中数学教师在进行"异面直线"教学时,从概念教学的"理"说起,随后说出概念教学的"序":"新课程标准强调学生在学习过程中的体验,强调学生主动参与学习活动,这对于教学知识的意义建构非常重要。我注意设计概念的引入情境,启发学生体验概念的形成与同化过程,把握概念的本质特征(内涵),弄清概念所包含的各种变式(外延)。异面直线的概念学习,首先引入生活中的例子,从南到北架设电线越过原有的从东到西电线,它们能相交吗?如果相交会发生什么情况?不相交,那么这两条线可能平行吗?这样学生深刻认识到空间中存在两条直线不相交也不平行,我们称这种位置为异面直线……"

在说课中"说教学目标"是必要内容和重要内容。如何把"目标"说好呢?有的说课教师只注意到解答"目标"是什么,而没有充分重视在"教学过程"、"教法"的表述中与目标建立必然的联系;有的教师对"重点与难点"也仅停留在"是什么"的表达上,而在教学过程中看不出如何突出重点、化解难点。

由此可见,说课如果只重视表达"是什么",而没有认真研究重要环节安排的"为什么",以及核心、重点内容的"怎么教"、"怎样进行",都会影响说课的质量。

(3) 构思新颖、张扬个性

正如华东师大郑金洲教授在其《教学方法应用指导》一书中所指出的今日之教育教学活动,"道"已充裕,"学"渐丰满,唯"技"阙如。意思是如今新教改里教师了解了不少,新教学规范与规则也了然于胸,而新理念、新规范如何转化为具体的方法与技能却不尽人意。而说课正是一个"化理念为方法"、"从肤浅走向深刻"的有效载体。

说课活动对教师来说,其功效在于它能不断促使教师去思考诸如为什么这样教,这样教会产生怎样的教育效果,我的教学价值取向是什么,我将获得怎样的教育规律和教育理论的支撑等一系列问题。每个教师都有自己的个性与教学之所长,一旦提升了自己的教学的理性思考,教学设计就会出现新的创造。

说课安排要做到构思新颖,需要从如下几方面努力:一是充实内涵,精心备课。教师有丰实的文化内涵,才能深刻解读和剖析新课程与教材;精心备课,实际上是"磨刀不误砍柴工",深度走进学生,立体式解读文本,有效策划课堂,才能产生出优秀教案。二是勇于反思,大胆改革。教学研究表明教师的反思和经验累积是走向成功的两个最有效途径。反思备课、反思教学、反思说课,就能不断修正与充实自我;反思深刻,就能促使下一轮的说课跃上新台阶;反思深刻,评说者感受就深;反思深,构思才新。下面有两个案例,一个是教学过程设计中,以问题推进学生的思维活动,又在交互中再生成问题,构思颇具匠心;另一个是引用时事新闻创设一个情境导入式的课堂教学。

[案例7-2]

新课程特别强调问题在学习活动中的重要性。一方面通过问题来推进学生的思维过程,另一方面通过学生多种形式的交流互动再生成问题。教学过程能否有效推进,师生能否有效互动,都取决于这两方面的问题设计质量。所以精心创设问题情境又是教学设计的重要一环。如在"用字母表示数"的教学设计中,我通过师生间年龄问题的操作,让学生来理解"$a+26$"这个式子的意义,这时我送给学生一首儿歌:一只青蛙一张嘴,两只眼睛四条腿;两只青蛙两张嘴,四只眼睛八条腿;三

只青蛙三张嘴,六只眼睛十二条腿……为了引导学生从儿歌中发现数学规律,推进学生的思维进程,我设计了三个问题:

(1) 请同学们用十只青蛙来编一首儿歌。
(2) 你们发现了儿歌中有一种怎样的规律?
(3) 请你们运用刚才学到的本领,想个办法把这首儿歌读完。

在后来的实际教学中,我通过上述三个问题予以引导,学生自己发现了规律,并运用学过的知识,创造了七种编法。这样的问题情境不仅引起了学生积极的探究欲望,而且成为整个教学过程推进和发展的重要动力。当学生说出七种不同编法后,我又根据互动信息再生成三个问题:

(1) 选择:你觉得哪些编法既简洁又合理,你喜欢哪一种?
(2) 归类:与这种创编法接近的还有哪几种?
(3) 质疑:对其他几种编法有什么意见?

这样的问题,既强化了"有效信息",又利用了"错误信息",进而开发了学生的原始资源,实现了教学过程中的资源生成,从而形成新的、又具有连续性的兴奋点和教学步骤,使教学过程呈现出动态的创生性质。当然课堂教学是千变万化的,教师在实际教学中要注意运用教育机智,根据即时情境,有针对性地发问,决不能生硬照搬预设的问题。①

[案例7—3]

一位教师在教学百分数的应用时,以敏锐的数学眼光,及时地抓住北京申奥成功不久的有利时机,把申奥成功这个刚刚发生的学生熟悉的素材作为数学教学的活教材,并且对素材的处理也非常得当。开始,播放申奥成功时那段激动人心的录像,让学生再一次感受到了成功的喜悦,渲染了现场的学习气氛,提高了学生探索发现的兴趣。接着,教师没有纠缠于申奥成功的具体情节,而是迅速地抽取了"申奥得票数"这个对数学有用的信息,以统计图的形式呈现给学生,迅速地把生活情境转化成了数学情境,引导学生通过比较,提出数学问题。然后,教师引导学生用百分数的知识来分析数据,师生共同提出本节课主要要探究的问题——"北京的得票数比多伦多多百分之几,多伦多的得票数比北京少百分之几"。这样,将本来很枯燥的百分数应用题的题材生活化,使学习材料具有丰富的现实背景,增加学生的信息量,提高了学生探索的积极性,使学生体会到生活中处处有数学,感受到数学的趣味和作用,体验了数学的魅力。②

思考题

1. 有过说课经历的教师都会有不同的体会与感受,学习了本章内容后,你对"说课现场是说课规范和教师表达美的形象与情境的组合"这句话是如何理解的?

2. 深入而精确地研究"受众"是提高传播效率和效果的重要方面。你在说课时是否充分做到"换位思考"、"移位思考",让听者听明白,有所悟,有所得呢?

8. 说课艺术(二)

说课的艺术很大程度上是从教师个体与群体的创造性工作方式、方法中表现出来的。说课者应当说什么、想说什么、怎样说的构思中都充满着技巧,体现着教师的创造性劳动。本书除了在"说课内容"和"说课策略"中指出"说什么"和"怎样去说"之外,此处主要从具体的处理技巧、工作技巧和技能上作具体论述。

---

① 肖川主编:《名师备课经验》数学卷,教育科学出版社2006年3月版,第23—24页
② 同上书,第110页

8.1 说教学目标的艺术

美国著名的教育学家布卢姆认为:"科学地确立学习目标是教学的首要环节。"他强调:"有效的教学始于知道希望达到的目标是什么。"可见,"目标"是说课的必要内容,也是教学设计和教学过程检验的标准。

8.1.1 教学目标的确定

每一学科每一章节的教学目标都是在该学科的课程理念,尤其是它的基本理念指导下制定的,从而形成了该课程标准制定的课程目标。这些课程目标又化解、分化为不同年段、不同单元的教学任务之中。可见确立某一章节教学目标,不能简单地照抄、照搬教参中有关目标的具体文字与段落,教师必须通盘了解总目标与分目标的目标系统。

例如教育部2001年颁布的《全日制义务教育语文课程标准(实验稿)》就制定了总共十个方面的课程总目标,突出强调学生在语文学习中的主体地位、关注现代社会对语文能力的新要求、凸现语文课程实践性本质的三个主题思想。2003年教育部又有了高中语文课程总目标——累积、整合;感受、鉴赏、思考、领悟;应用、拓展;发现、创新。在高中阶段各年级、各单元还有具体的单元教学目标,上海二期课改高一语文第一学期第一单元的教学目标是:从整体把握作品的深层内涵;理解语言和感情表达的内在关系,让学生通过咀嚼语言,体味作品内在的情感和意蕴,积极挖掘作品的人文教育意义,进而理解生命的意义,树立积极向上的人生目标。

总之,教师在确认每一篇课文教学目标时,应当对单元目标、年段目标与课程的总目标,都有所了解;要用新课程理念解读课程目标;用新课程的价值追求去更新课堂。

8.1.2 教学目标的表述

"目标叙写"应包括表达行为与内容两方面,既要表达养成何种行为,又要阐明这种行为能在其中运用的领域或内容。也就是说"目标"是叙写学生行为状态变化,而不是"叙写"教师教什么、怎么教。

课堂教学目标由行为主体(学生)、行为动词、行为条件和表现程度四个要素组成。

如果教师提出的目标是含糊、笼统的,那么就很难检测;如果教师提出的目标是明确、具体的,那就便于检测。如有教师提出"学会几个单词","学会"算什么要求?怎样检测"学会"的情况?英语单词"学会"至少可以有四种水平:①会认(再认水平);②会拼写(记忆水平);③会造句(模仿应用水平);④会很自然地用于口头和书面表达(熟练应用水平)。[1]

又如在数学课上教师提出教学一般目标是"通过这一单元的教学使学生学会解答一元二次方程式"。这就存在如下几个问题:学生解多少道题才行?有没有时间限制?解怎样的题(应用题还是式子题)?是否允许参考课文例解、其他资料和使用辅助工具?[2]

一位在全国说课评比中获优胜奖的小学数学教师的《轴对称图形》一课的教学目标,就比较具体明确:

(1) 初步认识轴对称图形,知道轴对称图形的特点,能准确找出各种轴对称图形的对称轴;

(2) 学生能通过观察、实验、阅读教材发现规律,提高观察和动手能力;

(3) 形成学习轴对称图形审美情趣,提高空间想象力。

---

[1] 李秉德主编:《教学论》,人民教育出版社2001年版,第67页

[2] 同上注。

教师确定与叙写教学目标,一方面要把学生"学"的要求细化,甚至量化;另一方面还要研究实施目标的载体与途径,为体现学生的主体作用,可以将如何达到目标的过程也适当作表述。

[案例8-1]

江苏省无锡市厚桥中学张亚娟撰写的《我们周围的空气》(人教版九年级《化学》第二单元)的前后两个教学目标,从中可以看出张老师对"教学目标"的修改是独具匠心的:

1. 知识与技能目标

(1) 了解空气的主要成分;

(2) 了解氧气、氮气、稀有气体的主要物理性质和用途;

(3) 初步认识纯净物、混合物的概念,能区分一些常见的纯净物和混合物。

2. 过程与方法

(1) 了解空气的组成;

(2) 了解混合物和纯净物的概念;

(3) 学会防止空气污染的一些简单方法。

3. 情感、态度与价值观

(1) 初步了解空气污染给人类带来的严重危害;

(2) 知道空气是一种宝贵的自然资源;

(3) 养成关注环境、热爱自然的情感。

修改后的新目标:

1. 过程与方法目标

(1) 通过对"测定空气里氧气含量"实验的操作、观察与分析,了解空气的成分;

(2) 通过对空气、氮气等几种常见物质的比较,了解混合物和纯净物的概念;

(3) 通过对空气污染情况的调查,知道污染空气的途径及污染的危害,学会一些简单的防治方法。

2. 情感、态度、价值观目标

(1) 组织开展以空气污染为主题的调查活动,初步了解空气污染给人类带来的严重危害;

(2) 通过介绍空气中成分气体的用途,知道空气是一种宝贵的自然资源;

(3) 通过广播、电视、报纸等传媒收集本地的空气质量日报,养成关注环境、热爱自然的情感。

张老师将过程与情感目标的"直接叙述",改为"过程情境性叙述",使"过程与情感"更加人性化,体现了新课改理念。

8.2 说教学重点、难点的艺术

教学重点和难点是实现教学目标的关键,因此教师必须根据教学内容确定教学重点,以学生的学情尤其学生的认识来判断难点,并采取突出重点、化解难点的各项教学措施,使课堂教学顺利地实现教学目标。

8.2.1 教学重点、难点的确认

所谓教学重点是指学科或教材内容中最基本、最核心的知识和技能。如基本知识及相应的基本概念、基本原理、基本定律、公式法则组成的稳定的知识应看成核心知识;而应用基础性知识去完成某些学习任务,并且是主要通过练习获得能够在实践中去应用的知识的一种能力被称为基本技能。

在教学重点中还有一些对学生的学习起着决定性作用的基本知识与技能,还被称为教学关键,如数学中的定义、公理、公式。所以教学关键也可以成为教学重点中的重点。

所谓教学难点,是指教师难教、难讲、学生较难理解或容易产生错误的一小部分教学内容。教材、教学内容作为认识的客体,有着自身的知识结构与体系,以其知识的深度、思维的难度表现出教学的难点,但它并不是决定因素,主要决定于教师和学生的素质与能力。不同学校、不同教师以及不同班级学生难点的分布、难点的程度显然各不相同。可见难点与重点相比,它有不稳定性。深入领会和掌握教学难点的这一基本特性,有助于克服确定教学难点时的盲目性和固定性。

8.2.2 教学重点、难点的相关性

教学重点与难点都是教学内容的主体,它们是具有特定内涵的两个不同概念,教学重点不一定是难点,一般情况下,教学重点中的局部内容很可能是难点,教学难点不一定是教学重点。然而,两者在一定条件下往往具有"同一性"。

[案例8-2]

初中代数《分式及其基本性质》教学中,重点是分式概念的理解与掌握、分式概念的意义认识,而难点则是蕴涵在重点之中的"理解和掌握分式有无意义,分式的值为零时的条件"。

小学语文教材中美国作家马克·吐温一篇小散文《威尼斯的小艇》的教学重点与难点比较难以区分,似乎是密切相关的,因此可以把"了解威尼斯小艇的特点及其作用,品读精彩片段,体会作者抓住景物特点描写的方法"作为重点和难点。

小学数学《角的度量》,强调学生估算的意识,要先学会估一估是多少度,再动手测量,一方面要求学生能有效地突破读内、外刻度的难点,减少错误;另一方面也要培养学生的观察能力。因此,"量角的方法"既是教学的重点,又是教学的难点,因为读内、外刻度的本领掌握了,重点也就解决了。

8.2.3 教学重点的解决

说课者几乎都会在说稿中提及什么是教学重点与难点,然而随后的说课内容就很少会顾及如何突破重点、突破难点的方式方法。产生这种现象可能有两种原因:一是注意到重点与难点,并在教学过程中予以适当突出,却未在说课中作明确交代;二是不涉及重、难点,以为写明或说出教学目标以后,以下按说课板块分例叙说就可。

如果一堂课的教学重点不突破,难点未解决,那么势必影响本堂课的教学效果和质量,而且会影响整个章节甚至整门学科的教学效果和质量。

正确确定教学重点,突出重点,教师应认真做好如下几项工作。

(1) 熟悉和贯彻新课程标准

新课程标准力图在"课程目标"、"内容标准"和"实施建议"等方面全面体现教学的三维目标、三位一体的课程功能。不少学科还在年级与单元教学中写出编写意图和教学建议,对教学内容体系、教学方法与进度也作了较为详细的说明。这些内容都是教师确定教学重点的主要依据。

(2) 深入钻研教材

教材是教学的主要依据。教学重点是教学内容的主脉,是教学内容的内在逻辑联系。

[案例8-3]

北师大版小学数学《认识图形》是小学阶段"空间与图形"部分教学的基础。教材采用从"立体到平面"的设计思路,将面与体的关系联系起来,要求学生在动手实践中去亲身经历从立体图形到平面图形的过程,从而感受面的产生,体会面、体关系。当教师理解了教材编写者的思路,认识到不能用线性思维而要用立体思维来让学生"认识图形"时,那么其教学重点就应当是:在操作活动中认

识长方形、正方形、三角形和圆,体会"面在体上"。

(3) 全面了解学生的知识和技能的实际状况

教学重点在多大程度上会成为难点,教学重点是否就要花大量的时间进行教学,都要以学生的基础来确定,因此教师在课前要深入了解学情。如果是大多数学生已经掌握或容易掌握的教学重点,就不必花费大量的时间,而要将更多的时间用于学生的感悟与体验上。

(4) 精选最佳教学方法

教学重点一般是教学中的基本知识体系,对此主要的教学方法是讲述教学方法又称为讲演法,并配以其他教学方法综合使用。讲述法有很多优点,尤其对一些较为抽象、艰深的概念和知识体系,学生很难通过自学或讨论来掌握。教师可以通过不同角度或列举例子对基本概念、理论进行阐释,使学生掌握其脉络。可见,教学重点内容一般要以讲述法为主,其他方法为辅来进行教学。

演示教学法和实验教学法是理、化、生等学科以及体育学科经常采用的教法,其最大的优点是能为学生提供观察、探究的机会,进而大大缩短理论与实践的距离。理科教学中,教学重点若涉及只有实验、演示才能让学生明白的概念与原理时,可采用演示教学法。

此外,为突出重点,教师在教学时还有众多辅助的办法,如激趣引入、注重启发、重点讲解、口头强调、板书提示、实践应用等。

8.2.4 教学难点的突破

教学难点一般理解为教师难教、学生难学,其实在大多数状况下,是因在该年龄段学生的基础知识与认知能力上的局限,而造成学生难以弄懂、学会,而被教师列为难点的。因此,难点的突破与化解,应当着重于导学、促进,要想方设法让学生扫除相关的学习障碍。

一是放慢速度减小坡度。即放慢讲解速度和教学进度,让学生有充分的思考余地,边听、边思考。如小学开始学负数时,不能仅给予读法与写法的说明,还要用生活的事例引出对负数概念的理解,这是解决这个难点的关键。教师从"比零小的量"的观点引入,并且利用学生熟悉的气温中的零上与零下温度、地理中的"海拔高度"等,让学生明白后再提出"具有相反数量的概念"。

二是直观形象化解难点。抽象性或实践操作的复杂性往往造成学生学习的难点。教师将结论式语言分解为若干描述性语言,让学生听明白;用实物、教具、图片、音像呈示以及模拟现场等,能够形象生动地补充感性知识,然后进入归纳小结上升为理性知识。

三是将难点分散分段讲解。分解难点各个击破,当分解为大小不同的难点时,有的小型难点可能就不是难点了。当各个难点解决后再用适当的方式组合起来讲清该难点的概念或规律。一般情况下,带有一定综合性基础知识、基本技能的难点,采用这种办法一般都能获得良好的效果。

此外,学生学习的难点往往与旧知识掌握不牢固或未建立必然的知识链有关,那么教师就要先"温故"后"知新";有的知识难点只有靠做练习或做实验才能进一步理解和巩固的,那么教师要精选习题,加强指导以逐步化解难点。

总之,教师在面对说教学重点与难点时,首先要明白"是什么",并用简明的文字或语言作表达;其次要有明确的突出重点、化解难点的意识。那么对此如何在说课中表达呢?一种处理办法是对重点、难点的解决作集中式分解说明,简要说明;另一种办法是贯彻在说教材、说教法或说学法指导的相关板块之中。

北京市中关村第四小学数学特级教师郑可钦在他的一篇备课经验《备课预约出的精彩》一文中,对备课时如何引学化难,很有自己的见解:备课要注重教学设计,作为一位重教学设计的教师,不仅要关心学生知道些什么,而且要关心他们是怎样学到的,怎样从一个错误理解变为正确的认识,把教师的"教"放在如何引领学生去"学",他会为学生设计一些学习资料,设计一个有挑战性的问题,放手让学生去学习,鼓励学生在交流中、在不同观点的碰撞中掌握知识,获得能力上的发展。这些话语给我们的启示是:"教学重点与难点"在教学设计中,教师可以构思出各种方法,可以安排出不同的教学程序,但始终要以上述提到的"两个关心"为前提。

8.3 说教材教法的艺术

"说教材、说教法"是集中说明教师教什么、怎么教(教的方式、方法及其策略)的两大问题。本书在"说课内容"一章中已经对"说教材"该说什么、"说教法"说哪些内容作过阐述,在此专对"说教材"的处理艺术与"说教法"中教法选择的艺术作进一步分析。

为了提高说教材教法的艺术,教师首先要具有正确的课程观与教材观。在传统的教学论系统中,"课程"被理解为规范性的教学内容,教师无权也无需思考课程问题。当课程走向民主、走向开放时,课程就从"文本课程"走向"体验课程"(被教师与学生实实在在地体验到、感受到、领悟到、思考到的课程)。这意味着教师在备课、上课时,可以超越传统和摆脱绝对忠于课程教材的束缚,作出如下几方面的选择:①对给定的教材可以有自身的理解,对其意义可以有自身的解读;②对给定的教学内容可作变革与创新;③可对教材作重组、调整,课堂上的教学内容不等同于教材内容,师生互动中可以有"生成"。

其次,在确立了先进的课程观、教材观之后,究竟如何面对教材设计教法,如何说教材、说教法,还要依据教材种类与特点来说教材,根据自己的教学设计说教材,说相匹配的教法。

8.3.1 依据教材类型与特点说教材

从"说教材"这一板块来看,列入"可说的项目"有如下几项:①教材是什么,有何特点;②该教材的地位与作用是什么;③教材编写的思路与重难点的确定;④通过教材内容的分析与处理,引出教学目标是什么;⑤根据自己的教学设计,在简介对教材处理意见后,引出总体的教学策略等。因为教师首先是教学的执行者,而不是教学的研究者,况且说课的时间限制,所以不可能对上述的五个项目都详细说,而应当依据教材特点对上述各项作出选择,有重点地说。

教材的新旧、教材编写的特点,讲读课与阅读课,新授课与练习课,实验课与拓展型课都在不同程度上影响着"说教材"的内容与项目的选择。

上海市南汇区网络培训学员倪惠良的说课作业是小学四年级语文教材《田忌赛马》,它是传统的阅读课型的古文,倪老师在说课时将教材地位、内容提要、编者意图以及教材特点等组合起来"说教材",为教学目标的确定作铺垫,为自己设计的教学方法作依据。

案例[8-4]

《田忌赛马》是S版九年义务教育五年制小学语文第八册第六单元的第一篇阅读课文,是一篇传统的好教材,是一个有趣的历史故事。它以赛马为线索贯穿全文,主要讲了2500多年前战国初期齐国大将田忌和齐威王赛马转败为胜的故事。全文写了两次比赛,涉及了三个人物,脉络清晰,分初赛失败,孙膑献策,再赛获胜这三部分。这个故事启发我们面对强者,要仔细观察、分析,做到知己知彼,合理调配自己的力量,才有可能以弱胜强。

本单元的训练重点是学习将人物对话改成一般叙述,并能根据提纲简要复述课文。从编排的意图看,作为第六单元的打头篇,起着举一反三的作用。再从教材本身看,本课有三个特点:一是课题概括了主要事情;二是全文描写生动,叙述清楚,两次比赛层次分明,人物形象鲜明丰满;三是文章结尾言简意赅,耐人寻味。可见,本文在本单元中有着重要的作用。

根据单元训练重点,结合教材特点,按照知识与技能,过程与方法,情感、态度与价值观三个维度,我把教学目标设定如下……

将说课文的特点与教学意图结合起来"说教材",以上海市南汇区网络培训学员戴晓宇的说课为例。

案例[8—5]

我所说课的篇目是《项脊轩志》,它是H版高中语文教材第五册的一篇课文。从课文特点上看《项脊轩志》是明中叶古文家归有光抒情散文的代表作。本文以"志"的文体写成,是一篇借记物以叙事抒情的散文名作。它借书斋项脊轩的兴废,写与之有关的家庭琐事和人事变迁,表达了人亡物在、三世变迁的感慨以及对祖母、母亲和妻子的深切怀念,真切感人。高三文言文学习不但要注意了解并梳理常见的文言实词、文言虚词、文言句式的意义或用法,还要注意对文本蕴涵的情理予以领悟,更要关注文章的写法,为写作打好基础。

因此,我在教学时特别注意以下两点:

(1)本单元的学习重点是评论作品的思想内容和它的艺术形式和表现手法。本文属于浅易性文言文,学生在以往学习的基础上,已能大概疏通文义,并且本文抒发的是对亲人的思念之情以及对家庭变迁的感慨,学生可以较轻易地领悟,这对探索后面几篇文章的思想内容有很好的铺垫作用。

(2)本文记叙的是家庭琐事,抒的是亲情,这对高三学生来说,熟悉而容易理解,启发他们观察生活,珍惜亲情,有利于提高他们记叙文的写作能力。

8.3.2 根据教法设计需要说教材

手段为目的服务,方法为内容服务。不同的教学方法适应不同的教学内容。谈话法适应数学中的客观题、地理教学中的识图训练、语文教学中的文章背景分析;需要较多时间突出重点,讲清基本知识的教材则主要采用讲述法;需对难点关键性知识作深入探究的则用讨论法。可见,在说课时如何"说教材",说哪些项目组有必要,还要和教学方法的选择相联系,也就是说怎样的教学设计,决定或影响着怎样说教材。

下面是小学语文课中朱自清的散文《匆匆》的说课,从中可以看出教材的分析与教法的设计是相互配合的。

案例[8—6]

《匆匆》一文是朱自清先生早期的作品,是九年义务教学第十二册新入选课文,文章以哀婉的笔调叙写一个旧时代文人处于一个动乱的年代里,面对"逃走如飞"的匆匆时光而产生的那种无奈和惆怅。文章用语讲究,一是巧用修辞,将空灵而又抽象的时间化为可视可感的物象;二是句式整散结合,加上口语叠词的运用,读来很有音乐的节奏美,典雅之至。

我想作为现代散文公认的经典,一定要通过多种形式朗读帮助学生品评语言,通过反复有感情朗读去感受时光的匆匆流逝。如自由读、指名读、师生合读、变换人称去谈、教师范读、引读等,以此来品评语言,感悟语言,并且积累语言。

整堂课按以下程序进行:一是引出时光匆匆的话题;二是多种方式熟读课文,为感悟、品评做准备;三是潜心感悟、品评文本,感受时光匆匆;四是展示交流诗文、警句,进一步懂得珍惜时间、珍惜生命;五是由"一朵小花"悟人生流逝;六是由"人面桃花"引发深层思考(根据杭州市拱墅区教师进修学校语文特级教师闫学的文章整理)。

8.3.3 教法的确定与选择

本书在"说教法手段"一章中,已经对教学方法选择的依据作过初步阐述,这里就教学方法的适切性作进一步分析。

教学方法是教学过程整体结构中的一个重要组成部分,是教学的基本要素之一,它关系到课堂教学的成败和教学效率。教师在说课中"说教学方法"是不可回避的重要内容。不少教师凭着自己的教学习惯性思维和经验走进课堂,很少考虑自己的教学方法是什么,不注意有意识地实施某种教学方法。这样,一旦接到说课任务,只能搜索枯肠,拼凑出方法来,或引用他人的方法作标签。总结自己教学中的做法与经验,结合师资培训中学到的教学策略和教学方法,从中感悟与整理出自适性的、常用的教学方法是教师专业成长中必须做的要事。

从教学方法大类上看,中小学教师采用的方法主要有：

语言性教学方法 { 讲授法
谈话法(又称问卷法)
读书指导法 }

直观性教学方法 { 演示法
参观法 }

实践性教学方法 { 实验法
练习法
实习作业法 }

研究性教学方法 { 讨论法
发现法 }

一堂课的教学方法是多样的。而任何一种方法不可能是绝对最佳的,在实际教学中往往以一种方法为主,多种方法为辅,或者多种方法的综合运用,它又因教材、因学生、因教学环境而异。这就是教学方法适切性的缘由。教学方法的选择,可以从如下几方面入手:第一,因"课"选法。学科不同、教材不同而方法也应有所不同;第二,因"人"选法。学生有学校类型之别、班级之别,教学方法也不应相同;第三因"执教者"选法。教师的经验、能力与性格特点差异,各有所长,各有所短,也就是说各位教师特点不同,教学方法也不一样。每位教师的教学方法选择中以扬己之所长优先考虑;第四,因"物"选法。主要指教学的外部条件,如教室环境、教学设备条件等。教师在选择教学方法时,要根据学校教学条件,因地制宜,不可超越实际条件。

各种教学方法都有其优点和缺点,不可能有一种"万能的教学方法"可以适应各种不同的教学情况。可见教学方法要进行优选,优选的标准大致包括以下四个条件:其一,必须根据教学目的,选择与教学目标实现方向相一致的教学方法。其二,必须依据教材内容,采用不同的教学方法。它不仅是因为不同学科内容的本身,还在于学生在掌握这些学科内容时的心理过程的差别。其三,必须依据学生实际情况。如果学生对教学内容有较丰富的感性认识,教师只要通过一般的讲解,学生就可以理解,而不必采取直观演示;对已有一定自学能力的学生,可以在其自学基础上,针对学生可能遇到的疑难问题,运用讲解法来进行教学。其四,必须依据教师的特点。常常会出现一种现象即教学方法很好,但教师不能正确使用;有的教师擅长生动的语言表达,有的擅长运用直观教具或多媒体制作,那么方法的选优就要把该方法的优点和教师自身的优点相结合,这样的教学方法才能产生事半功倍的效果。

苏联著名教育家巴班斯基指出:"某种方法对某些情况来说是成功的、有效的,但对另一些专题,另一些学习形式来说,则可能根本不行。"所谓教学有法,但无定法是有道理的。那么,如何有效使用各种教学方法呢?巴班斯基在研究中给我们归纳了如下条件表,如表 8.1 所示。[①]

[①] 闫承利编著:《素质教育课堂优化策略》,教育科学出版社 2000 年 8 月版,第 95 页

表 8.1 巴班斯基有效使用各种教学方法的条件表

	口述法	直观法	实践法	复现法	探索法	归纳法	演绎法	独立学习法
解决何种任务时使用这种方法特别有效	形成理论知识和实际知识	发展观察力，提高对所学问题的注意	发展实践的技能和技巧	形成知识、技能和技巧	发展思维的独立性、研究能力和对事业的创造性	发展概括能力和归纳推理（从个别到一般）能力	发展演绎推理（从一般到个别）能力和发展分析现象的能力	发展学习活动的独立性，形成技巧
哪种教材内容使用这种方法特别合理	教材主要是理论性的或资料性的	教材内容可能用直观的形式来传授	专题的内容包含实际练习，进行实验和从事劳动	内容太复杂或者很简单	教材内容具有中等难度	专题的内容在教科书里是用归纳方式论述的，或者这样论述比较合理	专题的内容在教科书里是用演绎方式论述的，或者用这种方式论述特别合理	教材可用来独立学习
学生具有何种特点时使用这种方法合理	学生已习惯用相应的口述法掌握信息	直观教具是该班学生所能接受的	学生已习惯于做实际作业	学生还不习惯于采用研究问题的方法	学生已经受过训练，可以用研究问题的方法学习该专题	学生已经受过训练，能够进行归纳推理，或者演绎推进尚有困难	学生已经受过训练，能够进行演绎推理	学生已有准备，可以独立学习该专题
使用这种方法教师必须具备什么样的可能性	教师很好地掌握这种口述法	教师拥有必要的直观教具或者可以独立制作这些教具	教师拥有教学物质用品和教学参考材料，可供组织实际练习	教师没有时间用研究问题的方法研究该专题	教师有时间用研究问题的方法研究该专题，并且很好地掌握探索教学法	教师已掌握归纳教学法（一般地说，教师都能掌握这种方法）	教师已掌握演绎教学法，具有相当的教学技巧	有教学参考材料可供学生独立学习，教师也有足够的时间在课堂上组织独立学习

8.4 说教学程序过程的艺术

说教学程序过程，不是对预想的教学过程程序作全景呈现，而应当从自我设计中，集中体现个人的教学思想和教学构思。这种"体现"是新教学过程观与自己教学过程设计的有机整合。以下是现代教学不同视角下的教学过程观：

教学过程是一个包括认识和交往实践两个方面的活动过程；

教学是一种心理变化过程，它包括认知、情感、技能等领域，也包括外在与内在变化；

教学是一种发现探究过程，这是源于布鲁纳的认知结构理论和发现教学的一种教学观；

教学是一种信息处理过程，这种教学观依据信息论和认知心理学的理论，它把教学看成学生信息输入——加工——输出能力的培养，而不局限于对知识的记忆；

教学是一种情境创设的过程，情境既包括物质环境又包括人际环境。因此，教学就是创造种种规定情境来改变人的行为,然后推广至准自然情境,最后达到内化。

以上几种教学观从不同侧面和视角揭示了教学过程的本质,我们可以综合性地吸收,结合自己所长和个性,以便形成各自的说教学过程的艺术:

从认识过程观所构建的教学过程是:复习旧知导入新知、讲解新知识、巩固练习、布置与检查作业;

以探究过程观所构建的教学过程是:创设探究情境、明确探究目标、提出猜疑、探求证明、获得结论;

以情境过程观所构建的教学过程是:创设情境、观察想象、激发情感、情感转化;

以信息加工教学过程观所构建的教学过程是:教师提供信息、学生自采信息、师生信息加工、演绎、总结和感悟。

上述几种教学观与相对应的教学过程环节,在不同教师使用时又会产生各种变化,不同学科又有不同的教学理念与价值追求。例如,语文教学强调阅读,于是教学在认识观与心理观的指导下,有的教师就创造出"线性阅读教学模式"——导入辅线、初读理线、细读循线、深读悟线;政治教师讲课要求学生明白做人之理,于是有的教师就设计出"四步通理教学模式"——明理(宏观情境设想)、认理(自我看书认识)、辩理(双向交流疏通)、证理(微观调查深化);小学思想品德课教学中教师们探索出角色扮演、活动游戏、讲解议论、故事讲述和行为训练等多种教学过程模式。

8.5 说板书设计的艺术

现代教育信息技术被广泛使用的情况下,许多教师不重视或很少使用板书作为直观教学手段。其实板书具有很强的现场教学的适切性,它的提纲挈领、突出重点、升华理性认识、形象再现等各种导学功能,不是现代多媒体手段可完全取代的。至于是否在说课时说出板书设计,必须由说课者的教学设计的需要而定。那些独具匠心、颇具特色或艺术性强的板书值得一说。

8.5.1 板书设计的原则

板书是以文字、图像、线条表格构成的视觉信息,它的科学性在于它是教学内容的系统化、条理化和形象化;它的艺术性在于它的集中表现力、形象主动性以及教师语言的协调性,给学生以审美的感染与熏陶。

(1) 科学性、目的性原则

板书是教学内容的提纲,是教学内容的精要,因此它要有很强的学科科学性,体现教学目标要求,显现教材特点。

(2) 准确性、实用性原则

板书设计要紧扣教材,反映教材核心内容,帮助学生理解教材思路、理解问题,进而建构新的知识体系。

(3) 启发性、直观性原则

板书不是简单的知识点、概念术语的再现,而要有"蕴意"与"形象"的双重作用力。教师用言简意赅、图文并茂的板书,能帮助学生从形象上理解抽象原理与概念。

(4) 精要性、过程性原则

一位著名的特级教师说:"设计板书,我们提倡简而明,既精又活;反对多而乱,堵塞学生思维。"板书的详略与多少其实是根据教学内容的需要而言的,难点部分若要学生明白,不妨分解出若干知识要点,以揭示内在关系。

在课堂教学中,一般情况下理科教师尤其数学课板书较多,文科教师板书较少。但不宜走向极端,有的教师依托多媒体,长期不在黑板上写字、作图;有的教师却板书无计划,信手随笔,杂乱无章。而对字迹潦草、写错别字则更要改进。

8.5.2 板书形式与表达

板书设计形式因学科、因内容、因教师而异,呈现复杂多样的特点,板书在一定程度上反映了教师的教学特点、特色和教学风格。

最常用的板书是提纲式,呈现出知识点的逻辑顺序、知识点的结构体系以及大小概念的从属性、事物发展的递进关系。

分解式板书是以某核心词汇、关键词语为母体或主干,分解出若干要点,以便于作深入剖析与讲解。

图表式板书是以纵横不同项目关系而呈现的知识点和内在关系,便于教师归纳、整理,帮助学生把握知识要点,理清教材思路,也便于理解与记忆。

网络式板书是用直线、曲线或箭头将若干文字联系起来,以表明知识点、信息点之间的内在逻辑关系。

另外还有图(示意图、素描图)文并茂式板书、图解式板书(数、理、化等学科常用)和填充式、填表式板书等。

在板书的表达上,一般情况下教师是按事先设计的板书顺序逐一呈现,也可以在师生共同探索中由学生参与来显现,当然也有教师事先设计绘制在小黑板或纸张上。

说课中的板书表达,就是指如何向听评者说出自己的板书设计是什么、有何特点、怎样使用以及它的育人功能等。一般情况下,说板书的时间不能占很大比例,因此只能摘其精要,有选择地说。此外,还可以根据需要,若板书没有明显的特点,在说课时可不必说出板书内容,而只在说稿中予以表达。

[案例8—7]

上海市语文高一教材《牡丹的拒绝》,该教材是当代著名女作家张抗抗的一篇优美的散文,文中对牡丹的描写是独辟蹊径,通过牡丹花开花落的描写,着力赞美牡丹的拒绝,赞扬牡丹不慕虚华,对生命执着追求的精神。为配合讲清"整体感知情感脉络,探究文章主旨",上海市南汇区网络培训学员李静老师采用了下列结构网式板书,将三个不同阶段的文本内容作了系统表达。

板书设计:

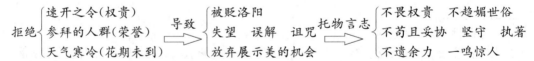

[案例8—8]

上海市南汇区网络培训学员季珏在完成高二语文H版《琵琶行》"说课"作业模板中,将板书呈现与师生共同探究结合起来完成。

白居易和琵琶女之间有什么共同的命运?

(提示:从歌伎和诗人的人生历程中来寻找答案。)

(学生以自然学习小组合作讨论,共同归纳整理。学生回答时若有答案不全面的情况,可以请其他的同学将课前准备的关于白居易的资料作一定的介绍,老师也可以在此基础上作相应的补充,以帮助学生完成归纳。)

板书呈现学生的作答

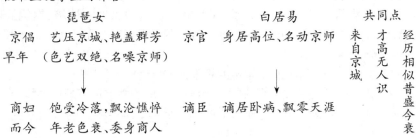

线索:琵琶曲

琵琶女用一支琵琶向人们倾诉了她坎坷曲折的人生;而白居易用文学艺术形象再现了琵琶女精湛的技艺,又尽情地倾诉了自己的悲愤之情。是音乐将他们联系在一起,一个善弹,一个善听,共同演绎了一出千古传诵的高山流水、知音雅乐。

根据同学共同完成的板书,为"同是天涯沦落人"增添一下联。

(既然所学是一首诗,不妨顺应文体特点,以此题来训练学生模仿运用典雅语言的能力,同时也能检测学生此前的学习效果,趣味性较浓。)

8.6 说多媒体应用的艺术

教育部制定的《基础教育课程改革纲要(试行)》中指出:"促进信息技术与学科课程的整合,逐步实现教学内容的呈现方式、学生的学习方式、教师的教学方式和师生互动方式的变革";"充分发挥信息技术的优势,为学生的学习和发展提供丰富多彩的教育环境和有力的学习工具。"对此,作为学科教学的执教者,既要避免陷入"技术害怕论",不敢尝试使用新教学技术,又要防止"唯新技术论",成为技术至上的认识论者。我们应当以提高教学效率、时效为宗旨,从实际出发,因人因地因教材而制宜,在充分挖掘和发挥传统教学手段的同时,做好多媒体技术与教学过程的整合。

8.6.1 正确认识多媒体教学

多媒体是指在教学过程中,根据教学目标和教学对象特点,通过教学设计,合理选择和运用现代教学媒体,并与传统教学手段有机组合,共同参与教学全过程,以多种媒体信息作用于学生,形成合理的教学过程结构,达到最优化教学效果。

现在我们通常所说的多媒体教学是特指运用多媒体计算机并借助预先制作的多媒体软件来开展教学活动过程。用于课堂教学的多媒体软件被称为多媒体课件,又称CAI课件。

网络、多媒体计算机相连接,具有许多传统教学手段无法比拟的优势:它们具有资源丰富、资源共享、不受时空限制、快捷传递以及实现多向交流等特点,从而对课堂教学过程与结果都带来全新的效益。

图文结合、音像并茂、动感与色彩所带来的感官效应,往往是传统教学中教师语言与板书所不及的。多媒体在教学中的应用,有利于开展协同式教学,培养学生提出问题解决问题的能力;一定程度上能帮助教师解决因难以用语言讲解而造成的难题,尤其一些难点问题。对学生的学习来说,多媒体教学能在多元感官刺激下,激发学生学习兴趣,提高知识主体作用;有利于学生对知识的获取与保持(学习心理研究表明,视听结合式的学习材料 3 小时后的保持率比仅仅靠听觉的学习材料要高 30%,而 3 天后保持率前者高达 75%,后者仅为 15%);能为学生开辟立体多向深层的思维途径。

多媒体引入课堂,可以使黑板加粉笔的"黑白世界"变得有声有色、形象生动:理、化、生实验课教师既可以预先实践,摄制录像,显现关键的细微之处,让全体学生看得明白,又可以在现场实验,以投影方式,放大效果,让学生观得更真切;语文、政治学科教师可以博采现实情境、案例故事再现……多媒体的出奇制胜,使课堂气氛活跃起来,教学效果得以明显提高。然而新教学媒体并非完美无缺,它同样存在不少缺憾与弊端。

(1) 教学内容过分的直观化、形象化,限制了学生的想象力与再创造力

生动的再现画面,把人与景直观化、固定化,限制了学生通过抽象的文字进行想象的能力,也限制了学生的创造力。语文教材抽象的文字虽不能像直观的图像那样给学生视听的协同享受,但给学生留下了想象与创造的空间。

(2) "课件"统领下的课堂,影响教师因材施教,制约了师生情感的沟通

多媒体课件往往是预设、预制的,难以在因人施教与现场变化中作调适,为此,有人认为在某种程度上人际交往会被"人机交往"所替代。课堂教学应当是情境与情感的交融,语文教学的语感,只能在品读、研读、精读中去感悟;精美的数学演算课件,无法替代学生亲自演习与演算。

(3) 多媒体使用不当,会影响教学效果

有些教师认为多媒体辅助教学就等于教学现代化,多媒体教学不因人、因材(教材)、因时而制宜,就容易产生不良效应。为追求中看中听,干扰了学生的理解和想象;课件应用目的不明、时机掌握不恰当也会影响教学目标的实现。其实,不是所有的教学内容都适合以多媒体形式来体现,课堂教学的主导方永远都是教师与学生,而不能让"课件"主导。

8.6.2 多媒体教学设计在说课中的表达

现代教学研究活动,尤其是一些教师开设区(县)、校级公开教学时都会采用适量的多媒体教学,那么在备课和说课时怎样向研究人员和教师们介绍自己的多媒体教学设计呢?

首先,教师要事先了解多媒体教学内容的若干基本系统,认识这些系统的项目构成、功能和使用价值。

一是多向课件系统。它便于师生双向沟通并进行信息交流。教师的监控、监看可以有选择地指导学生学习路径,还可以根据需要修改程序,增减完善课件内容。语文与外语课件的准确发音、朗读,可以修正和弥补教师的不足,从而便于学生理解、接受与模仿。

二是题库管理系统。多媒体数据库是一种图文混合管理数据库,教师可以从中获得大量信息,借助多媒体技术具有的多向传播能力,可给教学带来巨大潜能。如编课题、设题型、选择题、填空题、判断题等可以作为快速判断,记录学生成绩。

三是演示实体系统。采用了多媒体技术后,可任意将文字、图像、声音、图形等各个种类的信息排列组合,进行综合表现,使学生感到参与感强、生动有趣,易于达到传播知识的目的。在多媒体磁盘的服务器中,存放着多种教材,供学生们按需选择使用,可以说真正做到因教施材,学生通过多媒体系统学习和复习,多媒体系统将根据学生对问题回答的情况来决定下一步出题的难度。[①]

其次,在了解上述各系统构成的基础上,理出自己在教学中所使用的多媒体是什么,内容与项目构成、时空的掌控以及在教师主导下如何发挥其教学效应。

具体阐述多媒体教学应用,应集中回答下列若干问题:

(1) 所使用的多媒体课件是什么?(是否自制或采集)在什么时候(即哪一教学环节)、什么地方、怎样使用?期待产生怎样的教学效果?

(2) 课堂教学进行中,教师怎样控制,捕捉怎样的教学时机,掌握怎样的"火候",以便激发兴

---

① 闫承利编著:《素质教育课堂优化策略》,教育科学出版社2006年8月版,第251页

趣,提高教学效果?

(3) 课前和授课进行中,是否对学生作必要指导,以期学生配合? 在视、听过程中师生如何介入,学生要集中领会、体验、感悟什么? 还有哪些相配套的教学活动?

由于说课时间有限,说课教师在对上述若干问题作全面思考后,要结合多媒体教学所占课堂教学的分量和过程介入的程度,作必要的选择,有侧重地思考并回答上述有关问题,以便让听评者明白课堂教学中,多媒体是如何介入,如何产生应有的教学效应的。

对于有应用多媒体教学的课,在说课时可采取"分散讲"与"集中讲"两种形式:分散讲是针对多媒体在教学中,只是在不同过程结构中起辅助载体作用的;而集中讲是针对需要让多媒体较长时间内介入教学过程,有师生与多媒体作"人机互动"的教学过程发生时采用的。

例如,苏教版小学二年级《台湾的蝴蝶谷》的教学,广西省宾阳芦小张红老师,采用蝴蝶谷的音像资料、定格的画面以及在拓展升华阶段向学生展示的日月潭、阿里山、澎湖湾等风景画面,在教学的不同阶段呈现。她的"说多媒体教学"是渗透在赏读课文、创设情境,阅读探究、品词品句,理解运用、拓展升华的三个不同阶段中夹叙夹议的。

而刘显国编著的《说课艺术》一书中,黑龙江省哈尔滨中山小学崔炜翔的《琥珀》讲读课,则采用集中讲的办法来表达多媒体教学。

[案例8-9]

《琥珀》一课是一篇说理性很强的文章,它根据孩子捡到一块裹有蜘蛛和苍蝇的琥珀,推想出一万年前发生在原始森林中的一个故事。对于我们这里远离海边,从未见过甚至从未听说过琥珀的孩子们,这篇文章在教学上存在着一定的难度。怎么样使孩子们认识琥珀,使学生知道琥珀形成是难点所在。因此,在这篇课文的教学中,我利用多媒体辅助教学,为学生创设环境,较好地突出了教学重点,突破了教学难点。

文章的第二段讲的是琥珀形成过程和形成条件,在这里我利用计算机制作了逼真的动画,在课堂上演示,使学生依靠直观的认识,了解琥珀的形成过程,突破教学难点。在教学中,我首先请学生认真读课文,看一看作者是怎样推想琥珀的形成过程的,用笔画出有关语句,同学之间可以相互议论。然后再用计算机动画演示:

① 一个夏天,太阳热辣辣地照着松林,松脂直往下滴;
② 一只蜘蛛正要捕食苍蝇;
③ 滴下来的松脂刚好包住苍蝇和蜘蛛;
④ 松脂继续下滴,积成一个松脂球,把两个小虫重重裹在里面;
⑤ 经过很长时间,陆地沉,海水漫;
⑥ 松脂球被淹没在泥沙下面;
⑦ 又经过了几千年,松脂球变成了化石。

演示结束,向学生提出问题:根据上面所谈,请同学们概括出琥珀的形成主要原因中讲了哪两点?(主要讲了松脂球的形成和松脂球是怎样变成化石的这两点。)

再请学生们轻声读2~9自然段,思考:作者是怎样一步一步推想出松脂球形成的过程的,这些推想的根据是什么?把有关语句用笔画出来。

这里主要讲的是琥珀形成的条件,是本文的重点,为了突出重点,使学生更好地理解琥珀的形成及在科学上的价值,在这里我还是利用计算机出示彩色动画,深化教学。

① 在夏天,太阳光很强烈;
② 在松林里,太阳热辣辣地照射,许多松树渗出厚厚的松脂;
③ 非常凑巧,蜘蛛扑向苍蝇的一瞬间,一大滴松脂滴下来,把它们包在里头;
④ 松脂不断下滴,最后形成松脂球。

根据是：只有在炎热的夏天的松林里，才能有松脂；只有当蜘蛛扑向苍蝇，尚未扑到的一瞬间，松脂才能裹住两个完整的小虫；蜘蛛和苍蝇的垂死挣扎在琥珀里留下了明显的痕迹，使人们推测出这发生在一万年前完整的故事。

再让学生思考：松脂裹住苍蝇和蜘蛛这样的事情经常发生吗？你从哪个词语看出来的？

（这样的事情不常发生。从"刚好"这个词语看出来了，因为"刚好"在这里含有偶然和凑巧的意思。）

然后指名按板书内容叙述松脂球的形成过程。接着教师引读：

这部分课文，作者把苍蝇和蜘蛛之间发生的事写得非常真实生动。大家轻声读课文，边读边想象当时的情境，要读出感情来。

最后教师小结：刚才大家采用了读、画、想、议的方法，明确了松脂球是怎样形成的。下面大家用同样的方法学习10～12自然段……

思考题

1. "重点的突出与难点的解决"一直都是教师们所关注的，但在教学实施过程中，往往有些教师找不到一种十分有效的方法，即使有了一些方法也难以言表。学了本章内容你有何新的认识与体会？

2. "板书"现在似乎被人冷落了，板书的直观性以及与教学活动之间的紧密性显然是始终存在的。你有自己的某些板书类型或格式的优势吗？你认为说课时对板书的内容应如何表达？

3. 在教学程序艺术中所提供的五种过程观对你的实际教学过程有何帮助？你比较倾向于其中哪一个过程观，能否将这方面的实践经验作一次理性的升华？

9. 说课的评价

说课评价是整个说课活动进程中不可或缺的重要环节。缺乏评价的说课，是不现实的，因为说课者一旦在一个场所说课，必然有听者与评者，说课之后的评析、评议随即发生。为保证说课的质量与水平，尤其是为促进说课系列活动走向成功，获得预期效果，必须开展说课评价的研究、说课评价的组织与管理。

只有把说课和评价说课有机地结合起来，才能使参与说课活动的教师，更加理性地对待备课，用相关的教育理论指导备课、智慧备课、研究说课，更有效地促使教师加强教学反思，不断提高教学研究的实效性。

9.1 说课评价的基本认识

说课评价是对说课者的发言、说稿以及说课活动状态、相关资料进行分析，对说课预期目标、任务、效果作出科学判定，以期进一步调控说课活动，帮助说课者与参与者共同提高教学研究活动质量的过程。

"说课"是教师教学研究过程中所发生的"事件"，理应属于教育评价。教育评价实质上是一种对评价对象的价值判断。说课评价又是对教师的评价，是对教师教学研究中的过程行为的评价。

然而，要对说课作精确的恰如其分的判断是十分困难的。其一，教育评价尤其是教师的教学行为、教学研究活动难以作量化评估，而且教育价值判断的正确与否，与参与评价者自身的教育理念的准确把握有直接关系，尤其在目标不清晰、只追求一种说理形式存在的情况下，要用全新的评价标准来衡量教师教学设计的好坏还有较大困难；其二，教学活动中有众多影响要素与因子构成，比较复杂多样，教师从备课的预设教学行为到教学设计的构思，理性思考，如何作出准确而有价值的判断，要因人而异，因学科而异；其三，说课的类型、模式等方式方法的差异，导致各种说课又有不同的目标取向，因而评价也会有不同的侧重点和方法，很难制订出一套标准化的评价体系和方案。

在当今，说课活动已经普遍、深入地在教师教学研究领域开展，说课已显现出特有的教师教育功能的背景下，为切实发挥说课活动在促进教师专业成长、提高教师实施新课程的能力与水平中的重要作用，仍有必要对说课评价作一些系统的探究。

9.2 说课评价的原则

9.2.1 说理性原则

说课评价的说理性是由说课特点所决定的，它包括两层含义：一是指在进行说课评价时，不仅要评所说内容中"怎么教"、"怎么做"，更要评所说的"为什么这样教"，即对说者的"说理性"作评价；二是评价者对说者的"内容"本身要作出理性评价。

对说课中的"说理性"评判，要以新课改理念和新课程标准为依据，结合学科特点和章节具体内容，评价说者所说之意图是否清晰、妥当，理论依据是否贴切、恰当，观点与行为是否呼应。

而评价者的说理性表现在对说课的价值判断时，是否做到理由充分、因果关系明确、规律分析有序。

9.2.2 发展性原则

说课活动除了教学研究人员参与外，主要是在教师群体之间开展的，无论是说者，还是听评者他们都是主体，彼此之间存在着互惠互利的价值取向。说课活动在融入多元的教育研究活动系列之后，对提高课堂教学质量带来效益，进而促进教师专业成长。

说课评价中区分名次与等级只是一种过程性手段，更重要的是通过评价为教师提供教学新理念、新构思，从中获得信息反馈和咨询，帮助教师反思和总结自己在教学中的优势和薄弱之处，发现问题和不足的根源，探讨克服欠缺、寻找发扬优势的措施和途径，从而不断提高实施新课程的能力。

发展性评价的基本理念不是"面向过去"的"结果"，而是"面向未来"的"发展"，强调评价的激励功能和发展功能。说课评价要用发展的眼光看待说课评价的结果，这种结果既包括"优势"的潜能，又包括对"薄弱"之处辩证的分析与评判。要将评价结果作为未来进步和提高的起点，激励教师改变现状，求得新的发展。

说课中的发展性评价还要关注教师个体的差异，不同年龄层次、不同的教学经历以及不同学科课改发展的背景，使各类教师的教学状态、特性、风格有较大的差异。因此评价中的发展性标准和尺度也应有所不同。

随着说课活动的广泛开展，说者与听、评者的角色经常处在互换之中，评价者给予被评价者的关注和尊重过程，其实也是评价者认识自我、剖析自我、发展自我的过程。既然说课是一种教师人际间的教学交流活动，那么在评价时就应当充分尊重教师本人在评价中的作用，彼此之间建立平等的合作伙伴关系。也就是说，要让被评价者作自我评价和说明，对有争议的问题要充分协商，尽量取得共识。对未能达成共识的问题，可以在课堂实践中作进一步验证。

9.2.3 及时性原则

及时性原则也是由说课的特点和性质所决定的，说课和课堂教学评价一样，具有很强的现场性。听课之后立即开展评课,能收到最佳效果;说课之后开展"当场评",能防止因遗忘而降低评价效果。心理学研究表明,情境与氛围影响人的情绪,说课程序进入评议阶段,听者对刚接受的语言信息有新鲜感,手头又有说者的说稿,"有感而发"的意识很强,也最容易阐述个人的观点。因此,及时评价,可以使说、评双方都得到有效的启发,促进教学研究的深化。

9.2.4 客观性原则

评价的客观性是所有评价行为的准则。说课评价的客观性主要指评价者要实事求是、客观、公正地对说课教师所说的内容进行评价。评价活动组织者与参与者应事先明确说课活动的目的要求,把握相对统一的评价标准;要避免评价者带着个人的兴趣爱好、情感倾向和价值观念的主观因素的介入;要坚持"一分为二"的辩证观和发展观;要全面了解说课教师的准备过程和所提供的文本材料。在肯定教师成功做法和探索、在保护说课教师积极性的同时,实事求是地指出存在的不足和值得改进之处,善意地为说课教师提供改进方案和建议。

9.2.5 整体性原则

整体性评价指的是对说课活动全貌全程要在整体观、全面收集信息的基础上作出评价,不能以偏概全,以局部看全局。

评价组织者在开展说课活动前期,要将说课目的要求、项目内容,详细告知说者与评价者,说课开始前要给全体参加人员以完整的文本资料和教材,在评价进行中还可以进一步听取说者和说课指导教师的关于准备情况的汇报,以便在全面了解情况的基础上作出正确的评价结论。

此外,还应注意把单项评价与整体评价有机结合起来,把一次说课和多次系列说课活动组合起来。如果将说课与课堂教学的听、评课组合,那么评价指标的发展性也要随之变化,以便对评价者的发展有更为系统的指导。

9.3 说课评价的功能

任何教育都离不开教育评价;没有评价的教育,是盲目的教育。说课既是教学研究活动,也是教师群体的自我教育活动,说课如何进行,如何在科学有序的轨道上运行,除了加强学习与管理外,还要充分发挥说课评价的各种作用与功能,促使说课健康发展。

教育评价的作用与功能至少有:导向功能、诊断功能、激励功能、交流功能和决策辅助功能等五个方面。有关说课评价功能分析主要有以下四个方面。

9.3.1 导向功能

说课的特点和性质决定着参加说课活动的教师的行为准则和价值取向,只要认真参与说课活动必然会从中受益。但是如何把握好说课应有的功能,还得依托说课的导向功能。说课的目的要求、目标体系能否起指导作用,关键是标准的项目化、具体化,以使之成为评价说课质量高低的现实依据。评价中要体现核心价值观,重点肯定什么,否定什么,有什么用处,什么是无价值的,在作出种种具体的评价中,要让教师看出说课行为方向,这样才能真正体现评价的作用与功能。

说课是促进教师智慧备课、理性备课的载体,其评价的导向主要体现在如下四个方面:一是突出教学理念;二是诠释教学思想;三是体现教学能力;四是展现教学境界。看重从以上四个方面引导教师走向专业成熟。

当然,不同的说课模式与类型有具体的评价标准,只要在不违背说课自身基本价值取向的情况下,可以发挥各自具体的评价导向作用。

9.3.2 诊断功能

说课评价的诊断功能是指以评价的价值取向为指导,根据评价目标对说课过程中的各种情况,进行检查、发现问题、分析原因,进而提出改进或补救措施。

说课的组织、管理角度的诊断,主要围绕程序安排、结构组合、技术层面的设计等方面的诊断与改进,以提高说课在教学研究中的综合效应。

说课基本内容的诊断,主要围绕教学理念、教学思想、教学技能与个性以及创新性作出评价,提出包括得失成败、问题症结和改进意见。诊断评价要与指导、导向相结合,才能达到医生治病一样,不仅号脉还要对症下药,并开出改进处方。

9.3.3 激励功能

激励含有激发动机、鼓励行为、形成动力的意义。激励评价是指通过说课评价,促使教师正确认识自己的说课优势和长处,正确对待存在的问题与不足,并通过评价来激励教师实现目标。说课组织者要根据总体目标的层次性和参与说课活动教师的现实状况来帮助教师确定有针对性的、切实可行的目标,并配以相应的评价方式,只有这样目标的引领,激励作用才能发挥。

从教师成长心理的需要来看,说课评价不仅是教师自身业务素养提高的需要,更是对教师自我社会价值的一种认可和肯定。

9.3.4 交流功能

评价的过程就是各种信息交流并产生交互作用的过程。说课评价的过程,就是评价者与被评价者双方都将评价活动作为教学研究平台,最重要的不是仅仅得出一个客观准确的结论,而是将评价结果以科学的、恰当的、具有建设性的方式反馈给教师,说者与评价者在讨论与评析中各有感悟与提高。

说课评价的交流功能不仅表现在说课的现场,还应融入"听——说——评课"、"一课两说"、"课前说与课后说"、"环节片段说"各种功能型的说课评价交流之中。

说课评价的交流功能不仅表现在现状平面的人际之间的信息沟通与优势互补,更表现在这种交流是智慧的碰撞、理念的升华,是教师之间文化的再造。

9.4 说课评价的内容

说课评价内容因评价对象不同和评价类型的变化而不同。把"说课活动"作为评价对象,那么评价内容主要应包括:说课活动的组织安排是否合理、有序;可行性与可操作性如何;说课活动总体目标与说课的课例目标是否成系列;目标的构建和达成是否达到预期的效果。如果"说课活动"作为师资培训的项目之一,那么主要评价说课活动对促进教师专业成长方面所起的作用:是否在说课中以课例为载体,内化和提升了教学观念;本学科课改所倡导的教法与学法是否得到贯彻与执行;评说的双向交流的感受、体会、收获以及问题诊断是否充分,有关资料信息收集整理是否全面、完整等。

不同类型的说课,虽然有其不同的目标要求,但从说课的基本特点与功能的发挥来看,说课课例评价的内容大体上有如下几方面。

9.4.1 说课者理解和把握教材情况的评价

在说课内容构成中,这部分主要是"说教材"版块,它包括对本学科课程标准的理解与把握,所教教材地位与作用的认识与判断,重点与难点的确认以及其对应的解决办法三大部分内容的评价。

(1) 是否全面理解、把握了课程目标

《基础教育课程改革纲要(试行)》中指出:"国家课程标准是教材编写、教学、评估和考试命题的依据,是国家管理和评价课程的基础。应体现国家对不同阶段的学生知识与技能、过程与方法、情感态度与价值观等方面的要求,规定各门课程的性质、目标、内容框架,提出教学和评价建议"。可见,课程标准尤其学科课程标准是教师组织实施课堂教学的根本与依据。说课是教师教学活动的构思,评价说课首先要看教师是否全面正确地理解、把握了课程标准,是否真正把握了课程标准所规定的教学要求和教学目标。

怎样评价教师在说课中的"理解"和"把握"呢?可以围绕如下几方面作判定:一是是否熟悉本学科课程总目标,并把总目标与所教章节分目标联系起来,形成自己的教学思路;二是是否理解并在教学实践中开始应用新课标所倡导的相应的教法与学法指导;三是是否准确判定本章节教材的教学目标。

例如,物理学科原来的教学大纲对"速度"与"惯性"两知识点的要求分别是"理解速度的概念和公式"以及"知道惯性定律,知道惯性现象"。而现今新课程对"速度"的课标是"能用速度描述物体的运动,能用速度公式进行简单计算"。对"惯性"的课标要求是"通过实验探究,理解物体惯性,能表述牛顿第一定律"。对这两项教学内容的说课评价,首先是看说课者是否准确表达了上述的"课标"意向;其次是看说课者是否在教学过程中强调学生学习过程,重视通过学科探究进行学习,把"物理"与"生活、社会"紧密联系起来设计教学等。

(2) 是否全面正确理解、把握教材的地位与作用

教材是教学的主要依据。教师对教材的地位与作用的理解与把握主要表现在两方面:一是是否解读了所教章节的"本体"地位与作用——其知识构成、技能要求与情感目标在全教材中的位置;二是否了解了所教内容与前后教材内容的联系,知道如何"承上",也知道如何"启下",以便构成完整的教学系统。

(3) 是否准确把握教学的重点与难点

突出重点,突破难点,这是课堂教学实施中的基本原则。首先要了解说课教师是否准确恰当地判定重点与难点是什么,这种"判定"依据有三:一是教材自身;二是教学对象;三是教学目标与任务要求。其次要全面了解说课教师的教学设计中,是否关注到重点与难点,并贯彻于教学的各个环节。再次要看说课教师是否专为突出重点、突破难点说出了处理的办法或所采取的教学对策。

山东省济南甸柳一中姜仲平发表在《数学教师》1997 年第一期的《等腰三角形的性质说课稿》中对"教学重点与难点"的说课,是从教材自身结构入手,结合教学对象初学几何的知识基础对重点与难点作出如下判断。

[案例 9-1]

通过分析,我们看到"等腰三角形的性质"在教材中起着承上启下的作用,是今后证明问题的重要依据,有着广泛的应用,因此,本节课的教学重点是:等腰三角形的性质及其证明(用投影仪显示)。

由于用文字语言叙述的几何命题的证明包括证明几何命题的完整过程,既要求学生有较强的审题能力,又需要学生具备一定的逻辑思维能力,这对于刚刚进入推理入门学习的初二学生来说,有较大的难度,所以本课的难点是:用文字语言叙述的几何命题的证明及辅助线的添加。

9.4.2 说课者教法选择的评价

此项评价既包括所选教法是什么及其依据,该教法与学科性质特点是否相适应、与学生的学情

是否相吻合,还要拓展到说课的教学过程设计中是否体现与落实了所说的教法。也就是说不仅以"说教法"的单独板块作判定,还要与其他板块内容相联系起来作出评价。

(1) 是否体现教法和手段的适切性

本书在说课策略和说课艺术中,已经对关于"教法"的说课作过较为详细的阐述,在评价时仍可归纳出如下几点:一是与学科性质特点是否相一致,并提出了本学科新课改所倡导的教法;二是所说教法是否符合学生年龄特点与认知规律;三是在教学过程中是否能较好地激发兴趣、启发思维,形成和谐、民主、互动的师生关系。

(2) 是否将教学方法体现于教学过程环节之中

"说教法"的评价,不能仅听说者自述方法是什么,说课教师也许会用很理性的话语,归纳出方法,还要继续了解这种教学方法是怎样融入教学环节、怎样进入操作状态的。如有的教师在"说教法"中提出"合作探究法",可在"教学过程"环节仅仅是提三个问题,通过提问让学生回答,并没有所谓的"师生合作"与"探究"。

(3) 所选择的教学方法是否具有实际教学效果

教法最终目的是为了努力改变学生完全接受式学习,让学生在教师启发、指导下,自主学习、主动学习。课前说课中所说教法,尽管未进入课堂实施状态,但评价者仍然可以凭说课教师的过程设计、凭自己已有的教学经验作出预期的判断。如果是课后说课,那么就应以该课的实际效果来评价教师自述的教学方法的成败。

下面是上海市二师附小吴燕蓓老师的三年级第一学期第六单元《43饭钱》"说教法"的说稿:

[案例9—2]

阿凡提的故事脍炙人口,《43饭钱》是其中的一个,它的内容比较简单,讲了一个穷人请求阿凡提帮忙,阿凡提用钱袋里的钱的声音帮他付了饭钱。这个方法听起来有点荒诞,但内在的逻辑却是很严密的。香味和声音都是无形之物,"吃香味"和"听钱声"结果类似,所以类比效应十分明显。课文中巴依和阿凡提的对话部分写得较为精彩,可以以此作为重点展开教学,让学生通过各种形式的朗读来体会阿凡提的聪明才智。

教学中的具体方法是很多的,但不论采用什么方法,都必须坚持以启发式为主的指导思想。启发式是指教师从学生实际出发,采取各种有效的形式去调动学生学习的积极性、主动性和独立性,引导学生通过自己积极的智力活动去掌握知识、发展认识能力。(选自《教学论》第七章方法论)

在教学过程中,我根据我班学生的实际和特点,创设了三次参与、合作的机会。

第一次是小组合作学习字词,初知课文大意。我从一年级就开始培养学生识字,已积累了十几种识字方法,这些方法中有很多是我班学生在学习过程中自创的,应该说他们学习生字的能力是较强的。所以在初知课文环节,我就让学生合作学习字词,交流识字方法,将更多的时间留在后面的学习中。

第二次是紧扣填空题(阿凡提听说巴依要让穷人付饭钱,就想了个**巧妙**的办法,既**帮助**了穷人,又**戏弄**了巴依。)寻找探究的切入点——阿凡提付饭钱的办法究竟妙在何处,引导学生抓住"巧妙"二字,自读自悟,扣读导悟,以悟助读,体会人物的心理变化。实践证明,这一问题的设计是较精准的,它串领了全文的学习,使学生通过读读、思思、议议,互相启迪,丰富理解,提高了阅读的效能。

第三次是在阅读理解了阿凡提方法之巧妙的基础上,请学生合作表演课文的重点部分(课文第五到第九节的对话部分)。记得叶澜教授曾经说过:"我们的语文教学,只有充分激活原本凝固的语言文字,才能使其变成生命的涌动,人性的张扬。"课堂表演就是在感悟课文的基础上,引导学生揣摩人物的语言、神情变化或心理活动,把抽象、凝固的语言文字转化为形象的表情、身姿运动,在读中演,在演中悟,在悟中获,真正成为学习的主人。

总之，教师的教是为了学生的学，教学方法要适应学生的基础条件和个性特征。

评析：
吴老师在分析了故事情节后，抓住了阿凡提与巴依的对话作为教学的重点展开教学，因为它既是本文最精彩的部分，又是语言形象思维与逻辑思维的综合体现。随后，用启发式教学作为统领，组织学生"三次参与"，先是"识字词"扫除文字障碍，接着是"自读自悟、以悟助读"，在"读、思、议"中提高分析能力。为使三年级学生在识字、读词句的同时，有所体验与感悟，她又安排了富有童趣的角色扮演，让孩子在体悟思维中，学得"阿凡提的聪明才智"。

吴老师三段式的组织教学，以启发为本，以参与为过程，以"读"与"悟"为关键，十分符合语言教学基本方法，十分贴近低年级儿童的学习心理。

9.4.3 说课者教学程序的评价

评说教学过程主要是评价如何围绕教学目标，有计划、有步骤地组织教学，从新课引入到总结拓展是否严密、高效，各环节衔接是否自然贴切，形成师生双线性的学习共同体。评价教学过程重点关注以下几方面。

(1) 是否紧扣教学目标，遵循认知规律，符合教学特性展开教学；

(2) 若干教学环节结构是否严谨，过渡是否自然，是否形成一种启动——呈示——沟通——延伸的认知结构，既让学生获得知识，又培养了相应的能力；

(3) 教学过程是否既是自定的教法实施过程，又是教师把握重点、突破难点的过程；

(4) 是否给学生提供了主动参与的时空，关注学生的个体化发展，有利于各类学生都获得一定的发展和提高；

(5) 教学媒体手段的选择与使用是否妥当、有效，能否充分发挥辅助教学的作用与功效。

黄大龙、徐达林老师在《中学数学》（苏州）1996年第9期的一篇文章中列举了一位特级教师在上《球的体积》一课时所设计的程序，既体现数学推理过程，又能让学生"大胆猜想"与实验。现摘录如下：

①提出问题 $V_球=?$；②比较同半径同高的圆柱体、半球体、圆锥体三者体积的关系（图示）；③猜想 $V_球=4\pi R^3/3$；④细沙实验验证；⑤构造参照体，证明猜想；⑥得定理、应用。然后再说明采取这几个教学过程的理由。教学过程中首先是由问题起，由"目测"到"大胆猜想"；然后用"实验"来验证"猜想"；再构造参照体来"证明"、"猜想"；最后得出定理并实例应用。

9.4.4 说课者教学素养的评价

说课时，说课教师尽管没有进入教学的实施状态，但从说课的理念、构思、内容结构以及现场的分析、说理的表达仍然可以适度反映出教师的基本素养。评价时主要关注如下要点。

(1) 对新教学理念和新课目标的理解、解读是否已内化为教师自身的教学思想；

(2) 对教学内容的分析、讲解与师生的活动设计是否反映出教师的文化内涵和知识的扎实度；

(3) 教学的程序、结构与教法是否表现出教学上的某些特色和个人的教学风格；

(4) 教学构思与设计是否有较强的现实性与可行性。

另外，说课中教师的语言表达、体态语言的表现力、现场的演示以及板书等都可作为教师基本素养的必要评价项目。

北京市小学语文特级教师吉春娅在肖川主编的《名师备课经验》一书中，对《游园不值》一课的教学目标的分析与确认，有着自己深刻的理解，深刻地表达了她"教学目标着眼于学生发展和成长"的独到见解。

[案例9—3]

教学目标,按照新课程理念可分为知识和能力、过程和方法、情感态度与价值观三个维度。知识与技能是显性的、短期的目标;方法、情感、态度、价值观是隐性、长期的目标。显性的、短期的目标使教学有立竿见影的效果,隐性长期的目标使教学"人气"旺盛,充满生命的活力。着眼于学生的发展和成长的教学目标应是显性和隐性、短期和长期、预设和生成等目标的完美结合,既有知识、技能的增长,又有智慧、情感、信念、意志、价值观等的发展和生成,具有丰富的精神、文化、生活、生命的内涵。

《游园不值》的教学是这样着眼于学生的发展来制定目标的。

显性目标:
(1) 看注释理解《游园不值》和其他古诗的意思,用自己的语言清楚地表达诗的内容;
(2) 想象诗描绘的情境,用一小段话语表达出来,从而体会出诗人表达的情感;
(3) 有情感地朗读、背诵诗。拓展积累其他的几首描写春天的诗和句子。

隐性目标:
培养学生热爱春天和对古诗的喜爱之情。

9.4.5 说课组织效果与现场效果评价

一个学校或一个教学研究机构要开展说课活动,为了要达到预期的目的,必须对评价作精心组织安排,使每项工作程序都有明确的目标意识,才能产生良好的活动效果。

对于一次包括说课在内的系列教学研究活动来说,不仅在于说、听、评者之间的效果评价,还包括其他相关活动所产生的连锁效果的评价。

(1) 说课教师的评价

包括说课预设目标的达成;说课内容与项目的评价和在说课中所反映的教师素养的综合评价(内含个性、特色和创新等)。

(2) 说课团队的评价

包括听评者的评价项目分工,标准的把握,评价内容的有效性、适切性;说课者与评价者的信息交流、思维的碰撞,以及对一些研究专题探讨的质量与效果等。

(3) 说课与其他相关项目的效果评价

现在区(县)校开展说课,往往与备课、上课、评课等结合进行,因此在系列活动中,评价已经不是单纯指向说课者的一个人;而是一个团队,不仅指向说课活动本身,而且涉及其他活动的协同功效,指向教师的专业发展。因此,评价内容要扩大、分层次、成体系。

9.5 说课标准的把握与评价表设计

说课评价标准,首先应从说课理念与功能来考量说课质量水平,其次要以说课评价的内容与项目作全面具体的分析评判,再次要以组织者每次说课组织活动中,自行确定的价值取向和个性化要求作针对评价。只有在目的要求非常明确,评价标准把握准确的情况下,才能正确地进行评价,发挥评价应有的作用。

9.5.1 说课评价标准的基本认识

从说课理念和价值观来审视说课行为,是准确把握说课标准的最基本手段。
从说课特征的彰显、教学思想的呈现来表现说课行为,是准确把握说课标准最基本的内容。
因此,说课评价时应侧重观察说课者如下几方面的表现。
(1) 是否突出了新教学理念

从说课本质特征和内涵上看,教学理念,尤其新课改的教学理念在说课中占有突出的地位,它是说课的灵魂。备课时的理念支撑,也许较多的情况下处于朦胧状态,是一种潜在影响。而说课则要求教师以明确的教学理念为指导,作支撑。说课不仅说出授课的安排、进程,更要说出"其然",显然没教学理念的说课,便没有分量与力度,没有精神的统领。当然这种教学理念不是以标语口号式出现的,而在表达的句里行间,表现在教师的情感与意向之中。

(2) 是否诠释了教学思想

说课不是教案的复述,也不仅是教案的说明和解释,因为这样还仅仅停留在教案的思路上。说课要更加突出表达授课教师对教学任务和学情的了解和掌握,要在教案的基础上,表达出教学过程组织、策划的教学思想:教材、教师和学生的地位与作用,教学过程的认识,教法与学法的认识、运用等都要在说课中有所诠释。

(3) 是否体现了新课程的实施能力

备课是设计,说课是设计的理性化。它要求教师从经验备课走向智慧备课、科研型备课。说课的"施教能力"的判定,无法直接在课堂教学的现场表现出来,但可从教学构思的逻辑性、科学性,教学设计的展开、过程与方法的匹配、方法与手段的融合来间接评判教学的实施能力。

(4) 是否说出个性与创新性

素质教育倡导学生个性发展,实践能力与创新精神又是素质教育的两大重点。创造学家认为教育所传递的内容是什么呢?那就是创造和发现的总和。创造是教育的最高境界和最终目的。教师在理性备课中,一方面要遵循教育的科学性,另一方面也要突出艺术性,具有创造性。说课教师应有自己对教材、教学内容独到的见解,对教学环节独具一格的安排,对教学实际独具匠心的理解和独特的运用技巧。可见,说课评价时务必集中发现说课教师的个性特征,发现、分析并评价说课教师的创新之处,这是提升说课生命力所必需的。

说课评价的标准不是唯一的,这正像说课可分出不同类型与形式一样,它是动态与发展的。但是以上四个方面的考量应该是说课评价的方向性共同特征。

好的说课和好的课堂教学已成为有志向教师的共同追求,我们可以用一些精辟的语言和文字来表述一堂好课,以及好的说课应当怎样进行。但从另一个角度来看,在课堂教学的现实中难以找到一堂完美无缺的、毫无瑕疵的课,说课在现实中也同样无法找到完美。

好的说课给人的感觉应该是:说者有新颖的教育理念,能很好地理解教材、处理教材,能从多方面因素来判定教学重点与难点并找到适切的解决办法;能运用教育学、心理学原理解读学生,采用相应的教学策略和手段实施教学;实现预见性与现实性的有效结合;说课的内容与表达形式都较好地表现说者的逻辑性、条理性以及语言的形象、生动,富有启发性和感染力;能通过说课反映出说者良好的文化底蕴、厚实的教学功底和独特的见解。

9.5.2 说课评价表的设计

要说好一节课或一个专项教学内容并不容易,而对说课列出评价指标和要素更是一件比较困难的事。

关于课堂教学的评价和相关的评价表,各地教学研究机构曾经出台了众多类型的评价指标,其实它的质量主要受制于三大因素:一是教学内容应包括哪些方面;二是每个评价项目的说明或定义是否清晰;三是评价者对每个维度和项目的感知与理解的程度。同样,说课评课也受到这三方面因素的影响,只要其中一方面因素的把握不妥都会影响评价的准确性和评价效应。

为使说课活动在促进教师专业成长以及教师提高新课程水平与能力上起应有的作用,在说课被广泛纳入职称评审、教师培训和教研活动的状态下,能有章可循,有相对统一的标准可衡量,还是有必要详细探究一下说课评价表的设计。

表 9.1 中小学教师说课评价表　　　　　　　　　　　　　　　年　月　日

教师姓名		课题		学科		年级	
项目	内容	评价标准				等第(分值)	得分
说教材 (30%)	① 确定教材地位与作用 ② 确定教学目标 ③ 确定重点与难点 ④ 分析与处理教学资源	① 准确分析所教内容在学科体系与章节结构中的地位与作用(6分) ② 以课标为依据准确表达三维目标,可观察、可检测、符合学生实际(8分) ③ 结合教学资源,准确梳理重点、难点,指出重点、难点的缘由(7分) ④ 围绕教学目标处理教材,体现课程资源的挖掘和整合,体现创新性与可行性(9分)				A(25~30) B(22~24) C(18~21) D(18 以下)	
说教法学法 (30%)	① 教法设计 ② 学法指导 ③ 手段运用	① 教法新颖、适用,凸现学生主体地位,有利于教学目标实现(7分) ② 教法设计有一定理论依据(5分) ③ 一法为主,多法为辅;教法有利于解决重点、难点(5分) ④ 体现对学生"自主、合作、探究"学习方式的引导(7分) ⑤ 合理选择现代信息技术,恰当使用教具、学具,有利于优化教学效果(6分)				A(25~30) B(22~24) C(18~21) D(18 以下)	
说教学程序 (30%)	① 环节设计 ② 资源利用 ③ 时间安排 ④ 效果预计	① 环节设计紧凑,符合认知规律与心理,能与教法、手段密切联系,能围绕目标展开(7分) ② 教学情境创设有利于学生积极主动学习,突出学生主体,探究形式活泼(7分) ③ 呈现出重点、难点解决于教学过程之中,注重能力的提高(5分) ④ 合理设计教学反馈环节,预估教学效果(6分) ⑤ 适度反映各环节时间安排(5分)				A(25~30) B(22~24) C(18~21) D(18 以下)	
教师基本素质 (10%)		① 普通话规范,语言流畅、精练、富有感染力(3分) ② 有理论素养,有个性,有特色(7分)				A(8~10) B(7) C(6) D(6 以下)	
总评(定性评价意见)						总分	

下面是网上下载的幼儿园教师说课评价表:

厦门市幼儿园教师说课评价表(职评用)
评 分 细 则

厦门市教育局职改办 2004 年 9 月

教师(考号):		课题:		年级:	
项目	内容	评价标准		等级(分值)	
说教材 (30%)	① 揭示教育价值 ② 确定重难点 ③ 确定活动目标	① 运用课改理念、结合幼儿实际,揭示教学内容的价值(6分) ② 正确分析教学内容的特点、重点和难点(6分) ③ 活动目标的确定符合新《纲要》要求和幼儿的发展水平,简明扼要,切实可行(10分) ④ 关注"三个维度"、"五大领域目标"的整合,体现全面发展的要求(8分)		A(25~30) B(22~24) C(18~21) D(18 以下)	

(续表)

项目	内容	评价标准	等级(分值)	
说教法学法(30%)	① 教法设计 ② 学法设计 ③ 手段选用	① 教法设计凸现幼儿主体地位,体现积极有效的师幼互动(5分) ② 合理选用多种教学方法,突出重点,突破难点(5分) ③ 体现对幼儿"自主、合作、探究"学习方式的引导(5分) ④ 灵活运用各种教育手段,优化教学效果(5分) ⑤ 教法、学法设计符合幼儿的认知特点,有利于活动目标的落实(5分) ⑥ 教学设计的阐述有一定的理论依据(5分)	A(25～30) B(22～24) C(18～21) D(18以下)	
说教学程序(30%)	① 环节设计 ② 资源利用 ③ 时间安排 ④ 效果预估	① 教学环节设计科学、合理(6分) ② 活动过程凸现幼儿主体性及多项互动(6分) ③ 突出重点、难点的有效解决过程(6分) ④ 合理利用教学手段与课程资源(6分) ⑤ 结合实际,反思教学设计,预估教学效果(6分)	A(25～30) B(22～24) C(18～21) D(18以下)	
教师基本素质(10%)		① 普通话基本标准,语言富有感染力(3分) ② 富有教学机智,综合素质高(7分)	A(8～10) B(7) C(6) D(6以下)	
总评	A(85～100) B(75～84) C(60～75) D(60以下)		评委签名	

根据课堂教学基本原则,突出说课的性质与特点,表9.1设置"四个维度"、"十六个项目"、"四个等第",其设计思路与使用说明如下。

第一,关于评价指标(项目)问题,说课内容包括"说教材"、"说学生"、"说教法"、"说程序"等四大板块,考虑到"说学生"目的在于准确认识教育对象,以便找到适切的教学方法,对重点、难点部分采取更有效的解决办法。因此只要在其他相关板块中涉及就可,不再对"说学生"作单列项目评价。

教材是教学的主要依据。教师对教材必须准确地做好四件事,即定地位、定目标、定关键点(重点、难点)、定处理方法。

教法与学法是课堂师生活动的方式。评价时至少要围绕四方面展开,即理性定教法,有适切性;实现目标,解决重难点;凸现主体,引导新学法;运用技术与手段有利于优化教学。

教学程序结构属于教学过程的设计,它是三维目标实现的"桥梁",遵循着情意原理、活动原理、序进原理与反馈原理。对于教学过程中的现代技术与手段运用,以适应、适用为基本原则。

教师的基本素质是说课活动中的综合考核项目,它渗透在教师口头语言与体态语言之中,体现在与听评者的交流问答之中。

第二,关于等第与分值的权重问题。考虑到说课评价表的评价项目的完整性和全面性,表9.1中"说教材"、"说教法学法"与"说教学程序"各占30%,"教师基本素质"仅占10%。

"说教材"项目中,根据重要性突出了教材处理与资源整合的权重,其中"教学资源"包括软件与硬件、条件性资源与素材性资源。软件与硬件是指教材、教师、学生、设施设备与场所等，条件性与素材性资源是指知识、技能、经验、方法、情感、态度、价值观等。

"说教法学法"项目中，突出教学服务对象的主体性、学会与学会的引导项目的权重，以体现新课改、新教法的主体思想。

"说教学程序"项目中，强调知识习得环节与情境创设，侧重学生学习中思维活动是否生动活泼的评估。

第三，说课是备课教案的理性化，同时说课又不失教案设计的过程性与操作性。因此，对说课的评价也和课堂教学评价一样，不可能靠一种评价表就能涵盖说课要求的方方面面，况且不同的评价目标与要求，不同的说课专题，可产生不同的说课评价表，各种评价表有各自的优点和欠缺，也有许多共性。因此，使用评价表时，要根据说课类型和评价要求的价值取向，作出选择，作出修改。

评价表中还留下"定性评价"的空白，以作为定量评价的补充。研究性说课和示范性说课，由于参与活动的教师人数较多，而平时的时间有限，为了让参与者能充分发表自己的意见，阐述自己的观点与建议，有必要在口头发言参评的基础上，作一些精要的文字评价。

9.6 说课评价的管理

说课评价既是一种教学活动的评价，又是一种教师业务水平的评价，也就是说这种评价是界于教学评价与教师评价之间的。从管理层面来看评价，那么评价就是一种管理手段，以评价作监控，作鉴定，还要以评价作激励，促发展。

9.6.1 定量与定性评价相结合，营造良好氛围

说课为教师提供了一个展示自我教学业务水平的机会，为教师群体提供相互交流、共同提高的平台。学校管理者和组织者，为了提高工作效率，必须建立相应的评价机制：确定工作流程和规范、制定定量与定性相结合的评价内容与要求、建立激励与表彰制度并做好总结和档案留存工作等。

说课评价表涉及多项指标，各指标都给予权重与赋值，评价者要综合现场语言与文字信息，以新课改理念为准绳，对说课者作出客观评价。这些都需要管理者在事先和评价进行中作出指导，提出要求。定量评价只能在分值大小比例与优劣上作出区分，而真正使说课发挥其功能，更多的有赖于定性的、互动的、合作式的评析与研讨。

当说课纳入研修系列，当说课有了与教学研究人员、优秀教师面对面沟通时，那么它就不仅是一次竞赛与评比，而是一次难得的学习机会；当说课与专题研讨，与课题研究构成一个有机整体时，说课便会成为促进教师成长与发展必不可少的教学活动形式。

9.6.2 正确认识和使用"说课评价"

说课的导向和发展功能是显而易见的，说课活动如果没有相应的评价机制，那么说课的功能与作用就会被削弱。而评价自身的功能，发挥得如何，又掌握在管理者手中。在教学管理中"评价"并非僵化、固化的手段，它必须因时、因地、因人而异。

首先，说课的评价目标、评价内容不能一成不变，说课评价表一般情况下是在对说课者个人与群体需要作出鉴定，评比时使用，在需要提供量化指标的教学研究中使用。如果日常教学研究，教研组成员之间的说课交流活动也规定使用量表的话，教师就会觉得麻烦，即便大家完成量化指标的评价，由于没有受到充分重视，评价表的价值就会大大削弱。不同性质与不同类型的说课完全可以

更改评价量表中的项目和权重,以适应目标的实现。

其次,说课的真正价值是促进教师理性备课,提升教师日常备课的理论水平,进而促进教师成长,所以又不能仅把"评价"局限于"评比"与竞赛中使用,在教师培训、专题教学研究中,根据研究项目可以设计出"专用说课评价表",以突出其中的某些项目,细化其中需要深入研究的项目。

再次,在评价中务必要克服和避免"理论加意向"的空洞化说课模式,避免以"评价表项目指标"对题作答的形式主义,使说课走进僵化与形式化的歧途。说课精神所在是促进教师深度思维,在反思、合作与交流中成长,它需要开诚布公,需要畅所欲言,不能被僵化的评价所束缚。

思考题

1. 说课活动如果没有评价便缺乏可持续性,说课既要善用评价,又要慎用评价;既要有评价,又不要过细评价。对此你有同感吗?你认为怎样的说课活动,应配置怎样的评价呢?
2. 说课者教学素养评价与课堂教学的教师教学基本功的评价有何不同?你认为应当怎样提高自己在说课中的表达能力?
3. 说课的课例评价中,书中提出了"四个是否"的关键性考量,是否已抓住了说课的本质特征?请尝试以这四个主要考量去评判一次你的同伴的说课。

10. 说课与教学研究

说课是深层次的教研活动形式之一,是教师将教学构思、构想转化为相对应教学实践活动的预演。自从说课被纳入教学研究系列活动以来,其意义与功能已被教学研究者与广大教师所重视。其实说课的价值,远不止于说课的本身,更在于它融入包括备课、授课、听课、评课、教学反思以及案例分析等系列活动时,所呈现的其他教学活动无法替代的功能。

10.1 说课与备课

备课与上课都是教师上课前的准备工作,是教师认真、刻苦钻研教材,学习新课程标准,弄懂弄通教什么、怎样教、怎样指导学生学并在此基础上发挥个人的创造性,设计出目标明确、方法适当、手段有效的教学方案。

备课,尽管许多学校有集体备课的要求,但仍然是以教师单独备课为主,从构思、资料准备到形成教案,它着重研究解决课堂中的"教什么"、"怎样教"、"怎么做"等教学内容及实施技术问题。而说课则是在备课的基础上再上升为理性化认识,口头向同行或教育研究人员介绍对有关教材的理解、分析和设计,不仅要回答"教什么、怎样教",还要集中回答"为什么这样教"、"这样做"。

备课主要是教师个体的静态的思维活动,常以经验与直觉去设计教学预案。近些年来,教学设计作为一门独立的学科迅速崛起,它以系统理论、传播理论、学习理论和教学理论为理论基础,给教师提供一个有理性思考的、可操作的教学活动实施方案。它一方面是提高教学效果的需要,另一方面,也是最根本的,是教学活动系统化特点的根本需要。而说课便是对教学设计的全面阐述,是基于教学活动系统化特点的一种教研活动。

从备课到说课,是教师从个性活动到集体活动,从隐性思维到显性思维,从经验构思到理性构思,从静态到动态的"转变"与"飞跃"。这过程实现了"科学的提升"、"系统化的统整",是一种质的变化与飞跃。

表 10.1 备课与说课的比较

比较项目	备　　课	说　　课
共同点	课前备课,预想的授课方案,是教学设计的"施工蓝图"	
差异点	重过程设计,重操作,回答"教什么"、"怎么教"两大问题	重理性思考,重整体构思,重在回答"为什么这样教"、"这样做"
	以经验为依托,个体化的静态思维	以理论为指导,个体表达群体合作的动态思维
拓展途径	① 提高个人智慧备课能力,讲究备课策略 ② 加强组内合作备课,实现优势互补和资源共享	① 改革说课评价机制,提高说课质量 ② 纳入备课、听课、评课系列,开展教学实践研修活动,促进教师专业发展

10.2 说课与上课

　　说课与上课虽然对象与场所不同,但它们是教学从设计走向践行的紧密联系、互相促进的两个阶段。说课是把教案提升到理论层次,并在授课前进行演习、讲解。说课中的"为什么这样教"不直接表现于课堂,而是面对自己的同行——一群有不同教学经验的教师。这就促使说者与听者都要主动地去学习,掌握教育理论,进而提高课堂教学质量。说课的构思经过课堂的时间检验,教师个人与听课教师共同反思、总结后,还可进行再说课,这就深化了教学过程研究。
　　上课是教师在特定的环境中,以教案为依据,以目标为导向,以学生为对象,实施以引起、维持和促进学生学习的所有行为。它有一定程序,有师生双边实践活动和具体的操作方法。
　　说课是以同行教师或教学研究人员为对象,以研究与探讨为目的,说课教师在说课中是单向传递,"说什么"近似于论文的宣讲,"说怎样教"则是上课的单边预演,说课的评议活动,是集体理性备课的新形式,在侧重性阐述教学意图和实际依据的同时,还研究解决教学中其他的一系列问题。

10.3 说课与评课

　　评课是用教学理论评价教学实践,用教学目标评价教学过程的教学评价活动。评课活动主要解决这样教好不好？为什么？该怎样教？为什么该这样教、这样学？听课教师共同为授课教师提高理论层次,发扬长处和优势,克服缺点,从而达到提高教学水平、改进教学的目的。
　　说课与评课都具有对课堂教学理性思考与分析的因素。前者是预案中的"为什么"的思考,是授课者的理性构思；后者是对授课者"践行"后的评价,包括教学行为、教学效果的得失,因果关系的分析以及对问题总结的分析与改进建议等。当说课、上课、评课同时进行时,评课活动就不仅评课堂实践,也评说课者的说课。
　　备课、说课、上课、听课与评课的内在关系可用下列图示建立关系,如图 10.1 所示。

10.4 听——说——评课活动

　　听课又称课堂观察,是听课者现场了解教师、了解学生、了解教学现状的知觉性手段。现在除了听现场课外,许多学校还组织课前听执教者的说课。这样,教师之间的评课活动就不仅包括对教师上课的评价,而且还包括对教师说课的评价。

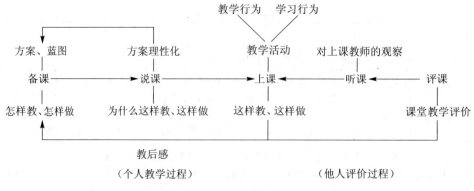

图 10.1 备课、说课、上课、听课与评课的内在关系

10.4.1 校本研修与听——说——评课活动

上海市教科院副院长顾泠沅认为：把"校本教研"称为"校本研修"更为合适，因为它既是教师教学方式、研究方式的一场深刻变革，同时也是教师学习方式、专业发展方式的一场深刻变革。校本研修让教师成为教学、研究和进修的真正主人。

第二届"创建以校为本制度建设基地"项目经验交流与工作研讨会，于2005年在长沙召开。会议专家认为，当今的校本教研应对课程改革挑战，发生了如下几方面的转变：①从技术熟练取向到文化生态取向；②从研究教材教法到全面研究学生、教师的行为；③从重组织活动到重在培育研究状态；④从关注狭隘经验到关注理念更新与文化再造。

可见，随着新教改的深入发展，教师专业发展的方式已产生如下特点：一是教育领域的行动研究，呈现回归教师、回归实践的趋势。教师发展不仅在于教师知识能力的变化，而且也在于教师从根本上形成原创能力和创新意识；二是基于学校发展背景，以教师个人或学校发展为导向；三是构筑既有教师自身发展长远的追求，又有实实在在日常专业实践的变革；四是广泛参与、群体合作，以反思为手段，实现优势互补，成果共享。

教师的备课——说课——上课，是从计划到实施、从蓝图到施工的过程，但这个过程若没有评价介入，就不能说是一个完整的系统。钟启泉教授在《教育与评价》专论中指出："评价是查明已形成和已组织的学习经验在实际上带来多少预期结果和过程；同时，评价过程总是包括着鉴别计划的

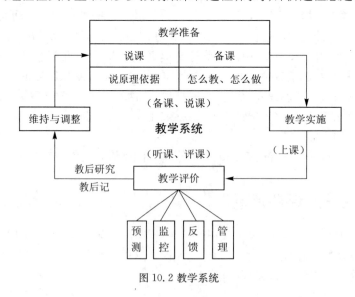

图 10.2 教学系统

长处和短处。这有助于检核已组织和已编制的教学计划的基本假设的效度；同时也检核了特定的手段——也就是教师和用于实施教学计划的其他条件的有效性。"在某种意义上说教学评价是教学过程的结束，也是新一轮教学过程的启始。

听——说——评课的系列活动正是很大程度上具备上述特征的，具有"实践平台"特点的教师研修活动。

10.4.2 听——说——评课的内在运作机制

听——说——评课活动的运作要素关系、研究取向与促进教师发展的机制，似可绘制如下流程图表示。

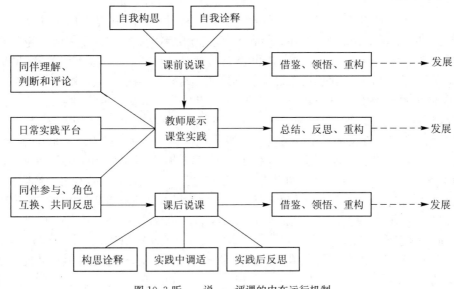

图10.3 听——说——评课的内在运行机制

上述流程可以由若干组合而成：一是一人说课，众人评议；二是一人说课再上课，众人评议；三是先上课，后说课，再众人评议；四是一人上课，众人听课评课。

听——说——评课系列活动，体现实践为本，群体研修，促进教师专业发展新架构，其意义主要表现在如下几方面。

(1) 基于教师日常教学实践，是若干专业实践活动中的环节链。它立足于课堂，既是课堂实践的出发点，又是实践的回归点。这样的系列活动的收效更有可能被教师更快地运用到新的实践中去。

(2) 除了执教者展示性实践外，因有"说课"的嵌入，便有了对教学问题的理解和说明，有对实践行为的诠释，当这些内容被置于群体评课氛围中时，评课就不仅包括"课的实践"，还包括"课的构思"的评价，教研的层次便登上新的高度。

(3) 听——说——评课的生命力在于"评"上，"评"要对照新理念、新课标，要找依据，以理服人。无论是评价他人还是接受他人评议的教师，都会在其中受益。

当然听——说——评课系列活动，还要少一点"居高临下"、"求全责备"，尤其教学研究人员参与的情况下，要给执教者以"说明陈述"的时空，以平等讨论的方式开展评课，从客观上为"百家争鸣"创造条件。

(4) 说课与评课都依托于理论架构，前者是用直接相关的理论来解读教学预案，后者是用相关理念、理论、标准以及实际效果来观测教学实践。这两项活动都可促进教师反思；反思已有的理念与行为；反思怎样改进能与他人的新认识、新方案"对接"；参评者也可以借助评析所获的新认识充实自我、发展自我。

10.4.3 听——说——评课促进教师专业发展

听——说——评课活动目前已广泛被中小学所采用,成为日常教学研究与实践的环节。它的自主性和基于教学现场的实践性,被许多学者认为对促进教师专业发展具有重大意义。

(1) 教师专业发展特征与听——说——评课

教师专业发展是教师内在结构不断更新、演进和丰富的过程。即教师通过接受专业训练和自主、主动学习,逐步成为学者型、研究型教师,并不断提升自己专业水平的持续发展过程。

对中小学教师专业发展的特征,目前研究中有不同的分析与表达:有人认为教师尤其对中小学教师发展具有自主性和连续性、情境性和多样性特征;有人认为教师的专业发展是目标明确的、现代的发展,自主能动的发展,开放的、有刺激的发展,循过程、按阶段、有规划的发展,多种路径和模式的发展等。之所以有众多的特征表述,是因为不同的研究者所选择的视角和维度各不相同所致。如果我们要从中提炼最主要、最本质的特征的话,应该认为是自主发展和以实践为取向的特征。

听——说——评课活动正是教师以课堂教学为核心的最为实在的"实践取向",它取之课堂,议于课堂,又略高于课堂,因此听——说——评课活动是教师专业成长的重要渠道。

(2) 改进经验型做法,提升听——说——评课的专业发展功能

中小学听、评课活动在上海及全国各地已开展了几十年,由于大多是在学校教师自身群体中进行,成为一种"家常式"教学活动,尽管20世纪90年代起增加了"说课"一项,为这种活动增添了新的生机,但是听——说——评课活动,如果仍然以"经验型"为主,那么其功效就会受到很大的限制。

改进经验型做法的关键有三:一是教学研究人员介入其中,将他们的理论研究与学校教师的实践做法结合起来,以确保"专家引领"中提升理性思维,以深化教改,促进教师专业成长;二是不以追求"表面热闹"、讲究"形式"、做"表面文章",而是以实实在在的研究目标、学习目标为导向,开展"切中时弊"、以学生"学习时效"为最高标准的听——说——评课活动,那么这种活动才能真正上促进教师专业发展。

10.5 说课与教研活动

教研组是学校教学系统的一个基本组织。它的主要任务是:努力贯彻党和国家的教育方针和政策,组织教师开展以课堂教学为中心的教学系列研究活动,不断提高教学质量。教研组的性质和任务决定了它在学校教学工作中的地位是十分重要的。新课改全面推进的背景下,要求教师加强教学研究活动,加快教学变革;新课程进入课堂,要求教师用新课程理念重构课堂,发挥团队合作学习的功能,共同提高实施新课程的能力。

10.5.1 传统教研活动的弊端

许多学校虽然对教研活动有一定的规范化要求,但管理不力,教研活动总不太正常。由于教师课时多,教研活动从定期变成不定期,从有计划性到随意性,从定时性到短暂性。有的学校规定每两周开展一次教研活动,因为时间短暂,难以进行专项系统研究,常常被教学任务的安排、教学进度的调整、一次集体备课等项目所"填满"。目前教研活动的弊端主要表现在如下几方面。

(1) 缺乏针对性的理论学习

在新课改的推进中,许多学校教师参加了不少区(县)级组织的新课改理念与理论学习,如果在以学科为主的教研活动仍停留在宏观的课改理论学习上,那么就很难解决教师自身群体中存在的共同问题。

(2) 缺乏真正意义上的学法研究

教研组活动比较多的是研究教法。如教材处理与分析、听评课、新课教学的设计等,很少以学生"学"的层面进行深入研究。

学法是指学生掌握知识形成技能的方法与能力,它既包括大的方面的学习策略,也包括一些小的方面如学习习惯。传统的教法只重视向学生传授知识,而不重视学生自己怎样有效地获得这些经验的方法。

尽管许多学校强调备课中要备学生,教研中要研究学生,但教师在具体研究时,往往总注重于学生学习中的不良习惯、知识欠缺与能力不足的发现与分析。其实学法研究要从表面现象分析走向内隐性、个别性的分析与探究:"内隐性"主要是思维特点与思维过程;"个别性"是学生学习的个性色彩,是学生独自内化的结果。重教法轻学法或有学法研究却与教法分割,是教师教研中普遍存在的问题。这就很难做到:教法与学法内化过程同向同步;教法与学法的运用过程同向同步;教法与学法的发展水平同向同步。

(3) 缺乏整体协作

课堂教学中教师的教,虽然是一种个体行为,但是上课之外的教学活动应当体现一种集体智慧,是为实现共同目标而合作互动的过程。一些学校只求形式上的参与,不求深入调研,还存在着"只求唱功,不重做功"、"只图好搞,不图搞好"的肤浅型、形式化的教研现象。

(4) 缺乏课题研究

当前的学校教学中,大多数教师仍缺乏科研意识,教研活动找不到切中要害的共性问题,无法用课题立项的形式来总结已经初步呈现的教学经验。泛化、空洞化的教研活动,无法找出教学现象中的因果关系,更谈不上探究其中的规律与原理。有的学校还存在"急功逐利"的思想,在外"撑门面",科研总停留在少数几名骨干教师身上,造成少数教师搞科研,搞教研,多数教师看科研、看教研的局面。

10.5.2 新型教研活动中的"说课"

阻碍教师专业化发展的因素很多,从实施新课程新课改层面上看,除了教师尚未真正学习好、理解好新课程理论,使其内化为自己的知识结构,纳入自己的教学思维之外,还缺乏面对新课改的实践智慧,尤其校本教研、校本研修需要提升。新型的教研需要从如下几方面作深入探究。

(1) 强化"三位一体"的内在机制

教师个人、教师集体和专业研究人员是校本教研的三大要素,他们构成校本研修的三位一体的密切关系。其中"教师个人"的能动与主动是关键,而能动与主动的"动力"是制定与学校发展同步同向的个人职业生涯规划,"手段"是教师个体"反思"与"感悟";"教师集体"的协作驱动、合作互动是基础,教研组要有切实可行的计划、有明确的专题(或要解决的问题)、有符合教学实际的活动安排、有研讨过程的材料累积、有一定价值的书面阶段总结和系列研讨式的公开课;"专业研究人员"介入能起着专业引领、提升层次和"画龙点睛"的作用。

(2) 建立包括"说课"在内的研修流程

上海市杨浦初级中学根据各个教研组开展校本研修的情况,还确定了该校的校本研修活动的基本流程,如图10.4所示。

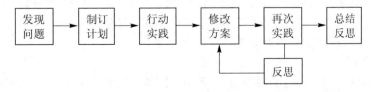

图 10.4 上海市杨浦初级中学校本研修活动流程图

其中"行动实践"有以教学困惑和问题为切入口的教学专题探索公开课,有解决该困惑与问题的专题研讨,有公开课开设前的说课与课后的说课。

[案例10-1]

上海市黄浦区教研员韩建宏以数学"函数的基本性质"课题为研究专题,制定了充分论证——模拟实验——反思总结——高效践行的研究模式,形成了"一次说课——两次上课——两次总结"的教研流程;我们的做法是教师先根据课程标准,按照自己的设想写一份上课教案,在研究小组里说课,小组提出改进意见,教师对课堂结构和设计进行修改后上一个班的课,课后小组成员和专家分析上课中存在的问题,作进一步的改善,最后上第二个班的课。经过这样一次说课、两次上课、两次总结,教师对课堂教学的设计日臻完善,教学方法在专家的引领下更加合理,教师也在这样的教学活动中不断成长。

从以上的两个学校的案例与实践经验可以看出"说课"在教研活动中的"生命力"与"价值"在于:

（1）学习理论,转变观念是教研的先导,教育理论倘若高搁于实践之上或未与教师的教学实践行为结合时,理论便失去了自身应有的价值。"说课"的说理、说依据正是教师对自己的教学实践行为找"源头"、"自思、自悟"的过程,这种"践行中悟理论"在某种意义上说比空泛的理论学习更实用。

（2）说课中的"说理",更贴近即将发生的教学现场,这种"说理"是被教师"内化"后初步转化为"教师教学知识"结构体系的再显现,它既有利于教学专业研究人员作"诊断式评价",也有利于同伴作"共享式评析"。

（3）说课的活力还在于它是对传统经验备课的"补充"与"修正",是个体备课走向群体、理性、合作备课必要的"构件"。

10.6 说课与校本培训

随着现代教育的发展与新教学改革的深入,校本师资培训日益被人们所重视。如果说区(县)级师资培训是以宏观理论与泛化的教学能力为主要内容的话,那么,校本培训则是以更强的针对性与实效性显现出它的优势。当前,要使新课改真正走进课堂,开展学校发起的旨在满足教师个体工作需求的校本培训活动,已成为学校管理者的共识。

校本培训,指校本师资培训。其内涵是源于学校的发展需要,以学校为主阵地,由学校发起和规划,紧密结合本校教育工作,充分利用校内外各种资源,满足学校与教师共同发展需求的学习与培训活动。

10.6.1 走出当前校本培训的困境

当前,校本培训中,虽然总体上体现的是根据学校实际进行的培训,但大部分学校的培训仍属接受式、表面化的培训,它对教师的实际帮助不大,究其原因主要表现在以下几方面。

（1）目标不明确

一些学校领导认为教师是一个知识传递者,教师的任务就是狠抓学生分数,提高升学率,要进行校本培训,无非是为完成上级部门布置的指定任务,因此,导致教师把校本培训当作晋级所必须完成的业务培训,只求拿到学分皆大欢喜。

（2）体制不完善

校本培训没有纳入学校的发展规划中,许多学校的培训仅放在寒暑假的几天集中进行,一些学校的培训在时间、地点、对象、内容、方法、评价等一系列管理上带有很大的随意性。教师在分组讨论中往往没有一个明确的主题,东拉西扯的现象严重,真正能帮助他人和自己解决实际问题的太少。

(3) 形式、内容单一

形式上以开设讲座、观看录像等接受式、告知式居多;内容上也以宏观、抽象的教育基本理论知识与学科专业知识居多。具体课程的设置大都源于培训者自身资源与能力的考虑,与学科教学、不同阶段教师的实际需求存在较大差异。有的学校索性把教师一日常规教学活动:如备课、上课、听课、评课等教学等同于校本培训的全部内容。

之所以在校本培训中出现上述几种局限性,关键在于目前的校本培训还不能适应当今教育改革的需求,还不能有效地促进教师专业发展,学校领导对教师的个性关注不够。只看教师做了没有,少看教师做了以后还应当在哪些方面有所改进、怎么改进;忽视主动性、针对性、实效性;教师教学的难点在哪里、困惑点在哪里;教师有哪些潜在能力,这些潜在能力是不是被开发了,怎样有效、高效地开发,开发了多少。如果学校一切工作的重点就是为了抓学生的分数,分数提高,高枕无忧,这样就势必造成教师的浮躁心态,最终导致教师校本培训被动、盲目、低效。

10.6.2 用新理念统领"学习型"校本培训

"学习型"校本培训的理论基点是:学校是教师真正发生教育学习的地方,而教育学习又基于教师对学校真实的教学问题进行自主的研究才有直接的意义,学校进行校本培训就是教师与专家,教师与教师之间的相互学习。因此,学校中的教师进行的培训行为应和学习一样,是主动的、自主的、终身的、全民的、富有个性的。

学校组织教师进行"学习型"校本培训,倡导的是自主、享受、互动的文化氛围,在这种氛围中教师要学习怎样学习和学习怎样思考。

"学习型"校本培训的构建如下。

(1) 共同愿景的达成

校本培训的方案出台不应是学校领导单方面指定的,而是教师之间形成的团体所共同寻求的愿景,这一共同愿景把教师个体的学习与智慧、能力搭配成一个整体。从这一点看,"学习型"校本培训实质是团体的学习,其方案的出台一定是从大家的意见中提取出精华,形成高于个人见解的团体智慧。正如彼得·圣吉认为的那样:"团体学习是发展团体成员整体搭配与实现共同目标能力的过程,因此是建立在发展'共同愿景'的修炼基础上。"只有形成共同愿景,才能搞好团体学习;只有搞好团体学习,才能使每个个体的学习更充分。

(2) 对话交流的构成

在共同愿景的目标达成之中,校本培训在实施时,其互动性主要体现在对话与交流上。它可分为两个循环系统,如图10.5所示。

第一阶段循环的特点是:教师与专家处于平等的地位,对话交流可以在教师与专家之间展开,也可以在教师与教师之间展开,它不是线性的、单向的,而是立体的、全方位的。

第二阶段循环的特点是:教师在日常教学中总有自己固有的"内隐理论"在起作用,通过第一阶段的循环学习,教师群体不断地进行教学反思,并把教育的独特理解外化、显示出来,引出相关的教学实例、教学问题,这些都是为理论更好地走向实践的具体的行动研究。在对话交流过程中,对话者不断地陈述、追问,倾听者不断地与他人经验进行碰撞,潜移默化地影响教师进行进一步的教学实践,在实践中再不知不觉地改变教师原有的日常教学的"内隐理论",形成新的"内隐理论"。

(3) 伙伴合作的形成

伙伴合作可以是组织行为,由学校指定,也可以是个人行为,由教师自由选择,年龄跨度不限,

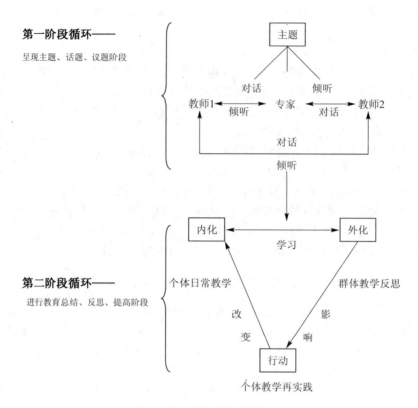

图 10.5 校本培训中的对话与交流

使用不同发展阶段的教师都能学有所值。

伙伴合作有利于培训内容的合理选择。内容上既可以是专业通用知识的培训,也可以是教育教学改革中任务驱动的培训;既可以是新教师的技能培训,又可以是骨干教师的发展培训等。

伙伴合作培训方式应该灵活多样:①专题讲座式倾听;②专家与教师座谈式对话;③自修式捧书研读;④专题式说课与交流;⑤课题式说课研讨;⑥个案研究式叙事活动等。

在培训中合作学习,在合作学习中培训,这样的培训学得更主动、学得更愉快、学得更实在,教师能在培训中享受学习,在学习中创造文化,在文化环境中熏陶自我。

10.6.3 校本培训中说课的培训功能

(1) 从说课概念看说课的培训功能

说课解说性与说理性决定了它的培训的效能是对教师理论层次的提高。中小学教师说课活动中说课范围已从说一堂课扩大到一个教学单元、一个课堂教学的专题、一门新的校本课程以及除了基础课程之外的研究型课程与拓展型课程的说课。随着说课范围的扩大、形式与过程的创新,要求说课者必须更多地学习课程论、教学论,学习教育学、心理学,并结合自己的教学实践作出适当的解析。

说课时,要求教师以现代教学理念为指导,对整个教学设计在理论上作高度概括、科学分析、简明解释,从而证明相应的教学程序的合理性,而不是随意的;是理性的,而不是感性的;是客观的,而不是主观的;是科学的,而不是盲目的。如果一个教学新手的青年教师,他既听了带教教师的说课,又听了带教教师的上课,那么他所获得的不仅是授课具体技能,而且也证明了这次教学活动的"工作原理"。

(2) 从说课内容看说课的培训功能

表 10.2 说课的培训功能

说课内容	说课范围与要求	教学专业技能培养
说教学内容（以教材为主体）	地位、作用、结构、体系；处理、选择、调整、增删；重点确定、关键确立，难点突破与化解、解决方法与理由	以课程论、教学论为理论基础，不断提高研习教材技能；熟悉原理、熟悉体系，感知理解教材、把握重难点，调整选择教学内容
说教学目标	① 宏观目标：社会主题目标、个人主体目标 ② 具体目标：知识、技能、过程与方法；情感、态度、价值观 ③ 目标确立的依据	以新课改理念为指导，在熟悉新课标的基础上，提高研习新课标技能；解读、分解、表达、转化
说教学方法	主要方法与次要方法；教学方法选取与确定的理论依据与实践根据；教学方法的应用中如何突出重点，突破难点，启发思维，发展思维	以教学论与教学过程论为理论基础，以新课改新教法为指导，不断提高教法技能与运用技能，提升从教法向教学策略转化的技能
说教学对象	认知水平与结构；知识基础与实践经验；基础能力与分析；心理特点与学习风格；学法指导	以教师角色定位与新学生观为指导，不断提高了解学生认知准备的技能，增强教学预见性和针对性
说教学过程	总体思路与环节；程序与实施方法；师生双边活动设计与安排；总结归纳与拓展延伸；突出重点，强调教学过程的机理	以教学论与教学过程论为理论基础，提高课堂教学技能；知识重构（结构化）；知识问题化；知识与思维的一体化

随着教学改革的深入，以活动取向的探究性教学将成为众多课程教学的一种新模式。这种教学模式中，学生是教学的主体和探究者，教师是组织者和引导者。教师在从事探究性课程教学，要设计出具有探究性学习的教案，当这种教案转换成说课时，对说课教师的教学技能也提出了更高要求，与探究性学习的阶段性目标相对应的教学技能有如下几方面，如表 10.3 所示。①

表 10.3 探究性学习的阶段性目标及相对应的教学技能

阶段目标	对应的教学技能
设置情境，选择问题	创设问题情境技能、引起学生探究的技能
分析因果，提出假设	采集和提供信息技能、引导提出假设的技能
设计方案，验证假设	组织讨论假设的技能
分析材料，解释结论	形成结论的技能
反馈与反思	拓展已有结论的技能、反思技能

(3) 从说课在校本培训系列中看说课的培训功能

校本培训中除了专家引领、现场指导外，大量的培训活动是立足于学校发展、基于教学实践、存在于个体与团队的合作互动中的。从培训的构成来看说课对专业化提升作用从以下对应关系中看出它的延续性效能：

观念更新式校本培训——说课能将新确立的教师观、学生观、教学观应用于教学设计的解说，

---

① 李玉峰：《论教师教学专业技能的核心成分及其养成》，《中国教育学刊》2007 年第 1 期，第 74—75 页

从中找到课堂教学实践行为的相关原理与依据。在消化、内化新观念时,可以从中获得科学的理性思维,并用这种思维去升华自我的教学经验。

知识拓展式校本培训——教师通过说课能将所获得的学科拓展性知识、教育的研究新成果、社会学与心理学的相关知识以及其他广博的文化基础知识,通过学习、理解、内化,来提高整体驾驭课堂能力,从而实现重构课堂、改造课堂。说课是提升教师理性备课、智慧备课的必要载体,说课的本领又依附于教师厚实的文化底蕴。

能力提高式校本培训——学科教师的核心能力是课堂的施教能力,当前来说主要是有效构建新课改理念下的新课堂。能够提高培训无论是通过榜样示范、技能传授、合作式探究还是个体研习,说课在其中都占一定的地位与作用,因为说课是教师崭新的话语系统,它能重构教师的"内隐理论",还能将隐性思维显性化,从而达到各种能力提高的目的。

行为修正式校本培训——这是以针对传统备课、上课的问题行为作批判的培训活动,如传统备课强调教师的作用,而忽视了学生的能力培训,重教学的预设而轻教学的生成;在课堂教学中重知识轻思维培育,重知识传授轻情感的提升等。将说课(包括狭义与广义的说课)列入行为修正式培训系列之中时,那么就能较好地解决认同、理解、内化新教学原理以及相关的教学行为要求。

临床诊断式校本培训——这是以课堂教学现场、以教学实录、教学案例为"临床"的诊断、分析与评价活动。在"诊断"中,可以是自我诊断(课后说课)也可以是"诊断"他人(评课);还可以是课后的专题说课及其评析。

思考题

1. "校本研修"现在已提升到教师学习文化的高度来认识,"说课"在新型的教学教研活动中已具有不可替代的作用。你认为说课对教师的研究能力的促进作用表现在哪些方面?

2. 从说课的内容看它的培训功能可分为四个方面,对你来说,应重点加强哪个方面的学习和提高?

11.说课与教师专业发展

说课是教师理性构思与外显性口头表达的结合,是隐性的理论思维和显性预设行为的结合,是教师个体与教师群体彼此交往中进行的新颖教研活动,因此它对教师专业成长与发展具有促进作用。在当今,说课活动已成为中小学教学领域的普遍现象,成为教师解放教学思想、提升理论层次的重要载体,我们有必要对说课与教师专业发展之间的相关性作一番深入的探讨。

11.1 说课的价值取向与教师专业知识结构

说课诞生于课改,随着新课改的推进而走向成熟。说课是教师寻找教学实践行为意义与理论依托的一种文化活动,它存在于课改时期教师学习文化的生成与发展之中。

说课的新颖立意植根于教学实践,决定说课的价值取向。

11.1.1 说课意义在于改变教师备课思维,提升教学活动的理论层次

说课是对教师传统备课行为的改造。传统的备课许多教师似乎是这样进行的:教师案头上放着两本书,一本是教科书,一本是教学参考书;在翻阅这两本书后经过自己的构思与总结以往的教学经验,便着手写教案或将旧教案作适当修改。这就是教师走进课堂前的最基本的准备工作。当然还有与之相关的教具准备与资料准备等活动。在这过程中,教师的思维主要停留在"教什么"、

"怎样教"两大环节上。显然,新课程理念下的新课堂教学倘若仍以这样一种传统的浅层次备课,已不能适应新课程目标所追求的课堂教学,我们不妨对两种不同的教师个体备课作一番粗略的比较,如表11.1所示。

表11.1 浅层次、深层次备课的比较

浅层次备课	深层次备课
以教材为中心,以"教什么"、"怎样教、怎样做"为行为指导	以学生为中心,不仅以"教什么"、"怎么教"为行为指导,更要明白"为什么要这样教",明白自己的教学构思与教学行为意图
以阅读教科书,翻阅教学参考书和准备必要的教学工具或实验为备课过程的主要显性行为,随后完成一份传统格式的教案	除左栏必要的备课程序外,不仅要再深度解读教材,阅读学科新课程标准以及有关参考资料,还要充分理解编者意图,剖析教材内涵;全面了解学情,强化学法指导;优选教学方法,用现代信息技术手段优化课堂教学;随后才能完成一份有一定新意的教学设计
教师编写教案是自我教学预设的方案,其行为往往会被为完成任务所驱使	教师编写教案,不仅是自我的预设,还有群体参与与合作,不是全盘的预设,还应为教学中的生成留下时空;将撰写教案、集体备课以及课前课后的说课视为专业成长与发展的阶梯

很显然,新课程改革背景下的课堂教学需要教师深层备课、智慧备课和理性备课。将备课与说课结合起来看,我们会发现有"两种必然":一是只有深层次备课之后,将备课教案再转化为说课说稿就会"顺理成章"、"水到渠成";二是只有开展了说课活动,必然会驱使教师深入思考教案设计的理论依据,进一步理清自己的教学意图。

11.1.2 说课意在改进教师话语系统,丰富教师学习文化

俗话说,教师是吃开口饭的。一般情况下教师彼此之间的话语不可能出现"语无伦次"、"词不达意"的现象。任课教师,尤其有一定教龄的任课教师课堂教学语言流畅、生动、贴切富有情感,因此会产生良好的教学效果。当说课成为学校教研活动一项重要"构件"时,当说课教师面对自己的同行和教学研究人员时,往往不少人会产生畏惧感和不安,于是有人"照本宣科"、"照读说课稿"。这种现象产生原因主要有两方面:一是长期以来教师的话语主要是面对学生的,而教师之间的对话往往以生活与工作的交流为主,虽然也有定期的教研活动,又因时间短暂以及随意性的口头交流,使教师之间很少进入深层次的学术交流;二是由于较少开展深层次备课,即使有集体备课形式存在,往往会把目光聚焦在"纯技术、纯技巧"的交流与讨论,对于"理性思考"、"教学依据"则很少触及。

经常开展说课活动,尤其将说课与其他教研活动结合起来,成为校本研修的一个重要项目时,说课将会逐步改进教师彼此之间的话语系统:一是为了说好课,教师必须更多地阅读教育类书刊,经常学习与解读本学科的课程标准,在此基础上撰写说课稿,然后再转换为口头表达;二是为了参与对说课教师的听评活动,评价者也需要预先研读教育理论,钻研新课标,以便使自己更好地进入评价状态。这样,说课的交流活动中的教师话语就与传统的组内备课时大不相同。

说课活动的开展,教师彼此之间经常会为构建新课堂而反思,为追求更好的教学效果而寻找理论支撑;为自我有效的教学经验总结而探索其背后的理论依据。

当说课深入发展并与教师教学研究融为一体时,教师思考问题的高度、广度与深度都将进一步增强,不再仅仅讨论诸如"教学进度的安排"、"教学程序的设计"以及"如何命题"等教学业务的常规。下面一些重要问题将会进入教师的话语系统:

(1) 我们为什么而教,应教会学生什么?
(2) "促进学生发展"对本学科教育来说意味着什么?
(3) 我们应当确立怎样的教学观和学生观? 本学科新课程教学有哪些新颖的教学方法和策略?
(4) 我们应当改变哪些传统的教学思想、教学思维与教学行为?
(5) 已被我们确认的教学理念如何有效转化为教学行为?
(6) 成功的教学、成功的课堂如何进行总结反思,如何寻找隐性思维中的理论支撑点?
(7) 如何正确地认识和深刻剖析教学中产生的问题?
(8) 教师经验中的"默会知识"是否科学,是否符合现代教学思想,怎样提炼使之成为可传输的知识?

11.1.3 说课意在完善教师专业知识结构,提升专业水平

上世纪60年代中期,联合国教科文组织曾对教师工作性质作了界定:"应把教育工作视为专门职业,这职业要求教师经过严格、持续的学习,获得并保持专门知识和特别技能。"在教师专业的研究上,有人提出教师专业具有六大标准:"有较高的水平的专门知识和技能,掌握学科领域发展前沿方向;经过专门训练,有较高职业道德;有不断进修的意识与能力,有合理的知识结构;必须实行教师资格证书制度;终身学习。"

根据当今教改的新形势要求,合格教师的知识结构应由基础文化知识、相关的学科知识和学科专业知识这三部分组成。而其中专业知识结构又可由专业基础知识、专业主体知识和专业前沿知识构成。

由于说课需要说出教学设计的原理、依据和意图,需要开展对教材文本的解读、对学情的分析与判断、寻找有效教学探索等群体性评价活动,这样对教师知识结构,尤其对专业知识结构提出更多的要求:

(1) 从教师的知识结构来说,基础文化知识需要拓展,相关的学科知识必须兼有,学科专业知识必须厚实;

(2) 对教师专业知识结构来说,专业基础知识要厚实,才能促使专业主体知识的发挥;作为以基本理论、基本概念、基本技能为主体的本学科主体知识,必须扎实而厚重。例如初中物理教师在教"力学"时,首先要求教师具备力学基本概念、基础理论以及有关力学的基本解题技能与方法。其次是应具备讲授有关力学的基本本领——把握教材、解读课标、解决重难点等。另外,说课中教师个人所表现出的先进性与创造性,还得依托于教师对本学科前沿知识的了解与熟悉程度。

在现代教学论研究中,人们发现专业知识还可分为"显性的"与"隐性的"两类:显性的知识是规范的、系统的、有科学性和被证实的,且有明确的内涵;隐性知识则是难以规范、尚未稳定,多以个人技巧、诀窍、习惯来呈现。对教师来说,教学是一个存贮着大量隐性知识的专业——它有着大量的有效方法和尚未规范、等待显性化了的知识。

被称为教师"教学知识"的知识框架,著名的学者舒尔曼提出了如下结构:
(1) 一般教育理论知识;
(2) 学科知识;
(3) 学科教育知识;
(4) 课程知识;
(5) 有关学生的知识;
(6) 有关教育背景知识;
(7) 有关教育目的、历史价值观的知识;

(8) 实践智慧。

其中"学科教育知识"、"有关学生的知识"和"实践智慧"这三项中涵盖着很强的个性化特点,它们中的隐性知识占了很大比重。

教师要提高备课技能,提高说课本领,显然要站在专业成长与发展的高位来思考:一是要不断丰富自己的显性知识;二是要积累隐性知识,完善本学科的"教学知识";三是尝试用简易的文章和口头表达的方式将隐性知识显性化,如课后反思写教后感,进行典型教学案例交流、群体性课前与课后说课交流以及教学叙事研究等。

11.2 说课促进教师专业发展的三个维度

11.2.1 "说课——明理"基于"教学反思"的教师专业发展

说课是把自己的教学设计告诉他人的同时还要"讲清道理",从"自知其然"到"告知所以然",这是说课中最重要的工作。在这样的过程中,教师的直接行为是"找出理论依据"和"悟出自我实践中的道理",而从理论上看教师必须进行"教学反思"。波斯纳曾提出著名的教师成长公式:经验+反思=成长。这表明教师要不断反思已获得的经验,没有经过反思的经验则是狭隘的经验。

华东师大熊川武教授曾于1999年出版了《反思性教学》的专著,开创了以专著形式在我国探讨反思性教学的先河。随后,张立易在《教育研究》2001年第12期发表《试论教师的反思及其策略》一文中,对"教学反思"的界定作了如下说明:教学反思是指教师在教育教学实践中,以自我行为表现及其行为之依据的"异位"解析和修正;进而不断提高自身的教育教学效能和素养的过程。还有人认为教学反思是教师以自己的教学活动为思考对象,又对自己所作出的行为、决策以及由此所产生的结果进行审视和分析的过程,是一种通过提高参与者的自我觉察水平来促进能力发展的途径。

我们可以这样来归纳众多学者从不同视角对教学反思所下的定义中的本质属性:①反思是以自己教育教学活动作为认识对象;②对其中的行为与过程进行批判、再认识、再审视而实现专业发展的。

关于教学反思的方法一些研究者推介出包括"反思日志"、"教学现场录像、录音"、"征求学生意见"、"开展同伴的协作和交流"等,还可借助"教历研究"、"叙事研究"等载体进行。

本书认为这些方法之基自然是"教学活动",而教学活动决不仅仅在课堂现场,它还发生在包括备课、说课、听课、评课以及师生之间的交流之中。

就说课而言,我们也可以这样理解:说课是对教学准备的反思,是对已经写就的教案的反思;说课中的评析,从说者与评者角色互换的意义上说,评价别人也在审视与反思自己,评析也是一种群体反思的行动。

不久前出版的《教师专业发展——途径与方法》一书(傅建明著)中,将"说课"归入教学反思方法之列,指出"说课是教师在备完课乃至讲完课之后,对自己处理教材内容方式与理由作出说明,讲出这些过程,就是讲出自己解决问题的策略。而这种策略的说明,也正是教师对自己处理教材方法的反思"。

[案例11-1]

《爱写诗的小螃蟹》课后反思性说课

中原路小学　顾戎姝

1. 课文简介

29课《爱写诗的小螃蟹》是小学语文新教材二年级第二学期第五单元"读课文提出问题"的一篇课文。这是一篇十分有趣、感人的童话故事,前半部分记叙了由于风、海龟、海浪不喜欢小螃蟹的诗,所以让小螃蟹伤心得流泪了。后半部分记叙了由于白头翁很爱读小螃蟹的诗,所以让小螃蟹激动得流泪了。本文充满童趣,从童话中的人物对待小螃蟹的诗的不同态度引起小螃蟹不同的心情中,让学生感受到真诚的欣赏与鼓励会给别人带来莫大的快乐,同时也要学习小螃蟹坚持不懈的精神。另外,通过本课的学习,鼓励学生大胆提问,逐步养成质疑问难的阅读习惯。

2.反思性说课

(1)教学成功之处

① 对本课的教学重、难点把握得准确,并且有效地突破了重、难点。

② 生字教学符合学生的认知规律,充分发挥了学生的自主性。

③ 充分体现以读为本,以语言文字为主的语文课堂教学观。课堂上我给予学生充分的阅读、朗读时间,让学生带着问题去读,在读中有所悟,在读中发现问题,做到读前有要求,读后有反馈。

(2)教学中的调适

新课标倡导学生是学习和发展的主体,语文教学要关注学生的个体差异和不同的学习需求,爱护学生的好奇心、求知欲,充分激发学生的主动意识和进取精神。

经过几次试教使我深刻体会到在重视发挥学生主体作用的同时,也不能忽略教师的主导作用。比如我原先使用了出示课题后,请学生根据课题提问的策略,但试教下来效果不佳,给听课的人带来"明知故问"的感觉,分析这个现象的缘由,我认为这种质疑方式适合一年级学生还未养成预习习惯的时候,或是用在即兴的阅读某篇文章之前,如读书读报的时候。可现在学生已进入二年级与三年级交替的阶段,别说是公开课,即使是平时的随堂课,学生也有了一定的自主预习能力。既然如此,我就没有必要为了体现提问意识而设计这个质疑环节,索性直接出示课题,简洁明了,岂不更好?

又如:我曾经设计过这样的问题:在初读课文后,问学生"你读懂了什么?还有什么不懂的?"这个问题看上去很能发挥学生的主体作用,但其结果却并非如此。第一个问题失去了提问的明确性,使得学生觉得无从答起;第二个问题学生提问是很踊跃,但我好像有被学生牵着鼻子走的感觉,教学节奏把握不好。于是我改变教学策略。在看了动画听了录音,激发了学生的学习兴趣之后,我采用填空的方式检验学生听懂了什么?在指名分读课文时,请学生边听边质疑,听后大胆提问,我则扮演一个引导者的角色,帮助学生梳理、归纳有价值的疑问。然后把有价值的质疑有层次地写在黑板上,产生一种导向作用,让学生们在潜移默化中悟出什么样的问题是值得在课堂中讨论的。而对于那些与课文关系不大的问题,我是通过筛选或当场就解决,或请其他学生解决。随后采用不同的方法组织学生进行学习,学生通过圈画、自读、同桌合作、教师辅佐等各种形式在学中解疑,从而培养学生根据课文的重点句子,有质量地进行质疑的能力。

(3)对教学的反思

① 课堂教学目标的制定应该细化到每一个教学环节,即:教师对于教学过程的每一个环节都应该知道自己在做什么?为什么要这样做?这样的设计学生能不能接受?要做到这些,对教师而言,就是要树立很强的目标意识,多问几个"为什么",多问几个"怎么样"。自己的这些"为什么"、"怎么样"解决了,到教学的时候,就能比较灵活自如地引领学生开展教学活动,能对学生的表现作出激励性的评价了。

② 古语说"凡事预则立,不预则废"。课堂教学同样如此,可以这样说:没有高质量的预设,就不可能有精彩的生成。教师在备课时固然要有课堂提问即精心预设的重要一环,但更要培养自己在现场教学中的调适能力。这一课的教学实践就使我更深刻地体会到这一点。

③ 对问题意识的培养不是一蹴而就的,"学贵有疑",问题是思维的摇篮,问题是创造的基础。鼓励学生阅读时勤于思考,有自己的独立见解,是古今中外有识之士的共识。在课堂教学中,适当地运用质疑问难的方法,不仅了解学生对知识的掌握情况,更能提高学生的学习兴趣。

(4) 教学感悟

这篇课文的教学,使我感悟到教学目标就是教师进行教学工作的核心和灵魂,是判断教学最终是否有效的最为直接的标准和依据,是教学的出发点,是教学过程的调节者,也是教学最后的归宿。教学内容的多少、难度的深浅;教学过程中阶段和阶段重点的安排;知识点的分布和落实;教学资源的安排;教学策略的选择;学生对学习内容的反应等等都是为教学目标服务的,只有确定了正确、清晰的教学目标,那教学才有成功的可能。只要把握好教学目标,就能真正提高课堂教学的效率。

11.2.2 "说课——交流"基于"教学合作"的教师专业发展

说课是指说课教师从隐性备课走向显性备课的过程,当说课稿付之交流和说者进入说课时,说课便进入人际之间的交流状态。也就是说,对教师个人来说,备课、写教案可以是教师本人的单独行为,而说课如不处于交流状态那么说课便失去了自身的意义。

交流能起着相互学习,优势互补的作用。交流之中,因为大家面对共同的教学任务又有必要协同行为,进行合作。

心理学中的"合作"是指为了共同的目标而由两个以上的个体共同完成某一行为,是个体间协调作用的最高水平的行为。而"教学合作"是20世纪80年代在美国提出的"师师互动"为典型的合作学习,它是针对"各自为政"的教师教学现象而提出的。随后便形成了"协同教学"、"导师制"、"同伴教练"和"同伴指导"等系列经验。我国一些教育人员在进行教师教研活动调查中,发现有近75%的教师认为"有必要与其他教师进行教学经验交流"。本书编著者在深入学校调研中,也发现对完成一项说课活动所表现出的合作意识和交流研讨的良好氛围。

从说课中的合作层面上看,可分为同学科合作与跨学科合作,同学科合作是指一个年级或不同年级教师之间的合作,尽管大家都上同类教材,但由于教师之间学识水平、知识结构、教学实践经验以及教学风格的差异,在具体课堂教学实施中仍然会有较大差异。这种差异可以看成是一种资源、一种各自的优势,经过相互启发、相互补充就可实现"1+1>2"的效果。跨学科合作可以改变"学科之间不相关、文理不通气"的格局,只要是文化学科,课堂教学策略、方法和程序有很多地方相通、相似的,它对进一步加强学科之间教学内容的共同研究,有机整合其他学科中的相关知识,利用、借鉴其他学科相关的教学方法,共同实现用新理念、新模式实施新课程教学都有很好的协同作用。

说课中的合作可分为主宾式合作、系列式合作和主题式合作等类型:主宾式合作——由一个教师承担说课任务,同年级或同学科若干人介入协同说好同一章、节的课。这种类型可以实现角色互换,说评兼有,达到共同提高的目的。系列式说课——几个教师分别承担同一教材同一课时的说课任务,或几个教师尽管都是同一教材,但可根据事先的安排各自选择不同的教学模式或教学方法来设计课堂教学,并在此基础上形成不同风格的说课稿。这种各自展示自我,同时接受他人评议,相互聆听彼此的说课,既有分工又有合作,既有自评,又有他评,这对说课能力的群体提高会起着很好的作用。主题式合作——选择说课中说教材、说学情、说教法、说程序的一或两个板块,突出一种新课所倡导的理念或教学方法,开展说课活动,这样可以实现点上的突破和专题研究的深入进行。上述各种类型都是在众人共同参与、协同探讨中进行的。如果能作过程记录,再加上适当的提炼,就可以成为教师说课行动研究实践性科研成果。

11.2.3 "说课——研究"基于实践研究的教师专业发展

刘捷著的《专业化:挑战21世纪的教师》一书中指出:反思与研究是通向"解放"、实现教师专业自主的有效途径。这里所指的"解放",可以理解为一种为教师传统思维的突破、对教师个体化劳动的开放;而"专业自主"是指教师个体与群体,为实现自身发展的一种"觉醒",教师专业发展从宏观上讲它涉及制度创新、体制和机制的促进,还有行政的驱使以及任务的驱动等。但其中核心部分却是教师自身的"主动"与"能动"。学校实施的许多涉及教学的改革、所推进的重点课题研究,最终都要落实在课堂,由每位任课教师来践行。一旦教师有了"自主发展"意识并见之于具体行动时,学校教改才会有真正的活力,教师自身也就随之得到有效发展。

说课如何实现并提升其价值,不仅仅对于"说"(包括陈述性语言、课堂语言和肢体语言等的科学性与艺术性)的研究,还在于说课活动中研究与探讨,在于说课与其他教学研究活动的优化组合;不仅仅在于促进教师确立反思意识,学会并善于反思总结自己的教育教学经验,提高说课的质量,还在于把说课作为研究的载体,作为研究的过程性手段,那么说课的价值就会更有效地指向教师自主培训、自主发展上。

本书编著者曾下基层指导教师开展备课、说课研究活动,对如何表达教案与说课中的"教学目标"与"教学方法",作了专题指导,学校结合专题说课和课题研究要求骨干教师开展课前与课后说课研究。

主持者除了专题讲座,还将"指导纲要"发在网络上,以主题帖的形式发出,要求教师跟帖,并在BBS上参加人际交流。这样做不仅全面提高了骨干教师的说课构思与表达能力,而且也促进了学校专题科研深入开展,写出了与课题总报告相配套的说课和教案系列。

下面是主题置顶帖和一个教师的回贴范例。

教师置顶帖:

> 关于一堂课"教学目标与重难点"的局部教案撰写说明与要求
>
> (1) 以新课改三维目标要求来表达;教学目标在写出"目标是什么"之后,还应当简要说明"为什么"确定这样的目标,它可来自课程标准、某单元教学目标的分解与细化,也可是你根据学生实际而确定的。
>
> (2) "教学目标"不能写成"教师的教",而应是"学生的学",要求学生达到什么状态、水平,要尽量用具体的、确定性"动词"来表达,还可以有适当的"量化"要求。
>
> (3) "重点、难点"不仅要写出是什么(其中重点与难点可以重合),还要适当分析为什么,并提出如何解决,即如何突出重点,化解难点。以策略性要点表达就可以了。
>
> (4) 在专题教案前言应说明所教学科,所在单元和课文名称,共几个课时。
>
> 主持教师:方贤忠

学生回帖:

> 【前言】
> 上海版(二期课改) 小学三年级 语文第二学期 第八单元
> 《48.智烧敌舰》(共1课时)
>
> 【教学目标及说明】
>
> (1) 能独立认识本课生字新词。联系课文的语言环境,重点理解"乘虚而入"、"惊惶失措"、"欣喜若狂"、"焦头烂额"等成语,学习先理解关键词素再理解整个词语意思的解词方法。
>
> 说明:运用多种方法理解词语是三年级学生应具备的一种学习能力。在掌握了查字典、联系上下文理解词语的基础上,本课中将进一步学习先理解关键词素再理解整个词语意思的解词方法。
>
> (2) 能正确、流利地朗读课文。了解古希腊的阿基米德是一个大智大勇的著名科学家,通过多种形式的朗读感悟阿基米德的大智大勇。

说明:语文教学的任务之一是培养学生的语言表达能力。小学生的语言表达能力的一个重要方面就是其朗读能力的高低。让学生在"感知、领悟、体验"感情的基础上提高朗读水平,不仅有助于培养他们的口头表达能力,而且有助于学生与文本之间的融合,达到"文道统一"的目标。

(3) 学习写人物语言时注意把说话人动作、神情作适当描写的表达方法,展开合理的想象,创造性地复述课文第7、8节。

说明:新课标中要求中年级学生"能复述叙事性作品的大意,初步感受作品中生动的形象和优美的语言,关心作品中的人物命运和喜怒哀乐,与他人交流自己的阅读感受。"这篇课文的故事性很强,以文本语言为抓手,学习创造性的复述方法,将课文语言积累内化为学生自己的语言,也是培养学生的语言表达能力这一语文教学任务的另一个方面。

【教学重点】

(1) 联系课文的语言环境,重点理解"乘虚而入"、"惊惶失措"、"欣喜若狂"、"焦头烂额"等成语,学习先理解关键词素再理解整个词语意思的解词方法。

(2) 学习阿基米德智烧敌舰的过程,通过多种形式的朗读,感悟、认识到他是一个大智大勇、善于运用科学的人。

(3) 展开合理的想象,创造性地复述课文第7、8节。

说明:教学只重在科学常识的揭示,这便成了一堂自然常识课。故如何在课中设计语言训练点,容有效的阅读训练与了解科常知识相结合是本课教学设计的一个立足点。

【教学难点】

理解、体会阿基米德的"智取"。

案例作者:徐琼

以下是几位参加说课活动教师的体会,从中可以看出他们对说课认识的转变与说课促进自身发展的效应。

教师一:第一次参加说课我几乎没有方向,总以为说课就是对教案作说明,于是我详细写了教案,又在教案边上加注释便成了说课稿。说课后众人评议时,有的认为说得不错,有的提出说理性思考不够,而教研员则一针见血地说,你是在说教案啊!

后来我参加教学竞赛,其中课前的15分钟说课,我做了充分准备:先是详细学习本学科课程标准,随后又阅读了教学刊物上别人发表的说课案例,将已有的教案作彻底改造,成为说教材、说学生、说教法、说教学过程几个板块。这次说课获得了良好的评价。

教师二:我校语文教研组开展"探究式阅读教学"专题研究,经商量后确定了给学生留下时间与空间,以师生、生生对话形式进行探究的总体构思,开展了备课、说课、上课和评课的系列研究。备课重设计、说课重说理,在组内研讨中,确定三种设计方案,然后各人分别开课作出评价。这次历时一年的系列活动顺利完成了"初中语文探究式阅读教学的实践研究"的论文和相关的说案和教案。

思考题

1. 说课时的口头表达并不难,难的是说课中的说理,而说理正是促进教师专业成长的重要手段,你认为应当设计怎样的备课教案才能为说课创造先决条件呢?

2. 说课是教师教学研究的新话语系统,这种"系统"要构筑在教育理论与学科教育理论之上。请阅读本学科教学理论书籍,精要部分要研读,然后结合自己的一篇教案思考一下其中的理论构思。

3. 你有自己个性化、隐性化的"教学知识"吗？尝试一下在说课活动中将它提炼成可以表述的口头语言。

12. 说课与教师教育理论素养

教师的教学知识不仅具有知识、技能性，而且还具有观念性、理论性。教师面对新课改，不仅课程新、教材新，而且教学策略和教学方法也要全面更新。在新课程教学中，教师如果仅仅从教学方法和技能上，作简单的习得与改造，没有从根本的教学思想、教学观念上作"质"的变革，那么课堂教学就不会产生根本性持续性变化。没有知识的观点是空洞的，而没有观点的知识则是盲目的。"说课"是新课改中诞生的新生事物，它需要正确的教育理念与教育理论作引领，需要用准确的说课知识与本领去践行，才能把说课活动提升到理想状态。

12.1 说课教师的教育观念

教育理念、教学观念决定着教育行为。教师不仅要了解新课程、新教学是什么，应当怎么做，不仅要建立与新课改相呼应的新理念，储备相应的教育理论知识，而且还要在教学实践研究中思考"为什么"和"怎么想"，以及"我可以怎么做"等一系列问题。只有这样，新课堂才会有本质的变化。

12.1.1 关于现代教学观

教育观念指的是主体对现存教育现象或教育问题的一种理性认识，这种认识要受到认识对象"实然状态"的规定和制约。对教师来说主要是中观和微观的教育观念，教学即教师引起、维持、促进学生学习的所有行为方式。从这个关于教学的基本概念出发，教学观应同教学的价值观、学生观和教学活动观这三方面构成，另外也有专家把其分成教学目的观、教学内容观、教学过程观和教学方法观等。

现代教学观的主要观点可作如下简述：

(1) 目的观

掌握必要的基础知识，以发展学生智力、培养能力为主，使学生不受过多压力，学会自己学习。

(2) 内容观

注重知识的内在联系，注重采纳现代新的知识和理论，主张知识结构横向联系交叉，求广求新。

(3) 教学过程观

以思维教学论发展教学学说为理论指导，重知识的发生过程，通过以学生为主体，教师为主导的研究模式来达到理解概念、灵活应用的目的，课堂气氛是活跃的；把教师的权威建立在尊重学生的探究发现上，建立在学生思维开拓和发展上。

教师把落实"双基"作为每堂课的手段，而把培养能力、发展思维作为每节课的教学核心。

(4) 方法观

① 科学的教育方法，其实质在于认识和运用教育规律。

以学生为本，学生发展为本来设计教法；教法为学法服务；不教之教才是最高之教；教有法，教无定法。

为发展学生知识结构和思维的发展而教；为创造力而教；教法既有科学性，又有艺术性。

② 现代教育技术要为教法服务；"情"与"爱"是设计与应用先进教法的动力源泉。

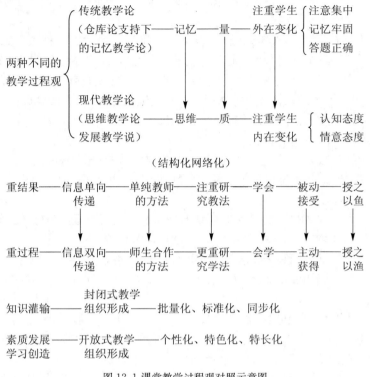

图 12.1 课堂教学过程观对照示意图

12.1.2 课堂实施素质教育的基本理念和基本特征

素质教育以提高全民族素质为宗旨,以促进受教育者的基本素质全面和谐发展为根本目的,着力培养受教育者的自主学习和自我发展能力,为其终生发展奠定良好的基础。课堂教学是实施素质教育的主渠道,教师在课堂教学中实施素质教育,在观念更新的同时,还要把握好课堂教学实施素质教育的基本理念,了解它的最基本特征。

所谓教育理念指的是主体对未来教育发展或教育面貌的一种理想期望。这种理念一方面是社会发展对教育不断提出新要求的结果;另一方面又是人们对教学工作本身内在规律不断加深认识的结果。以下是我们可以概括出的素质教育课堂教学基本理念的诸要素[1]:

(1) 在教学目标上,不仅要传授知识,训练技能,还要培养能力,发展智力,培养学生良好的思想品德和健康的个性,即必须体现认知、情感、技能目标的统一。

(2) 在教学关系上,必须突出学生的主体地位,即学生是自身发展的主体,其自主性、能动性和创造性应当受到充分的尊重,要给予其充分展现的机会。课堂教学必须让学生充分参与活动,以发挥其主体精神。

(3) 在教学内容上,除坚持有针对性地加强基础外,必须从知识、能力、品格和方法等方面深入挖掘教材深层的多元教育要素,使学生受到求真、崇善、尚美的全方位教育;必须突出教学内容的思维价值,强化学生的思维训练,发展学生的思维能力。

(4) 在教学对象上,必须面向全体学生,关注每一个学生的学习过程状态及发展的可能性,因材施教,力求使不同层次的学生都得到提高和发展。不求人人高分,但求人人成功。

(5) 在教学方法上,必须体现教与学的交融,重视教法与学法的相互转化,重视运用现代教育

---

[1] 邱才训:《素质教育课堂教学的基本理念及其实践特征》,《中国教育学刊》1999 年第 5 期

技术手段,充分调动学生多种感官参与学习活动,实现教学方法最优化,促进学生乐学、会学、生动活泼地学。

(6) 在教学结构上,必须体现集体教学、小组教学和个别教学等多种教学组织形式的有机组合,必须体现合作学习、竞争学习和个体化学习的兼容并存,构建多边互动的课堂教学结构。

(7) 在教学评价上,必须突出对学习的积极评价,要强调标准参照评价;目标评价要贯穿于教学过程的始终,以目标评价为杠杆建立课堂教学的监控机制,提高课堂教学的自我反馈调控能力。

课堂实施素质教育应具备以下几个基本特征。

(1) 教学目标的全面性、完整性

所谓教学目标就是教学中师生所预期达到的教学结果和标准。它包括远程目标,即国家规定的教育目的;中程目标,即各类学校培养目标;短程目标,即课程目标、单元目标和课时目标,它是教育和培养目标的具体化。

美国教育家布卢姆和他的学生们认为,教学目标应包括三个方面,即"认知领域"、"情感领域"和"技能领域"的目标,后来人们又扩充到"个性发展目标"。

教学中既要注意教学目标的全面性,又要因学科、因教材的差异性,可以各有侧重。各种学科、不同课时有不同教学目标侧重点,人们认为在教学目标达成上实现重点突破正是实现素质教育的方法之一。

(2) 学生的主体性和教师的主导性

现代教育认为,学生有三个本质属性。其一学生是具有发展潜能的人;其二学生是具有发展需要的人;其三学生是教育的对象。从这个观点出发,教学活动要有学生广泛、深入地参与;教学内容必须内化为学生的知识结构、能力系统和性格特征;所有的教育功能最终要体现在学生身上。课堂教学应该是培养学生主动探索知识、增强主体意识的过程。

发挥学生主体性的另一方面是发挥教师的主导作用。教师对"主导"的指导思想明确,导之有力、有方,学生主体性都会得到充分的体现。教师主导的目的在于让学生主动学习、学会学习,而主导作用的好手段是组织教学和发展学生思维,发展创造性思维。而主导作用的内功在于思维的培养与训练,它包括思维材料、思维方法和思维品质三维"空间"的构建和营造。

(3) 开放学生的思维空间

不少研究人员认为,是否关注学生思维素质教育,是应试教育和素质教育的一条分界线。他们认为应试教育不过是关注构建适应考试需要的被动思维方式,而不是思维素质。

学会思维的第一步是要敢于并能够发现问题,然后在此基础上运用科学的方法去分析、推断并提出自己的见解。这就要求教师要给学生思维空间,给予思维的自由度。教师提出问题是促进学生思维,但不等于教师设计的众多问题都解决了,学生学习的问题也解决了。高明的教师更把精力放在诱导学生发现问题、探究问题、解决问题之上,因为这样更有利于培养学生的思维能力。

此外,教师要营造有益于学生思维素质提高的氛围与环境。教师对学生既要爱护、保护,也要帮助和培养。可以采用课内外结合、教学内容向社会延伸、让社会生活进入课堂等办法,让课堂充满时代气息。

(4) 教学民主性

传统教学是以师生间"你教我学"、"你讲我听"的关系相处的。现代教育要求缩短师生之间的距离,建立和谐的新型师生关系。要充分尊重学生,求得心灵的沟通、情感的交融、气氛的和谐。师生的平等人际关系,对教师来说,首先是要尊重学生人格,其次是承认学生个体之间的差异,优势者不能溺爱,弱势者不可鄙视。有人提出课堂教学"无错误原则",指的是学生学习上的任何错误都是可以理解的,都不能当做一个真正的"错误"来对待。这种错误是发生在学习过程之中,可以通过他人的帮助和自己的努力来改正的,教师不要有思维定势,把学生"定格"在某一位置之上。

(5) 教会学生学会学习

知识社会强调人将是知识社会的主体,终生学习将成为人的自我完善、自我发展的必然要求。人的一生要持续地学习,就要学会学习,创造性学习。对青少年学生来说,"学会学习"是指学生在教师或他人的指导下,在开放的环境中,充分发挥主体作用,积极培养学习兴趣和学习意志力,自主、自觉地调控学习情绪和学习策略、学习方法和技巧,养成良好的学习习惯,提高学习效率的过程。

课堂教学的根本任务是"教"学生学会学习,开发学生的学习潜能,不仅是掌握知识和技能训练,还要注重智力开发、思维发展,注重能力开发和未来的发展。

12.1.3 课堂教学过程的优化

教学过程由五个基本要素构成,即教师、学生、教材、教学方法与手段,一切教学活动都是围绕着这五个要素展开,并形成一定的关系:

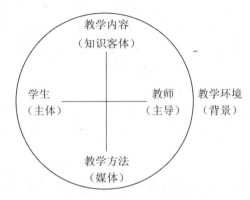

图12.2 教学过程的五个要素(引自徐世贵:《素质教育与优化课堂设计》P20)

教学环境是指教学过程中人际交往的心理环境,它是由融洽、民主的师生关系和团结友爱、积极进取的集体舆论组成的。它是一种激励场,是形成班风、学风的精神支柱。

前苏联教育家巴班斯基认为,教学过程最优化实际上是指教师有效地组织教学活动的理论体系和工作体系,教师通过对教学系统的分析和综合,通过对最优化教学方案的选择和安排,争取在现有条件下用最少的时间和精力去获得最大可能的结果,这就是教学过程最优化。

巴班斯基还指出:"最优化不是某种特别的教学方法或方式,而是教师在教学规律和原则基础上,有针对性地安排教育教学过程,自觉地、科学地(而不是自发地、偶然地)选择具体条件下课堂教学和整个教学过程的最好方案。"要实现教学过程的最优化,关键是老师要在备课中优化课堂教学设计,然后通过"说课"活动,转化为更高的理性化认识,再通过上课的实际行动加以验证,通过写教后感和同行的评课,逐步地走上各自的教学过程最优化之路。

12.2 说课教师的基本教学理论

12.2.1 教育学、心理学基本原理和规律

袁振国教授主编的《当代教育学》一书吸收了当代教育思想与当代教育研究成果,该书可以作为教师理论学习的主要参考书,教师课堂教学行为是一个相当复杂的过程,说课的说理和说教学过程,要有一定的教育学理论的武装,以便从教育的本质上架构课堂。《当代教育学》从中国与世界教育的现状、特征与发展入手,论述了当代学习理论、课程理论、教学理论和教学策略。此外该书对当

代教育的一些热点问题也作了专题论述,如对教育的功能说,教育与个性发展,教育与经济、文化、科技、社会的可持续发展等都作了精辟的阐述。

关于教育的本质与教师职业本质可以归纳如下几个要点:

(1) 教育是一种通过经验和知识的传递来引导和促进人的发展的活动。

(2) 教育被看成人类特有的遗传方式和交往方式,是人类自身的再生产和再创造。

(3) 教育的全功能论是指促进人的发展功能,促进人的社会化功能,促进人的个性化功能,促进社会发展功能。

(4) 教育功能的关键,是引导学生主动发展,帮助学生形成发展机制:①目标与理想的牵引机制;②能力与方法的自动机制;③反馈与总结的调控机制。

(5) 教育的本质是启发思维。教育工作的最终机理在于人脑的思维过程。

(6) 教师职业的本质是创造人的精神生命,要面向学生生命发展的未来。

关于心理学的基础知识方面,对教师的说课和评课活动有直接指导价值的是"学与教心理"与"教育心理学丛书"。"学与教心理"方面目前有两本书,一是邵瑞珍主编,华东师范大学出版社1988年版的《学与教心理》;二是皮连生主编,华东师范大学出版社1997年版的《学与教的心理学》。由张楚延主编,警官教育出版社1998年版的《教育心理学》、《现代认知学习心理学》、《学习心理学》等对教师从事教学研究都有较好的指导作用。

12.2.2 教学论基础知识

教学论就是研究教学的一种理论,教学活动是教学论研究的出发点和归宿。教为学而存在,学又要靠教来引导。

目前,我国教学论的专著已有多种版本,20世纪90年代初出版的《教学论新编》(吴也显等编,教育科学出版社出版),内容比较详实,该书共有五大部分,其中"教学过程论"、"教学构成论"、"教学实施论"、"教学艺术论"这四个部分,对教师尤为实用。

教学过程论部分,从系统观、模式观、信息观和社会观四种不同的侧面对教学过程进行分析,旨在揭示教学过程的实质及其特点。

教学构成论部分,分别对构成教学系统的四个基本要素即教师、学生、课程和教学物质条件进行剖析,以说明它们自身的结构和特点以及各自在教学系统中的功能。

教学实施论部分,主要阐明教学目标、教学方法、教学组织、教学评价在教学过程——教学系统运行状态中的功能以及它们自身发展的变化及其特点。

教学艺术论主要探讨在教学过程中教学艺术方面的功能和特点。

12.2.3 教学生命价值观与动态生成观

华东师大钟启泉教授在多篇论文中,对教育未来性和生命性作了多角度论述;上海师大谢利民教授于2001年在《课堂·教材·教法》杂志中也发表了《课堂教学生命活力的焕发》的论文,这些理论都体现了现代教学"以人为本"、以发展为本的理念。

钟启泉教授在有关论文中作出如下论述:

"提出基础教育的'生命性',是为了改变现在中小学教育中存在的重学科知识传授和技能训练价值,轻学生个体生命多方面发展价值的弊病。

"要使每一个教师都强烈地意识到我们的工作直接面对生命,关系到人类最宝贵的财富——生命的成长。在一定的意义上可以说,教育是一项直面生命和提高生命价值的事业。"

谢利民教授认为:"对教师和学生而言,课堂教学首先是他们生命活力和生命价值的体现;课堂教学的知识传播过程的实质是知识生成与生长过程,在这个过程中,教师的重要责任之一就是激活知识和播种知识,学生是在自己主动积极的思维和探索活动中生成和生长知识;在上述理念之下,今天的课堂教学应建立'共同参与,互助合作'的师生关系,为此,教师和每个学生都要发挥自身的主体作用。"

对教师而言,课堂教学是他们职业生活的最基本的构成。教师每堂课的质量,都会直接影响他们对职业的感受和态度,每一堂课的教学水平,都是教师专业水平和生命价值的直接体现。

"课堂教学应该关注在生长、成长中的人的整体生命。对智慧没有挑战性的课堂教学是不具有生成性的;没有生命气息的课堂教学也不具有生成性。从生命的高度来看,每一节课都是不可重复的激情与智慧综合生成过程。"(引自《基础教育课程改革纲要(试行)解读》P278)

12.2.4 系统论、控制论和信息论

系统是指由若干相互依存、相互制约的要素(或成分)为达到一定的目的而组成的有机整体。而教学系统是由师生共同活动组成的旨在提高教学质量(实现教学目标)的管理系统。

运用系统论的观点和方法探讨教学活动的理论旨在通过对教学活动的结构和过程的系统考察和分析,从理论上和技术上提供实现最优化教学的系统方案。教学控制论是运用控制论基本原理和方法分析教学,以达到对教学过程最佳控制的理论,20世纪60年代初由前苏联兰达提出。他认为:建立对教学系统有效的控制需具备四个基本条件:①精确限定的目标;②有效而详细说明的控制程序;③良好的反馈;④根据目标与受控对象状态的关系作出决策,以对受控系统加以调节。

系统科学在教学中的运用,主要是掌握系统方法的实质,这就是整体性、综合性和最优化。整体性就是把对象始终放在完整的、系统的形式中加以考察;综合性就是要着重从整体与部分、整体与环境以及部分与部分的相互联系中去考察对象;最优化就是在完整地、综合考察分析的基础上,得出解决问题的最优方案。

从教学系统构成的要素上看,主要有四大要素即教师、学生、课程(信息要素)、条件(物质要素)。而四大要素优选优用,优化要素的结构。

"教学过程最优化"实际上是指导教师有效组织教学活动的理论体系和工作体系。教师通过对教学系统的分析和综合,通过对最优教学方案的选择和安排,争取在现有条件下用最少的时间和精力去获得最大可能的结果,这就是最优化。

联合国教科文组织曾于近年出版一本题为《教学过程的系统方法》的指导书,书中列了一些问题指导人们思考教学的最优化:

(1) 现存教学中有哪些导致不满意的东西?
(2) 系统的目标是否恰当?
(3) 结果与目标是否一致?
(4) 是不是所有的资源都得到了利用?
(5) 利用的所有资源都是必不可少的吗?
(6) 关键的问题是什么?
(7) 可以在什么样的系统水平上加以干预?
(8) 成功地进行干预的标准是什么?
(9) 进行干预需要哪些资源?
(10) 系统的哪些成分受到干预的影响?
(11) 在变动的环境面前怎样才能保证有效性的获得?
(12) 实现预定目标的成功步骤是什么?

教学信息论是运用信息论、系统论以及控制论等学科的基本原理和方法研究教学过程中教学

信息的传输、变换、反馈规律的理论。这种理论认为教学作为一种通讯系统,其特征是师生在信息传输、变换和反馈上的双向性。师生双方都有一个对教学信息输入、储存、变换、输出、反馈和调整控制的过程,从中不仅可揭示各教学要素之间的相互关系,且可揭示其动态变化。

从信息观点看教学过程,可以得到如下的认识:教学过程是有序的开放的信息系统;教学过程是"人——人"构成的耦合系统;教学过程是一个合目的可控过程。在教学过程中,控制作用是通过反馈信息的环节而实现的。教师正是通过信息的反馈来及时掌握现状与目的差距,解决教学中的难点和关键,进而改进教学方法,促进教学信息过程的指向性更加明确。

教学信息的内容包括以教材为主要信息源的知识信息,以师生主体为信息源的教学状态信息以及来自教学过程中自然环境信息。教师对教学信息的编码变换和学生对教学信息的译码变换都会影响教学过程和教学效果。

思考题

1. 说课教师的教学新观念的确立,不仅要做到熟悉与认可新观念,更要将新观念践行于教学设计之中。在教学设计和说课中,对"教学关注学科还是关注人"的问题上你是如何认识的?

2. 构建素质教育的新课堂,每个教师都有自己的教学长处或特色,请结合本章相关内容,谈谈你的课堂教学应作怎样的变革与创新?

3. 学习了教学系统论、控制论与信息论相关知识后,请以一节课为例设计一份以这"三论"为指导的备课教案或说课稿。

学科说课分论

导　言

"如何说课"是一个大命题。"说课"有深刻的内涵和丰富的外延,说课总论中已经从不同的视角和层面详细探究了有关说课的内容、模式、策略、方法以及对教师专业成长的作用。编者作这些研究的目的是让中小学教师在教学研究活动中,对说课有更全面更深刻的认识,以便在说课中能更好地运用说课手段,提高自己适应新课改的能力。

"如何说课"在整个教学研究领域又是一个"小命题",这是因为它仅仅是教师教学活动中的一个环节,是新课改中教师之间新颖的话语呈现模式,它要落实在每一个学科、每一个教师与每一堂课之中。这样,当一个教师面对说课时,不仅要掌握有关说课的理论性与基础性知识,而且还需要进行本学科如何说课的具体指导。为此"说课分论"可以看成是对说课"小命题"的研究与探索。

一位从事多年初中语文教学的青年教师,当编者问她,语文的人文性与工具性是什么,应当如何认识两者之间的统一性时,这位教师却有些茫然,她的回答让人感到似是而非。以实验为基础的化学学科"实验"有几层含义,实验教学的新课理念是什么？数学被称为"思维的体操",析题解题的训练中,就是"思维的体操"吗？政治学科中的"德智共发性",物理学科新理念中的"从生活走向物理,从物理走向生活"是宏观理念,还是具有教学方法和学习方式的指导性变革？这些问题都是教师在面对课改,重构课堂时必须了解、熟悉甚至要掌握的重大问题。教师在备课、设计教学程序时,如果不深刻认识包括上述问题在内的基础性知识、基本观点以及具有鲜明现代学科教学的价值取向,备课的质量就会受到很大的影响。

正缘于上述现象的存在,缘于说课说理的根本性需求,为了让任课教师在开展说课时,能进一步获得更切实、更有价值的有关学科方面说课的知识与技能,本书编者精心设计了学科分论章节的基本框架:学科特点——学科课改新理念——学科备课——学科说课。

1. 关于学科特点

"学科特点"一节,是对相关学科本质特点的梗概性表述。编者经过收集整理有关专著资料,集中回答本学科"是什么"和"怎么样"这两大问题,以便让教师进一步加深认识本学科的本质属性,以便更好地从源头上把握教材,驾驭教材。

具有该学科大专以上学历的教师,也许对学科特点并不陌生,但是长期面对实用性的中小学教科书时,可能对学科特点的基本点有所淡忘。比如,语文教学中有的为追求情境性,增添了不少学生活动场景,而淡化了作为"工具学科"的基本知识与技能的讲授和训练。再如,政治教学中,有的教师偏重于文化知识的传递,讲"爱护公共财物",仅按"什么是公共财物"、"为什么爱护公共财物"和"怎样爱护公共财物"的结构上作知识传授式讲解,这样的政治课不仅违背了政治学科自身的特性,也不符合新课改追求的"联系生活实际"和"学生自主参与"的教学意向。

"学科特点"一节意在为教师提供"学科之本",用学科的本质理论来解读、使用具体的教材,提高备课质量,进而从根本上提高说课的说理性。

2. 关于学科课改新理念

"课程改革新理念"一节,是新课程标准中所倡导的基本理念的归纳。编者通读了各地与新教材相关的课程标准,将其共性和新颖的观点作一番整理,以便让任课教师能精确了解和熟悉有关教育教学理念,使之成为教师课堂教学的根本性指导思想,自然也可以成为说课说理的基本依据。

在中小学校许多教师对新课改理念并不陌生,对课程的三维目标以及相关的教学观、学生观都已粗略了解,但是作为学科任教教师却对本学科的课程的标准以及各学段的目标体系十分生疏,不少教师手头并没有本学科课程标准的文本或相关读物,不少学校仅以教研组为单元购买1~2本,在组内却又被束之高阁,阅读与使用率很差。这就造成教师理念新,却没有学科针对性,教师能宏观陈述理念,却难以转化为某年段、某章节的课改行动,由于"三维目标"认识上的空泛性,造成一些教师某些教案或说课中的目标缺乏学科性和章节的适切性。比如,一位数学教师某节课的能力目标表述为"通过本节课培养学生观察、动手、探究、分析、归纳、总结能力"。这里不仅堆积了抽象的六种能力,而且倘若将它"迁移"到其他学科,几乎任何一节课都大致"适用"。究其原因,一是该教师对"教学目标"基本概念与要求认识欠缺;二是该教师并没有详细了解和掌握本学科乃至本章节的教学基本要求。

可见,不少中小学教师至今似有必要全面了解并熟悉新课程目标与相关的教学理念,进而仔细研读并内化为指导课堂教学的理性思维和行动策略。也只有这样,说课才能进入实质性状态。

3. 关于学科备课

"学科备课"一节,考虑到备课是开展说课的基础,编者主要以各学科备课中的学科个性和独特性为主要思路编写的。编者不侧重于备课一般思路框架中的备教材、备学生、备程序与备方法的宏观叙述,而是突出各学科在新课程理念下,尤其引起关注的具有本学科独特性备课策略研究。这些内容能提醒和帮助教师调整备课构思,形成具有本学科特点的教学方案。

当说课进入教师教学活动领域,备课便成了说课的前提与基础。因此,进一步深入研究备课,提升备课的理论层次,就能为说课提供铺垫。

在学科分论中的备课阐述,我们尽量集中表达新课改理念下,各学科突出强调的教育教学的个性化价值取向。如政治学科的"感受学生生活"、"社会生活中备课";化学学科的"优选化备实验";数学学科的"备问题与例题";语文学科的"整体感知"与"情感创设的备课"等。这些学科备课的指导性意见,一方面能促使学科教师反思传统备课的弊端,加深认识本学科的科学性与教育性;另一方面也能为从教案走向说案,构思符合新课改理性思维的说课活动打下坚实的基础。

4. 关于学科说课

当一位任课教师学习与研究了关于"怎样说课"的原理、策略与方法后,是否就能有效地说好课呢?他可以从对说课知之甚少,到比较清晰,但一旦进入构思与撰写说稿状态可能又会进入模糊状态。因此,对任课教师来说,还需要有关于本学科怎样说课的知识与技能以及本学科说课中成功的案例作为参照。"关于学科说课"一节,是对学科说课个性与独特性的集中表达。它既遵循说课基本要求,又强调适应本学科的教材分析和处理,运用本学科的教法与学法指导以及本学科教学过程设计的要求。这样,便大大增强了它的指导性与适用性。

下面以数学学科为例,以进一步说明"学科说课"编排的意义与作用。

有人在数学教学杂志上撰文,以"数学说课的实践探索"为题,在"说教材"板块中是这样表述的:"要说好教材,就必须有机地全方位把握教材,把握教材要紧密联系教学大纲,对教材的整体和局部、重点和难点、编者的意图、知识的承接和延续性都要分析清楚。"而在"说教法"板块中又是这样表述的:"能在具体教学中选择合适的教学方法,需要教师要熟悉和掌握多种教学方法,要了解各种教学方法的操作要点、适用范围和在培养学生能力上的具体作用,由于教学法具有多样性、综合性、发展性和可补偿性,这就要求教师不断地学习教学法,而说课活动则激发了教师研究教学法的动力和灵活应用教学法的表演机会。"下面又是一段相关内容的案例分析,编者认为这样的说课阐述与指导似乎对各学科均适用,缺乏学科说课指导的个性与适切性。

编者在相应的"数学说课"一节,以"说理——重在说数学原理与数学思想","说过程——重在说概念的形成、规律的掌握和能力训练,""说问题与例题"三个板块来突出数学说课特点。这样,读者能获得更为具体的指导,使说课技能上进一步进入操作的状态。

当教师提升了职业责任感和从事教改的使命感时,当"说课"知识和技能被教师所了解、熟悉、掌握和运用时,学校教研活动便会出现新的生机与活力。

语 文 学 科

1. 语文学科特点

《全日制义务教育语文课程标准》(以下简称《语文课程标准》)中指出:"语文是最重要的交际工具,是人类文化的重要组成部分。工具性与人文性的统一,是语文课程的基本特点。语文课程应致力于学生语文素养的形成与发展。语文素养是学生学好其他课程的基础,也是学生全面发展和终身发展的基础。语文课程的多重功能和奠基作用,决定了它在九年义务教育阶段的重要地位。"这段话明确地指出了语文的基本特点和其教育功能。国家课程标准具有权威性和强制性,它决定了语文课程的性质,语文课程理念也由它确定,教学内容也要依据它而选择。

1.1 语文学科具有工具性的特点

语文学科是一门学习语言的学科,这决定了它的工具性。它的工具性特点具体体现在两方面:它一方面是交际的工具,另一方面也是思维的工具。语文学科是全人类、全社会的重要工具。列宁在《论民族自决权》中指出:"语言是人类最重要的交际工具。"手语、旗语、电报密码等必须依存语言而存在。可以想象,离开了这个最重要的交际工具,人类将无法生存,社会向前发展更无法实现。语言也是人类思维的重要工具。这将在下文"语文学科思维特点"一节中详细说明。

语文学科的工具性特点决定了语文学科教学必须以增强学生交际能力与发展学生思维能力为出发点。

1.2 语文学科具有人文性的特点

所谓人文性是指以人性、人道为本位的价值取向。中小学语文课程无处不体现人的价值、人的情感和态度。下面就人文性的审美性、民族性和综合性作如下阐述。

1.2.1 语文学科具有审美性的特点

文学是语文的重要的核心内容,而文学是文化领域的重要部分,这些是不证自明的。文学的本质是人与现实的审美关系,这是文学与哲学、科学的最大不同。文学是人在审美领域的文化活动,同时文学的审美在相当程度上是通过对语言的审美来实现的。因此语文学科具有审美性的特点,是培养人们审美情趣和文化修养的重要学科。

1.2.2 语文学科具有民族性的特点

从人类文化的纵向发展看,语文具有极强的民族性。系统的语言是人类独有的,但是各民族的语言各不相同。因此,语文学科是学习中国语言文字与文学的学科,其民族性是不言而喻的。"语文"一词出现在20世纪30年代后期。1905年,清朝废除了科举制度,开始开办新学堂。当时的课程以至教材,都是从西方引进的,只有语文一科,教授的是历代古文,当时称为"国文"课。五四运动后,提倡白话文,于是当时中小学改设"国语",教材具有鲜明的口语特点,选用的都是白话短文或儿歌、故事等。中学仍设国文课,白话文的比重也明显增加,选用了鲁迅、叶圣陶、谢冰心等新文学作家的作品。在20世纪30年代后期,叶圣陶、夏丏尊二人提出了"语文"的概念,并尝试编写新的语文教材。全国解放后,叶圣陶先生再次提出将"国语"和"国文"合二为一,改称"语文",获得了政府批准,"语文"也随之成了中小学生的一门主课。从"语文"一词的由来中,我们不难发现语文学科是上承中华五千年文化,下启21世纪华夏文化篇章的学科,它更是培养民族文化底蕴和民族精神,启迪民族文化创造力的重要学科,是具有极强民族性的学科。

1.2.3 语文学科具有综合性的特点

新课程标准提出了"以加强语文课程与其他课程以及生活的联系,促进学生语文素养的整体提高和协调发展"。语文的学习素材涉及各个学科和社会的各个领域,学习语文,就是学习人类文明,与时俱进地培养学生的人文情怀。其综合性特点是我们进行语文教学试验、语文教学实践以及拓展语文教学空间的重要支点。

思考题

1. 有人提出"大语文"的概念,从学科特点的视角,请谈谈你是如何理解"大语文"的?这种"大语文"观对说课有何意义?
2. 结合你的说课稿,谈谈教学中如何体现语文学科工具性与人文性的特点。

2. 语文学科课改新理念

语文学科课程改革的重要文件就是《语文课程标准》以及《上海市中小学语文课程标准(试行稿)》,这两个标准突破了学科中心,将素质教育的理念融注于课程标准的各个部分,切实体现了以育人为本的素质教育观。对课程标准的解读就可以从中悟出许多新理念,有关语文教育专家在新理念的诠释中特别强调以下"四个关注"。

2.1 关注学生个体

《语文课程标准》所设计的课程目标面向全体学生,力争使每个学生都能达到这一目标,获得现代公民都必须具备的基本语文素养。《语文课程标准》以"培养与发展学生的语文素养"这样的对语文课程的功能、地位、总目标的认识,对语文课程人文性等方面的深刻反思,提出了"不宜刻意追求语文知识的系统和完整",甚至明确要求"语法修辞知识不作为考试内容"。这标志着语文课程目标由知识中心向以学生能力发展为中心的转变。《语文课程标准》从不同阶段、不同层次和不同侧面提出了语文课程的目标体系,即尽可能充分地发展学生个体的能力体系。其中包括发展学生的语言能力、思维能力,激发其想象力和创造潜能。其课程评价趋向注重学生个体在学习过程中的形成性和发展性。

2.2 关注拓展语文学习渠道

《上海市中小学语文课程标准(试行稿)》提出:"语文课程要关注学生在有计划、有目的的课程活动中的'学得',也要关注学生在各种语言实践活动中的'习得',要将语文课程活动和其他课程活动,将课堂学习和课堂以外的语言实践有机地结合在一起,构建开放的、适应时代发展的课程体系。""拓宽"的课程理念,主要是针对以往的语文课程活动中语文学习的渠道过于单一——注重学生的语文课堂学习,忽视了学生课堂以外的语文能力的发展——期望能从语言学习的规律出发,将学生的"学得"与在自然状态下的"习得"融为一体。在"课程目标"、"课程内容与要求"、"课程评价"等部分都有"综合学习"的内容,包括综合实践活动和专题研究,这本身就包含着多渠道的语文学习,而"阅读"、"写作"、"口语交际"等内容,也渗透着对学生"习得"的关注。语文课堂教学是主渠道,但不是唯一渠道,语文应是"大语文"。这也是语文新课改理念之一。

2.3 关注学生学会学习

《语文课程标准》明确提出积极倡导自主、合作、探究的学习方式。改变学生的学习方式,由被动接受学习转变为主动探究学习是课程改革的重点之一。改变学生学习过程与方式的根本目的是使学生学会学习。《语文课程标准》以及《上海市中小学语文课程标准(试行稿)》都倡导学生自主学习,要求教师帮助学生提高学习自觉性,让他们逐步掌握学习方法,养成良好的学习习惯。保护每个学生的学习积极性,培养热爱祖国语文的感情,使每个学生的学习兴趣和主动意识得以长久地保持,做到乐学,主动地学,合作地学,探究地学,鼓励和帮助学生自己探索问题,探索解决问题的方法,寻找答案。鼓励和帮助学生在探究之中尝试采用不同的方法,摸索适合于自己的获取新知和能力的途径。

2.4 关注学生持续发展

《语文课程标准》在"评价建议"部分列举了若干评价原则,使评价不仅是为了考查学生实现课程目标的程度,更是为了改进师生的教与学,改善课程设计,这就从根本上由过度偏重甄别和选拔转向有效地促进学生个体的可持续发展,从而使课程评价的关注点集中于学生学习和教师教学的优化,转向课程设计和教学过程的整体改善,体现了改革的核心理念是一切为了促进学生的发展;其次,摒弃了片面的评价观念,从单纯的知识体系和能力训练点转向知识与能力、过程与方法、情感态度和价值观三方面的结合,最终指向学生整体的语文素养,这就尽可能全面真实地反映了课程的全貌;再次,强调综合运用多种评价方式,注意将形成性评价与终结性评价、定量评价与定性评价相结合。第四,从单向的教师评价转向教师的评价、学生的自我评价和相互评价以及家长的评价相结合,并逐步强化学生的互评和自评。这使课程评价的角色重心发生了横向位移,突出和确立了学生个体在课程评价过程中所必须赋予的所必须珍视的主体性地位。

《语文课程标准》评价的实质,从一个侧面反映了学生是学习主体的现代教学观,反映了以学生可持续发展为本的新理念。新教学理念是中小学教师课堂教学的指南,也是课堂教学设计的依据和理论基础。

思考题

1. 了解了语文课改新理念,你认为它对说课活动会有哪些帮助?
2. 语文新课改理念是很现代的,其内涵又是很丰富的。它应当作为语文说课的"纲领性文件",你认为理念中的教法与学法应当怎样落实在课堂教学实践之中?

3. 语文说课特点

说课是教师针对具体问题,在备课的基础上,面对领导、同事和其他听众,系统地谈谈自己的教学想法,是建立在教学活动基础上的一种教研活动。语文学科核心特征是工具性与人文性相统一,因此在说课的过程中,要充分体现语文这一与其他课程所不同的特点。

3.1 体现"工具性与人文性的统一"

首先,语文具有工具性,因为语言是个人借以表达思想感情的工具,是人群间交流信息、沟通心灵的工具,并且由语言进化的文字更是记录了人类精神活动和文化传承的代码。因此,学习语文的基础知识即字、词、句、篇就是为了让我们有这样的能力。

其次,语文学科的人文性体现在文本的思想内涵中。作为被选入语文教科书中的文章,无不体现人的价值、人的情感和态度。让学生在沉浸于文本的同时,感叹英雄的壮烈、祖国的美好、生命的神奇。因此人文性也是语文课程的本质。

当然语文课程的"工具性和人文性"是相互统一的,也是相辅相成的。它们并不在文章中独立出现。人文性需要有文字体现而文字也正表达了作者的种种不同的思想感情。因此作为语文教师,在备课时要注意将两者统一,将两者联结,并且在说课时,要充分体现这一特点。

3.2 突出语文课"听、说、读、写"功能

听、说、读、写是语文学习的四大基本功。《中学语文教学大纲》对初中学生听、说、读、写等基本能力的培养都有明确的要求,改版后的教材也增加了不少语言实际运用的有关知识。这既符合生活实践的需要和时代的要求,又符合由应试教育向素质教育转化的需要。如果我们语文教师忽视了对学生基本功的培养,一味停留在字、词、句的教学上,不仅教学成绩难以提高,而且会误人子弟。

人类语言信息交流的基本形式是听说和读写两大系统。这里听说是基础,读写是发展,二者互相渗透、互相影响、互相制约。我们在说课时要突出备课中对学生听说能力的培养。通常我们可以采用问答式、启发式教学方法,特别注重双边活动,通过训练使学生养成会听、能想、爱说、善于表达的好习惯。备课中我们可以把课文中的知识设计成一个个问题,在讲解中提问,在启发中让学生思维,要求学生迅速概括、归纳、判断,也就是要听出要点,听出门道,然后举手回答,这"答"无疑就是一种说的过程。从某种意义上讲,听是为了更好地说,听得准才能说得好,只听不说是盲目的学习。

3.3 关注"文以载道"和"情感升华"

语文教学的原则之一是"文以载道"。每一篇文章总是带着作者本人的深刻烙印，每一位作家也总会把自己的世界观、人生观、价值观，通过自己的文字传达出来，并希望以此影响每一位读者。文学毕竟不同于哲学，它不会用抽象的学术语言来表达思想，而总是用艺术的、形象的语言来感染读者，让读者在潜移默化中感悟。这样的特点也就决定了语文教学的特点，"道"的熏染离不开"文"的阅读欣赏。有的教师如果死抠"字、词、句、篇"，把每一个字都解释清楚，理解透彻，却不给学生讲讲文章中的"道"，那么最后学生除了认识几个新的生字外，恐怕很难有其他的收获了。

3.4 实现学生发展的五大目标

（1）积累知识，整合运用

语文课是让学生学习文字的基础，字、词、句、篇学习到一定数量后，教师要培养学生的积累能力，在积累的过程中，注重梳理。让学生根据自己的特点，扬长补短，逐步形成富有个性的语文学习方式。学生对语文课有了认识之后，掌握学习语文的基本方法，通过对语文知识、能力、学习方法和情感、态度、价值观等要素的融会、整合，切实提高语文素养。

（2）感受文本，明鉴赏析

我们在语文课的教学中，要重视培养学生阅读优秀作品、品味语言的能力。在好的文本中感受作者的思想感情，感受作品的艺术魅力，从而达到发展学生想象力和审美力的目的。让学生在语文课的阅读中，体味大自然和人生的多姿多彩，激发学生热爱自然、热爱生活的情感；感受艺术和科学中的美。通过阅读和鉴赏，深化热爱祖国语言文化的感情，体会中国文化的博大精深，源远流长。

（3）积极思考，领悟人生

语文教师要在语文课堂中，组织学生阅读经典名著和其他优秀读物，让学生与文本展开对话；引导学生通过阅读和思考，领悟美文中的丰富内涵，探讨人生价值和时代精神，以利于逐步形成自己的思想和行为准则，树立积极向上的人生理想。并且在阅读中，教师要逐步培养学生的独立思考能力，以及质疑探究的能力。使学生愿意在课堂中相互交流，进行思想的碰撞；在相互切磋中，加深领悟，共同提高。

（4）学以致用，开拓进取

语文教学要求学生能够把语文课中学到的基础知识在生活和其他学习领域中正确、熟练、有效地使用；增强文化意识，重视优秀文化遗产的传承，理解多元文化的含义；积极参与先进文化的传播和交流。通过广泛的实践，提高语文综合应用能力。

（5）多方阅读，探异求新

语文教师要领引学生阅读不同体裁、不同文化、不同国家的文学作品，能让学生怀有强烈的好奇心和激情，探索新的学习领域，尝试新的方法，追求思维创新以及表达创新。用现代的眼光看待历史的问题，用传统的观念解读现代的事物。让学生在探究活动中勇于提出自己的见解，培养学生严谨、深刻的看待问题的能力。

思考题

1. 过于倚重"人文性"可能会把语文课上成"政治课"，怎样将工具性与人文性的统一呈现在说课的构思之中？请结合一次说课谈谈你的体会。

2. 语文课的"听、说、读、写"功能的充分发挥,是语文学科教学的基本功。在说课中如何兼顾四项功能,并在说课表达中予以体现,请说说你的体会。

4. 语文备课

4.1 新课改背景下的语文备课理念

新的课程改革传播着新的教育理念,使语文课堂发生了喜人的变化:学生学语文的兴趣提高了,思维活跃了,语文学习和其他学科以及与社会的联系沟通了、拓宽了、增强了。与此同时,有些语文课堂里也出现了一些"失度"、"失控"的现象:课堂里热热闹闹,活是活了,但却显得"飘"了、"虚"了;课堂是开放了,却又有些"杂"了、"泛"了……上述一些现象,引起了诸多专家与广大教师的关注与反思。在教学实践中,究竟如何看待这些现象,正确认识并处理好"观念与行为"、"传统与现代"、"基础与创新"、"标准与多元"、"形式与内容"、"预设与生成"等各种关系,进一步深化课改、提高语文课堂教学效益? 这已成了越来越多的语文教师迫切期待解决和为此而认真反思、积极探索、寻求突破的教改课题。

众所周知,备课是教学过程的基本环节。在新课程背景下,必须认真研究教师个人备课所赋予的新的内涵,必须认真研究期盼着精彩课堂的教学预案设计的基本要求及思路。认真备课,积极思考,探索如何将先进的课改理念转化为自己的课堂教学行为,讲求实效,预约精彩。

立足课改,深入研读文本,从学生实际出发,着眼展开,充分开发利用以教材文本为主的各类语文教学资源,灵活地选择教学方法,进行综合分析、系统整理,精心设计课堂教学预案,撰写备课笔记是备好课的关键和重要标志。

4.2 语文备课策略

4.2.1 学生是课堂的主角

备课时,首先要研究学生。一是学生的认知水平,掌握的原则是:学生已经懂的我们不讲,学生自己能读懂的我们不讲,学生不需要懂的我们不讲。知识难点、要点,要多讲。二是要根据学生的身心特点,考虑不同年龄阶段的学生的学习需要。比如初中的学生可能对小说这类体裁很感兴趣,那我们可以多讲有关小说的内容和知识。而到高中,学生开始喜欢华美的散文、有着忧郁情结的现代诗等,那教师这时可以让学生多鉴赏一下这一体裁的美文佳作。

4.2.2 课标是备课的理论基础

《语文课程标准》是语文教学的纲领性文件,是语文教学的指导思想,它在课程理念、课程内容、课程实施和课程评价上都提出了一些新的思想。我们在备课之前,要认真学习新的语文课标,参照课标理念来进行教学。选择课标中提倡的教学方法组织和开展课堂教学。比如我们可以在课堂中组织学生通过小组学习的方式,理解文章的生字、生词的解释。通过小组间互相讨论,然后大组讨论的形式,让学生在课堂中畅所欲言,这样既可以培养学生的口头表达能力,又能够把课堂还给学生,这种合作互动型的教学方式,正是新课标所提倡的。所以教师只有把握、研究新课标,才能在教学过程中落实它。

4.2.3 教材是备课的根本

首先教师要钻研教材,对文本具有居高临下的把握能力,使教学内容形成一个结构清晰、层次分明的体系。如在教授《范进中举》这篇小说时,由于文章较长,学生阅读有困难,常常读了后面忘了前面,故事内容不能在头脑中串联起来。这就需要教师首先研读文本,为学生梳理文章脉络,向学生讲清文章的结构,这样学生阅读起来就容易多了。其次,教师还应超越教材,对文本进行大胆舍取。比如在《荔枝蜜》中,文章结尾提到"这些小生灵是在为我们人类酿蜜"。这样的语句是很有当时的时代烙印的,如果非要学生理解,就成了枯燥的政治课了,我们不妨可以改成,北京马上要举行奥运会了,在筹备期间,我们每个人都是小蜜蜂,要为2008年的奥运会作出自己的贡献。这样学生也能体会蜜蜂所代表的含义,同时也符合上海市教委提出的两纲教育。

4.3 语文备课的一般方法

4.3.1 准确定位教学目标

语文课堂教学的三维目标如果要做到面面俱到,恐怕最后的结果就是一面都不到,所以我们备课时,可以根据不同的教材特点、学生状况,确定教学目标。比如爱国题材的课文,我们的目标定位可以着重放在"情感和价值观"上。如果是一篇文言文,我们要求学生掌握其中较多的文言词语,那我们的教学目标可以着重定位在"知识和能力"上。

4.3.2 合理创设教学情境

从心理学上看,任何一堂课,任何一位教师上课,都会显现出一种自然的情境。师生处于这种自然状态的一系列情境中,这种情境会作用于师生双方的心理,影响师生实现教与学目的的行为和力量。这种自然情境可以是使主体对情境获得心理的满足而产生正诱发力,促使目的实现。这里所说的"师生处于这种自然状态的一系列情境"指的就是情境语境。创设情境的目的是语言教育。对语文课的教学任务,我的理解是在语境中学习语言,在情境中体验情感。激发学生的想象力,调动学生参与认识活动的主动性。

4.3.3 有效设计探究问题

(1) 问题设计的情感化——易引起与文本的共鸣

语文学习是一种富有个性的自主学习行为,感悟、理解、积累、运用,无不需要学生全身心的投入,如果学生的自主意识、参与意识、创新意识未被唤醒,教师所做的一切都将收效甚微。语言是思维的外壳,是表情达意的载体,作者借助语言是为了描述事物,说明事理,表达情感。因此,在读出语言形象的基础上,让学生进入情境,充当角色,以深切体味蕴涵于语言文字中的情感,这是阅读教学的重要环节。

(2) 问题设计的个性化——有利于不同情境的演绎

1997年诺贝尔奖得主朱棣文说:"美国学生的成绩不如中国学生,但有创新及冒险精神,往往能创造出一些惊人的成就。"有人说中国的小学生是"问号",初中生是"感叹号",高中生是"句号"。那么,我们学生的个性化创造力究竟到哪里去了呢?试看今日的语文教学,师生的活动大多被"公共思维"的套子套住手脚。众所周知,"有一千个读者,就有一千个哈姆雷特"。对于一篇课文的解读不必定于一尊,学生完全可以根据自己的情感世界、个人经历、生命体验去作合理的阐释与解读。学生有了自己的见解、主张、个性、解读,从而也从不同程度上发展了人。

(3) 问题设计的生活化——能从生活中发掘和思考

人们常说语文的外延就是生活的外延,这就要求我们教师在备课设计问题时,应多备学生,备他们的思想,备他们的生活。教师应多了解学生圈子里的事,去了解他们爱读什么书,去了解他们爱看什么电视,去了解他们崇拜的偶像多是些什么人,去了解他们的交友观、消费观等,也许只有走近学生的生活和心灵,才能真正和他们产生共鸣。

4.3.4 正确梳理教学思路

(1) 整体感知,理出文章线索

阅读文章,要力求对整篇材料准确把握,领会文章要旨。理清文章组织材料的线索,特别是叙事类文章,应把握写作顺序,理清叙事线索。如《社戏》以时间为序,围绕去赵庄看社戏这一中心事件,以"盼看社戏——去看社戏——回忆社戏"的思路构思全文,重点写出了看社戏的一波三折和真切感受。课文线索明晰,叙事清楚,景物描写细致逼真,人物刻画栩栩如生。

(2) 理清层次,感悟文章的情感倾向

每一篇经典文章,都是作者用心写就,都是作者情感体验的结晶。阅读文章,我们要善于从字里行间,从形象本身,从意境之中,从叙事说理之中,深入体悟作者的情感倾向,明晓作者的观点态度,与作者产生共鸣。

(3) 捕捉语言标志,加深对文章的理解

教材所选课文都是文质兼美的文章。这些文章都有明确的思路,这种思路往往有着外在的语言标志。阅读时,有意识地捕捉那些标志性的语句,就能清楚、快捷地理出文章的思路。

4.3.5 精心选择教学方法

教学有法,教无定法。选择恰当的教学方法是教师备课的重要方面。结合学习的文本和学生的实际,每节课要有针对性地选用教学方法,而且应注意采用灵活多变的教学方法,使课堂面目不断推陈出新,使学生在富有创造性的教学过程中感受创新带来的学习乐趣。语文界前辈吕叔湘先生曾经说过:"真正掌握一种教学法的教师,他是会随机应变的,他的教室里是生气勃勃的……"

4.3.6 善于驾驭课堂教学

语文课堂教学就是语文教师根据正确的教育思想和语文教育原理,按照一定的教学目的和要求,针对具体的教学对象和教材,使语文课堂教学的整个程序和具体环节及其有关层面的预期策划得以实施。如教师在执教《风筝》这一课时,中间提出了这样一个问题:"小兄弟在杂物间里是那样无奈,假如当时的人是你,你会有怎样的表现?"一石击起千层浪,学生的话匣子一下子打开了,有的说会与"我"大吵一场,有的说肯定会与"我"大打出手,还有的说那就去告诉父母让他们来评评理……想法层出不穷,教师事先并没有预料到学生会有这么大的兴趣进行讨论,教师在学生一轮激烈的讨论过后,总结了学生的发言,最后归纳了课文的思想。教学在不经意间出现了高潮。

5. 语文说课内容

5.1 说教材(说单元、说文本)

教材内容是"说课"必说的内容。说教材内容就是要说清楚教师是如何理解和把握教材内容的。说教材一般分为如下几方面。

(1) 说出本次所执教的课文在单元教材中的地位和作用

要指出该单元的结构性质与其他相关知识的纵横关系。比如某单元的教学目标是以"质疑"为主线。那么我所选择这篇课文是教学生怎样质疑,还是要求学生独立对文本进行质疑,在说课中要有所体现。

(2) 突出说课者对所教课文的独立见解和教学设计的基本依据

语文是人文学科,有着丰富的内涵,有多义的语词、多样的美感,甚至还有多向的价值追求;语文教材中的一个个文学文本,有着复杂的结构,有语词和文化的一面,有思维和逻辑的一面,有伦理和道德的一面,有审美和情感的一面,还有非理性和无意识的一面。同样,面对文本的心灵也是生动活泼、丰富多变的。教师在说课时要充分表达自己对这篇文章的见解。教师本身对文本的理解基本上决定了学生对文本的感受。

(3) 说出本节课的能力培养落脚点在哪里

有的语文课中我们要侧重培养学生"说"的能力,有的侧重培养学生"写"的能力或质疑的能力。教师要在说教材中说出如何借助教材开展学生的能力训练。

例如:浙江省长兴一中周立平老师在《想北平》说课说教材地位中这样表述:

《想北平》是高中语文读本第三册上的一篇短文,是配套人教版普通高中新教材第四单元《故都的秋》这一教读课文的。本单元的学习重点是在整体把握散文思想内容和艺术形式的基础上品味散文的语言,赏析散文的表现手法。按新教学大纲的要求,高中语文阅读的主要目的是增强学生的审美情趣,提高文学品位,并进而培养和提高他们的写作能力。读本是拓展学生知识面的有效途径,也是培养他们感悟能力的好地方,所以我们在平时要注意导读。

《想北平》是作家老舍在青岛时写的一篇文章,他当时虽然身在异乡,但情系北平。本文题目为"想",但不是平平常常的回想、追忆,而是动情带泪的思念、眷恋。他描绘的是一幅故都俗画,抒发的是一个平民知识分子的闲雅而热烈的情怀。本文最值得借鉴的地方是作者巧妙的写作手法——"以小见大",处处不说爱,不说想念,但处处都在说北平的好和北平的美,处处都在表达对北平的喜爱和眷恋之情,这和之前我们已经学过的《胡同文化》、《故都的秋》稍有不同。

5.2 说学生情况

学生是教学的主体,对学生的了解与否决定了课的质量。其要点包括:说任教学生的年龄特点、共性的思维特点、知识储备层次,以及所教班级学生的独特之处等。说学生是为了找到适应教育对象的教学方法,并提出相应的学法指导。

例如:浙江省华盛虹溪中学李庚喜老师在《想北平》说学生情况中这样表述:

第一,大部分学生喜欢阅读散文作品,因为散文语言优美,情感丰富很能吸引人,不喜欢的较少。但无论哪种对大部分学生来说,要具体说说它美在何处,为什么这样写,都是一些难题,不能很好的把握。

第二,学生在初中和高一已学过散文,对散文的一般性鉴赏方法已初步掌握。

第三,老舍是小说家也是个剧作家,他的许多作品都拍成了影片,如《骆驼祥子》、《茶馆》等早已为同学们熟知。但老舍的散文平时学生接触的不多,不知其风格如何,故而有很强的好奇心理。

第四,题目是《想北平》,写作的主要材料是关于老北京的生活。因北京是祖国的首都,学生通过各种途径早已对其有所了解。另外,我们在高一课文中学到的《胡同文化》,高二本单元中《故都的秋》已对北京,特别是对北京的风土人情有了一定的了解。

从李老师的表述中，我们可以看到他对学生的特点非常了解，对影响学生学习文本的有利因素与不利因素分析得非常到位。

5.3 说教学目标

说语文教学目标必须清晰了解新课程语文教学的总目标和各年级阶段的分目标。

在情感与价值观方面：《语文课程标准》强调在学生语文学习过程中，培养爱国主义感情、社会主义道德品质，逐步形成积极的人生态度和正确的价值观，提高文化品位和审美情趣。认识中华文化的丰厚博大，吸收民族文化智慧。关心当代文化生活，尊重多样文化，吸取人类优秀文化的营养。

在过程与方法方面：《语文课程标准》强调养成语文学习的自信心和良好习惯，掌握最基本的语文学习方法。在发展语言能力的同时，发展思维能力，激发想象力和创造潜能。能主动进行探究性学习，在实践中学习、运用语文。

在知识与技能：《语文课程标准》强调掌握基础技能，具有一定识字量和独立阅读的能力，注重情感体验，有较丰富的积累，形成良好的语感。学会运用多种阅读方法。能初步理解、鉴赏文学作品，受到高尚情操与趣味的熏陶，发展个性，丰富自己的精神世界。能借助工具书阅读浅易文言文。能根据日常生活需要，运用常见的表达方式写作。具有日常口语交际的基本能力，在各种交际活动中，学会倾听、表达与交流，初步学会文明地进行人际沟通和社会交往，发展合作精神。学会使用常用的语文工具书。初步具备搜集和处理信息的能力。

掌握了这些，我们在具体说课说教学目标时就有了很好的理论平台；但在具体语文说课的过程中，我们要在充分"吃透"《语文课程标准》的基础上，根据实际情况来确定教学三维目标，避免所说的目标内容"全"而"空"、要求"高"而"大"。例如：说语文的情感态度与价值观目标时，我们都知道，不可能通过一节课就树立起学生的民族精神或强烈的爱国情操。所以在说语文的情感态度与价值观目标时不能笼统地表述，要具体到哪种情感态度、哪种价值观。比如说"培养学生的民族精神"，就非常的空泛，要结合文本说明具体培养学生诸如吃苦耐劳的民族精神呢，还是刻苦进取的民族精神。

再例如说语文的知识与技能目标：一些语文教师在说知识与技能目标时，存在着目标"空"、"大"的弊端。比如"提高阅读能力"到底是提高学生哪方面的阅读能力呢？是速读能力还是默读能力？是语段分析能力还是字词分析能力？是通过对哪些字词句等语境的分析，得出怎样的结论，来提高学生分析字词的能力呢？

5.4 说重点难点

语文说重点与其他学科有些不同，不存在完全的一致性。很多学科的章节的教学重点，不同的教师不会有差别或有太大差别。语文因其教材——文本的特殊性，常会出现相同的文本、相同的教学内容因学生的实际情况的不同，致使不同的语文教师对课文的教学重点的定位略有不同，这是语文学科独有的。例如：在初中的某些"速读单元"的教学中，如学生速读能力已达到了单元要求，那么其中的某些篇章教学，教师就可将提高学生的默读词句分析能力作为教学重点。但总的来说，语文学科单元的教学重点应该是一致的。语文教学的难点则是指学生接受和运用难度较大的内容，语文的教学难点应该说如其他学科一样，受学生学力的影响而稍有不同。因此，语文学科说重点、难点必须要说清为何为"重"、为何为"难"。

例如:浙江省华盛虹溪中学高秀梅老师在说《想北平》一课时是这样表述重点的:

文章通篇写的都是对北平的思念与眷恋。无论直抒胸臆,还是以情寓景,用动情的眼光看故都风物,处处闪耀着一个"情"字,处处可见绚丽动人的光彩。所以,深入领悟作者对北平的热爱之情,学习作者以情寓景的写作手法应该是教学的重点。为了更好地凸现老舍这篇散文的个性色彩,在教学中可以用郁达夫的《故都的秋》作比较阅读。因此,分析两篇文章在写法上的异同,也应该设置为又一个教学重点。

5.5 说教学方法

(1) 说教法

语文教法具有以下几个特点。

首先是具有相对性。语文教学的任何一种教学方法都有优缺点,不存在绝对好的方法或绝对坏的方法。

其次是具有针对性。教师在进行教学时,必须针对学生的实际,提出要求,采取不同的教学方法。

再次是具有多样性。语文教学内容、目的呈现的多样性决定了语文教学方法的多样化,诸如:讲授法、串讲法、归纳法、点拨法等。

教法应该多样,单一的教法会影响学生学习语文的积极性。下面介绍两种语文教学常用的教法。

第一是讲授法。它主要是教师通过口头语言向学生系统地传授语文知识的一种基本教法。主要用于导语、指示语、结束语,介绍作家作品和时代背景,叙述教材基本事实,分析课文,提示重点,阐明事物和事理,评述写作范文和习作例文等。讲授法是传统的教法,也是目前学校课堂教学的主要手段,运用讲授法能使知识系统化,在较短的时间内交给学生以全面而准确的知识。在具体教学中,教师应根据教学实际,该讲则讲,而且要讲到位。教师的讲解和示范,目的是为了传授知识,并让学生了解方法,不必担心因背上"满堂灌"的嫌疑而忽视对知识的系统传授。

第二是串讲法。它是文言文教学中有"讲"有"串"的传统教学方法。"讲"即讲解,"串"即串连,就是把上下文串通起来,实质是"讲",讲的特征是"串",即把词、句、段落、全篇连贯起来的系统讲解。串讲法的应用有利于发挥教师"讲"的主导作用,保持讲的整体性和系统性,变单方面的教师讲为师生双边活动,以保持学生注意力的高度集中,激发学生的学习兴趣。但要防止教师唱独角戏、主观注入、平铺直叙。

语文教法随着课程改革的推进而不断创新。因此,在说语文教法时应详细说明其内容与期待的作用。

例如:四川省成都列五中学黄霞老师在说《师说》一课的教法时作了如下表述:

情境教学法:无论是自然美还是社会美,不入其境就不可能有对美的强烈感受和尽情想象,不能领略作者的情怀。在本课时的第一个环节——导入设计中,本人就通过两个小故事把学生导入到《师说》所表达的思想感情的氛围中,引导学生去感知《师说》一文中的思想美。

点拨法:所谓"点"就是点击要害,抓重点;所谓"拨",就是拨疑难,排障碍。此法能充分发挥教师的主导性和学生的主体性。我主要点拨的是在不同的句子中怎样准确理解一词多义的几种方法,通过比较,温故知新,从而提高阅读文言文的能力。

归纳法:从高一上学期开始,我一直指导学生对常见实词、虚词的意义用法进行系统归纳,使所学知识系统化、网络化,这样既便于记忆,又便于运用。例如《师说》第一课时讲解重要实、虚词,我主要运用归纳法,归纳"传"、"师"、"道"等实词义项及"之"、"其"、"所以"等虚词用法。

下面也是关于教法说课的案例:

《我的叔叔于勒》是人教版初中语文第五册的教学内容,是法国作家莫泊桑的短篇小说代表作之一。小说通过菲利普夫妇对其亲兄弟于勒的前后态度变化,尖锐地指出了金钱左右着人与人之间的关系,即使是亲兄弟也概莫能外。作者用平常的人物、平常的情节,表现一个普通的主题,可是能表达得深刻,能够给人启发,耐人寻味。

一位教师在说课中提到她本课选择的教法主要有两点。

(1) 围绕解题来把握主题,教师可以设计这样的问题来引导学生思考讨论,小说题目叫"我的叔叔于勒",可是小说中并非对于勒作正面描写,那么描写重点是谁?学生读课文后再讨论。

(2) 对话教学:巴西教育家保罗·弗莱雷认为,教育即对话,对话是一种创造活动。新课标指出:"语文教学应在师生平等对话的过程中进行。""阅读教学是学生、教师、文本之间的对话过程。"这种对话并非师生间一问一答,而是师生间各自向对方敞开精神和接纳彼此,是一种真正意义上的精神平等与沟通。这篇小说行文波澜起伏,人物性格鲜明突出,它表现的人与人之间的关系是处于商品经济社会的今天的学生所熟悉的,贴近学生的生活体验,可以从多方面设计学生乐于讨论的话题。

这位教师说课中采取先解题后"对话教学"的方法,是基于他对教材的解读与对学生的分析:①"作者用平常的人物、平常的情节表现一个普通的主题,可是能表达得深刻,能够给人启发,耐人寻味";"应以人物为中心,先分析人物性格,再解题来揭示小说主题"。②尽管学生的认知水平不一,但文本文字浅显,情节却引人入胜,因此可以指导学生进行人物形象再造。很显然这是选择这种教学方法的最直接的动因。

《我的叔叔于勒》采用"对话教学"至少有如下两点好处:第一,有利于学生和文本的对话,学生与文本的直接对话是语文教学中不可缺少的组成部分。也只有这样,才能使对话收到良好的效果。教师在其中扮演的只是一个介绍人的形象,把文本中的人物介绍给学生,设计关键、恰当的问题,让学生自己去理解文本。在这样的基础上学生的语感能力才能日趋敏锐。也只有当学生在与文本交流的过程中出现了"障碍"时,"介绍人"才及时帮忙。这样对学生的自主学习才是最好的帮助。让学生通过自己与文本对话的过程,"倾听"文本的声音,"触摸"作者的心灵,体验文本的情境和情感,在人、文"对话"与碰撞中生成带有个性色彩的思想和语言。第二,"对话教学"有利于师生间的对话。所谓"教学相长"是教师和学生相辅相成,它的形式就是师生间的对话,彼此将形成一个真正的"学习共同体"。

(2) 说学法

学法就是教师要教给学生的学习方法,就是教师努力培养学生乐于学习、学会学习的方法。语文学法很多,有诵读法、质疑法、讨论法、研究法、圈点法、练习法等常用学习方法。

语文学法和教法一样,不存在绝对好的方法。只有将方法有机结合才能达到预期的效果。

说学法也和说教法一样,要结合文本教学,将学法的内容与作用详细说明。

例如:四川省成都列五中学黄霞老师在说《师说》说课稿中是这样表述学法的:

诵读法:本课时第二个环节安排了听录音范读和师生齐读。在进行名句赏析和第一段的赏析时都运用了此法。

质疑法:这是打破传统的文言文教学方法,让学生通过自读、自解等方式解读课文,学会质疑。本课时在进行第一段赏析时就让学生采取自编问题的方式解读课文,加深对内容的理解。

讨论法:在本课时的第五个环节中特地安排了学生的讨论活动,让学生学习用现代观念审视作品的内容和思想倾向。

5.6 说教学过程设计

语文学科没固定的教学模式和教学过程。在"四段论"、"五环节"的基础上,语文教学过程千变万化,从钱梦龙到黎世法,再到今天魏书生都对教学过程模式提出了自己的实践模式。因此,今天的教师的教学思想决定于其个性和风格,并在教学过程中充分反映出来。教学,特别是语文教学的过程是最具创造性和个性化的领域。在教学过程中渗透着教师自己的思考、体验和构思。语文说教学过程除了要说明教学环节结构、师生互动安排以及板书设计外,更重要的是要阐明"教什么"、"怎么教"、"为什么这样教"这三点,不必按部就班地将自己的教学设计背一遍。

例如:上海市松江区教师进修学院研训部何英梅老师在《藏羚羊跪拜》说课稿中是这样表述教学过程设计的:

从文本背景谈设计:这篇文章,要引导学生了解文章的写作背景,把握文章特有的时代性、社会性。对当时藏北高原无人区的环境要有所了解:举目可见的藏羚羊、野马、野驴、雪鸡、黄羊等,所以当时还没有成为自然保护区。而那时,有许多藏民是靠打猎为生的。否则,就没有生存的条件。而获取各种猎物,成为维持生活、填饱肚子的唯一途径。但他是个猎手,不为藏羚羊的求饶所动也是情理之中的事。正是这种特定的情境,更显示出老猎人的非同寻常——他特有的善良本性。

从文本写作思路谈设计:要把握文章的写作思路——两个角度:一写藏羚羊,二写老猎人。本人在教学设计过程中,正是遵循这个线索,先引导学生感悟藏羚羊的悲壮的求生——跪拜的动人一幕。

从文本描写和语言谈设计:通过对动作描写的反复朗读,体验文本的主题——赞颂母爱的伟大。藏羚羊的跪拜、乞求、流泪,这几十年狩猎生涯中唯一见到的一次情境,正是为了腹中的孩子。这一段细致、形象的描写,是应该重点引导学生体验的,品味语言表达的准确性。再是对文章主人公——老猎人的传神之笔的理解。文章细致刻画人物的心理活动,揭示人物的性格特点,如:奇怪、蹊跷、忐忑不安等词语,直接刻画出人物心理变化的流程,还有通过细小的动作,间接表现人物的内心活动,如:心头一软,扣扳机的手不由得松了一下……他双眼一闭,扳机在手指下一动……他久久难以入眠,双手一直在颤抖着……他的手仍在颤抖……他挖坑、掩埋……细微的动作中,我们可以感受到人的心理变化过程。体会到老猎人的本性是善良的,他是慈爱的人。

文章语言表达精炼、准确,运用多种方式,传情的朗读,也是我教学设计的出发点,以读促进理解,促进个性的体验,自主感悟,这样能取得较好的教学效果。

从文本相关练习谈设计:练习方面,我定位在学习描写人物的心理活动上,将描写心理活动作为一次技能训练;同时激发想象,拓展思维,培养学生的想象能力。我觉得这样的训练方式,学生比较感兴趣,也比较乐意尝试,愿意去做,不会把它作为一种课业负担。这种训练方式,也有利于学习文章的语言、积累语言、运用语言。

思考题

1. 语文是"文道"统一的学科。"文中有道"、"以文养道"是语文教学思想性的重要手法。你在备课和说课中对"文道"统一有何自己的见解?实践中的做法又是怎样进行的?

2. 你认为语文学科的说课是以说教材、说教法等板块式说课为主,还是用论文的结构式来表达为佳,谈谈你的见解?

3. 语文说课中的重点、难点不仅要说出是什么,还要说出为什么以及自己是怎样解决重点和难点的。请结合一堂说课,沿着上述的三个要点的思路写一份关于重点与难点的说课文稿。

数 学 学 科

1. 数学学科特点

1.1 数学的特点

在人类发展的各个时期，人们对数学有不同的理解。其中最经典的是恩格斯对数学的描述："纯数学是以现实世界的空间形式和数量关系，也就是说，以非常现实的材料为对象的。"[①]在我国最新颁布的《全日制义务教育数学课程标准》中仍然沿用了这一经典定义："数学是研究数量关系和空间形式的科学。"随着社会的进步和数学自身的进展，特别是在信息技术的推动下，数学的研究领域、研究方式、应用范围得到了空前的拓展。数学提供了刻画自然规律、社会规律的科学语言和数量模型，提供了处理数据和观测资料，进行推断和证明的有效工具。

数学是现代文化的重要组成部分，它的内容、思想、方法和语言已经广泛渗入人们的日常工作和生活中，影响着人们的思维方式，推动社会文化的进步；数学作为人们认识世界、从事工作和学习的必需工具，作为一种传递信息的强有力手段和人际交流的简明语言，对社会大众有着非常重要的意义。[②]

关于数学的特点，一般认为，数学有高度的抽象性、深刻的严谨性以及广泛的应用性等特点，其中最核心的特点是抽象性。具体地说，数学抽象的特征是形式化，它不研究某种特定的物质运动，仅仅涉及一般的数量关系和空间形式。数学的严谨性反映在数学概念的形成，构建严密的数学体系，对数学真理的确认上使用的是逻辑演绎的方法，具有严密的逻辑性。

另外，数学的抽象性决定了它的广泛应用性。从数学研究的过程与其他学科间的关系来看，数学还具有形象性、似真性、文化性，它是一种简约、准确的科学语言；是一门艺术；是一种精神、观念和态度。但是，强调抽象性不应忽视数学的实践性，注意严谨性不能把数学等同于逻辑演绎，忽略数学的直觉。

1.2 中小学数学学科的特点

1.2.1 小学阶段数学学科特点

小学阶段学生处于数学学习的起步阶段，在对世界的认识上存在着表象化的特征。在小学学习数学的主要目的是引导学生能够用数字和表状的方式来认识现实世界，进而能够建立以数字为主的认知体系，运用其有限的认知能力理解包括加减乘除等运算在内的数字处理方法。在本阶段的数学学习中主要的目标是建立现实生活与数学的联系，在学生的形象认知中抽取数字的概念加以理解是学生从现实世界走入数学世界门槛的第一步。

1.2.2 初中阶段数学学科特点

初中阶段的学生已具有了基本的数字概念和初步的数学认知，同时还掌握了基本的运算方法与步骤，具备了数学中逻辑推理的基础，能够展开抽象论证的能力，所以在初中阶段的学生主要面

---

① 高哲、温之著、贾建梅：《马克思恩格斯要论精选》，中央编译出版社 2001 年
② 《上海市中小学数学课程标准》，上海教育出版社 2004 年

对的是将原本的算术计算水平进一步抽象到逻辑推理论证能力。在几何中的证明则主要是熟悉并锻炼学生的论证能力;代数中推演则主要是开发学生对于脱离具体数字转而利用抽象概念展开说明的形式化能力;同时统计的初步则是学生利用数学分析现实的反馈能力。

1.2.3 高中阶段数学学科特点

高中阶段的学生已初步具备了抽象概念的逻辑论证推理能力,可以在抽象水平的更高层次上进行更进一步的探索,而此阶段学生已经可以基本摆脱数字算术的低层次数学思维定式困扰,可以从低层面的数学思维认知能力跃升至高一层次数学思维认知能力。伴随着对全新层面的数学抽象概念知识的掌握,学生可以在不同思维层次中的相同知识点或者知识结构之间建立更深刻的认知观念,如在学习虚数后回过来看实数的概念;在学习向量后反思线段的和、差概念等等。在学习中不断反思两种认知层次中概念的不同理解方式,不仅仅可以加深学生的理解认知程度,同时也是学生向更高抽象层次进发的思维跳板。所以在高中阶段的数学学习也已经不是同一层面中的数学思维认知,而是不同深度中数学思维认知的比较与建构了。

数学在不同的阶段有不同的学习目标与要求,对于不同年龄的学生要参照其思维特点,运用不同的教学手段,体现不同的教学理念。不过在现今的社会中,不同的年龄阶段的数学特性也不是一成不变的,高思维层次的数学教学理念要向低年龄段学生渗透,在他们的思维中打下伏笔,做好铺垫,以利于学生形成更完善的数学知识体系。

思考题

1. 数学的数量与空间观是怎样体现在你的教学思想之中?说课中你怎样呈现"数学语言"的内涵?
2. 数学概念形成的科学性与概念教学的过程性之间应建立怎样的联系?

2. 数学学科课改新理念

教育部颁布的《全日制义务教育数学课程标准》以及《上海市中小学数学课程标准》可以说是我国数学教育改革和研究的成果,是现代数学教育理念的浓缩,体现了以下几个基本理念。

2.1 数学课程倡导"大众数学"理念

数学课程力图实现面向全体学生,关注不同学生的数学需要,提供选择和发展的空间。突出体现基础性、普及性和发展性,实现人人学有价值的数学知识;人人都能获得必需的数学知识;不同的人在数学上得到不同的发展。倡导了一种"大众数学"的先进理念,也是力求体现我国教育界所倡导的素质教育。

2.2 提高学生的数学素养,培育终身学习的基础

凸现数学课程中的学习过程,提高学生的数学素养,培育终身学习的基础。终身学习是现代社会中劳动者生存和发展的重要课题。充分认识课程是由教学内容、学生、教师、教学环境整合而成的系统,是师生共同探索新知识的过程。要通过各种途径,让学生学会自行获取数学知识的方法,体会数学思考和创造的过程,增强学习的兴趣和自信心,不断提高自主学习的能力,帮助学生确立终身学习的愿望,奠定终身发展的基础。

2.3 确立"三维一体"的数学课程目标

充分关注学生学习过程,引导学生探索求知,确立知识与技能、过程与方法、情感态度与价值观三维一体的数学课程目标。过去讲知识与技能是"静态"复制,是要求学生对已学过的学科知识记忆和复现,其应用仅限于解题。现在所提倡的知识和技能包括了获得知识与技能的过程和采取的学习方式。教学的个性化并不意味着不同的学生学习的知识不一样,而在于由于学生各自不同的经验背景,使学生获得知识技能的过程与方法是有区别的。明确帮助学生学会学习、学会合作、学会做人、学会生存是教育的核心。数学教材是数学知识的体现,数学教学中如何正确地处理教材,充分体现"三维一体"的教学理念,科学地处理教材中的思维材料和知识材料,关系到把"教什么"发展到"教学生学什么"和"教学生怎么学"的重大问题。

例如"一次函数"的概念,教材(北师大版)是这样设计的:

先通过"滴水"实验认识两个变量间的线性关系,然后寻找数个成线性关系的实例(基本上是一些简单运算性操作的验证性活动),而后给出可以表示成线性形式 $y=kx+b(k\neq0)$ 的两个变量 x、y 间的"一次函数"关系的概念。整个过程学生的确认识了生活中多个"一次函数"的实例,教师在教学过程中创造性地使用材料,注意引导学生通过讨论、质疑、阐述理由等活动,从各个实例中概括出一般特征,理清思考过程中每一个判断的理由和依据,使思考过程变得清晰而有条理,力求做到言之有理,落笔有据。

2.4 充分体现自主探索与合作交流

学生是数学学习的主人,教师是组织者、引导者与合作者,注重"向学生提供充分从事数学活动的机会",帮助他们"获得广泛的数学活动的经验"。如:设计有趣味的游戏活动,进行有意义的实践活动,开展有深度的研讨活动,让学生在解决问题的过程中"学会与他人合作",并能"与他人交流思维的过程和结果",与人分享和独立思考的学习方式。让每个学生围绕探索的问题决定自己的探索方向,用自己的思想方式自由地、开放地去探索数学知识的产生和发展过程。同时在探索中学会观察,学会猜想,学会验证,学会归纳、整理,学会求新求异,重视"数学交流"。

2.5 实现信息技术与数学教学的整合

把"现代信息技术"作为学生学习数学的一种工具,促进信息技术与数学课程的整合。在课程设计与实施中重视运用现代信息技术,充分考虑计算器、计算机对数学学习内容和方式的影响,大力开发并向学生提供更为丰实的学习资源,致力于改变学生的学习方式,积极推进数学课堂教学改革,使学生乐意并有更多的精力投入到现实的、探索性的数学活动中去,改善数学教学的过程。

例如,在突破思维的障碍处应用多媒体演示可取得良好效果:在教长方体和正方体的表面积时,针对学生模糊的认识,可设计一个随展随合的三维动画课件。展开前,长方体只能看到三个面,展开后能看到六个面。通过演示,学生清楚地看到长方体六个面的展开及合拢过程,理解了表面积的含义。

思考题

1. 数学被称为"思维的体操",教会思维,为思维而教,你认为对数学学科来说有什么重要意义?

2. 学生思维发展应有三维空间——思维材料、思维方法、思维品质,你在说教法、学法中注意到这三个维度了吗? 如何做到三者兼顾?

3. "大众数学"、"生活中的数学"是新课改的重要理念。说教学过程设计时应突出生活实践环节,请结合你的某次说课,说说你是怎样设计"生活中的数学"?

3. 数学备课

备课是教师掌握教材、明确教旨、选择教学方法的过程,是教师课前合理、有序地处理、加工各种信息的过程。对数学学科来说,备课中不能仅仅关注如何备教材、备例题、备具体的讲解方法。新课改要求数学教师对数学教学要有更加全面深刻的认识:数学教学不仅是传授数学知识、技能的教学,而且还应当是以数学思维活动为核心的教学;数学教学不仅是数学活动的教学,还应是再发现、再创造的教学。面对新课程改革,数学备课要特别关注如下几点。

3.1 备数学思想方法

数学教师讲授不仅应当让学生听得懂,而且要让学生学会思考,学会观察、分析和解决问题,培养和提高学生的思维能力。也就是说教师要使数学思想方法逐步转化为学生个体的思维品质。

北京二十中优秀数学教师何棋在他的新著《优秀高中数学教师一定要知道的10件事》一书中对高中数学"教什么"作了如下概括:优秀高中数学教师会充分解读数学教学大纲或课程标准,深刻分析教材知识内容、技能要求,思考其中蕴涵的数学思想方法,找准它在整个学科体系中的位置和作用,创造性地对教材进行重新建构,创造性地分析学习任务,恰当地把握教学重点难点,选用适当的方法设计教学活动,力求学生掌握"双基",体会数学思想方法,提高数学思想能力。作为既有一定教学经验,又有众多数学教学研究成果的何棋老师,从上述的归纳中可以看出,数学思想方法和数学思维的重要性。

那么,数学教师备课中应当体现与渗透哪些数学思想方法呢? 上海市长桥中学张群丽结合自己的教学,在《上海中学数学》杂志上提出了四种思维方法,经整理介绍如下。

一是数形结合的思想方法。数学是研究现实世界的空间形式和数量关系的科学。"数"与"形"既有区别又有联系:当抽象的数量关系形象化时,便具有了直观性、易接受性;当直观图形数量化,并转化为数学运算时,就会降低难度,有利于理解。

二是分类讨论的思想方法。分类是根据数学对象本质属性的变化将其划分为不同种类,即根据教学对象的共同性与差异性,把具有相同属性的归入一类,把具有不同属性的归入另一类,然后逐一加以讨论。

三是化归的思想方法。化归思想是解决数学问题的一种重要思想方法,处理数学问题的实质,就是实现新问题向旧问题转化、复杂问题向简单问题转化、未知问题向已知问题转化、抽象问题向具体问题转化,通过转化迅速而合理地寻找和选择问题解决的途径和方法。

四是数学建模的思想方法。数学模型是对客观事物的空间形式和数量关系的一个近似反映。数学建模就是把现实世界中的实际问题加以提炼,抽象为数学模型,求出模型的解,验证模型的合理性,并用该数学模型所提供的解答来解决现实问题。

数学要回归生活,要倡导开放的学习方式。数学建模就是一种开放的学习方式,它至少有如下几点优势:一是给学生提供了自主学习的空间,让学生亲自体验数学怎样在解决实际问题中起作用;二是能让学生体验综合运用知识和方法解决实际问题的过程,进而增强数学应用意识;三是有助于激发学生学习数学的兴趣,发展学生创新精神和实践能力。

江苏省中学数学特级教师赵公明,在《名师备课经验》一书中,发表了《备课的灵魂:数学意识》一文,其中有一段关于数学思想的对话很精彩,内容是关于求曲线的方程的备课和上课,现摘录如下。

教师(以下简称师):赵公明老师请您谈谈对这一课教材的认识?

赵公明(以下简称赵):这一课教材是在学生掌握了轨迹、平面直角坐标系、函数的图像、直线的方程并理解了曲线的方程、方程的曲线等知识基础上学习的。这一节课又着重讨论由曲线求方程的方法和步骤,这是解析几何的主要问题之一,也是学习以后知识的基础。所以,这一课教材起着承上启下的作用。

师:这节课主要包含哪些教学思想?

赵:这节课的内容丰富,蕴藏着丰富的教学思想。首先是化归的思想。通过作为曲线的点集和方程的解集一一对应,建立曲线和方程的对应关系,把平面内关于曲线的几何问题化归为代数问题。第二是数形结合的思想。尽管数学发展了,现实世界中的数量关系和空间形式仍然是其研究的对象。"数"和"形"依一定的条件相互联系、相互转化。在直角坐标系中,点与数的对应使"形"与"数"相互转化。"形"可以转化为"数","数"可以转化为"形",数形结合从而充分暴露问题的条件与条件、条件与结论之间的内在联系。恰当地变更问题,就能使问题化难为易、化繁为简。第三是数学的审美思想。一个解析式竟精确地刻划了一条曲线,从这个意义上说,求曲线方程就是审美过程,问题的解决充分体现了数学本质的力量。

3.2 备数学问题

众多教学研究人员与数学教师都认为:问题是数学的"心脏"。数学解题活动就是找出数学问题解的活动。好的数学问题能够培养学生学习数学的积极性,激发好奇心,能够使学习主体认知结构得以重建。

好的数学问题具有如下不同的特性:①可以加深对数学基本概念的理解;②可以强化数学技能的训练与掌握;③可以是多种解法或多种变式的问题;④可蕴涵丰富的教学方法并能综合应用;⑤来自于生活,且生动有趣,便于学生认知发展。

新课标改变了传统思维,新的数学开放题具有一般性和不确定性,学生必须收集和其有关的必要信息,才能着手解决,求解的过程往往是从多个角度进行思考与探索,问题往往可以进行引申或推广。

数学教师在备课时,往往要花很大的精力选择设计一些好的数学问题,才能开展有效的问题教学,以便让学生体验并分析解决过程,感悟解题思想方法,逐步提高解题能力。

新课程《初中数学说课精选》一书中竺玉飞老师的《利用一元一次不等式(组)解应用题》说课稿,以问题——例题组进行探究合作,讲授新课。

例1 在"科学艺术"知识竞赛预选赛中20道题,对于每一道题,答对10分,答错或不答扣5分,总得分不少于80分者通过预选赛。育才中学25名学生通过了预选赛,他们分别答对了多少题?

新课标强调教学的交流,"学会与他人合作,并能与他人交流思维过程和结果"。设计这个问题让学生分组讨论、交流,写出解题过程,利于巩固新知。

抽一组学生回答解题过程,然后师生互动帮助分析对与错,体现课改新理念。

例2 小金和爸爸、妈妈三人在操场上玩跷跷板。小金体重是妈妈的一半,爸爸体重为72千克,坐在跷跷板的一端,小金和妈妈一同坐在跷跷板的另一端,这时爸爸一端仍然着地。后来,小金借来一副重量为6千克的小哑铃,加在他和妈妈坐的一端,结果爸爸坐的一端翘起离地,猜一猜小金的体重是多少?

画图示意,跷跷板类似于前面已经学过的天平。

教师设置问题串：
（1）爸爸和妈妈、小金哪一端重？可否列出不等式？
（2）爸爸和妈妈、小金与哑铃哪一端重？可否列出不等式？
（3）这里设哪个未知数，得到几个不等式？

学生回答后继续问：只用第一个不等式能解这道题吗？只用第二个不等式能解这道题吗？那么运用几个不等式？

设计意图：例2是列一元一次不等式组来解决的，是本节课的难点。为了降低难度，使学生主动地参与到数学学习的活动中，在讲解前设计了问题串，根据教材中的内容作了相应调整后，设计由浅入深，由感性到理性，循序渐进，更符合学生的认知规律，利用分析、综合、推理、迁移、建模，找到解决问题的方法。

3.3 备教学情境

数学教学情境化有两个层面：一是指数学的人文教育；二是创设学习过程的情境氛围。数学教材是按照一定的逻辑结构与学习要求而编写的知识体系，它不可能充分反映教学发展的实际背景和演化历程。而新课程标准要求教学要以"情境"为先导，以"问题"为核心，以"讨论"为手段，以"探究"为途径，倡导师生互动、协作交流的情境教学。数学教师在备课时，不妨收集一些数学家当年艰辛创业的事迹，尤其那些突破性功绩和原创性工作，以便适当地在教学中展示数学发展本来的面目，这是很有价值和意义的。其实这项工作既具数学的人文教育，又渗透着数学认识论与方法论的思想教育。

一位优秀的数学教师会凭借自己深厚的数学知识和数学涵养去熏陶学生的心灵，提高学生的思维品质和科学素养，使之始终受益。他会在落实"双基"的同时，尽力去营造一种数学文化氛围，培养学生的数学修养，坚持不懈地追求真理。

数学教学过程的情境化是指教师对教学内容的处理中的"情境加工"。它包括利用数学与实际问题的联系来创设问题情境，利用学生认知不平衡、矛盾与冲突来创设问题情境以及趣味数学、数学故事、典故等来创设问题情境。

广西自治区南宁三中杨庆斌老师在《中学数学》2004年第2期上发表的《谈谈对教学内容进行教学加工的"四化"处理》一文中有这样一个结合学生生活的教学情境问题，值得借鉴。

如在"不等式的性质"教学中，一般先回顾不等式的意义，由此得到比较两个数的大小的方法，推出不等式的性质，这样讲，当然是可以的，但很难激起学生的内在需求，为此我们换一种教学设计方案：甲、乙两个班开展跳远对抗赛，比赛结果是甲班的4个小组的获奖率都分别高于乙班的4个小组的获奖率，你能从中得出什么判断？学生的判断也许很多，但有一个判断可能会受到大多数人的赞同，那就是甲班的获奖人数比乙班多，为什么？根据直觉，这个直觉可以用数学语言来表达吗？这个不等式成立吗？给出适当的数据进行验证，就会发现这个不等式是不恒成立的，这是一个出人意料的结果，它把学生引向一种理性的态度：你要作出正确的判断，你就得了解不等式的性质，这一情境会激起学生探寻不等式形式的愿望，体会不等式性质的意义，进而使学生形成一种数学意识，其作用是不可低估的。

3.4 备学生的生活世界与经验世界

新课程标准不仅强调基础知识和基本技能的获得，更强调：让学生经历数学知识的形成过程，了解数学的价值，增强应用数学的意识，充分发展学生的情感态度和一般能力。

数学来源于生活,生活中处处存在数学问题,数学又可以用来指导我们的社会生活实践。数学教师在备课中要留心社会生活,尤其要关注学生的生活世界与经验世界,从中获得生动的实例用于课堂,教师能用学生生活的素材展现在学生面前,那么建立生活经验上的数学知识就容易被学生接受和掌握。

《名师备课经验》书中小学特级教师夏青峰对"学生已经知道什么"有这样一段描述:我们关注的是学生的"应然状态",而非学生的"实然状态"。在他们每天走进学校的时刻,他们耳濡目染的各不相同,他们对数学的接触也有着诸多不同。上课前,我和他们接触了吗?不聊,我就不知道他们对这一知识有着多少了解……学习"角"了,学生的头脑中早已有"角"的知识了,两个"角"一样吗?

江苏省吴江市高级中学韩保席在《上海中学数学》2005 年第 3 期发表《新课程标准下的立体几何教学》一文,文中列举如下关注生活世界与经验世界后进行教学改进的例子:

课例1:平面与平面垂直的判定定理教学

课本上没有铺垫,直接给出了两个平面垂直的判定定理,难以接受,如果引导学生观察周围的环境,比如教室的门,不管如何旋转都是与地面垂直的,这是因为门在旋转的过程中总是经过门轴这一条与地面垂直的直线,这种通过学生熟悉的事物抽象出的定理就容易被他们掌握。

课例2:球的表面积公式推导教学

课本上先把球面分割成 n 个小网格,把球心和这 n 个小锥体,然后把每个锥体都看成是高为 R 的棱锥,这些棱锥的底面积之和就是球的表面积,它们的体积之和就是球的体积,这种分割、求近似和、取极限的思想学生不仅想不到,而且在老师讲解后,思想上仍然不能接受,总会提出"你是怎么想到的"、"这样可行吗"等疑问,如果我们先让学生回顾学习"圆的面积"时的分割、重新拼接成近似矩形,再求近似值的过程,那么学生就会欣然接受这种方法,并感受到其中的无穷趣味。

思考题

1. 问题是数学教学的"心脏"。你认为问题来自何处?仅仅是知识与技能本身吗?为什么?
2. 数学教学情境化是新课堂教学需要深入研究的课题。备课备情境,上课营造现场情境,学习本章内容对你有何新的启发?

4. 数学说课关注点

说课一般是在备课基础上进行的,说课能展现出教师在备课中的思维过程,显示出教师研究课标、研读教材的深度以及运用教学理论的水平与能力。作为数学学科说课与数学备课一样具有许多本学科的特性,除了说出教什么、怎么教以及为什么这样教的一般思路外,数学说课还应当集中关注如下几点。

4.1 说理——重在说数学教学原理与数学思想

教案是作为预设的教学方案,它解决怎么教的问题,而说课则重点放在理论依据和设计意图上。数学教学中的说理应从如下几方面思考。

一是作为理科的知识教学,它应遵循学生认知原理与规律,吸收并恰当运用当代教学理论:认知教学理论、情感教学理论、建构主义教学理论等。说课时,教师要说出如何运用这些理论、原理指导教学行为。

二是根据数学学科特点,尤其是思维特点,如何体现学生在学习中的思维活动,逐步揭示获取知识的思维过程。在对学生进行概念教学时,要说出概念形成的原理;在进行结论推导时,要说出逻辑推理过程,演绎推理的程序关系;在讲例题、解题中,如何引导学生通过运用分析、综合、类比、归纳、猜想等手段探索出解决问题的思路。

可见,数学教学设计的深层内涵是如何"教会学生用数学的方式去思考去探索"。数学说课说理的重点就是把这个"如何"说清、说明白、说透彻。

《新课程初中数学说课稿精选》一书中王勤勇老师的《等腰三角形的性质》说课中"教学目标"的内容,不仅有三维目标,而且把具有学科思想、学科思维培育的构思与要求也列入其中,颇有个性。

根据上述教材分析,考虑到学生已有的认知结构和心理特征,制定如下教学目标。

【知识与技能目标】掌握等腰三角形的下列性质:等腰三角形的两个底角相等;等腰三角形三线合一;会利用等腰三角形的性质进行简单的推理、判断、计算和作图。

【数学思考目标】经历操作、观察、实验、猜想等数学活动过程,初步培养学生分析问题、解决实际问题、读图分析、收集处理信息的能力,发展合情推理能力和初步的演绎推理能力,有条理地、清晰地阐述自己的观点。

【解决问题目标】初步学会从数学的角度提出问题、理解问题,形成解决问题的基本思路。学会与他人合作,并能与他人交流思维的过程,初步形成评价与反思的意识。

【情感与态度目标】经历利用轴对称变换等推导等腰三角形的性质,并加深对轴对称变换的认识。引导学生从现实生活的经历与体验出发,激发学生兴趣,形成主动学习的态度。

4.2 说过程——重在说概念的形成、规律的掌握和能力的训练

著名数学家华罗庚曾说过:"数学的学习过程就是不断建立各种数学概念的过程。"而数学的概念就是源于生活实际,归于解决实际问题,教学大纲和新课程标准特别强调对基本概念和基本思想的理解和掌握,由设置实例引入情境,展示概念的产生过程,在原有的认知结构下抽象概念的本质属性。也就是要把"已完成的数学"当成是"未完成的数学"来教,暴露知识的发生、发展过程。通过创设情境提出问题,探索方法,明确结论,回顾反思,使学生经历将一些实际问题抽象为数学知识的演变,探索物体与图形的形状、大小、位置关系,通过收集数据,作出决策和预测的过程,并综合运用所学的知识和技能解决问题,真正体现知识与技能,过程与方法,情感、态度与价值观的"三维一体"的课程目标。

《数学教师》杂志1997年第1期刊登了山东省济南市教研室曾美露的文章,她根据姜仲平老师的"等腰三角形的性质"说课稿,整理出具有数学学科一般特征的说课程序结构,如图4.1所示。

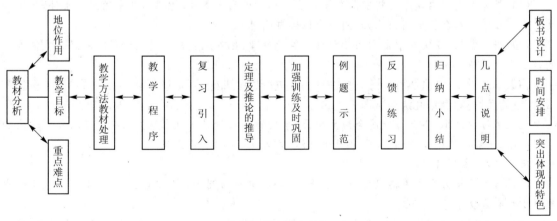

图 4.1 说课程序结构

从上述结构程序中,可以看出数学教学的一般过程,这个过程中区别于其他学科的是用数学思维方法提出问题,列出例题,并进行析题、解题。也就是说"数学教学过程"重点应放在说出应用什么策略与方法,怎样抓好"解题教学"的过程。

4.3 说问题与例题

教学过程实际是一种有组织的认识过程,而教师"设问"贯穿于这个"过程"始终。数学教师的设问又与例题的设置紧密联系,若干不同特点与性质的例题,又把数学教学分为几个阶段。数学说课,无论说教法、说程序,还是说重点的突破和难点的化解都要涉及相关的问题与例题。因此,把问题与例题说明白,让听者不仅知道是什么,它们的程序组合怎样,而且也了解这些问题的功能与作用,例题设计的意图与教学目标以及例题教学的主要过程等,只有这样才能把课说好。

从数学设问的功能型来分析,一般分为引入式提问、铺垫式提问、阶梯式提问、引路式提问、巩固式提问和总结式提问等。当然,数学教师课堂中的设问次数很多,说课时不可能也不应该都作为说课内容,对于关节点、转折点、拓展点以及有创意的设问则要作重点说明。

"例题"在一般情况下,都是数学教学阶段转换的"引子",引入新课——探索新知识——练习巩固——小结延伸的各个阶段都有例题为主线。数学说课,说例题应注意如下几点:一是每道例题,尤其重点例题列出后,要向听课教师作例题分析(包括例题特点、作用、学生的适应性等),指出该例题的教学意图;二是要注意表达整堂课例题组合的整体构思。曾在20世纪70年代就以马芯蓝数学教学法推向全国的小学数学特级教师马芯蓝曾指出:"要改变通常那种一类一类问题地教、一个一个例题地讲的教学方法,而是以能力培养为中心,重新编制一套练习,反复系统地训练,其训练的目的不在解题本身,而着眼于举一反三,培养思维的灵活性,形成数学能力。"对例题组合的整体构思的说课,可以集中介绍,也可以分散在例题中作前后关联式分析与讲解。

对如何说好一道例题,现提供卢小海老师的《全等三角形的识别》说课的摘要供借鉴:

如图,池塘两端 A,B 无法直接达到,因此这两点的距离无法直接量出。请用学过的知识间接测量 A,B 的距离。

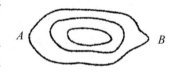

例题分析:这是一道实际应用题,开放程度较大,具有一定的难度。采用小组讨论、合作交流的方式,让学生首先通过"尝试练习",体验解决问题的成功,欣赏合作交流带来的快乐。

说明:

(1)教师应着重启发学生将实际测量方法"翻译"成已知条件,挖掘出其中的隐含条件,找出等量关系。让学生结合图形写出已知条件、求证和证明过程。

(2)告诉学生,在实际中常利用三角形全等的原理,把不能直接度量的物体"移到"可直接度量的位置来度量。

在数学教学中如何独立设计递进式例题,并进行思维训练,河北省石家庄市东马路小学杨朝晖教师《圆的面积》对例题说课是这样表达的:

这组练习以2010年上海世博会为主题,以学生的各种设计为主线,这样不仅可以激发学生的学习兴趣,还可使学生体会到"数学来源于生活,并为生活服务"的道理。

第一层:基本性练习

(1)潘杰同学为浦东香格里拉饭店设计了桌布,桌布为圆形,半径是1米,做100块这样的桌布至少用布多少米?

(2)乔澍同学设计了一个大型花塔,要建在"东方明珠"电视塔这边,塔的最下层为圆形,其周长是40.24米,请算一下这座花塔的占地面积。

(3) 张梦雨同学为中环广场设计了一个圆形喷水池,它的浇灌面积为113.04平方米,请帮她算一算这个圆形喷水池的半径是多少米?

第二层:发展性练习

于洋同学为上海广场设计了一个环形花池,花池内圆周长为31.4米,外圆周长为94.2米,如果花池内每平方米种6棵花,每棵花10元,植满整个花池共需花多少钱?

思考题

1. 数学说课要说出数学思想、数学思维似乎有点难,长期以来,不少数学教师仅仅考虑例题的析题与解题的技巧。请以说课说理的新构思,结合一堂课说说你的数学思维。

2. 一位数学教师在《直线与圆的位置关系》的说课"说学法"时的文字表达是:我们常说"现代的文盲不是不识字的人,而是没有掌握方法的人",所以作为教师,我们应该注重对学生学法的指导。

(1) 自主探索:在学生熟悉的生活情境中,让学生自主去探索。

(2) 合作交流:让学生感受到合作的需要,增强集体观念。

上述案例的前半段是否有必要?后半段的两种学法的表述也有些问题,请作分析。

3. 一位颇有数学研究成果的数学教师的感悟是:"数学不等于数学题,更不仅仅是解题技巧,数学是一种文化。"对这句话你是如何理解的?说课说理中应如何体现一种数学的文化思想呢?

英 语 学 科

1. 语言的基本特点

英语是一种语言,只有了解语言特点才会使教师在准备教什么之前对于为什么这样教、为什么采取这样的教学措施等有更多的理性认识。那么语言的特点是什么呢?

1.1 语言的生成性

语言具有生成性,因为语言使用者能够理解并表达出他们从未听过的句子。为此,在教学中,我们可以用有限的语言材料创造性地生成无限的句子。我们的说话和写作就是创造无限的句子的过程。

语言的生成性告诉我们英语教学不仅是让学生模仿记忆语言材料,更重要的应该培养学生创造性地运用有限的语言材料去理解和表达思想的能力。

语言的生成性提示我们在教学过程中要重视系统语法知识的讲授,因为要理解别人说的话,学生必须知道语法规则。但是,学习英语不仅是机械模仿操练形成自动化习惯的过程,而是一个创造性地灵活运用英语的学习过程。英语教学不能停留在机械模仿句型操练的阶段,而要在句型操练的基础上,归纳出语言的生成规则,并能在新的情境中举一反三地运用规则,创造性地运用英语进行交际活动。

就拿生成语法为例,英语有五种最基本的句型结构。我们在教学中,可以周密安排,根据各单元课文内容、语法点,有计划地讲解各种句型的意义、特点与用途,用一定的时间有意地重点操练某一句型,达到能正确判断、熟练运用该句型的目的。

语言规则的掌握为学生学习使用语言奠定了基础后,教师在教学活动中就要为学生创设一定的语言情境、活动任务等,学生在活动过程中所进行的交际活动就使学生不断地运用语言规则,不断地重组、生成句子来达到交流、协商、沟通的目的。

1.2 语言的社会性

　　语言只有在社会中才能产生，没有语言，社会也不能存在与发展。语言行为的展开必须要有一定的语言情境和文化情境，语言的使用者也是逐渐地掌握语法结构和语言词汇的。随着社会的不断变化与发展，语言体系中也不断地纳入新的内容，所以语言活动也是受社会制约的。

　　语言具有强烈的社会性，反映了一个国家的状况、一个民族的特征。文章作为凝固的语言，是民族文化和科技的沉积，它不可能脱离其社会人文背景而孤立存在。我们所接触的文章题材丰富、体裁多样，涉及各种知识领域和专业。若一个人文化素养低，缺少必要的英语国家社会文化背景知识，阅读起来将会步履艰难、障碍重重。如下面这篇小文章：

　　An expensive car speeding down the main street of a small town was soon overtaken by a young motorcycle man. As he started to make out the ticket, the woman behind the wheel said, "Before you go any further, young man, I think you should know that the mayor of this city is a good friend of mine." The officer did not say a word, but kept writing. "I am also a friend of chief of police Barnes," continued the woman, getting more and more angry each moment, still he kept on writing. "Young man," she said loudly, "I know judge Lawson and … " Handing the ticket to the woman, the officer asked pleasantly, "Tell me, do you know Bill Bronson?"

　　这篇文章里所出现的词汇不多，很多中国学生认为根本没有生词，但是当被问及对话是在哪里进行的，"the young man"是什么人，"ticket"又是什么的时候，却很少有人能回答对，很多人回答是车票，也有人说是支票，对于"the young man"的职业也是莫衷一是。这段话始终没有出现"fine（罚款）"一字，但美国学生却很容易猜出这是一则由于超速行驶而受到罚款的故事，他们从"ticket"一词就能联想到罚款单，而"the young man"一定是一名交通警。这是因为汽车在美国相当普及，每个人在日常生活中都曾碰到过由于这样那样的原因而被交通警拦下罚款的事。由此可见，了解英美等主要英语国家的社会形态、政治经济、历史地理、风土人情、文学艺术、文化教育，熟悉他们的道德标准、价值观念、生活习惯、宗教信仰等都有助于开阔视野、增长见识，促进阅读能力的提高。

　　语言的社会性提示我们，外语教学应该注意语言情境的创设，注意增加学生对文化背景知识的了解，当学生的英语学习处于一定的语言环境中，使语言的学习和运用成为一种需要自然而然地产生。当学生真正地了解国家间的文化差异后，阅读文章、理解文章的困难也就大大降低。

1.3 语言的交际性

　　语言是人类最重要的交际工具。人是怎样运用语言的？人们运用语言进行交际行为，也就是我们常说的听、说、读、写四个方面。因此，英语教学要以培养学生交际能力为目的，教学中尽量用英语教英语，创设英语环境、提供交际机会，使学生在运用英语的过程中灵活地掌握语言。

　　首先，教师要充分利用情境，扩大交际活动。教学过程常常是师生得以用英语进行真实、自然交际的唯一情境。教师要充分利用这一情境，把教学过程当作一个交际过程。课堂教学中教师用英语组织课堂教学，师生之间的日常会话，双向交流，都是真实交际的需要，是自然教学的一个重要组成部分。其次，要调整语言活动结构，增加围绕具体内容来进行语言实践活动。比如，设置一个主题，在这一主题下，开展讨论、扮演角色对话、游戏、自由交谈等多种形式进行活动，应该成为培养学生交际能力的一种重要形式。

　　试举一例：在阅读一篇关于 foods and drinks 的材料之前，教师可以用生活中的情境激活学生的思维。让学生判断下列观点是否正确：

1. Chicken soup is a good remedy for a cold. _____T _____F
2. Eating chocolate can cause skin problems. _____T _____F
3. A vegetarian diet is low in protein. _____T _____F
4. Coffee is better for you than tea. _____T _____F
5. Bread and potatoes are not fattening foods. _____T _____F

在学生对这些观点作出判断后，再快速阅读寻找准确的答案，这个情境的设计来源于生活，交际活动自然也很真实，在阅读之后，还可以让学生围绕自身的饮食情况展开说或写的活动。

思考题

1. 语言只有在交流时才会发展，课堂是一种"小社会"，你认为应当怎样创设课堂的"社会语言"？

2. 语言的三个基本特性是英语教学最基本的文化背景，请谈谈你是如何将这三个特性转换成你的英语教学策略的？

2. 英语新课程标准

全国新英语课程标准中强调英语教育教学应该是对人的品格、思维、语言能力、健全人格、文化知识和意识等的全面教育；把情感、策略、文化作为课程内容与目标，把培养学生的学习兴趣、态度、自信心放在英语教学的首要地位；把学生的学习策略、良好的学习习惯作为学习目的的重要组成部分；注重开发学生的智力和培养学生的智能，强调了解文化差异；强调培养学生的爱国主义、集体主义和社会主义精神，增强全球意识，为学生终身学习打下良好的基础。从根本上确立学生的主体地位，要求学生学会学习，学会自我监控，学会自我评价，从而形成自主发展的学习习惯和学习策略。

以上海市英语课程标准为例，它提出要为学生提供丰富的语言交际的机会，促进思维的发展；英语教学要以学生为主体；所选用的教学素材要贴近学生和社会生活的实际；要为学生营造良好的英语学习环境，在语言知识和技能的基础上提高学生综合运用能力；对于学生在听、说、读、写方面实施多元化的评价，激发学生学习的积极性，它分总体目标和阶段目标。

2.1 总体目标

英语课程的总体目标是使学生具备较丰富的语言知识、良好的英语交际能力；在探究学习中体现团队合作的意识；在学习过程中保持良好的学习习惯和自信心；了解并接受不同文化的差异。

根据总体目标，我们可以从以下这五个方面来考虑如何促进综合语言能力的形成。

语言技能——听、说、读、写四种技能即要求学生较为熟练地达到语言基本技能。

语言知识——语音、词汇、语法、功能、话题；比较丰富的语言知识。

情感态度——动机兴趣、自信意志、合作精神、祖国意识、国际视野；科学探究的学习方法和团队合作的意识；良好的学习习惯，学好英语的自信心。

学习策略——认知策略、调控策略、交际策略、资源策略。

文化意识——文化知识、文化理解、跨文化交际意识和能力；乐于接受世界优秀文化的开放意识。

2.2 阶段目标

以上海市的课程标准为例,阶段目标是从学生的语言能力和态度情感两个方面来看,小学、初中、高中三个阶段的目标分别如下。

2.2.1 小学目标(1~5年级)

能根据英语指令作出正确反应;
能诵吟简单的英语歌谣,演唱儿童英语歌曲;
能讲述内容简单的英语小故事、编演小对话;
能书写英语单词、句子,编写简单的小语段;
能用英语就日常生活的话题进行简单交际;
能用英语在学校教学活动中进行简单交际;
对英语学习有持续的兴趣和爱好,初步形成良好的学习习惯;
学习注意力集中;
乐于参与,积极合作,主动沟通,克服困难,能较好地完成学习任务;
乐于了解外国文化习俗。

2.2.2 初中目标(6~9年级)

初步具备英语听、说、读、写的语言能力;
能在阅读中克服生词障碍,理解大意,获取准确信息;
能就比较广泛的话题同他人进行初步交流;
能用英语描述和表达个人意见,同他人交流思想感情;
能在阅读中运用阅读策略获取所需的信息;
能写日常生活中常见问题的作文;
具有使用英语进行交际的意识并乐于实践;
具有较强的学习能力,能解决学习中遇到的困难;
能与他人合作,完成学习任务;
具有较强的接受外来文化的意识,了解中外文化的基本差异。

2.2.3 高中目标(10~12年级)

能适应真实的语言环境,具备独立生活、学习和工作的语言能力;
能从广播电视、电影、书报杂志和网络等媒体中获取信息,并具有一定的分析和鉴赏能力;
能准确地描述事物,比较得体地表达见解;
能写出意思连贯、结构完整的短文,文体恰当,用词准确;
初步养成使用英语进行交际的习惯,并有一定的自信心;
具有较强的自主学习能力,具有较强的评价自己学习效果、总结有效学习方法的能力;
具有良好的合作精神,善于与他人协作完成学习任务;
具有较强的跨文化意识,了解中外语言文化差异,尊重并包容异国文化,具有民族自尊心。

上海市英语课程标准特别体现语言的实践性特征,语言的呈现形式不以语言知识体系的描述作为主线。强调"英语课程的学习,是学生通过学习和实践活动,逐步掌握英语知识和技能,提高语言实际运用能力的过程"。强调学生的体验性和实践性,强调任务型学习的教学模式(task-based language learning)、语言的输入量(language input)和真实语言(authentic language)实践的机会。

总之,新课程所倡导的新理念中都是以学生为主体来构思课程的,关注学生的兴趣与体验,尽可能地使英语学科服务于学生发展;强调过程性、体验性,引导学生主动参与、独立思考、合作探究,从而实现了学生学习方式的变革。所以,课程标准是教师备课、说课的有力依据。教师应当很好地研究课程标准,研究所教学段的学生的学习要求以及了解学生以前所掌握的情况,以便使教学更具有理性的思考。

思考题

1. 根据上海市英语课程标准,对照你的一篇教案或说课稿,看看你的教学目标设定还需要作怎样的改进?

2. 小学英语课标十分强调英语的教学情境和学生的表演。请结合一堂课说说教学情境创设过程。

3. 英语说课策略

了解了英语学科的特点和课程标准之后,我们再来看看英语学科说课。英语说课可以分作这么三个层次和顺序来完成。

第一层:(1) 说本节课或本单元知识在教材中的地位和作用;
(2) 说本节课的教学目标和要求;
(3) 说本节课的知识点安排有何特点以及重点难点。

第二层:(1) 说课前准备(warming-up, lead-in);
(2) 说本节课的教学过程(teaching procedures & presentation);
(3) 说巩固练习和板书设计(practice, consolidation and the design of blackboard writing)。

第三层:(1) 说教学思路和教学方法;
(2) 说学习方法的指导;
(3) 说教学流程;
(4) 说学生的作业(反馈预测及分析)。

3.1 把握课程标准,加强理论认识

总论中提到了说课的科学性与理论性,究竟应该怎样看待这个问题?关键在于我们对课程标准的解读。说课是说为什么这样做,教师对自己设计的课堂教学、教学行为找出依据,我为什么这样做?有什么理论依据?课程标准就是教师准备课的依据。例如:教师在设计内容中让学生查找资料,教师就在说课中很明确地揭示出课程标准中要求学生"能从广播电视、电影、书报杂志和网络等媒体中获取信息,并具有一定的分析和鉴赏能力",再比如教师还可以在设定教学目标前,仔细研究英语课程标准中提到的学生学习新内容前所具备的知识与能力,在说课中就能很好地对学生新知识与能力的掌握提出要求。所以,说课过程中无论说哪一部分的内容都应当找到教学行为的由来。教师对课程标准把握得越清晰,就越能清楚地针对自己的教学过程,教学行为的自我意识也越强。这是一个教师自我成长的重要标志。下面以一个案例来说明。

上海牛津教材小学二年级的奚爱玲老师是这样理解课程标准与课堂教学间的关系的:

在牛津英语教材 2A Unit3 Let's Learn 中就出现 play、run、swim、sleep 四个单词,要求教师能

够从音、形、义三方面进行单词教学，落实"双基"，让学生：

to know four words: play, run, swim, sleep;

to use the pattern with the words: I like to … Come and … with me, 以培养学生的听、说、读能力。

小学一、二年级牛津英语教材以一个个主题式单元出现，以培养学生的听说能力为主，各单元独立主题，年级之间主题的各个目标要求呈螺旋上升。比如本单元的主题是 I like to do, 对于二年级学生来说，在一年级"中秋节"主题中学生已经掌握 I like to eat 并且能够用 read、sing、dance、draw 等替换。基于学生已经基本具备的能力，以及教材本身对于"学生听说能力"的要求，将拓展目标与重难点定为"To say the words in the real life. To communicate with others."

根据课程标准结合英语课实践性强的特点，强调学生的体验和实践，在 play、run、swim、sleep 中，让学生进入了另一个童话世界：Love in the heart. Develop harmoniously. 通过研究性学习、参与性学习、体验性学习，实现英语学习方式的多样化，培养和发展学生的创新精神和实践能力、分析和解决问题的能力以及交流与合作的能力，进而实现基础教育阶段英语课程的总体目标——"培养学生的综合语言运用能力"。

奚老师能结合课程标准中"英语课实践性强，强调学生的体验和实践"来设计这堂课中的情境，根据小学英语教材的编写意图"主题目标的要求呈螺旋式上升"来确定对词汇的新要求，即"使用词汇于真实的生活中"，这样从课程标准宏观地分析教材，分析学生原有的知识水平和能力，再从本课内容微观地解说教学重、难点，较好地把英语课程标准与本课的设计有效地结合。

现再举一例来说明说课中忽略课程标准、没有吃透教材编写意图以及该课所处的位置。

在 Lesson 12 的基础上学习现在完成时的第二种用法，即：表示在过去开始的并持续到现在的动作或状态。在这种情况下谓语动词不适宜用瞬间动词（但否定句例外），由于中英文的差别，学生对这一点难以理解，教师要设法向学生讲清并练透。

本课学 enjoy doing sth, 可以把它作为一个固定词组来教学和操练。finish doing sth 将在八年级下 Lesson 10 里学。

在第十三课里学生已初步学习了现在完成时，了解了其结构和第一种用法，本课要学习第二种用法，此为本课的重点和难点，因此在引入阶段应把它放在开始引入，以突出重点，解决难点。巩固阶段也可按此顺序进行。

很明显，教师准备的课没有考虑到课程标准的要求，虽然对本课与前一课的衔接作了分析，但由于对本课在教材中所处的位置没有充分地考虑，教材间的关联不甚清楚，重难点把握就显得很牵强。

3.2 目标设定具体，符合学生实际

在说教学目标时要注意既要符合课标的要求，又要切合学生的实际。最后指出目标的可操作性：目标要求明确、具体，能直接用来指导、评价和检查该课的教学。

教学目标的确立首先要根据单元教学的目的和要求（对语音、词汇、日常交际用语、语法等方面的不同程度的要求），结合学生的实际水平，确定贯穿单元教学的总目标（goal）。总目标可以是相当概括的，如全国教材 SEFC Bl L37 的总体教学目标可定为"了解奥运会历史，学习表达个人爱好的交际用语"。由于中学英语教材的编写都有单元话题，因此，总目标往往以单元教学目标的形式出现，一节课的教学目标（objective）则应落实到与本课教学内容相关的具体语言知识或某项技能上，即：通过本节课的教学，重点解决什么问题（知识和能力），达到什么样的要求。

教学目标的表述应有利于教师在教学时对教学目标的把握与评定，要将一般性的目标具体化

为可观测的行为目标,要说明学生在教学后能学会什么,达到什么水平,即说明教师预期学生行为改变的结果,充分发挥教学目标的导向作用。例如,高中英语 SEFC B1 L37 的教学目标可表述如下。

1. 知识目标

(1) 语言知识目标:掌握并熟练运用本课中规定的四会、三会词语及日常交际用语(略)。

(2) 文化知识目标:复习和学习体育运动项目(略),通过谈论体育爱好,帮助学生联想起奥运会,为阅读课教学做铺垫。

2. 能力目标

(1) 语言能力目标:围绕运动及运动项目话题,使学生能够熟练使用 prefer A to B 表达个人喜好。

(2) 智力发展目标:在连贯的听、说活动中,训练学生的逻辑思维和快速反应能力。

3. 德育目标

教育学生热爱体育。争做德智体美等全面发展的合格人才。

另外,表述具体的教学目标时,要尽量避免使用抽象、笼统、缺乏可操作性和可监测性的一般性用语,如知识目标:Students will learn about the present perfect tense;能力目标:Improve the students' abilities of listening, speaking, reading and writing。这样的教学目标只是泛泛而谈,没有说明要求学生做到的是什么,教师在教学过程中也无法有效操作,听课者更难确定教学目标是否达成。

3.3 学情学法结合,适宜兼顾并行

3.3.1 说学情

说学情应重点关注以下内容。

(1) 学生特点

主要包括学生年龄的特征、认知规律、学习方法等。例如:一位教师这样说学情:本班学生基础较差;学生学习被动,缺乏好的学习习惯;多数学生喜欢表现,但缺乏自制,逆反心理较强;本班学生的可塑性较强。

(2) 学生的知识结构

是指学生已有的知识结构和经验等在内的总和,它是教师组织实施教学活动的依据,是学生学习新知识的基础。例如可以这样说课:学生对这一方面的知识零碎,没有形成系统,结构不完整。尤其是基础知识匮乏,在初中应当建立的基本语句框架没有建立起来,给英语教学带来一定难度。

3.3.2 说学法

要结合课堂教学内容说出本节课教学过程中,指导学生学习使用或学会使用什么学习方法。重视学法指导,充分发挥学生在课堂教学中的主体作用,合理地调动不同层次的学生的学习积极性和主动性;引导学生积极地思考,感悟与体验语言,真正意义上解决学生"怎样学"的问题,从而实现一切为学生的发展;变革学生学习英语只重视记忆的方式,增强学习英语的兴趣,提高学习的效率。

说学法不能停留在介绍学习方法这一层面上,要把主要精力放在解说如何实施学法指导上。说明以何种方法指导学生学习以及为什么使用这个方法,如何激发学生的学习兴趣,如何充分调动学生的学习积极性;如何启迪学生积极思维和强化学生的参与意识,进一步发展学生的听、说、读、

写能力,提高学生的观察、注意、记忆、思维、联想和领悟等能力。主要说明学生要"怎样学"和"为什么这样学"的道理;还要讲出教者是怎样根据年级特点和学生的年龄、心理特征,运用哪些学习规律指导学生进行学习的。特别在当今的新课程改革中,转变学生的学习方式,倡导以"主动参与,乐于探究,交流与合作"为主要特征的学习方式。

下面通过两个案例来分析说学情与学法中的问题。

案例一:

二期课改涉及教材的改革、教学方法的改革以及学生学习方法的培养。我们学校还使用一期课改的教材,但在教学中,我们能够用二期课改的理念来进行课堂教学,我认为,学生学习成绩的高低,除了学习环境和教师的责任心以外,关键是和学生学习能力、学习习惯与方法、思维方式有关。因此,在教学中,注重培养学生良好的学习习惯,培养学生良好的思维方式和观察思考能力。向学生不单是传授知识,更重要的是培养他们吸取知识的能力,为他们终身学习打下坚实的基础。本课的教学中,我就贯彻了这样一种理念。

显然,这位教师对于说学情与说学法没有一个明确的认识,思路也就显得混乱。

首先,条理不清,一会说二期课改理念,理念是什么不是很清楚;一会对学生学习方式、学习习惯作分析,但没有对自己所教的学生作明确的分析,学生学习的特点没有交待清楚。

其次,忽略了学法指导,因为对学生的学习状况不甚了解,教师只是笼统地提出了培养他们吸取知识的能力,对于怎么培养、使用何种方法培养、学生会达到什么样的结果等等都没有交待,让同行觉得他不知所云。

案例二:

我所教的这个普通班,情况比较特殊。由于个别行为偏差男生的影响,高一时未能形成良好的学习风气,基础薄弱。高二我接手该班时,发现大部分同学没有养成良好的英语学习习惯,男生厌学、女生死学,男女生的测试平均分相差高达十分。所以在教学时,我一方面激发学生学英语的兴趣,另一方面尤其注意训练学生正确的学习方法。该班男生尤其贪玩,平时酷爱篮球、足球等体育运动。在这种情况下,该课的足球话题肯定是能引起学生注意的。正好,今夏德国世界杯刚举行过,对足球的狂热,余温尚存,我再因势利导,结合赛事,补充相关足球英语词汇、足球规则。

这个说课就有明显的提高,表现在:学情分析比较到位,这位教师对于自己所教的学生学习情况十分了解,对男女生的学习习惯及差异也很明确,能针对学生特点选准角度展开教学。但不足之处也是显而易见的:没有针对性地对学生学习特点说明要采用何种办法来指导学生学习,又如何根据课程标准设计教学过程使学生乐学、会学。

可以作这样的修改:针对学生学习兴趣、学习方式存在着很大的差异,我对本课内容作了分层次要求,对于男生我让他们在班级对足球规则作解说,让他们当一回体育解说员,男生要熟练地运用相关词汇进行交流;对于女生,我让她们当观众,评出哪些男生完成得出色。课堂活动方式采取group work,男生自由组合完成有关足球的解说,女生自成小组讨论出评价男生活动的标准。通过这些活动,使学生主动参与学习,体验合作与交流,学习过程变成主动的、积极的过程。

3.4 坚持一法为主,倡导他法为辅

英语教学方法始终处于发展变化之中,某一种教学方法总是为解决当时语言教学中存在的问题而产生的。随着人们对语言的认识,多种教学方法存在于一节课中也不足为奇了。说教法要说教学中选用怎样的方法,选择这种方法的依据;运用这种方法应注意的问题;甚至从有没有什么创新等方面说起。

3.4.1 说英语课堂教学方法时教师应当注意的问题

(1) 学习型任务与真实生活任务相结合。新的课程标准中提到任务型教学,强调通过完成任务来习得语言,任务又分为学习型任务与真实型任务,教师在说任务型教学方法时,要注意两者结合。

(2) 机械操练与情境训练相结合。在机械操练的同时积极创设情境,使单纯的语言操练富有一定的实际意义,为学生在真实生活中运用语言打好基础。

(3) 单项训练与综合训练相结合。单项训练应注意趣味性,让学生在多种形式的活动中保持语言学习的积极性,在进行单项训练的基础上,开展形式多样的知识和技能的综合训练,培养学生综合运用语言的能力。

(4) 听说训练和书面训练相结合。遵循语言学习规律,注重听、说、读、写的阶段,使学生语言能力得到均衡发展。

下面来看看张鲁荣老师对高三 Will It Matter If I Skip Breakfast? 第一课时的学法介绍。

(1) 情境交际法。语言是用来交际的,培养学生听、说、读、写的交际能力是我们的教学目标,有意义的交际活动是在具体的情境中完成的。本课设计了大量图片、图表、数据,身临其境,学生能获得清晰的课文画面,思维清晰有逻辑,课堂更生动。

(2) 启发诱导法。设计带有针对性、启发性的问题,诱导学生思考。此法能从学生的实际出发,点拨、引导学生的思维,充分调动学生的主观能动性,使他们通过自己的智力活动,融会贯通地理解知识、掌握知识、开发智能。基础性问题类设计,引导和检测学生对文章内容的理解。开放性问题的设计,启发学生的发散思维、归纳总结能力。

(3) 多媒体辅助法。它一方面能增强课堂教学的视觉功效,形象直观;另一方面能帮助学生理解课文的思想内涵,同时,能增大课堂教学的容量,提高其效率。

对该案例的评价如下。

能根据教材的内容选择方法,因为是第一课时,需要激活学生的背景知识,所以情境的创设就是这一堂课的主要教学方法,其他方法为辅助完成本课的教学内容。

存在的问题是教师没有把自己是如何采用此法说出来,理论的东西有了,却少了自己的理解。例如:基础性问题类设计,引导和检测学生对文章内容的理解,选择这个方法的依据是什么? 教师又是如何做的? 如果这样说:本课中有许多的问题都涉及到学生日常的饮食习惯,很容易引起学生的共鸣,设计的基础性问题"Can you name some traditional Chinese breakfast? Can you name some typical western breakfast?""Why do many people skip breakfast?"既能激活学生的背景知识,又能启发学生对待问题的重新认识。

3.4.2 几种常见的课堂教学方法

(1) 讨论引入方法

用讨论的方法在上课开始前起到了热身的作用,用讨论来激活学生原有的知识,鼓励他们用已知的信息表达观点。同时,通过讨论可以给学生更多的机会表达与主题相关的观点,这种方法广泛地运用在课堂上,很多教师很具智慧地把讨论方法作为激活一堂课的起点,效果很好。

(2) 创设情境方法

课堂教学要为学生提供一定的语言交际情境,让学生在真实的交际过程中接触目标语,并帮助学生解决学习使用目标语语言过程中所遇到的困难,课堂教学活动中教学材料的安排、教学活动的设计应该把语言材料和活动的交际性作为重要的原则。教师要创造一种用英语进行有意义的交流的环境,无论是课堂教学的组织,还是语言素材的处理、语言技能的训练,教师和学生的交流都应该尽量使用目标语。

（3）角色表演方法

这种方法在课堂上也经常看到，通常教师让学生通过一定的语言操练，再让学生分角色表演，这个教学方式可以围绕一个主题、话题在教学的各个阶段使用。

（4）恰当的阅读方法

这一教学方法更多地适合高中教学，阅读教学是高中英语教学的重头戏，让学生在培养词汇、丰富词汇基础上，掌握一定的阅读方法是非常重要的教学环节。在课堂上，学生选用的阅读方式有许多，例如：predicting, skimming, scanning, inferring, guessing, summary 等等，教师也可以创设一定的机会，让学生沉浸在阅读之中，例如：jigsaw reading, cliff reading, information gap, 教师可以将几种方法综合使用，最大化地培养学生的阅读能力，培养学生的阅读兴趣。

由于低年级的学生注意力不能长时间集中，教师在课堂教学中应注意适当安排灵活多样的教学方式。例如在教句型时可以用句型歌，或用图片、多媒体进行教学；有的小学教师能用简笔画边画边教也是不错的方法；在巩固、小结时可以运用角色表演或连词成句表演等方法。一般来讲，相同形式的操练不宜超过十分钟。

3.5 审视教学程序，说好教学过程

前面总论里已经提到了如何说教学程序，已经有了初步认识。在这里，再结合英语学科特点来谈谈如何说好教学程序。先提供一个案例看看。

案例：Module2：London

"Module2：London"一课的重点是描述一座城市或一处景物，代表句型是 London is the capital of England. And it's very big! 教材中有九个需要掌握的词汇，还有五个表示景物的专有名词。本课词汇量很大，学生缺乏有关 London 的相关背景知识，教学有一定难度。怎样激起学生学习的兴趣呢？我将目光转到了课外。日前，我们河南省新乡市正在开展"争创全国优秀旅游城市"的活动，介绍我市景点的宣传页随处可见，宣传网页也很方便浏览。因此，我想到了利用这一契机，以引导学生了解新乡、用英语介绍新乡为突破点，帮助学生进行综合性、实用性的英语实践活动——"My hometown is beautiful"。这样，学生学习兴趣必定很高，教学就能在一个积极的心理场中实施了。具体做法如下：

（1）教师激励、提出任务："Amy is from London. London is big. And it's very beautiful. We live in Xinxiang. Xinxiang is small, but it's very beautiful, too. 请你也把新乡介绍给朋友吧！"在学生获得一些英语感性知识的基础上，激发学生的表达欲望，使他们敢于开口说英语。

（2）本着特长互补、住址就近、志同道合的原则，将学生分成若干学习小组。在教师和家长的帮助下，各小组确定自己的研究主体，即研究家乡的哪一个景点。

（3）同组学生根据主题去搜集图片、英语文字介绍等资料，充分进行同伴合作、师生互动、培养学生的团队精神，促进共同进步。

（4）剪贴图片，摘录相关英语短句，利用"This is... It's very..."句型写下简单的文字介绍。

（5）召开"My hometown is beautiful"主体英语实践展示活动，用手抄小报、小导游的方式将家乡的一处景点介绍给大家。"This is King Lu's tomb. It's very famous." "This is Shipaifang. It's very old." "This is River Wei. It's long and wide." "This is Bailigou. It's very beautiful..."

这是一份成功的说课案例，它的优点在哪里，通过分析这一说案我们可以得出以下几点经验。

3.5.1 总结内容，提炼观点

教学程序这一部分应当是说课的出彩部分，要想让你本节课的亮点体现出来，在理论背景的支

撑下,说出你的教学环节就最让听课的人期待了。所以,教师最先把自己这一堂课的做法用观点提炼的方式先亮出来,我们看前面的案例就是这样,一共五个环节,教师用简短的语言说明,然后再补充具体的细节,让听课同行十分清楚你这一节课的重点。

3.5.2 说课与上课转换技巧

的确,有了好的观点提炼就好比搭好了架子,把说课的教师和听课的教师带入了一个教学环境中,但是,听众毕竟不是学生,教师不能把上课的步骤一步步展示给同行,这就需要教师多动脑筋,让同行听课的人确实觉得思路清晰,做法得当。再看看前面的案例,教师用简单的语言,既介绍了如何实施过程,又提到了这样做的益处,以及会达到的教学效果,文字语言不是很多,但却做到了"说"与"做"的转化。

我们再来看一个案例:

本课采用设景激趣、引导为主、合作探究、体验感悟、学生为本、注重实用的教学方法。

A. 情境的设置使学生处于相对真实的语言环境,利于语言的习得。

B. 多种教学方式的使用使教学生动灵活、学生反应热烈;学生的兴趣高涨又使得教学效果明显。

C. "体验语言情境→悟出语言目标→运用目标语言"的教学设计真正体现了学生是学习的主人,使学生不仅体验了生成的乐趣,更体验了过程的魅力。

D. 利于培养学生的合作探究精神。

E. 利于调动学生的主动性、能动性和独立性,利于转变学生的学习方式即转变单一的、他主的与被动的学习方式,发展多样化的学生学习方式,让学生成为学习的主人。

看到这个标题,对于同行来说很新鲜,设景激趣、引导为主……听上去的确是很不错的想法,后面的几点也是这样,用的语言很地道、很科学,但是看不到教师如何实施自己的设想,听不出说课的教师在教学过程中发生了什么,做到了什么?这样的说课就显得很空,就是我们说的花架子搭得漂亮,而没有实质的内容。

3.5.3 说好教学过程

现在我们再谈谈怎样说教学过程,总的来讲,说教学程序要包含以下几点内容。

(1) 教学思路与教学环节安排:短短的说课时间是不允许教师把整个的上课过程说出来,只能说个整体的教学思路、教学环节的安排与实施,给听课的人一个总体印象。

(2) 说明教与学的双边活动安排:因为是说课,看不到学生,说课的教师就需要把教与学的双边活动是如何进行和展开的交代清楚,让同行听了知道你想让学生做什么,你期望让他们达到什么效果,你遇到了什么问题,你如何解决的,达到了或者会达到什么效果等等。就好比你要给别人介绍一个计划一样,要说清楚计划是什么,还要说清楚是怎样实施、完成计划的。

(3) 说明重点与难点的处理:每一堂课都有教学重点和难点,教师在上课前首先要想到重难点的把握,难点处理的方式,在说课时要解释为什么你选用这样的处理难点的方式,你的依据是什么,比如:学生基础较差,学生喜欢质疑等等。重点难点的处理反映出教师在备课时的成熟思考。

(4) 说明板书设计:对于板书设计教师并不陌生,提供一个可以参考的案例:

Different Opinions About Breakfast

Who	What	Why
Some people	Skipping	the fewest health problem
Experts	the most important meal	energy

A Study About Breakfast

Place	The United States
Participants	People ranged aged from 12 to 83
Purpose	How well the bodies function
Results	① work: work more efficiently and more productively; ② study: learn more quickly, concentrate on lessons longer; ③ weight: Skipping breakfast will gain weight instead of losing.

板书设计没有一个绝对的标准,只要设计得醒目有序,结合课堂内容设计得合理就好。

(5) 说明作业布置:作业的设计要体现本节课的教学目标,还要体现尊重学生的不同差异,可以分层设计作业。

3.5.4 要有一个基本的理性指导下的教学技巧

这里需要清楚一点的是根据中学英语课程标准提倡课堂活动通过任务型学习活动来进行,其活动的主要目的是为了用所学的语言与他人交流信息,交换意见,沟通感情,建立和维持人际关系,获取信息和使用信息,提高学生使用语言的恰当和流畅性。

教师对任务型活动的内容进行创造性的设计,要把学习技能的活动和使用技能的活动统一起来,把学习语言知识的活动和使用语言知识的活动协调起来,把语言技能的训练和语言知识的学习有机地结合,并将两者置于尽量真实的语境中,没有理由一定要让学生首先学习为某项语法和词汇而编写的脱离生活实际的教学语言,然后再接触真实环境下的语言。

教师在说教学设计,要把理论真正变为理解了的教学行为,充分体现个人的教学设计的智慧和个人的教学魅力。

思考题

1. 在阅读了本章的说课策略后,请选择书中的1~2个说案再作一次详细的点评。
2. 如果你有过说课经历,请你再重新确定一个说课的主题,根据你的学习体会,再写一份说课稿,在英语组内展开一次讨论。

思想(政治)品德学科

1. 思想(政治)品德学科特点

思想(政治)品德课程,是对学生进行比较系统的公民品德教育和马克思主义常识教育,以及有关社会科学常识教育的一门基础性课程。本课程的基本任务是:根据学生的年龄特点,由浅入深地进行公民品德教育、马克思主义基本观点教育和有关社会科学的基础知识教育;引导学生在经历课堂学习和社会实践活动的过程中,逐步提高用正确的观点和方法观察分析现实问题的能力,以及参与社会生活的实践能力;帮助学生拓展国际视野,弘扬民族精神,树立建设中国特色社会主义的共同理想,逐步形成良好的思想品德和正确的世界观、人生观、价值观,为他们自立、自主、自强的终身发展奠定基础。

总之思想政治课是一门以马克思主义基本观点和方法为核心的社会主义现代公民素质教育

课,是学校进行德育教育的主渠道,小学、初中思想品德政治课主要侧重于学生的思想品德素质的奠基,高中主要侧重学生的政治素养的培育。当代的思想政治课具有以下特点。

1.1 思想性

思想性是指思想政治课承担着传播统治阶级的社会意识形态、政治观点和道德法律规范的任务,要使统治阶级的意识形态和政治观点成为学生思想中占统治地位的主导思想,从而为培养国家所需要的合格人才奠定一定的政治基础。

思想政治课就是以马列主义、毛泽东思想、邓小平理论和"三个代表"重要思想为指导,紧密联系当今国际和国内形式、当代社会生活和学生思想实际,对学生进行马克思主义的基本立场、观点和方法教育和国情国策教育,帮助学生逐步形成良好的道德、法律、心理、政治素质,逐步树立建设有中国特色社会主义的共同理想,形成正确的价值观、人生观和世界观。

思想性是思想政治课最根本的特征。新教材《思想品德》和《思想政治》充分体现了这一特点。以高一《思想政治》新教材为例:第一课《发展经济与改善生活》中有这么一段文字:在我们的社会中,大多数单位和个人经济活动的结果是与社会生产目的相吻合,他们在为社会提供好的产品和服务的同时,也使自己得到了相应的利益收获。不过,也的确有一部分单位和个人,他们的获利是以侵犯和损害他人利益为前提、为代价的,这就可能导致社会生产目的在一定程度上的偏离。如何让成千上万经济主体的行为纳入社会生产目的的轨道……必须依靠一套由内部因素和外部条件共同组成的行为规范体系,这里所说的内部因素,主要指道德自律能力和守法习惯,外部条件则主要指社会经济活动必须有健全的法律和完善的制度。教材就是以正确的价值观为指导,以邓小平理论、"三个代表"重要思想和科学发展观为统领,加强对学生思想政治、经济法律和道德品质的教育。

1.2 德智共生性

虽然思想性是思想政治课程的根本特性,但思想政治课除了承担对学生进行必须的思想道德教育和政治教育以外,还承担着心理、法制、伦理及马克思主义常识等多方面的教育任务,而心理、法制,特别是高中的马克思主义常识教育(如政治学、经济学、哲学)都有自身的理论框架和知识结构,所以思想政治课不单纯是一门德育课,它是人文社会科学常识教育和思想道德政治教育兼容的社会主义公民素质教育课。

例如:高一《思想政治》上海新教材,在给同学介绍我国基本经济制度是什么的同时,也强调要对国家基本制度的认同,更爱祖国,拥护社会主义制度;讲对外开放,不仅告知同学我国为什么把对外开放作为一项长期的基本国策、我国经济对外开放的主要形式,也告诫学生"我们在对外交往中要自尊、自重,在任何情况下,不能做出丝毫有损人格和国格的事情。"(教材P262)

1.3 实践性

思想(政治)品德课程,是对学生比较系统地进行公民品德教育和马克思主义常识教育的一门课程。实践性是马克思主义最显著的特点。人的思想品德是在社会生活和实践的基础上形成和发展起来的,思想政治课程只有注重思想理论教育和学生生活经验和社会实践相结合,让学生通过参与丰富多彩的社会实践活动,才能获得情感体验,增强感性认识,扩展知识技能,提升马克思主义和有关社会科学常识素养,完善知识结构,促进正确思想政治观念和良好道德品质的形成和发展。

无论是初中《思想品德》,还是高中《思想政治》,新教材在编写的时候,在每两课之间都增设了"实践与探究"活动课,如六年级的"怎样花钱"、七年级的"快乐处方"、高一年级"算算家庭开支账"等等。除增设了"实践与探究"活动课外,新教材在每课教学内容中,也设置了许多活动栏目,如"说一说"、"操作平台"等等,这些栏目的设置,给学生自主探索、辨析、选择、实践提供了方便,同时也说明思想政治学科具有实践性的特点。

思考题
1. 你认为掌握了思想(政治品德)学科特点后对说课有何指导意义?
2. "德智共生性"是政治学科扎根于人文学科的重要根基,你在教学设计和说课中应如何体现"德智共生性"这一学科特点?

2. 思想(政治)品德学科课改新理念

《基础教育课程改革纲要(试行)》指出:"新课程的培养目标应体现时代要求。要使学生具有爱国主义、集体主义精神,热爱社会主义,继承和发扬中华民族的优秀传统和革命传统;具有社会主义民主法制意识,遵守国家法律和社会公德;逐步形成正确的世界观、人生观、价值观;具有社会责任感,努力为人民服务;具有初步的创新精神、实践能力、科学和人文素养以及环境意识;具有适应终身学习的基础知识、基本技能和方法;具有健壮的体魄和良好的心理素质,养成健康的审美情趣和生活方式,成为有理想、有道德、有文化、有纪律的一代新人。"

根据《基础教育课程改革纲要(试行)》精神和思想政治课本身的性质和特点,思想(政治)品德学科新理念应包含以下几点。

2.1 以生为本、以育人为本,统筹知识、能力和觉悟的发展

思想政治课教学必须依照学生的思想品德形成发展规律,以生为本、以育人为本,正确处理掌握知识、发展能力和提高思想觉悟的关系,把思想信念、价值观和思想教育放在突出位置,并围绕思想教育这个中心,统筹知识、能力和觉悟的协调发展。

新一轮上海市德育课程,课程名称出现重大变化,一年级到三年级称作《品德与生活》,四、五年级称作《品德与社会》,六年级到九年级称作《思想品德》,十年级到十二年级称作《思想政治》。课程名称的变化,意味着课程的教育目标和教学内容,更有针对性,符合不同年龄学生的身心特点和成长规律,体现了以人为本的课程。

为贯彻这一理念,教师在教学过程中必须坚持贴近生活、贴近实际、贴近学生的原则,立足于学生现实的生活经验,尊重学生的情感体验,满足学生的发展需要,尽可能多地为学生提供自主思考和活动的机会,满足不同学生的发展需要,从学生的兴趣、能力出发,遵循学生的认知规律,不断丰富学生的思想情感,从而帮助学生确立积极进取的人生态度,塑造健全人格。

2.2 理论联系实际,谋求科学世界与生活世界整合

理论联系实际是马克思主义的基本观点,也是思想政治课教学的基本原则。以往思想政治教学脱离学生的生活和社会实际,片面重视理论学习,忽略了理论联系实际,思想政治学科给学生造成一种"假、大、空"的印象,影响了教学的有效性。

理论联系实际,谋求科学世界与生活世界整合,这一新的课程理念,就要求思想政治课要关注学生的生活和社会实际,围绕学生关注的社会事件和话题组织教学,要根据学生的心理、生理特点、认知规律,处理好材料和观点、知与行、理论和实践的关系,要把学科理论知识建构在学生已有的生活经验的基础上,同时又让新的学科知识能指导学生今后的生活实践。

2.3 启发引导与学生自主参与相结合,促进教与学方式的转变

"学习方式(教学方式)的转变是新课程改革的显著特征。改变原有单纯接受式的学习方式,建立和形成旨在充分调动、发挥学生主体性的学习方式,自然成为这场教学改革的核心任务"。思想政治课教学要改变以往单一的传授式的教学模式和接受式、被动式的学习方式,教师就要树立启发引导与学生自主参与相结合的课堂教学理念。

该理念要求思想政治课教学依据现代社会对公民素质教育的要求和其教学过程的认知规律、思想品德教育规律、当代中学生的心理特点以及事物发展的内外辩证关系,正确处理教师的主导和学生的主体关系。通过教师的激励、启发、引导和组织,实现学生全身心的积极参与,使之成为教育教学认知活动、交往活动和实践活动的积极主体。让学生在积极参与的主体活动中获取新知,掌握公民民主参与的程序和规范,形成民主参与能力。

2.4 建构预设与生成相统一的教学过程

"动态生成"是新一轮课程改革倡导的基本理念之一,这对建构新课程理念指导下的课堂教学新形态,无疑起到了催化剂的作用。预设与生成是教学过程中相辅相成的矛盾统一体,预设显示了教学的计划性,生成显示了教学的灵活性。

新课程理念认为,思想政治课教学过程是可以预设的,具有相对稳定的教学程序。政治学科根据课程标准所编写的教材都具有基础性和简约性,旨在为学生终身的发展奠定坚实的根基,所以基础性和简约性是预设最显著的特征。课前预设决定着教学活动的预期价值和基本走向,体现着教学活动的目的性和计划性。

新课程理念还认为,思想政治课的内容不仅仅是教材明确的社会科学知识,学生的生活经验和现实生活也是课程的重要内容;教学过程也强调师生对话、生生交流;学生的学习过程也是学生对教学内容的自我建构的过程。这由此决定思想政治课教学是一个动态开放的生成过程。

在这一理念的指导下,教师在教学过程中必须向学生的生活世界和个人知识经验开放,尊重学生的独特感受、体验和见解,使思想政治课教学过程体现出"预设和生成、确定性和创造性、灵活性的辩证统一"。因此,教师在政治课教学过程中,不能只把心思放在教材的内容上,而应该更关注学生在课堂活动中的表现,要用自己的教育机智、用自己的教学水平和教学艺术,在活动中去发现、捕捉、吸纳、整合信息,充分利用生成性资源,进而夯实观点,培养能力,提升道德情感,升华德育目标。

思考题

1. 学习了学科新课改理念,你对"学生生活与书本知识相结合"的提法有何更深刻的理解?它对说课的构思和说理性会增添哪些新的思路?

2. 新课改理念显然对教师备课、说课有重大指导意义,请结合预设与生成的相关性,以一堂成功的课为例谈谈你的新认识。

3. 思想(政治)品德学科备课与说课

3.1 说课准备——备课

为了说好课,在说课前必须做好相关准备工作。如确定课题后,要查阅、收集有关资料,做到备课程标准、备材料、备教材、备学生。

思想(政治)品德学科备课要求与其他学科相比,有共性,如要解读课标、要了解教材等等,但它还有自己的个性要求。当前的思想政治课由于受编写时间等因素的影响,教材内容不可避免地存在着滞后性,许多材料和观点已失去编写时的典型性和时代性。这就要求政治教师从现实生活中大量引进新知识,增大教学的密度,增强课后阅读的指导,才能体现思想政治课的固有特色和学科魅力,才能满足学生强烈的求知欲,才能在真正意义上形成课内外师生共振的局面。

3.1.1 在学生的生活中备课

教育学和心理学研究表明:在教育过程中,只有当外部的教育因素触及学生内在的精神需求时,才能使受教育者处于一种积极的接受状态,从而产生良性的内化过程。中学时期正是长知识、长身体的时期,是世界观、人生观、价值观形成时期。中学生正值青春年华,风华正茂,有着丰富的精神需求。他们求知、求美、求真、求友谊、求有价值的人生,更渴求得到理解和尊重。因此,教师若能走进学生生活,并立足于对学生实际情况去准备教学,必能使思想政治课增强吸引力。为此,教师备课应做到:

(1) 了解学生生活,力求寓教于需

教师可通过课间谈心、个别谈话、座谈会、民意调查等形式,多渠道接触学生,了解他们的精神需求,在备课中就可以有的放矢,尽量满足学生的需求,这往往能收到意想不到的效果。

某教师与几个学生闲聊,聊到有关"美"的话题时,发现现在的学生求美,但不敢公开言美;爱美,又不善审美。针对这一点,在准备《意识能够正确反映客观事物》这一课的教学时,设计了一场以"我心中的美"为题的即兴演讲比赛,分组推荐代表上台演讲,学生们争先恐后,畅谈自己对美的理解,课堂气氛异常热烈。最后教师作为其中一员发表了自己的审美观,认为心灵、语言、行为与外表相统一的美才是真正的美,同时,水到渠成地揭示了本课主题。课后许多学生感到"上了人生第一堂审美课","把自己心中对美的思考终于表达出来了,真过瘾",充分显示了他们前所未有的主动性和想象力。

(2) 关爱学生生活,寓教于情

"人非草木,孰能无情。"情是打开心扉的钥匙,是沟通心灵的桥梁。教师投给学生一份爱,学生就会回报教师一份情。一般说来,学生对某位教师情感越深,就越爱听他的课,所谓"亲其师而爱其道"。因此,教师在教学设计时,应充分了解学生的内心世界,考虑学生所急、所忧、所乐,而后因势利导,这样就能得到学生的支持。

(3) 感受学生生活,寓教于趣

爱因斯坦说:"兴趣是最好的老师。"而学生对思想政治课教学兴趣不高已成为提高思想政治课教学实效的主要障碍。因此,思想政治教师备课更应重视学生的兴趣,想方设法吸引学生的"眼球"。这就要求思想政治教师深入学生生活,弄清学生对什么感兴趣,注意学生的关注点,这样才能在教学设计中最大限度地调动学生的积极性、主动性和创造性。如人们最关注的一般居民生活问题,尤其是农民增收困难问题、人们最担心的社会稳定问题、人们最痛恨的腐败问题、市场经济条件下人们应具有的道德观问题等,这些问题有的尽管还未定论,却是中学生非常关心又非常想弄清的问题,在课堂上适当作些探讨,能激发学生的兴奋点,集中学生的注意力,调节学生的身心,提高学习效率。

3.1.2 在教师的生活中备课

实践性是思想政治最大特点之一,思想政治课中抽象的理论原理都可以在现实生活中直接得到印证。思想政治教师如果能以其特有的洞察力和敏锐性观察生活,就能捕捉到丰富而新鲜的教学素材。因此,思想政治教师应该养成特有的职业习惯,试着在自己的生活中备课,在文化娱乐中备课。

听音乐、看小说可以搜集到许多有益的教学素材。如歌词"山不转水转"、"星星还是那个星星,月亮还是那个月亮……"清晰地包含了"运动与静止的关系";歌曲《春天的故事》则叙述了社会主义建设的两个转折点;歌词"跟着感觉走"则是一个很好的辩题……政治教师如果在教学设计中利用这些学生喜闻乐道的歌词和小说情节,不但能够吸引学生注意力,充分调动学生积极性,而且可以引导学生也养成在生活中觅道理的学习习惯。其次,可以在人际交往中取长补短,充实备课资料。"三人行,必有我师焉",任何人不可能窥透一切社会现象,更不可能体验任何生活方式,因此,在人与人之间的交往中可以得到自己无法得到的材料。如有一位政治教师一次偶然碰到一位毕业不久的同学,听她唠叨了毕业前后的感觉和对将来的计划,觉得很有意思,于是在准备《人生价值的实现》这课教学方案时,设计了一个讨论题"毕业了,你会怎么样?"学生在听教师讲述了同学的境况后,觉得真实而又现实,并纷纷想象自己毕业后的情况,积极地设计起毕业后的计划,充分显示了他们立志为社会作贡献,努力实现人生价值的信心和决心。思想政治课所有的目标都在热烈的讨论中实现了。

因此,政治教师应做生活的有心人,多听、多看、多记,善于从生活中提取有效信息,引导学生用丰富的感性材料去理解抽象的道理。

3.1.3 在广阔的社会生活中备课

让思想政治课充满时代信息,这是中学思想政治课本身的性质和任务决定的,这就要求政治教师在教学设计中能及时把国内外发生的大事和社会上普遍关注的焦点引入课堂,把政治课教学放到一个大的社会环境下进行,使学生的学习投入到绚丽多姿的现实生活中。

如面对当前世界经济发展总体趋缓、我国国内出现买方市场的"大气候"下,在经济常识《树立正确的消费观》的教学设计中,可以让学生分四组分别调查以下内容:①当地居民的消费观念;②当地居民的消费状况,如消费结构、消费水平等;③当前市场上新产品的供求状况;④银行信贷消费的有关政策和信贷消费状况。然后引导他们对调查结果分析利弊,考虑对策,使学生在对自己手中第一手资料的论证分析中理解"何谓正确的消费观及树立正确消费观的重要性",既有效地锻炼了学生的实践能力、分析和解决实际问题的能力,又使他们在更深层次上理解了扩大内需方针的必要性和正确性。

3.2 思想(政治)品德学科说课内容

根据思想政治课的实际,说课大致包括以下内容。

3.2.1 说教材

思想政治课本是依据思想政治课程标准编写的,是课程标准的具体化,是课程的载体,是组织教学活动的蓝本,是实现课程目标的主要工具。但党和国家的有关文件、时政材料以及与课本内容有关的经典著作等资料,是参考性、辅助性的教材。因此,思想政治课说教材主要对象是课本,但还包括思想政治课程标准、教学参考书、与课本内容有关的文件和时政材料等等。

说教材时必须把握好以下三点。

(1) 弄清楚本课教学内容在整个课程中的地位和作用,从教材体系的高度来把握本课教学的重点和难点。

(2) 结合课程标准和教参,确定本课知识点的内容、呈现方式和教学要求。

(3) 剖析本课各知识点的思想教育因素,确定理论联系实际点。

如上海市曹杨二中谈俊老师对《创造有价值的人生》这一课的教材是这样分析的:

《创造有价值的人生》是高三《哲学常识》下册第五课《创造价值　追求理想》第一节《价值与人生价值》的第三框内容,是对第一节前两框的总结,既呼应上册世界观的内容,又紧密联系本册人生观、价值观的内容,在学习世界观的基础上进一步学习价值观、人生观,以科学的世界观为指导,选择和培养正确的价值观和人生观,逐步加强生命教育。

创造有价值的人生,既是价值观的一个核心问题,也是人生观的一个基本问题。主要包括:人生价值的含义、人生价值的社会价值、人生价值的自我价值、人生价值的社会价值和自我价值的相互关系、实现人生价值的根本途径五个问题。本课的教学重点是人生价值的社会价值,重在讲授个人对社会的责任与贡献,教学难点是人生的社会价值与自我价值的关系,重在讲清社会价值是人生价值的主要方面。

谈俊老师在认真研读教材的基础上,用精练的语言阐述本课内容在教材中的地位和作用,确定好教材的难点、重点,并点明本课内容对学生进行思想教育的重点是生命教育,就体现了思想政治课"德智共生"的特性和要求。

3.2.2 说教学目标

教学目标必须以新课程理念和思想政治课教学目标理论为指导,根据思想政治课程标准对本课的教学要求、教材的具体内容和所教班级学生的实际情况来设定。具体来说,教学目标设计必须做到以下两点。

第一,目标设计内容要全面,并有明确具体的指向性。新课程要求课时教学目标应包括学生在知识与技能,过程和方法,情感、态度与价值观三方面的素质发展指标,而且每个方面都有不同层次的发展指标,并明确指向本班本校学生。

第二,教学目标的行为主体必须是学生,并用行为动词描述学生的素质发展变化状况,使目标具有可测评性。

如嘉定一中卢方昕老师对《坚持公有制的主体地位》这一课的教学目标是这样设计的:

本框内容是第六课第一节我国现阶段的基本经济制度中的第一框的内容,从教材本身来看,本框内容在我国现阶段的基本经济制度中占有非常重要的地位,因为生产资料公有制是社会主义的根本经济特征,是社会主义经济制度的基础,我们必须加强公有制的主体地位,只有这样才能更好地引导非公有制经济的发展,保证我国经济发展的社会主义的发展方向。

另外,从学生方面来看,可以从学生已有的知识基础和生活经验来组织教学,可以联系学生前面学过的基础知识,从生产力和生产关系的辩证关系来说明我国的所有制形式,我国现阶段的基本经济制度的存在,是由生产关系一定要适合生产力发展的客观规律决定的。同时,在日常生活中,学生也耳闻目睹了一些所有制的形式,但在某些问题上也存在着一定的误区,必须在教学过程中加以解决。所以制定了以下教学目标。

(1) 要明确知识与技能的目标

要求学生了解我国现阶段主要的所有制形式,认识我国社会主义初级阶段的基本经济制度及其存在的依据,特别要学生理解坚持公有制的主体地位的重要性。培养学生一切从实际出发、实事求是分析问题的能力。

(2) 要突出过程与方法的目标

通过体验与感悟、探究与实践、合作与交流,让学生在自主学习、合作学习、参与对日常家庭生活现象的调查中,初步体会收集信息、提炼信息、把握主干知识的方法。并思考在全面建设小康社会的过程中坚持公有制为主体、多种所有制经济共同发展的重要意义,在探究和思考的学习过程中,逐步懂得从我国的基本经济制度的视角观察问题、分析问题和处理问题的方法,为第二节我国现阶段的分配制度的学习打好伏笔。并且引导学生深刻理解大力发展非公有制经济和坚持公有制为主体的关系、公有制形式和公有制的实现形式的关系。突出坚持公有制主体地位的重要性。

(3) 要整合情感态度与价值观的目标

通过学习,帮助学生树立社会主义必须大力发展社会生产力的观念,一切符合"三个有利于"的所有制形式都可以被我们利用。并且让学生从坚持公有制为主体地位的认识中,增强学生对社会主义制度的热爱,使学生树立起走建设有中国特色的社会主义道路的坚定信念。

卢老师的教学目标设计内容全面,并有明确具体的指向性,在语句表达上能运用"了解、理解、懂得"等行为动词描述学生素质发展的情况,使教学目标具有可测评性。

3.2.3 说教学设计

说教学设计就是说自己的教学方法或教学模式等等。目前,思想政治课的教学方式很多,但常用的有三大类:一是合作探讨式教学,二是体验式教学,三是案例教学。

合作探讨式教学就是以问题为运作机制,以学生自学自探为基础,通过师生、生生之间的对话、探讨,引导学生系统掌握课本知识、培养各种能力的教学方式。它一般包括三个环节:自学自探——讨论共探——总结提高。

体验式教学是一种以体验活动来帮助学生获得与思想政治理性认识相关的情感体验和隐性知识经验的教学方式。体验式教学操作要领如下:一是要把握学生和生活的热点,挖掘生命体验冲动的来源;二是采用各种方法激活学生与教学内容相关的体验,以强化学生的感受,使学生带着强烈的感受参与教学;三是善于利用问题引导学生对所获得的感受进行积极的思考和探究,从具体的情境中总结出一般的规律和方法,掌握同类情境的合理反应规则和应对之策。

案例教学就是在教师指导下,根据教学目的和教学内容的需要,运用典型案例,对学生进行价值引导,培养学生分析问题、解决问题的一种教学方法。它主要由五个步骤组成:一是呈现案例,提出问题,为学生创设一个生动形象的教学情境,使学生产生强烈的求知欲和高涨的热情。二是初探阶段:学生用已有的知识对案例问题进行尝试性的初步分析探讨,激起学生思维碰撞的火花,产生困惑或疑虑。三是理论学习阶段:学生带着初探的困惑或疑虑自学、互学课本相关的理论知识,寻找解困释疑的理论依据,做好自学互学笔记,并笔录疑点(疑点由师精讲解决)。四是再探阶段:学生运用刚学的理论知识或原理对初探的疑虑再次展开分析探讨,学生通过小组内讨论、小组间交流和全班集体讨论等形式,在生生互动中达到用"理"释"例"和用"理"解"疑"的目的。五是课外延伸阶段:学生对理论知识进行迁移,展开研究性学习,学以致用,达到知行统一。

思想政治课的教学方法很多,在一节课中我们可以单纯运用一种教学方式,也可以综合运用几种教学方式。确定教学方法以后,我们就可以对教学内容组织设计,为了使教学内容满足学生的需要和兴趣,适应学生理解和思想水平,教师对教材内容的处理和设计要体现"四化":即"教学内容情境化、生活化、说理形象化、观点材料化"。

如上海市南汇区网络培训学员蔡凤芳老师是这样设计《了解家乡,认清国情》这一课的:

（1）通过播放歌曲《家乡》导入新课，认识国情要从了解家乡、认识家乡开始。这种教学手段比较符合学生的特点，容易激发学生的学习兴趣，从而增强思想政治课的吸引力。

（2）举行"家乡知识知多少"的知识竞赛。知识竞赛这种形式也是这个年龄段的学生所乐于接受的。通过对学生进行我区历史上第一次由中国共产党领导的农民革命暴动是什么？涌现过哪些知名人士？有哪些旅游景点？等一系列知识的提问，在使学生对家乡有进一步了解的同时，对自己家乡的感情也更深了。润物细无声、寓教于学，凸现思想政治课的德育功能。

（3）呈现圆明园焚烧前后的对比图以及有关卢沟桥的照片，不仅使学生明白通过走向历史遗址可以帮助我们了解国情，而且懂得落后就要挨打，唯有强我中华，才能免遭外侮的道理。通过请学生思考部分人抵制日货，甚至攻击日本驻华使馆，殴打日本人，这些行为对不对？体现实现政治课理论联系实际的理念。

（4）呈现两组截然不同的照片，使学生感到震惊的同时，懂得只有走向广阔地域，才能广泛了解国情。我们国家还处在社会主义初级阶段，地区发展还不平衡，有些地方还很贫困。乘势引导学生考虑：可以为那些贫困地区的人们做些什么？学生回答（捐钱，捐衣服，捐书……）我想学生的回答是发自内心的，而通过邀请去过云南、当过志愿者的本校季刚老师的介绍，能使学生进一步明确自己的责任。两组截然不同的照片呈现所产生的效果是不言而喻的，请本校教师谈亲身感受更具说服力。

让学生讨论：参观东方明珠广播电视塔、宝山钢铁股份有限公司等处对我们有什么意义？引出走向工厂、农村等更深刻地理解现实，理解改革开放的发展历程和现状。东方明珠广播电视塔、宝山钢铁股份有限公司的材料的运用有利于进一步激发学生的爱国情感。

最后播放视频《两港南汇》，以进一步激发学生对家乡的感情。

蔡老师在处理教学内容时，对教学内容进行了情境化的处理，让学生带着情感去探索问题，认识事物，把教学中的认知活动和情感活动、感性认知活动和理性认知活动有机结合起来，顺利完成了教学任务。

3.2.4 说评价

思想政治课是社会主义公民思想政治道德素质和社会科学文化素质教育课，这一特殊的课程性质决定了本课程评价内容与其他学科有着显著不同。一般学科只关注学生认知领域的评价，而忽视学生参与社会活动能力、情感态度、思想品德等方面的表现，而思想政治课评价，坚持了"知识、能力、觉悟"三位一体的评价观，说评价就要在课堂教学中对学生观点生成能力、运用知识能力、参与课堂教学的能力给予发展性评价。

如向明初级中学王爽英老师在《关注我们的人文环境》中是这样说评价的：

（1）教学评价的运用：在教学过程中，教师对学生的发言要及时给予鼓励性的评价。评价中特别要注意一些教学中的生成性问题，如果和教学目标密切相关或者反映出学生思想上的困惑，一定要及时组织讨论，并对提出这些问题的学生给予肯定和鼓励，使教学更具有针对性和实效性。

（2）本课的评价可以从这样几个方面入手：第一，学生课前对历史知识是否做了比较充分的复习。第二，旅游路线制定时，选择的资料是否有代表性，发言是否精练。第三，讨论能否结合自身实际，提出一些有建设性的意见。根据上述要求，对课堂小组活动进行评价，分别评出小组活动的平均成绩，然后由小组长根据小组成员在活动过程中的合作表现讨论出每个组员的成绩，上下可以浮动10分。对课堂上积极发言的同学给予平时成绩的加分。一般发言两次加1分。特别出色的发言可以双倍加分，以激励学生积极参与课堂教学。尤其要与班主任老师加强联系，注意观察学生的日常表现，对有进步的学生应该予以鼓励，实现知与行的统一，不断提高初中学生的思想道德素质。

思考题

1. 在教学设计中,你认为应当如何根据学生的思维特点,选择和确定恰当的方式方法来呈现案例?如何让案例进一步情境化、问题化?

2. 你认为思想(政治)品德学科的说课应包括哪些基本内容?本学科新颖的教案你认为在格式和结构上应当怎样设计使之更能顺利地转化为说案?

历 史 学 科

1. 历史学科特点

1.1 历史、历史学与中学历史课程

历史是人类社会的发展过程,历史学是研究这一过程的学科。历史唯物主义是历史学的指导思想与理论基础。中学历史课程是帮助学生认识人类文明发展历程,培育人文素养,形成正确世界观、人生观和价值观的重要途径,是基础教育课程体系的有机组成部分。

1.2 历史学科特点

1.2.1 思想性和科学性相结合

历史学科是社会学科,它不能脱离一定的思想政治。由于历史材料不可避免地渗透着具有一定政治倾向的人的主体意识,因此研究历史必须要以科学的世界观和方法论为指导。如果离开了历史唯物主义,历史就会成为一笔偶然现象的糊涂账,就会造成荒谬绝伦的错误。同时,历史事实又是不能歪曲和篡改的,历史研究的目的就是为了恢复历史的本来面目,揭示历史的客观规律。所以,认识历史必须坚持思想性和科学性相结合的原则。

1.2.2 多样性和统一性相结合

历史现象是纷繁复杂的,历史知识是包罗万象的。每个国家每个民族各有其特点;一个国家在不同历史时期又有不同的发展水平;在同一时期,政治、经济、军事、文化、科技交错发展,色彩纷呈,历史本身是无限多样的。但是,处于无限多样性之中的历史又有共同的规律和普遍的现象,因此,认识历史必须坚持多样性和统一性相结合的原则。

1.2.3 过去性和现实性相结合

历史现象都是过去的事情,既无法演示又无法挽回。但是,历史又有惊人的相似之处,现实生活中总是保留着历史的遗迹。历史和现实之间有着无法割断的联系,因此,认识历史必须坚持过去性和现实性相结合的原则。

1.2.4 具体性和规律性相结合

凡历史客体都是具体的,具体历史客体的变化体现历史发展的逻辑,我们研究历史的目的就是探讨历史客体的发展轨迹。因此,认识历史必须把具体性和规律性结合起来。

1.2.5 时间性和空间性相结合

历史现象都发生在一定的时间,历史客体都存在于一定的空间。空间和时间是认识历史规律的必然线索,因此,认识历史必须把握时间性和空间性相结合的特点。①

1.2.6 广博性和专业性相结合

历史学科有自己的研究系统、研究内容和研究方法,具有很强的专业性。同时历史知识包罗万象,它又与很多学科有着直接和间接的联系。哲学、经济、政治、军事、法律、文学艺术、科学技术、宗教等,都属于历史的范畴。因此,认识历史必须具有广博性和专业性的知识结构。②

思考题

1. 有的历史教师认为只要掌握了历史学科的专业知识就可以胜任历史教学了,你认为这种看法对吗?为什么?

2. 历史学科具有"时间性和空间性相结合"的特点,当你讲到《三国鼎立》这部分内容时,你将如何设计让学生充分体会到历史学科这一特点?

3. 你认为说课的各大板块中应当怎样把握历史学科的特点?

2. 历史学科课改新理念

2.1 历史学科新课程理念

新课程以"课程标准"取代了原来的"教学计划"和"教学大纲"。课程标准是教材编写、教学、评估和考试命题的依据,是国家管理和评价课程的基础。强调应体现对不同阶段的学生的基本要求,要重视德育的渗透等。《上海市中学历史课程标准》从五个方面对课程提出了新的理念:培养民族精神,树立现代意识,以人类求生存、求发展为主线,多维度构建历史课程框架,将研究性与接受性学习相结合,重视过程评价和质性评价。

2.2 新旧历史教学理念的比较

2.2.1 历史教学目标的比较

20世纪80年代后,历史课程目标被定为:传授知识、培养基本能力、进行思想教育。新课程中历史的目标围绕知识和技能,过程和方法,情感、态度三维目标展示,实现了课程目标的三个突破:一是把学习的过程和方法作为目标提出,注重学生学习历史方式的突破;二是突破了以往单纯政治教育的层面,注重人文培养和科学精神的培养,把历史教育的社会教育功能与人的发展教育功能结合起来;三是目标更加明确、具体,更有操作性。

2.2.2 历史学科能力的比较

20世纪80年代对历史学科能力的培养被定为:运用历史唯物主义基本观点观察问题和分析

---

① 白月桥:《历史教学问题探讨》,教育科学出版社1997年版,第88页
② 于友西:《中学历史教学法》,高等教育出版社2003年版,第91页

问题。新的课程标准提出的历史学科能力为：搜集史料、提取信息、解决问题、交流成果。通过新旧能力培养的比较可以发现，传统历史学科能力培养规定得比较笼统，在教学实施中很难操作，新的能力培养规定得比较具体，操作性强。

2.2.3 课程资源的比较

传统的课程资源仅为教科书、教学参考书、练习册等，历史教师是教科书忠实的执行者，这种课程资源观比较狭隘。课改后，教学大纲变成了课程标准，教材变成了在课程标准下的"一标多本"，成了课程资源的一个部分。课程资源既指课程物质资源，也包括课程人力资源。课程物质资源主要指学校的教材、教师数量(师生比例)、图书馆、活动场地、教学时间、教学设备和设施、学校环境等等。课程人力资源主要指教师和学生的主动精神、知识结构和人格品质以及教师与学生的相互关系，是一种发展性的、生成性的、精神性的资源。新的课程资源提出课程资源的概念是与基础教育课程改革密切相关的。教学不能只是盯着一本教材，而是要看课程目标本身需要选用那些适合于学生的课程资源。

2.2.4 学习方式的比较

传统的历史学习方式主要是被动接受式学习，注重教师的教，忽视学生的学；注重学生学习的结果，忽视学生学习的过程；注重知识的记忆理解，忽视学生内心的体验和感悟。新理念提倡学习的主体性、独立性、合作性、体验性、问题性。

2.2.5 教学手段的比较

传统的历史教学手段是粉笔、黑板、图表、插图等为主，新理念下的历史教学手段，在对传统教学手段继承的基础上，重视多媒体信息技术的运用，以优化历史教学结构，丰富历史教学内容，提高教学效果。

2.3 历史学科落实课改新理念的途径

再好的理念，如果不落实到课堂实践中去，也只能是空中楼阁。备课、说课、上课、评课都是落实历史学科二期课改新理念的必要途径，其中说课在落实历史学科二期课改新理念中有着特殊的作用，因为历史学科说课不但要解决教什么、怎么教的问题，更重要的还要解决为什么这样教的问题。因此，说课成为构架起理念与实践最好的桥梁和纽带。

思考题

1. 历史说课怎样体现从"知识、能力、思想教育目标"转化为新的"三维目标"？请结合一堂课完整地表达历史的三维目标，并说出这些目标被确定的依据。

2. 教师新课改的行动首先从备课开始，你认为对传统的教案模式应作怎样的改革？在历史说课中的"说教材"，你认为应当如何体现历史课程资源观？

3. 历史学科备课与说课

3.1 历史学科备课要关注的新内涵

传统的历史学科备课要备大纲、备教材、备学生、备教法。新的历史学科备课增加了许多新的内涵,下面仅就"两纲教育"、"学习方法"两个方面加以阐述。

3.1.1 备课时应把"两纲教育"作为教学目标确立

"两纲教育"是指上海市教育提出的民族精神教育与生命教育纲要。民族精神是学生思想道德之根,生命教育是学生健全健康人格之本。历史学科是民族精神教育和生命教育的显性学科,教师在备课时要充分重视两纲教育,把两纲教育作为目标来确立,只有这样才能使两纲教育在课堂教学中有效落实。这就要求教师在备课时,一方面,把民族精神教育作为情感、态度和价值观目标的核心来确立。例如,历史教材中的历史故事,它们既承载着认知性功能,更承载着发展学生的思想道德及审美等素质的价值功能。另一方面,把两纲教育作为过程与方法目标的重要内容来确立,因为历史学科具有"求真、求实"的学科特点,教师可以通过"史由证来,论从史出"方法的传授,潜移默化地培养学生实事求是的历史意识。

3.1.2 备课时要关注对学生学法的指导

传统的历史备课只关注教法,新的教学理念要求教师在备课时要关注对学生学法的指导,要树立教法为学法服务的意识。备课时,教师要明确不同阶段学生要掌握的学习方法是不同的。例如,初中阶段学生要掌握的学习方法包括:获取历史信息的基本途径,从文字、图片中提取历史信息的方法,对所获取的历史材料进行归类的方法,依据材料对重大历史事件和人物进行评价的方法等。而高中阶段学生要掌握的学习方法则在初中的基础上有了很大提升,要从各类材料中提取信息,甄别历史信息的价值等。所以在备教学方法时,教师既要清楚不同阶段学生要掌握历史学习方法的内容,又要明确所采用的教学方法是为学生这些学习方法的习得服务的原则。

3.2 把备课提升为说课过程中容易出现的问题

备课是教师的日常工作,如何把备课转化为说课?可采取以下三个步骤:第一步:在备课的基础上增加"为什么这样教"的理论依据;第二步,把增加了理论依据的教案提升为说课稿;第三步,把说课稿转化为说课。在具体操作过程中要注意以下三个问题。

3.2.1 理论依据宏观空洞——贴标签

说课中要阐述"为什么这样教"的理论依据,这就架构起新的教育教学理念、新的教育教学理论和教育教学实践的桥梁和纽带。因此,教师在备课时必须认真学习教育教学理论、研读课程标准,在完全领悟教育教学理论的基础上,作为教学实践的指导。不管运用哪一种理论,都要说得具体,切忌出现宏观空洞贴标签的现象。

以下是《三大发明的进步与传播》一课中有关"印刷术"一目说课稿的理论依据。

[案例3—1]

根据《上海市历史课程标准》、《历史教学论》和上海市二期课改新理念,我对"印刷术"一目进行了如下设计。

案例3—1的理论依据是空架子,没有实际内容,究竟根据课程标准的哪一条?历史教学论的哪种理论?二期课改的何种理念?不得而知。

3.2.2 说课稿臃肿琐碎——缺少纲目化和条理化

把增加了"为什么教"理论依据的教案直接作为说课稿使用,对教学程序缺少纲目式的归纳整理,说课过程如报豆腐账。

[案例3-2]

1. 导入新课

师:什么是"人文学科"?什么是"史学"?

生:学生阅读后,回答。

2. 讲授新课

(1) 史学的功能

师:引导学生分析史学的功能是传承和借鉴与教化,通过规范的定义,给学生以明确的概念。

理论依据:通过引导学生结合教材对史学的功能加以分析和解读,渗透历史学习解读文本的主要方法,理解教材编写的用意——从传统史学到新史学的发展过程是史学更好发挥其功能的一个必然。

……

通过分析,我们可以发现案例3-2的说课稿是把备课教案加上理论依据,进行简单的叙述,教师没有对其进行条理化、纲目化。

3.2.3 没有进行说课语言转换——叙述混乱

说课稿是说课的文本范式,在具体的说课过程中,要求教师把书面语言转化成说课语言,说课语言包括独白式语言和教学语言。如果教师在说课时没有进行说课语言的转化,就会出现叙述混乱的情况。

[案例3-3]

1. 导入

运用情境导入法,课件播放反映二战的图像资料,导入新课。

设计意图:用这种方法不但可以激发学生的学习兴趣,同时把学生带入当时的战争场面,拉近了与历史的距离。

2. 探究

请同学们思考以下问题:

(1) 第二次世界大战爆发的原因?

……

设计意图:为了更好地完成本节课的教学目标,我依据教学大纲及教材内容,根据教法,本着源于教材又高于教材的原则,设计了适应高中生思考性特点的问题。

从以上案例可以看出,教师在引导学生进行探究问题时,没有进行说课语言转化,把课堂用语完全照搬,出现了叙述混乱的情况。

思考题

1. 根据把备课提升为说课的步骤和方法,选择你教案中的一课教案,为其增加理论依据并转化提升为说课稿,然后进行模拟说课。

2. 在把备课转化提升为说课过程中,你遇到了哪些问题和困惑?你是如何解决这些问题的?

4. 历史学科说课

4.1 历史学科说课内容

由于课前说课需要的时间比较短,操作简单易行,所以更多地被评比型说课及职称评审说课所采用。课前说课的内容一般包括说教材、说学生、说教法、说学法、说教学程序等主要环节。说课是教师在认真研读教材、领会编者意图、分析教学资源、初步完成教学设计的基础上的一种说课形式，是教师个体有准备、有重点地对某一课堂教学内容的预测性教学研究活动。

4.2 历史学科说课及案例释析

4.2.1 说教材——宏观把握、微观剖析

(1) 介绍教材的地位与作用——宏观把握

由于历史学科具有时序性的特性，因此对于教学内容的地位与作用的阐述，不但要说明其在一个单元、一个专题(主题)，几个单元、几个专题(主题)、全册教材中的地位与作用，有时还要阐述其在人类社会某一历史时段中所处的地位及作用，以便从宏观上把握说课内容的地位与作用，而不是孤立地看待本课内容，割断历史的内在联系。只有确立了该课内容的地位和作用，才能确定教学目标，确定该课内容的重点和难点，进而作出教学方法的合理选择、对学生各种能力达到的层次预设等奠定基础。

(2) 对教材内容的理解和诠释——微观剖析

新课改历史教材出现"一标多本"化趋势，各个版本的新教材突破了旧教材学科知识系统性所造成的"繁和难"状况，从以"学科为本"向以"学生为本"过渡。以章节体为历史教科书的体裁在我国已有一个多世纪的历史，华东师大、北师大、人教、重庆、岳麓等版本的教材都打破了过去的章节体。例如，华东师大版的初中历史新教材以"课"为单位，由若干课组成"单元"。岳麓版历史新教材则采用时序与主题相结合的方式设计教科书的体系。总之，新教材的编写体例、体裁、呈现方式都发生了很大变化。因此，对教材的理解和诠释就显得尤为必要。

[案例4—1]

以下是2006年上海市中学历史新课程"说课"比赛获奖者说课稿的"说教材"部分。

(1) 教材的地位与作用

《两宋新格局》是中国历史七年级第一学期中第五单元《多元文化碰撞与交融的宋元文明》中的第一课。宋元时期是我国文明发展的重要时期，它上承繁荣昌盛的隋唐文明，下连明清文明，在多元文化的碰撞与交融下，宋元文明呈现出许多新的内容。

(2) 对本课内容的理解和诠释

《两宋新格局》共有两目内容："杯酒释兵权"和"苏湖熟、天下足"。着重介绍了两宋时期政治、经济发展出现的两种文明新格局。在处理教材时，应突出"新"在何处。

政治上的"新"体现在"重文轻武"的国策渐渐确立，以专制皇权为中心的国家制度日趋成熟。在960年北宋建立前，中国经历过几次整体或局部的分裂，两宋以后到1911年满清灭亡，近千年间，中国再也没有出现大的长期的分裂割据局面，这是非常难得的。这和宋朝在政治体制运作上充分做到了传统的中央集权制有着密不可分的关系，对以后元明清时期政治体制的建设和运作有着不可估量的深远影响，也带来了一个新的文明史上的高峰。但是这些举措在加强自身统治力量的同时，也造成了很多问题，例如两宋最为突出的，直到南宋灭亡也不曾解决的"三冗"问题，即冗官、冗兵、冗费问题。

经济上的"新"体现在经济重心南移格局的确立。经济重心南移是长久以来逐步形成的。宋朝南迁后，北方人民不愿被金政权奴役，纷纷南迁，给南方各生产部门提供了劳动力，加速了各地生产技术的交流，仰仗得天独厚的地理优势与自然条件，南方经济迅猛发展。到南宋时，经济上南强于北的局面完全确立，南方正式成为中国古代经济重心所在，这一变化改变了中国经济的空间格局，

由此以经济重心南移为标志的宋朝经济新格局形成。

需要说明的是如果把海外贸易放到第19课《商业的繁荣与城市生活》之后讲述，学生的理解会更加水到渠成。

从以上案例我们可以看出，第一部分的阐述表明教师从宏观上把握了两宋新格局在中国古代史中的地位与作用。第二部分教师从微观入手，详细地阐述了对本课内容的理解和把握。特别是把"海外贸易"这部分内容放到第19课《商业的繁荣与城市生活》之后讲述的建议，体现了教师对于两宋经济的整体把握及驾驭教材的能力。

4.2.2 说目标——依据"课标"具体细化

课程标准是教材编写的依据，教材又是课程标准最主要的载体。课程标准从知识与技能，过程与方法，情感、态度与价值观三个方面提出了中学历史课程的总体目标。说目标，不是宏观地阐述三维目标，要以"课标"为依据，根据教学内容的要求，将三维目标具体细化到教学环节中。三维目标的确立要科学、适度、具有可操作性。

(1) 学会正确表述三维目标

三维目标的主体是学生，而不是教师的教学行为，而且学生学习所要达到的标准和状态，也不能用教师要完成的任务来表达。如"培养学生提取历史信息的能力"、"使学生初步形成'史由证来、证史一致'的史学意识"这些写法都是不规范的。

(2) 重视确立过程与方法目标过程中存在的问题

在三维目标中，过程与方法目标最值得重视，因为它是一个新生事物，以往的历史教学目标从未涉及于此。与其他目标相比，过程与方法目标是历史课程目标体系中的一个难点。由于难度大，在说课过程中不同程度普遍存在着以下问题。

① 不确立过程与方法目标。因为难度大避而不谈。

② 把能力目标作为过程与方法目标。能力目标和过程与方法目标是两个完全不同的概念，绝对不能混淆。

③ 目标表述错误。主要表现在：目标主体表述混乱，有时是教师，有时是学生；行为动词含糊不清，缺乏评价标准。过程与方法目标的表述行为动词必须是可测量、可评价、具体而明确的，否则无法评价目标的落实情况。

下面是三位教师对《两宋新格局》一课教学目标的确立。

[案例4-2]

知识目标：知道北宋"重文轻武"国策的内容；知道经济重心南移的原因和表现。

能力目标：通过讨论"陈桥兵变是有预谋的吗？"让学生运用史料分析历史事件，得出结论；通过学习北宋"重文轻武"国策的内容，尝试运用教材和资料，辩证地分析这一措施的作用与影响。

情感目标：理解社会稳定有利于经济的发展。

[案例4-3]

(1) 知识与技能

知道北宋"重文轻武"内容，了解北宋建立并结束五代十国分裂割据局面，掌握经济重心南移的原因和主要表现。

(2) 过程与方法

通过学习北宋建立，对比历史地图，培养学生从图片资料中获得信息的能力。结合"重文轻武"国策的主要内容，小组讨论它的利弊表现，培养运用教材与资料分析问题的能力。

(3) 情感、态度与价值观

学生感受北宋结束五代十国割据状态的积极意义，南方经济发展的内容明确社会稳定与经济发展之间的重要关系。

[案例 4-4]

(1) 知识与技能

知道北宋的建立,结束了五代十国的混乱局面。了解北宋重文轻武国策制定的原因、内容、作用和影响。掌握经济重心南移的原因和南方经济发展的情况。

(2) 过程与方法

通过对《五代十国形势图》的分析和相关史料的分析,对五代政治特点有所认识,得出北宋结束了长期以来军阀混战的局面,形成了新的政治格局。

通过对重文轻武国策的评价,初步认识辩证评价历史事件方法。

通过归纳经济重心南移的原因,学会分类归纳史实的能力。

(3) 情感、态度与价值观

认识到北宋的建立结束了五代十国混乱局面,具有积极意义。

认识缂丝的艺术价值,培养对优秀民族文化传承的意识。

通过分析以上案例,我们可以发现过程与方法目标的确立问题较大。其中案例 4-2 没有过程与方法目标的确立,案例 4-3 把能力目标作为过程与方法目标,同时过程与方法目标的表述主体错误,应该是教师而不是学生。相对而言,案例 4-4 三维目标的确立比较全面。

4.2.3 说学情——关注群体与个体

学情包括学生年龄特征、历史认知规律、历史学习方法、历史学习能力以及已有的知识和经验等。一切为了学生的发展是新课程的核心理念,因此,既要关注学生的个性特点,又要关注群体状况。

[案例 4-5]

我校是上海市一所艺术特色学校,学生普遍具有一定的文化底蕴和艺术素养,学生的知识面比较广,理解能力和表达能力较强。历史是新学科,丰富多彩的教学内容让他们对历史充满了好奇,对学习产生了很大兴趣。经过几个月的学习,大多数学生已经具有了初步的阅读、分析、归纳历史问题的能力,对历史学科"论从史出"的思想方法有了粗浅的认识和了解,但历史毕竟是他们新涉及的知识领域,在学习中普遍存在着理性思维弱、感性思维强的特点。《工商业城镇的繁荣》一课虽是新内容,但学生通过对第 14 课《繁盛的经济》、第 19 课《商业的繁荣与城市生活》的学习,已经具备了一定的知识基础。

以上是上海市初中历史新教材七年级第 25 课说课稿中对学情的分析,教师主要从三个方面加以阐述:学生已有的知识和经验、学生学习历史的基本能力、群体情况分析。从整体上看,缺少了对学生个体的分析与关注。另外,对学生通过第 14 课、19 课内容学习所获得的知识和经验叙述过于简单。

4.2.4 说教法和学法——教法为学法服务

在说课中,教师应将采用的教学方法以及采用这些方法的依据及所能达到的教学效果说出来。说学法指在教学过程中,针对所授课内容的难易程度结合学生的实际情况,指导学生掌握知识的方法或技巧,亦即学法指导。教法和学法是教师组织教学和学生展开学习的两种不同活动,不能混为一谈,它们相辅相承,又互相促进。其中教法体现的是教师的主导地位,学法体现的是学生的主体地位,"教"是为了"学"。

[案例 4-6]

本课又是宣传革命思想、弘扬民族精神、撒播火种的一课。所以,本着促进学生自主性发展这样一个根本目标,我采用了自主性学习法。具体方法有研究性学习法、体验性学习法、反思性学习法等。

本课的教学方法是以史实为基础;以问题为载体;以情境为主线;以多媒体为辅助手段;以活动为实现方式,师生互动,生生互动,经过全体课堂参与者的阅读、思考、讨论、研究分析、对比,甚至冲突、争论,使每一个学习者都经历了一个主动地获取知识、应用知识、解决问题、完善情感、升华人格的自主学习过程。

其中体验性学习法是本课的一种重要学习法。尤其是在学习"五四"运动时,通过创设"再现历史"这一活动,使每一个学生也包括我在内都以一种"经历历史"的形态,而且是以历史主人翁的角色进入到了那场波澜壮阔的伟大运动中去,使学生获得极为丰富的情感和精神的历程。其中"巴黎和会"那一幕更能让学生去感受和体验那场中华民族的悲剧,从而锻造其作为中国人应有的品格和勇气,去寻求作为中国人的义务和责任。这样也就达到了我们历史课的教育目的。

这是《新文化运动和"五四"爱国运动》说课的教法和学法部分,通过分析我们可以看出,教师根据本课内容和学生特点制定了比较切合实际的教法和学法,充分体现了教师的"教"是为了学生的"学"这一教学理念。

4.2.5 说教学程序——着重体现"为什么这样教"

教学程序即教学结构,是说课的中心环节,教师可以通过这部分把自己对教材的驾驭、对教学目标的落实、对教法的合理选择及科学应用,对学法的具体指导等展示出来。通俗地说,就是运用概括和转述的语言,让听者明白"教什么"、"怎么教"、"为什么这样教"。

以下是《两宋新格局》的教学程序,本说课在2006年上海市历史说课大赛中荣获二等奖。

[案例4-7]

1. 巧妙设计,合理铺垫

本课内容是两宋新格局,由于新教材的特点是以点带面,教材没有介绍五代的政治特点,为了使学生对宋代政治格局的"新"有所认识,我用三个步骤为本课学习进行铺垫:①学生观察《五代十国形势图》,了解唐朝灭亡之后我国进入到五代十国时期;②通过对"安朝廷,定祸乱,直须长枪大剑,至如'毛锥子',焉足用哉!"史料的分析,让学生从感性上认识五代时期尚武轻文的政治特点;③通过对五代时期政治特点的介绍,让学生了解五代时期,武将权力过重是导致政权更迭频繁的重要原因。通过这些铺垫使学生对后面宋代政治格局的"新"有清晰的认识。

2. 创设情境,激发兴趣

提出问题:五代时期武将权力过重,重到可以废立皇帝,下面我们就到河南开封东北的陈桥遗址去参观游览一番,一千多年前,那里就曾经发生了一场武将废立皇帝的军事政变。多媒体放映相应图片,教师模拟带学生去那里游览。设计意图有三:①激发学生兴趣;②让学生对五代时期武将权力重到可以废立皇帝有感性认识;③使学生明确遗址遗迹也是学习历史的重要途径。

3. 以问题为纽带,导法(引导学生认识和了解历史学科的思想方法、逐步掌握历史学习方法)

第一目:政治新格局(以课本剧导入,然后解决两个核心问题)

由学生表演杯酒释兵权课本剧导入。

设计意图:①激发兴趣;②介绍中国酒文化知识,使学生了解酒文化在政治领域发挥着重要作用,如项羽的"鸿门宴"、曹操的"煮酒论英雄"等。

解决问题一:阅读教材,归纳重文轻武国策实施的原因、内容、作用和影响,然后同桌之间交流,互相借鉴。

目的是培养学生阅读教材归纳史实的能力和合作交流能力。

解决问题二:通过对重文轻武国策的利弊分析,对重文轻武国策进行评价。

对重文轻武国策的评价是本课的难点,在学生解决这个问题前,要引导学生以教材中史实为依据,参考评价历史事件的两个方法:第一,辩证地评价历史问题,即看到利也看到弊;第二,聚焦短时段,看它是否解决了现实问题,放眼长时段,站在历史的高度对其进行评价。

第二目:经济新格局(以问题导入,然后解决三个核心问题)

导入:我校有八位来自北方的教师,从经济角度考虑他们为什么来上海工作和生活?目的是引起学生注意经济重心的影响力。

解决问题一:阅读教材归纳经济重心南移的原因。

目的是培养学生阅读归纳问题能力和合作交流能力。

解决问题二:结合教材有关占城稻内容和五代辽夏金时期经济图中水利建设、粮食主要产区等信息分析"苏湖熟、天下足"的含义。

目的是培养学生综合文字信息和地图信息得出结论的能力,养成论从史出的思维习惯。

手工业发展情况,通过多媒体图片缂丝作品的展示,重点讲述缂丝的生产工艺和艺术价值。介绍现在缂丝技术后继乏人。2006年11月1日缂丝成为江苏省首批非物质文化遗产,现在政府采取扶植和保护政策,使其传承下去。设计意图,培养学生传承优秀传统文化的意识。

解决问题三:比较丝绸之路和宋代海外贸易图,分析两者对外贸易相同之处和不同之处。这是一道开放性题目,两幅地图形象地表示汉唐时期和宋代对外贸易动态进程,其载负的图形信息能够收到文字表达难以实现的直观效果。由于题目的开放,可以引发师生互动、生生互动,培养学生创新思维。

最后师生共同总结本课内容,在总结的基础上形成本课的知识体系图,使学生明确宋代形成了皇帝和文臣共治天下的政治新格局和以经济重心南移为标志的经济新格局。

4. 拓展延伸、余味无穷

问题:由于宋代实施了重文轻武政策,完善了科举制,涌现出一大批既在政治领域有所作为,又在文学方面颇有建树的大家,你能举出几位吗?

设计意图:①任何历史事件都是由具体的历史人物构成的,许多历史人物的经历是十分生动的,他们身上蕴藏着丰富的历史知识,了解他们的人生经历也是学习历史的方法之一;②学生在语文课上对这些人物的作品已经有所了解,通过对问题的思考,培养学生把历史课和语文课上所学的知识进行整合的习惯;③促使学生对重文轻武国策产生的积极作用有进一步的感悟。

以上案例教师不但简明扼要地说明了"教什么"、"怎么教",更关注了"为什么这样教"。本课所设计的四个教学环节不但提纲挈领地表述了教学结构,也充分体现了以学生发展为本的教学理念,关注了学生已有的知识经验,注意激发学生的学习兴趣,重视历史学科思想方法的渗透及学生问题意识的培养。说明教师具有一定的理论功底,善于把新的教育理念落实到课堂教学实践中。

思考题

1. 历史学科说课不但要从宏观上把握教材的地位与作用,还要从微观上对教材内容作深入的理解和诠释,请对以下"说教材"的实例进行点评。

本课上承第18课《三国鼎立》中吴国对南方经济的开发,下启南方经济在两晋、南北朝时期得到了第一次大规模的开发,为以后讲述南方经济在南宋时期全面超过北方做好了铺垫。本课介绍了西晋的短暂统一、少数民族的内迁以及北方汉人的南迁,始终围绕着统一和民族融合这一历史主线索,在教材中起着承上启下的作用,具有重要的地位。

2. 以下说课确立的过程与方法目标不同程度地存在着"目标主体表述混乱"、"行为动词含糊不清"等错误,请具体指出这些错误,并对其进行修改。

过程与方法目标:

通过对史料的分析,使学生掌握古代史学家的治史方法和修史态度。

通过对秦皇陵、阿房宫等案例的剖析,培养学生鉴别史料的能力。

通过创设编纂格致校史的情境,知道收集、鉴定史料的途径和方法。

地 理 学 科

随着教改的不断深入,地理说课日益受到重视。地理说课是介于备课和上课之间的一个环节,折射出的是地理教师的设计理念和教学观念,说课有利于地理教师反思自己的备课内容,理顺自己的教学思路,促进教师表达能力和理论水平的提高,促进教学水平的提高。

1. 地理学科特点

地理学是研究地球表面的地理环境的结构分布,及其发展变化的规律性以及人地关系的科学。各种地理要素在地球表面形成了各自的空间分布范围,它们共同作用的结果使得各地区的自然环境以及人类活动具有明显的地域性和综合性。(参考《上海市中学地理课程标准》)

1.1 地理学具有综合性的特点

地球表层是一个多种要素相互作用的综合体,地理环境是一个空间观念,它包括地理事实,现象的位置、分布、范围、形状等方面和地理圈层中各种物质运动,地理学把地理环境作为一个整体,综合研究其组成要素及其空间组合。

1.2 地理学具有地域性的特点

地球表层自然现象和人文现象的空间分布存在地域差异,地理学不仅反映地理事象的空间分布和空间结构,而且阐明地理事象的空间差异和空间联系,并致力于揭示地理事象的空间运动、空间变化的规律。

1.3 地理学具有开放性的特点

地理学的研究对象是地球的表层系统,地理学的研究横跨自然科学与社会科学两大领域,具有边缘性。同时,地理学的研究手段和研究过程也具有开放性。

1.4 地理学具有实践性的特点

地理学是在人类实践活动的基础上发生发展的,人类对地理环境的正确认识来自于实践,验证于实践,并通过实践加以应用,有很强的人地相关性。地理学的实践性特点同地理学的综合性、地域性和开放性特点是紧密联系的。

思考题

1. 你认为把握地理学四大特点,对地理备课与说课有何指导意义?
2. 地理学的实践性与综合性特点应如何贯彻在学校地理课程建设和地理教法的改革之中?

2. 地理学科课改新理念

2.1 关注促进学生发展的地理

中学地理要改变重知识轻方法、重结论轻过程的倾向，要更多地关注学生的学习体验，关注学生的情感态度和价值观。在不同学习阶段提出自主学习要求，引导学生主动参与到地理学习中来，发现问题，收集信息，积极探究，逐步形成和发展学习地理的能力。建立和完善促进学生发展的多元化的地理评价体系。

2.2 关注贴近学生生活的地理

中学地理课程反映了地理与学生现实生活的广泛联系，教师要引导学生从生活实际和自身经验出发，观察、发现、了解并研究生活中的地理，并在生活中学习和运用地理知识。引导学生关心现代社会的发展，关注世界的变化，树立科学的发展观和可持续发展观。

2.3 关注实践与应用的地理

地理学科具有很强的实践性。中学地理课程在教学内容、教学过程和教学评价体系中，突出了实践与应用的环节，建设和完善进行地理观测、地理实验、地理考察、地理调查的配套设施，并实现教育资源的共享，尤其注重使用处理地图、图表的能力培养，满足学生的学习需要。

2.4 关注与现代信息技术整合的地理

中学地理课程在教学目标制定、教学内容选择、学习方法和手段改革、学习评价实施中，要将现代信息技术的运用作为课程的有机组成部分，以展示千姿百态的地理现象、千差万别的地理空间、千变万化的地理演示化过程。教师要充分考虑现代信息技术的深远影响，促进地理学习的革命，为学生主动的、富有个性的学习创造良好的环境。

思考题

1. 地理新课程改革重点关注了哪四个方面？要实现这一目标，你认为地理教师应作哪些努力？
2. 这四个新理念在你的教学中是如何体现的？请举例说明。

3. 地理学科说课的构思

地理说课必须体现地理学科的特点，体现地理课程改革新理念，一般从说教材地位、说学生情况、说教学目标、说重点难点、说教学方法、说教学设计等六方面着手构思。

3.1 说教材地位

教材是教师实施说课的第一手资料，说教材主要是对这节(章)进行教材分析：

(1) 这节(章)的内容在整个地理学科中的地位和作用；
(2) 这节(章)教材的编写思路是什么；
(3) 这节知识与其他相关学科的知识有哪些联系。

例如：《中学地理教学参考》1998年第1～2期刊登了湖南省宁乡十三中学彭宝玉老师的《自然资源和资源保护》复习课说课，他是这样表述教材地位的：

(1) 内容：《自然资源概述》、《土地资源及其利用保护》、《生物资源及其利用保护》和《矿产资源及其利用保护》共四节及众多的知识点，八幅插图(主要是地图)。

(2) 教材的地位、编排及前后联系：人与环境的关系是高中地理的主题，上册前五章系统地介绍了"环境"(无机和有机环境)。下册六章以后的章节主要介绍了有关能源、农业、工业、人口、城市等人文地理，而本章正处于上下册的承前启后阶段。人类活动与地理环境的关系，主要是通过人类对自然资源的利用产生的，而自然资源广泛存在于自然环境之中，是自然环境中已为人类利用或可利用的一部分。本章就是介绍这部分自然资源的特点、形成和分布规律等，可以说本章是前几章的继续和深入。自然资源是人类生产、生活的物质基础，它为工农业生产提供能源、原料，对工农业生产布局有很大影响，自然资源的开发利用还直接或间接影响着人口分布、迁移以及城市的发展；对自然资源利用是否合理，也是当前评价人地关系是否协调的重要方面，所以本单元与后面各章节的关系也十分密切。

(3) 本章内部的知识结构：无论是节与节之间，还是各节的内部的知识结构，都遵循一个原则：从总论到分论。如第一节概述讲自然资源的总的分类、特征。后三节分述土地、生物、矿产资源时，也是从先总述其概念、特征，再分别说明它们在世界、我国的分布和利用情况。

(4) 地图知识在本章节的特殊地位。本章内容涉及土地资源、生物资源、矿产资源等在中国和世界的具体分布，而教材文字直接叙述这个"分布"的内容较少，主要靠大量的地图辅助说明；而这个"分布"又是学生非掌握不可的，因此，光是教材就安排了八幅地图。如果让学生学习"分布"知识，必须加强读图、识图、记图的训练。

(5) 教材中"数字"的处理：本章有关土地、生物、矿产资源的内容有很多具体数字，这些数字是辅助说明教材中的地理事物的。不要求全记，但重要的必须在复习中强调，让学生注意记忆。

可以看出，彭老师以资源地理的知识体系分析教材，以知识要点梳理教材，在此基础上提出了加强地图教学的必要性和重要性。

3.2 说学生情况

学生是地理教学的主体，教师对学生的了解程度将直接关系到上课的效果。因此说学生是地理说课的重要一环。

不同年级的学生思维特点不同，初中与高中就存在较大差异。即使是同一年级的学生，年龄相仿，智能水平大体相当，但班与班之间、男生与女生之间的差异是普遍存在的。如学习态度方面，往往是班级团体之间差异明显；女生学习地理的记忆力明显优于男生，但男生学习地理的思维能力往往强于女生。

说学生情况主要包括所教学生的年龄特点、共性的思维特点，知识储备层次以及所教班级学生的独特之处。

例如：《中学地理教学参考》2001年第7～8期刊登了四川省安岳县中学陈明可、杨光有老师在《世界地理》第一章《地球》第一节"地球和地球仪"第二课时的说课，他们对学生情况作了如下表述：

(1) 基础知识。初一学生在小学学习了一些地理知识，对地理知识并不陌生，但对地球的知识而言，感性和理性认识仍较肤浅，对新教材内容的理解和接受还需要教师的有利指导。

(2) 学习能力。教材语言具有专业性特点，学生很多地方不易看懂；学生的空间思维能力不强,对教材上的专业性地图不易看懂;学生的地理学习方法、学习习惯、认知水平方面欠缺。

(3) 学习动力。学生对本节知识具有新鲜感,求知欲强,好奇心大,积极性高。

陈、杨两位老师从三个方面具体分析了学生状况,如果在分析的同时初步点明相对应的教学措施就会更全面些。

3.3 说教学目标

地理教师首先要明确地理课程总目标:使学生获得可持续发展的基础知识、技能和能力;体验学习的过程,掌握学习的基本方法,学会地理思维,了解研究(探究)地理问题的基本过程和手段;树立环境伦理观念,形成全球意识和爱国情感,积累科学素养和人文素养。

其次要了解中学地理教学的六种主要能力要求:①阅读资料、获取地理信息的能力。②区域地理特征的归纳表述和区域差异的分析比较能力。③地理计算能力和逻辑思维能力。④绘制和设计地理图表的能力。⑤在新情境中灵活应用地理知识的能力。⑥解释和解决地理问题的实践能力和创新能力。

第三,地理教师要在充分"吃透"课程标准的基础上,根据教学内容、学生情况,确定教学三维目标:知识与技能目标,过程与方法目标,情感、态度与价值观目标。

例如:初中地理新教材六年级地理"德国"一课的教学目标,笔者是这样制定的:

(1) 知识与技能目标

① 能看图说出德国的邻国、临海以及位居欧洲交通"十字路口"的位置特点。

② 能看图说出德国境内主要河流的名称。

③ 能看图说出德国经济位居世界第三位、进出口贸易额位居世界第二位,是世界上工业发达的国家。

④ 能用自己的语言表述鲁尔区是德国重要工业区的形成原因。

⑤ 能在图中找到首都柏林、汉堡、慕尼黑、斯图加特等城市的位置。

(2) 过程与方法目标

① 播放德国世界杯主题曲,引起学习兴趣。

② 围绕德国成功举办世界杯原因的小组探究,学习相互交流、合作学习的方法。

③ 在读图练习中提高从图表中获取德国地理信息的能力。

(3) 情感、态度与价值观目标

感悟和学习德国人注重环保的优秀品质。

值得注意的是,教学目标的切入口要小,必须着眼于本节(章)学生能达成的学习目标,切忌高而全、大而空。

3.4 说重点难点

教材的重点和难点的表述,应注意重点和难点常常不是相同的,要分别表述。新课程标准将学习内容分为ABC三个等级,一般C级表示较高学习层次,其对应的学习单元就是重点的知识内容。因此,同一教材范围,不同教师说课重点应该都是一致的。难点有时会与重点的全部或局部一致。由于学生的差异,每一课不同教师所说的难点可能会略有不同。

例如:网上查到江苏省常州市北环中学时东英老师在上《天气》一课时是这样表述重点和难点的:

重点:因为天气跟日常生活、生产密切相关,而且对终身发展有用,所以能在生活中正确使用

"天气"这一术语、能识别常用的天气符号、能看懂简单的天气图是本节课的重点。

难点:由于天气符号、天气图比较抽象,与学生生活有一定距离,再加上天气预报节目中常用天气和天气图,每过一段时期可能有所改变,因此识别常用的天气符号、看懂简单的天气图是本节课的难点。

在上述例子中用"重点、难点是什么和为什么"的思路来表达,如果能从中简要引出相应的解决办法就更完美了。

3.5 说教学方法

3.5.1 说教法

教学方法主要包括教法和学法。说教法就是说在这一节课中教师将采用哪些方法进行教学,并说明采用这些方法的依据及所能达到的教学效果。地理课的主要教法如下①:

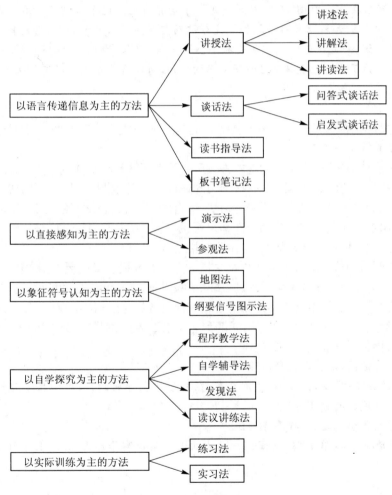

图 3.1 地理课的主要教法

一节课的教法通常是若干种不同方法的穿插和有机组合。教法的选择不是固定和机械的,而是要依据客观条件灵活地变化。

---

① 陈澄主编:《地理教学论》,上海教育出版社 1999 年版,第 114 页

说教法还应包括说教学手段,即根据教师的课堂设计,需要课前准备哪些设施,以及教学媒体的采用,包括地图、地理图片、模型、标本、仪器、实验和计算机多媒体、网络等。如:经纬网一课需要大小地球仪,气候教学需要挂图等等。选择教学手段要考虑实用性、可操作性和目的性。

例如:笔者在新教材六年级第一学期《埃及》一课中设计教学方法如下:

（1）直观法

本节课我共运用了五张图,形象直观地对学生进行读图训练。我还运用了相关的影片片断,使学生能"身临其境",符合六年级学生的特点。

（2）合作学习法

改变学生的学习方法是新课改的要点,以小组为单位进行合作学习,使"师生互动,生生互动"也算是一次尝试。

（3）教学媒体的选择

心理学实验证明:人在短时记忆中对形象思维的传递是对文字或语言信息传递的5～9倍,形象记忆的效果优于语言文字。所谓"百闻不如一见",可能讲的就是这个道理。运用多媒体辅助教学,可以引导六年级学生多动嘴、多动手、多动脑,充分调动起学生学习的积极性,营造良好的教学氛围。新课改力求体现和落实"关注与现代信息技术整合的地理"理念,为此,地理新教材还专门配备了一张地理景观光盘。为了更好地发挥地理景观光盘的作用,所以这节课我采用了多媒体教学。

3.5.2 说学法

地理学习过程是由感觉、知觉、思维、想象、记忆等方面组成的认知过程。[①] 说学法就是说教师要指导并教给学生的学习方法。

地理学习方法种类较多:按学习的基本方式可分为发现法和接受法两大类;按学习的目标可分为掌握学习法、拓展学习法、探究学习法;按学习的途径可分为地图学习法、信息加工学习法、观察实践法等;按学习的思维形式可分为比较学习法、综合学习法、联想学习法、归纳学习法、演绎学习法等;按学习的组织与活动内容可分为合作学习法、游戏法、实验法、练习法、情境法、程序法和试误法等。地理学习方法是灵活的、开放的,应做到有机结合。

教师要把主要精力放在解说如何实施学法指导上。主要说明学生要"怎样学"和"为什么这样学"的道理。要讲清如何激发学生学习兴趣、调动积极思维、强化学生主动意识;还要讲出怎样根据年级特点和学生的年龄、心理特征,运用哪些学习规律指导学生进行学习。

例如:《中学地理教学参考》1999年第9期刊登了陕西省商南县初级中学朱格文老师的《中国的民族》说课稿,他是这样表述学法的:

（1）引导学生读图,培养学生释图能力

在"中国民族分布图"中,民族多,图例复杂,在指导学生判别时,培养学生学会辨识图中规律,再根据图例去找该民族的分布区域。

（2）培养学生善于总结、把握要点的能力

鼓励学生开动脑筋、拓宽思路,把知识归纳为歌谣或顺口溜等形式,达到易学好记、突出重点的目的。

3.6 说教学设计

教师的教学思想、本人的个性和风格,很大程度上能在教学设计中反映出来。因此它应是说课

---

① 陈澄:《地理学习论与学习指导》,华东师范大学出版社2001年版,第69页

的重点内容。一般地说,教学过程设计要说出如下几个重要问题。

(1) 教学环节结构

要说出教学过程的基本环节,讲教什么和教的程序、环节,不必按上课一样讲全过程。这种环节安排还要讲出"为什么",即最基本的课程标准与教育理论依据。一般按"导入新课"、"展开教学"、"总结全课"、"反馈练习"进行。

(2) 师生活动安排

师生间的双向信息交流是实施新课程"以学生的发展为中心"理念的重要方法。师生活动要体现教法和学法的和谐统一,知识传授与能力培养的和谐统一,德育与智育的和谐统一。例如:教师准备提哪些问题,这些问题能起什么作用,学生怎样参与,如何组织,学生可能会出现哪些问题,教师有什么应对措施等。

(3) 板书板图说明

板书和板图都是地理学科直观教学的组成部分,能体现教师教学的风格,尤其颇有特色的板书和板图,如教师当堂徒手绘制季风气候的形成示意图,更要加以说明,要说出板书结构和板图设计的意图,展示个性特长。

此外,还包括课内练习、提问和作业布置、准备怎样的小结和归纳、大概的时间分配等等。

例如:《埃及》一课的教学环节说课如下:

爱因斯坦说过:"对一切来说,只有热爱才是最好的老师,远远超过责任感。"所以兴趣是学习的挚友,是学习的原有动力。根据六年级学生的特点、教材的内容要求,我在《埃及》一课中设计了坐船到埃及、沿尼罗河坐船旅游、乘飞机回上海等活动,以此激发学生的学习兴趣。

事先准备:在电脑老师的配合下,每位学生制作一份埃及的电子小报,进行拓展学习,一来提高地理景观光盘的利用率,二来让学生自主学习,体验学习的过程,再者符合现代信息技术与地理课程内容的整合。

利用《世界政治地图》、《埃及》图和《苏伊士运河与好望角航线比较》图进行读图训练,使学生能在不同的地图上把握埃及和苏伊士运河的位置,认识到苏伊士运河的重要作用,落实基本技能的训练要求。这符合"注重从实践、体验中获取知识"的理念。

通过游览的形式,将读图、观看影片结合在一起,满足学生形象思维发展的需要,激发学生的学习兴趣。粘贴游戏是以小组的形式完成的,旨在复习巩固所学的知识,落实基本技能的要求,并且培养学生团结合作的精神。这符合"以改变学习方式为突破口,重点培养学生的创新精神和实践能力"的新理念。

最后出示一张有错误的埃及报道,要求学生运用所学知识纠正错误。通过改变复习形式,以期达到"温故而知新"的目的,同时关注了地理知识的实践与应用。

总之,地理说课可以按以上六方面构思,也可以不必面面俱到,结合说课内容的实际,选择一些内容重点说。例如:知识内容较难的,就应该把重点放在分析学生的特点,以及突破难点的教法或学法选择的理论依据方面。如果多媒体课件制作很有特色,对辅助地理教学作用明显,也可以重点说。

思考题

1. 地理说课重在说理,请谈谈你对地理说理的理解。要使地理说课更具有魅力和价值,你认为"理"在何处更有效?

2. 地理说课构思主要从哪六方面考虑?根据提供的案例,请结合自己说课经历谈谈体会。

3. 地理教师之间可以围绕哪些内容展开讨论,才能更好地说出地理学科的特点?

4. 地理学科备课与说课

备课的实质是教师以教材为中介对课程的领悟和把握，要求明确课程的具体目标，并以课程标准和学情为依据使之转化为课时教学目标。通过钻研教材来实现精通教材、驾驭教材和处理教材的能力转化，并对完成课堂教学任务加以落实。因此，地理学科具有自己的备课策略与方法。

4.1 地理学科备课策略与方法

4.1.1 地理学科备课策略

为提高课堂教学效果，必须选择有效策略，优化备课行为。在新课程改革背景下，地理教师备课有五备策略，即备熟课标、备深教材、备透学生、备活资源、备好教法。

（1）备熟课标

很多教师拿到教材就开始备课，往往忽视了地理课程标准是教学设计的基本依据，是教师实施教学方案，进行教学评价和考核的标准。新课标对教师全面了解中学地理教学的基本要求，明确每堂课的教学目标等具有十分重要的指导作用。

例如：对于"国家"内容学习的实践与应用要求规定为："学会根据地图描述某一国家的地理位置和领土组成；读图说出一个国家有关地理事物的分布；搜集文字、图像等资料，举例说明一个国家的自然或人文地理特征，以及与中国的联系和交往；学习将某一个国家自然或人文要素的数据图表示的内容转换成文字形式的表述；学习将一个国家自然或人文要素的数据资料绘制成简单的统计图；运用表格法比较不同国家自然或人文地理特征的差异；观赏有关国家旅游风光影视片"，并在说明中强调："国家地理的介绍不必面面俱到，要突出国家间自然与人文的特征差异。"此课标告诉地理教师：教师完全可以对国家地理教材再创造，但教学必须突出国家间自然与人文的特征差异。由此说明，课程标准直接影响了教师对教材的理解和处理，必须熟悉了然于胸。

（2）备深教材

地理教材中的每一课都只是一个例子，教师是课程教材的主人，在备地理教材时，既要钻研教材，更要超越教材，灵活运用，关注与其他学科的联系，随时关注生活、社会中的热点问题，融合到自己的教学中，充分发挥教材的功能，使学生得到充分的发展。

一般先要通读教材，把握课程框架结构。其次要细读教材，确定知识点、重点、难点。再次要精读教材，协调好三个关系：科学性和思想性的关系；地理现象和地理原理的关系；教法和学法的关系。

（3）备透学生

备透学生，即要尊重学生、了解学生、激发学生、依靠学生。在备课时教师可以认真思考以下问题：学生有什么地理学习的需要？这些需要与知识之间有何联系？如何在教学中强化它们？学生有哪些地理兴趣、爱好亟待激发，以形成良好的地理学习动机？学生是否具备了新知识学习所必须掌握的技能？问题的设计是否能激活学生的地理思维？教学方式是否有利于学生主动探究等。

例如：上海市民办尚德实验学校高晓骏老师在新教材六年级第一学期"地理景观"一课选择了这样一个教学引入：开门见山，单刀直入，教师直接提问学生：你们知道地理是一门什么样的学科吗？且不急于告诉学生答案。这样的设计就是基于学生情况的思考：学生的思路非常开阔，知道的远远比教师想象中的要多，虽然他们的表达有很多不准确的地方，但把问题留给学生后，更能激发学生的思考，让他们在以后的学习中慢慢领悟。

(4) 备活资源

地理课程资源是指有利于地理课程目标实现的所有因素与条件的总和,包括地理教材、地图册、其他教材、媒体、生活、教师、学生等各种资源,直观、快捷、丰富、生动,易于收集和整理,是地理教学中比较活跃的因素,可以更好地提高教学效率。地理教师是地理课程资源的开发者,在备课过程中,应认真准备、广泛利用。

例如:新疆维吾尔自治区一课的学习围绕《新疆好》这首歌展开,既激活了媒体资源,又提高了学生的学习兴趣。

又如:《地理教学》2006年第8期《新课程背景下地理说课内容的拓展》一文中提到"经纬网"活动设计中课程资源的利用。

活动一:教师利用经纬网模型讲述经纬网的概念,课件展示班级座位表,让每个学生明确自己在班级中的位置,然后,教师请第二排的同学站起来,再请第二行的同学站起来,然后请第二排又位于第二行的同学站起来,通过这一活动,让学生掌握用排行来描述自己在班级中位置的方法。

活动二:给"行、排"填上相对应的纬度及经度的度数,在学生明确"行"代表纬线,"排"代表经线的基础上,教师要求学生用所处座位上的"行、排"相对应的纬度和经度确定自己在班级中位置,然后开展以下游戏活动:①教师念出经纬度,请位于此位置的同学站起来。②依次请位于以下位置的同学站起来:东半球;西半球;北半球;南半球;既位于北半球又位于东半球;既位于南半球又位于西半球。③分别请位于低、中、高纬度的同学站起来。

以上"经纬网"活动设计把班级座位、学生作为重要的课程资源,以此创设学生活动情境,让学生在活动中亲自体验到知识的形成过程,实现各种资源的最优化组合,体现了教师和学生是课程的创造者和开发者的理念。

(5) 备好教法

备方法是指运用有效的教学方式和学习方式,并使之整合为有效的教学。

一要从教学实际出发。教师应该根据不同的教学目标、内容、学生的认知心理规律和教学条件以及学生的能力水平等,选用恰当的教学方法,并善于将各种方法有机地结合起来。

二要注意学习方法。教师要以教学方式的转变促进学习方式的转变,引导学生自主学习,合作交流,探究分析,提高学生解决问题的能力。

三要灵活开放。教师应根据教学需要,努力找到信息技术与学科课程以及传统教学手段的切入点和结合点,充分发挥信息技术的优势,以各种形式、多种手段调动学生积极性,帮助学生学习。

4.1.2 地理学科备课方法

地理备课主要可以采取个人备课和集体备课两种形式。个人备课常用方法是:阅读教材→熟悉课标→学习理论→了解学情→确定目标→借鉴教案→参阅书刊→寻找资料→选择教法→形成教案→制作课件。

集体备课则是建立在小组成员个体初步备课的基础上,主要研究备课过程中困惑的地方以及教学中可能会出现的问题。集体备课常用的方法是:活动准备→集中研讨→修改提纲→撰写教案→授课反馈。

4.2 地理说课的准备

4.2.1 言之有理——为说课寻找恰当的理论支撑

一学全新理论。多看一些地理专业的杂志和书籍,经常学习先进的、前沿的理念,丰富和充实自己的头脑。尤其要在说课前针对教学实际需要,有计划、有步骤地学习教育学、心理学、地理教材教法等有关理论。

二学各种知识。涉猎边缘学科知识,积累生活中的各种地理相关信息,扩展知识视野,具备多学科多层次的知识结构,这样才可以在地理学科里游刃有余,使说课具有深度和广度。

4.2.2 博采众长——为说课奠定坚实的技术支持

经常聆听和参与同行的说课活动,主动尝试介入自己的观点,并学习借鉴同行好的经验和做法,逐步形成自己的风格。学会分清主次,准备好说课所用的挂图、直观教具、多媒体课件等教学用具,以便说课时根据需要作必要的介绍和演示。

4.2.3 好中选优——为说课赢得稳定的心理保障

俗话说:适合自己的就是最好的。除了指定的课外,自选的说课要首先考虑有地理学科的代表性、典型性。其次,要选择与地理教师本人业务专长相呼应的有关章节。例如:自然地理部分地理性强,对说课教师的地理专业素养是一种考验;分区地理内容综合性和区域性特征明显,对说课教师的综合性知识要求就比较高,教师应有的放矢。

4.3 地理学科教案向说课的转换

备课是说课的基础,说课是备课的说理过程,从备课到说课必须经历一次保留、提炼、充实的过程,才能实现成功转换。

4.3.1 保留教案的部分内容

教案是说课的蓝本,教师选择需要的内容作为参考的第一手材料。教案中可以直接保留在说课中的内容有教学目标、教学重点和难点、教法学法等。以《黄土高原》一课为例,备课和说课的教学目标应该是一致的。

《黄土高原》一课的教学目标
(1) 知识与技能目标
① 知道黄土高原是中华古代文明的发祥地之一。
② 知道黄土高原的分布范围。
③ 知道黄土高原黄土广布、土层深厚、水土流失、沟壑纵横的特点。
④ 知道黄土高原的环境问题及其治理情况。
(2) 过程与方法技能目标
① 能运用《中国地理图册》的"中国地形"图和课本的"黄土高原地区"图,说出黄土高原地区的分布范围和涉及的省级行政区。
② 能运用地图册和已学知识,解释窑洞被称为因地制宜的完美建筑的原因。
③ 能通过Flash黄土高原的形成示意,初步理解黄土高原的形成原因。
④ 通过观看影片和读图,初步分析得出黄土高原水土流失的自然和人为原因,以及造成的严重环境问题,并提出简要的治理方法。
(3) 情感、态度与价值观目标
通过学习黄土高原的环境问题及其治理情况,从小树立环境保护意识、正确的人地观,初步学会从地理的角度思考问题。

4.3.2 提炼原有的教学过程

详案中教师设想的所有教学过程,经过提炼概括后,将成为说课最重要的内容。一般来说,对教学过程多看几遍,然后理出一条主线,在此基础上可以归纳出几个主要的教学环节进行说明。

例如:福建省泉州市泉港六中的梁海斌老师在《人口的增长》一课的说课设计中这样表述他的"教学程序"。

(1) 学生课前读报的作用

学生课前读报,充分体现学生的主体地位,培养学生独立获取知识的能力。它的实质是理论联系实际,使课堂教学达到第一次高潮。同时也告诉学生一个信息:地理知识并不是什么天外来客,而是现实生活中随处可见的。地理是一门综合性学科,它所包含的内容相当广泛,因而各类报纸几乎每天都可以看到跟地理有关的"新闻"。

(2) 由读报活动导入新课:"人口的增长"。

① 引导学生分析世界人口数据资料,并由学生据表绘制世界人口增长示意图,从图及表中分析不同历史阶段世界人口增长情况,组织讨论人口发展受社会政治、经济等因素的制约。

② 引导学生阅读"世界各地区人口增长趋势图",分析人口增长的地区差异及原因,阐明人口的增长要与经济发展相适应,同环境保护相协调。

③ 重点分析我国人口的增长,阅读分析"我国的人口增长图"。由学生讨论我国人口增长过快的原因,结合生活实践认识分析我国人口过多带来的问题。

④ 强调我国的计划生育基本国策。并与印度作比较,从而认识我国人口政策的重要意义。

⑤ 布置学生课外进行人口普查实践活动。

(3) 小结部分

由学生运用自己的语言来总结教学内容,这个难度比较大一些,但对学生来说是一次锻炼语言表达的机会。

教师可以先将主要教学环节一起说明,然后再加以细化。也可以一个一个教学环节加以说明。以上梁老师通过教案中教学过程的提炼,逐个加以说明,教学环节较简洁,也能说明意图。

4.3.3 充实说课的必须内容

由备课教案转换为说课稿,具体要增加以下几项内容:一要增加教材的地位作用,说出自己对教材的理解;二要增加说学生的情况,加强教学针对性;三要充实教学设计意图、操作程序和相关的学法指导,一定要表达清楚,体现出执教者的思维轨迹。不能只使用"运用了启发式、直观式等教学法"、"学生运用自主探究法、合作讨论法"等标签式的语句。

以《新疆》一课教学环节设计为例,说课还必须在教学环节设定后,说明设计这一环节的理由。如其中一个环节"板书总结,学会方法"是这么说的:

复习不是简单的重复,由于这节课是由一首歌展开教学的,学生自主学习空间大,但缺乏区域地理学习系统性或学习方法的指导。如果说授课过程中学生的学习是"散"的,那么,教师就应该牢牢抓住复习这一环节,"收一收",给学生以学习方法的指导,"温故知新"。所以在这个复习环节,教师直接提供学生一个板书提纲,一来帮助学生梳理一课所学的知识,二来可将歌词中没有提到的内容及时予以补充,三来也为后面的分区自主学习提供"版本"。

4.4 地理学科说课方法

地理说课应该充分体现地理学科思想、科学精神、科学态度、科学意识、科学方法,要突出地图在教学中的运用,特别关注实践活动的设计,紧密联系社会生活的实际,灵活运用信息技术的功能,充分发挥文学语言的优势,做到逻辑严密、层次清楚、顺理成章、思路明晰。

4.4.1 要突出地图在教学中的运用

地理与其他学科不同,除了文字系统以外,还包括图像系统。地图被称为地理学的第二语言,它具有感官刺激强、信息容量大、表述简明扼要等优点。地图、插图及各种图表是地理教学的重要组成部分,地理教学与地图之间的这种关系是地理教学过程的突出特点,也是地理说课中要突出的方法。但有时,统一印制的地图内容繁多,教师应根据教学需要,精心设计板图,或对原图进行修改,或对表格内容加以总结提高,突出重点,加深学生的感知。说课时要把地理知识与图形结合起来,做到"心中有图",运用自如。例如在说省区、区域、人口、地形、气候、河流等方面内容时,肯定都少不了地图的帮忙。教师在地理说课过程中必须要有地理图表的展示说明,自己擅长地图绘制的,可直接边说边画,凸现地理教师的良好专业功底。

4.4.2 要特别关注实践活动的设计

根据新课程理念要求,为学生创设学习活动,关注学生实践应用,也是地理说课方法之一。例如:通过制作地理简报,提高学生查阅资料和选择资料的能力;通过教师提供网上资料,提高学生运用资料解决问题、分析问题的能力;通过课后两分钟的自由提问,激发学生的求知欲;通过"只有一个地球"的主题活动,学生在收集资料、处理资料、编排小品、制作PPT、形象绘画、上台表演的过程中,实践老师给予各种学习体验;通过用乒乓球做地球仪,使学生加深对经纬网知识的理解,获得实践的体验等。以上这些实践活动都可以在教师说课中呈现,凸显出"关注实践与应用的地理"新理念。

4.4.3 要紧密联系社会生活的实际

地理学科的开放性和综合性决定了地理教学要与社会生活紧密相连。世界局势的变化,国家领导人的出访,自然灾害的发生,新一轮人口的普查,长江三峡水利工程的建设,上海申博的成功等等,只要与地理有关,只要与课堂内容有关,都可以拿来,使地理课能不断融入社会生活中,与学生产生情感上的共鸣。例如:环境问题是个社会现实问题,涉及过去、现在和将来,同时又是一个开放性的问题。教师说课时必须了解所说区域环境问题的现状,从生活中提取大量的素材,从学生的实际出发,体现"学习对生活有用的地理"的思想。这些都有助于学生理解和体验生活世界,学会用地理的思维来分析和解释身边的现象。因此教师在地理说课时必须要与社会生活紧密相连。

4.4.4 要灵活运用信息技术的功能

由于地理学科研究对象的复杂性、广阔性,使得许多地理事物很难或根本不可能为学生直接观察或亲自感受到,需要运用多媒体信息技术,可以使地理课堂教学在高质量图像显示、活动图像处理、良好的声音效果等方面大幅度地改观。巧妙地将先进的技术融入到学生课堂中,可以丰富学生的地理表象,有利于精确地形成和掌握地理概念与地理原理,能提高学生的学习兴趣,发展学生的观察能力和思维能力。

例如:《地理景观》光盘是地理新教材的重要组成部分,笔者曾对六年级学生做过一次光盘的使用和喜欢程度的调查。从调查情况看,同学们选择"很喜欢"、"喜欢"的共占了71.6%,说明《地理景观》光盘比较受学生欢迎。

由此可见,多媒体信息技术在地理学习中发挥了较为重要的作用。教师在说课时要灵活运用信息技术,恰当地展示自己的设计理念和教学课件,使人身临其境,获得认同。

4.4.5 要充分发挥文学语言的优势

优美的文学语言中经常蕴涵很多地理现象和地理特征,教师说课时学会挖掘、引用和呈现,不仅可以发挥优美的文学语言的优势,还可以吸引听者的注意力,进入意境,产生兴趣,为地理说课渲染气氛。例如,说高原山地气候时引用"一山有四季,十里不同天",说山地的垂直变化时引用"人间四月芳菲尽,山寺桃花始盛开",说湖北省时引用毛泽东诗词《水调歌头·游泳》,讲气候概念时引用朱自清的《春》等,除此之外,故事、广告、漫画、口诀或生动的叙述,也常作为说课的佐料,让听者有滋有味。

思考题

1. 有很多教师备课时,将地理课程标准束之高阁,认为看不看无所谓,只要有教参参考就可以了。请结合撰写教案的体会,谈谈你的看法。

2. 从地理备课到地理说课的转化,既提高了教师专业化的水平,又促进了学生的发展。要实现这一目标,你认为地理教师应作哪些努力?

物 理 学 科

物理学科是研究物质结构和物质运动的最一般规律的自然科学,或者说物理学是人们对无生命自然界中物质结构和物质运动作出规律性的总结,是概括规律的知识体系,是经验科学的理论认识。运动学与静力学是物理学的两大支柱,牛顿运动三定律是物理学理论的建构平台。物理学之所以被人们公认为一门重要的学科,不仅仅在于它对客观世界的规律作出了深刻的揭示,还因为它在发展过程中,形成了一整套独特而卓有成效的思想方法。物理思想与方法不仅对物理学本身有价值,对整个自然科学,乃至社会科学的发展都有着重要的贡献。

1. 物理学科特点

1.1 物理学是一门发展成熟的自然科学范畴的基础学科

在古代欧洲,物理学一词是自然科学的总称,现在的"物理(physics)"已经发展为自然科学一个重要的分支学科。物理学以基本概念和基本规律为主干;以物理定律、物理定义和物理定理构成了一个完整的知识体系;以基本概念、基本规律和基本方法及其相互联系形成了物理学科的基本结构(其中基本概念是基石,基本规律是中心,基本方法是纽带);物理学科又是其他自然学科的基础,它是发展最成熟、高度定量化的精密科学,又是具有方法论性质、被人们公认为最重要的基础科学。

1.2 物理学是一门实验与科学思维相结合的学科

实验是物理学的基础,科学思维是物理学的生命。在物理学中,实验不仅是一种研究物理问题的科学方法,也是一种启迪思想的有效途径。基本观点、基本概念的形成,基本规律的发现都离不开实验,任何物理理论的真理性都要用实验来检验。物理实验的结论不仅是物理学理论的判据,也是物理学发展的动力,是启迪物理思维的源泉。不少重要的物理思想就是在物理实验的基础上涌现出来的。另一方面,物理学也离不开科学思维:无论是实验方案的设计、现象的观察、数据的采集、结果的分析、结论的发现,还是理论研究中的推理论证、概括和总结,都必须经过科学的思维;经过科学思维得出的物理结论,又必须接受实验的检验。由此可见,物理学是实验和科学思维相结合的产物,科学思维对物理学的发展起着决定性的作用。

1.3 物理学是一门以数学为工具高度定量化的学科

物理学与数学有着密切的关系,物理学的发展离不开数学,所以数学常被认为是物理学的工具。高度精炼和高度抽象的数学语言应用于物理学,使物理理论逐步走向完美和统一。在物理学中,许多物理概念和物理规律,都有定量的阐述,物理学中的基本定律和公式都是运用数学语言予以精确而简洁表达的。物理学中基本概念和规律的定性描述与精确的定量表达是物理学区别于其他学科的一大特点。其数学方法还是物理研究中的重要推理工具和手段,物理课的重要任务之一就是教会学生如何把各种物理问题翻译成数学问题,并掌握求解的方法。

1.4 物理学是一门具有方法论性质的学科

方法论是关于科学的一般研究方法的理论,是探索自然规律、阐述自然发展的理论。狭义的方法论仅指自然科学方法论即研究自然科学中的一般方法,如观察实验法、控制变量法、等效替代法、演绎归纳法等。科学的方法论愈来愈显示出它在科学认识中确定的地位。物理学是辩证唯物主义哲学的重要基础,深刻影响着人们的思想、观点和思维方式。所以说物理学又是一种智能。正因为如此,物理学当之无愧地成了人类智能的结晶、文明的瑰宝。

1.5 物理学是一门与社会生活紧密相连的学科

物理学是一门基础自然科学,它所研究的是物质的基本结构、最普遍的相互作用、最一般的运动规律。作为一门实验科学,它产生于人类改造自然的生活实践,但反过来人类又应用物理知识去解释自然现象并改造自然。随着人类对物质世界认识的不断深入,物理学一方面带动了科学和技术的发展,另一方面又推动了文化、经济和社会的发展。由此可见,物理思想与物理方法不仅对物理学本身的发展有价值,对整个自然科学,乃至社会科学的发展都有着重要的贡献。在诺贝尔化学奖、生物及医学奖,甚至经济学奖的获奖者中,大多具有物理学的背景,这意味着他们从物理学方法中汲取了智能,转而在非物理学领域里获得了成功。反过来,却从未发现有非物理专业出身的科学家问鼎诺贝尔物理学奖,这就是物理思想与方法的力量。

1.6 物理学是一门有助于培养科学素养的学科

在中学阶段,学生通过物理学科的学习,可以学到基本的物理知识与操作技能;体验科学探究过程,了解科学研究方法;学会从复杂的自然现象中抽象出关键和本质的东西,从而更好地把握其中内在的规律;培养提出问题、分析问题、解决问题的能力;认识物理学对科技进步以及文化、经济和社会发展的影响;增强创新意识和实践能力,发展探索自然、理解自然的兴趣与热情;为终身发展、形成科学世界观和科学价值观打下良好的基础。在各门课程中,物理课在提高学生的科学素养方面起着无可替代的作用。

思考题
1. 物理学科的六大主要特点是物理教学的重要理论支柱,你认为应当怎样借助相关教学内容予以呈现?

2. 物理与社会生活的紧密结合是新课改的重要理念,请结合一次说课活动谈谈自己的新认识。

2. 物理学科课改新理念

2.1 物理新课程的性质与价值

2.1.1 课程性质

物理学由实验和理论两部分组成。物理范畴的实验是人类认识世界的一种重要活动,是进行科学研究的基础,物理范畴的理论则是人类对自然界最基本、最普遍规律的认识和概括。中学物理课程是以观察和实验为基础,以物理现象、物理概念、物理规律、物理定义和物理方法为载体,以科学探究为主线,以提高学生科学素养为目标的基础性自然科学。

2.1.2 课程价值

(1) 物理学及其课程有严密的理论体系和完备的实验方法,物理课程有助于学生初步了解自然界的基本规律,能逐步客观地认识世界、理解世界。

(2) 物理学及其课程与科学、技术、社会的联系非常紧密,物理课程有助于学生将来适应社会生活,是其终身发展的基础。

(3) 物理学及其课程有着完善的科学方法,是辩证唯物主义哲学的重要基础,物理课程有利于学生树立正确的世界观、人生观和价值观。

(4) 物理学的发展是不断开拓进取、求真创新的过程,物理课程的教学有助于学生发展科学探究能力,养成良好的思维习惯,敢于质疑,勇于创新。

2.2 物理新课程的理念(参照教育部《高中物理课程标准》、《初中物理课程标准》和《上海市中学物理课程标准》)

2.2.1 改变学科本位观念,注重提高学生的科学素养

长期以来我们的中小学教育是分学科进行的,过分关注学科,过分强调学科的独立性和重要性,把学科凌驾于对人的教育之上,把学科教育看成教育的中心,看成教育的目的,这种只见学科不见人的"目中无人"教育观,从根本上背离了基础教育特别是义务教育的基本性质和神圣使命。物理新课改已从以学科为本转向以人的发展为本。教学要重视学科知识,遵循学科发展规律,但必须注重全面提高学生的科学素养,满足学生发展的基本需求,使他们不仅要掌握物理知识,还要具有科学精神和创新能力,为终身学习奠定坚实的知识基础。

2.2.2 提倡教学方式多样化,强调科学探究的细化过程

物理课程应改变过分强调知识传承的倾向,倡导物理学习的自主性、探究性、合作性,让学生经历和体验科学探究的过程,学习科学研究的方法和自主学习的能力。改变以书本为主、实验为辅的教学模式,提倡探究式的学习方式,使学生逐步养成敢于质疑、善于交流、乐于合作、勇于实践的学习习惯。

科学探究能力的形成依赖于学生的学习和探究活动的开展,探究活动必须紧密结合本学科科学知识的学习,通过动手动脑、亲自实践,在感知、体验的基础上,内化成系统的知识,而不能简单地

通过讲授教给学生。

2.2.3 面向全体学生，重视基础，增强学习的选择性

物理课程必须面向全体学生，在达到共同要求的基础上，针对学生的兴趣、学生的潜能和今后的职业需求，设计供学生选择的物理课程模块，逐步实现层次化、多元化发展，促进学生自主、个性地学习。根据学生在中学阶段的认知水平，对科学探究能力的要求可以适当提高，提高的程度要符合学生的年龄特点，由扶到放，逐步培养。

2.2.4 加强物理教学与技术、社会的紧密联系

物理课程在内容上应精选学生终身学习必备的基础知识与技能，全面反映物理学与技术、社会的广泛联系，反映当代科学技术发展的重要成果和新的科学思想，另外还应当加强学科之间的渗透，重视科学精神和人文精神的熏陶，使学生了解现代科技在促进社会发展的同时，可能给人类带来的负面影响，从而逐步树立正确的科学观和发展观。

2.2.5 完善学习评价，促进学生发展

物理课程应该改革单一的以甄别和选拔为目的的评价体系，改进学习训练的目标、内容和形式，注意学生的个体差异，注重学习评价的多元、全面、激励和发展性，促进学生在原有水平上的发展。通过学习评价还应促进教师的业务提高以及教学实践的改进。

2.2.6 构筑信息技术平台，实现物理课程与信息技术的整合

物理课程必须与信息技术整合，构筑信息技术平台，建立数字化信息系统(Digital Information System, DIS)实验室；充分运用教学软件和计算机网络，实现信息共享和互动交流，增强在信息化环境下自主学习的意识和能力。

2.3 物理新课程的目标

2.3.1 知识与技能

能力的提升离不开物理学的基础知识。激光、超导、电子计算机和有关技术也都是在对物理现象和物理原理做深入研究后发现和发明的，所以说物理学是整个自然科学和现代技术发展的基础。描述学习水平的行为动词，均在课程标准中。例如在全国教育部颁布的高中物理课程标准中，对"知识"的学习水平分为四个等级，相关的描述使用了"了解"、"认识"、"理解"和"应用"的行为动词。在上海市的中学物理课程标准中，对"知识"的学习水平也分为四个等级，相关的描述要求使用的行为动词分别为："知道"、"理解"、"掌握"和"应用"，"实验技能"的学习水平分为"初步学会"、"学会"和"设计"三个等级。在课程标准中，某些知识点的学习水平很高，但学生学习、理解和掌握物理新知识需要一个过程，因此在新授课上，对于该知识点的学习水平要求不可能一步到位，需要通过后续的教学，逐渐达到掌握或应用的程度。因此，新授课教学目标的确定，应以学生已有的知识经验和认知能力以及熟悉的实际背景为基础，兼顾学生的年龄特点和学习习惯。

2.3.2 过程与方法

过程与方法目标主要是针对物理概念的形成、规律的获得，以及在这些过程中所使用的科学方法提出要达到的学习水平。在课程标准中，描述过程与方法目标水平也有相应界定的行为动词。

例如在上海的中学物理课程标准中,过程与方法目标的水平分为"感受"、"认识"和"运用"三个水平等级。过程与方法目标的达成,要求改变传统的单纯传授知识的教学观念,同时也要避免将方法和能力当作知识向学生直接灌输,而是要让学生在实践的过程中,逐步掌握方法,提高能力。因此,过程与方法目标的设定要根据学生实际水平、教学内容的特点等,恰如其分地与学生自主学习活动过程结合在一起,使学生掌握方法、提高能力成为有目标的行动和可操作的过程。

2.3.3 情感、态度与价值观

情感、态度与价值观,主要针对发展学习兴趣、培养科学态度与科学精神、提高社会责任感要达到的目标及相应的水平。科学态度(价值观)的形成有利于学生以科学的态度区别事和物,通过辩证唯物主义教育,使学生逐步树立辩证唯物主义的基本观点,为树立科学的世界观奠定初步的基础;通过爱国主义教育,使学生了解我国历史上以及当代各时期的科学技术上的重大成就和某些科学技术方面同世界先进水平的差距,培养学生的民族自信心,树立为国家的繁荣富强而学习的意志;通过科学态度的教育,使学生认识到相信科学、热爱科学和对待客观事物科学态度的重要性。使学生养成遵守纪律、爱护实验仪器的良好习惯和严肃认真、实事求是的学习态度。培养学生团结协作、勇于探索、锐意创新的精神。

思考题

1. 物理课改新理念主要反映在课程观、教学观与学生观上,请以上述中的一个观点,谈谈你的新认识。
2. 物理的三维目标有着本学科的个性,请以一次说课为例谈谈你的目标确定及其依据。

3. 物理学科说课特点

3.1 物理说课的理论性与科学性

物理说课就是要把自己对物理教材的理解、处理方法及理论依据说给同行听,使听课者理解并认同自己的想法及做法,什么时候该用实验配合讲课,这样做的理论依据是什么;在科学性方面,要使听课者了解自己对物理概念和物理规律的表述是否准确到位,从三维目标的设定到重点、难点的突破,从物理知识的落实到方法能力的提高,从教学设计中如何体现新的教学理念到教学实践中如何去落实,这些无不要求说课者要从教学理论的高度来重新审视自己的备课。说课是将这种实践行为背后的指导思想、理念和操作程序予以显性化。经过同伴的点评,交流,教师的专业水平也一定会得到提高,物理课堂教学的科学性也就有了保证。例如,某地一初中物理说课案例《力和运动》的教材分析表达如下。

[案例3-1]

牛顿第一定律是经典力学中三大定律之一,是整个力学中的基础。如果我们把所有力学现象看作一座大厦,那么牛顿三大定律则是这个大厦的奠基石,牛顿第二定律又是在牛顿第一定律定义的惯性系基础上建立起来的,牛顿第二定律建立在牛顿第一定律基础上。因此牛顿第一定律又是三大定律基础的基础,是否领会这一物理规律,不仅影响学生对这一章的学习,而且还会影响整个物理课程中力学部分的学习。

从这里我们可以看到说课老师对牛顿第一定律的内涵没有真正理解,它根本没有"定义惯性系"的意思,它只:①阐述了物体在不受外力作用时应该怎样运动;②暗示了物体在受平衡力作用时运动情况应该怎样;③表明了物体本身就有一种保持原有运动状态的性质(惯性)。

3.2 物理说课的交流性与示范性

物理说课活动是一种有组织的、有目的的发生在物理教师之间的备课交流活动。说课者在精心准备的基础上阐述自己的说课内容,听课者认真聆听后,给出自己的意见和见解。这样的活动无论是对说课者还是对听课者都是学习和展现自己的平台,是一种思想的交流与碰撞。物理教师在交流中分享经验,在合作中共同提高,实现知识与智慧的互补。例如:某高中说课案例《功和能量变化的关系》的教材分析表述如下。

[案例3-2]

本节课是上海市二期课改新教材第五章第F节的内容。从知识体系上看,功和能量变化的关系不仅将功和能量联系起来,更是把运动学、力学、功和能的知识融合在一起,运用功能关系解决问题即是对所有力学知识的综合运用。同时,功能关系是理解能量守恒和能量转化关系的基础。因此本节课是物理学习中的一个重要内容。在教材中,讨论了动能的变化以及重力势能的变化分别与某些力做功的关系,在此基础上总结出功和能量的关系,最终还拓展到机械能的变化也可以用某些力做功来量度,渗透了从特殊到一般的研究思想。学习本节课需要以功、动能、重力势能、牛顿运动定律、运动学等相关知识为基础。在上海市二期课改的基础型课程新教材中,动能定理的教学不作要求,因此将动能的变化、重力势能的变化放在了一个教学单元中。

说课教师理解了新教材编写者的意图,并且利用了这样编写的特点,阐述了说课教师的观点,通过物理教师之间的说课起到了很好的交流与示范作用。

3.3 物理说课的简易性与可操作性

物理说课属于物理教学活动的一部分。物理说课的过程是在帮助教师认识物理备课的规律,提高物理教师的备课能力,促使教师搞好教学设计,优化教学过程。说课教师不仅要说出每一具体内容的教学设计,在某个时间段做什么、怎么做,而且还要说出为什么要这样做,即说出设计的依据是什么。在平时的教研活动中,教师可以对整章或某一节教材讲述自己的理解、自己的处理情况,也可以对某个重点或难点的确立及突破展开说课,完全可以根据需要选择说课的时间、地点和内容,简易可操作。对于一些自创性的实验,也可以在说课时予以展示,并且可以一边做实验,一边对该实验的效果、目的、可能会发生的情况进行说明,让同行在一起出谋划策。

思考题

1. 说课是备课的拓展与深化,请结合一次说课活动,谈谈说课中对交流性与示范性的认识。
2. 物理说课的特点表现在学科的个性上,在"说理"上你认为应当怎样把握其适切度?

4. 物理学科的备课与说课

4.1 物理学科备课要领

4.1.1 备课程标准

课程标准对每个知识单元的学习内容和学习水平提出了明确的要求,因此,教师不仅要花时间专门学习课程标准,还要在每节课备课前仔细阅读物理课程标准中对相关知识单元的基本要求,这样才能把握教学的尺度和关注的重点、难点,做到详略得当,提高教学效率,更好地落实新课程标准的要求。

[案例4-1] 全国教材中"共同必修模块物理一"的《运动的描述》这一单元,在教育部颁布的《高中物理课程标准》中对教学内容及目标给出的要求如下。

(1) 通过史实,初步了解近代实验科学产生的背景,认识实验对物理学发展的推动作用。

(2) 通过对质点的认识,了解物理学研究中物理模型的特点,体会物理模型在探索自然规律中的作用。

(3) 经历匀变速直线运动的实验研究过程,理解位移、速度和加速度,了解匀变速直线运动的规律,体会实验在发现自然规律中的作用。

(4) 能用公式和图像描述匀变速直线运动,体会数学在研究物理问题中的重要性。

通过对上述要求的仔细研究,我们可以作出如下的分析。

在这一单元中,学生学到的知识内容有:"近代实验科学产生的背景"、"物理模型的特点"、"质点"、"位移"、"速度"、"加速度"、"匀变速直线运动的规律"等。其中对"近代实验科学产生的背景"、"物理模型的特点"以及"匀变速直线运动的规律"要求最低,分别为"初步了解"和"了解",要求可以辨认出与近代实验科学产生相关的知识,能说出物理模型的特点,可以描述出匀变速直线运动的基本特征;对"质点"的要求为第二级水平"认识",即要能够判断在哪些情况下可以把物体看作质点。对"位移"、"速度"、"加速度"这些知识的要求最高,达到"理解"的水平,即要能把握这些物理量各自的物理意义及彼此间的内在联系,又要能用这些物理量来解释、推断匀变速直线运动的一些现象。

在技能方面,通过这一单元的学习,学生要"能"用公式和图像描述匀变速直线运动的规律,并且能够在公式和图像之间进行转换。

在过程与方法方面,学生要体会物理模型在探索自然规律中的作用;经历用实验研究匀变速直线运动的过程;通过阅读史料,了解伽利略研究自由落体运动所用的实验和推理方法。

在情感、态度与价值观方面,通过学习,学生可以感受到实验对物理学发展的推动作用,从而激发学生对物理实验的浓厚兴趣。

4.1.2 备教材

备教材,首先要做到通读整套教材,了解课程总体的框架结构,这样才能把握所备章节、单元在整个课程中的地位和作用。然后要细读、精读教材,把握本节教学内容的特点,确定知识重点和难点以及确定教学中的操作难点,初步确定影响教学方法的因素,挖掘本节课上可以落实的情感、态度与价值观的教育。

[案例4-2] 对《简谐运动》这一节,可以这样分析教材。

(1) 在教材中的地位和作用

《简谐运动》是高一物理"机械振动和机械波"这一章的第一节,也是本章的重点内容;本节内容,编排在运动学、动力学及功和能的知识后面,是力学部分的一个特例。机械振动和机械波是一种比较复杂的机械运动形式,对它的研究为以后学习电磁振荡、电磁波和光的本性奠定了一定的知识基础。

(2) 教学内容的特点

对学生来讲这是第一次研究变力作用下产生变加速度运动的物理问题;鉴于学生的数学水平要求把握好用定性的语言文字来叙述和分析比较复杂的物理现象;又一次引入了一个新的物理模型"弹簧振子"。

(3) 要落实的知识点

机械振动和简谐运动的概念及二者间的关系;简谐运动中各物理量的变化。

(4) 方法教育的因素

文字描述物理规律;建立物理模型;从简单到复杂的研究方法。

(5) 情感、态度与价值观方面可挖掘的因素

振动的知识与人们的日常生活、生产技术和科学研究有着密切的关系。

4.1.3 备学生

新课程的核心是以学生的发展为本,要备好一节课,就必须把握学生的心理、智力、能力等各方面的情况,从多个角度实现对学生情况的分析。

(1) 从知识与技能角度备学生

列出学习本节课需要的基础知识中,学生熟知的有哪些,需要适当予以复习的有哪些,完全不具备而需要上课时先做铺垫的有哪些。

(2) 从方法角度备学生

物理的学习过程是应用各种方法的过程,同时也是学习、经历新方法的过程,哪些知识学生可以运用已掌握的方法自行学会,哪些知识是要在教师的指点和帮助下学会并经历新方法的过程。对于这些,教师在备课中都要有所考虑。

(3) 从情感态度角度备学生

物理与社会、生活的关系非常紧密,许多物理知识的学习是以生活经验为基础的。如果教师对学生的生活环境、生活经历都比较了解,那么教师在课堂上提出的问题就能贴近学生的生活,就能激活学生的思维,调动其学习积极性。

4.1.4 备教学资源

物理课程资源是指有利于物理课程目标实现的所有因素与条件的总和。除了物理教材、教学参考书之外,还包括实验设备、教师、学生、家长以及学校、家庭和社会中所有有利于实现物理课程目标,促进教师专业发展和学生个性全面发展的各种资源。在备课过程中,要认真准备、广泛利用以下物理课程资源。

(1) 实验设备

物理课离不开物理实验。在备课中,要充分利用现有的实验设备,弄清每个相关实验的功能,选择易操作、效果明显、能说明问题的实验,使实验能为学生的学习提供最有力的支持。数字化实验系统进入物理课堂,教师不仅要学会新实验的操作,更要将数字实验与传统的物理实验加以整合,开发出更多、更好的有利于课堂教学的新实验。

(2) 多媒体信息与技术

多媒体动画、视频技术越来越多地走进物理课堂,从最初的为用而用已经逐步成为物理教学中一个不可或缺的教学元素。多媒体动画具有直观、生动等特点,可以将原来深奥、复杂的物理过程直观地展现在学生面前,来自于电视、互联网、报刊、图书馆等方面的与物理有关的媒体信息,经过收集整理,也可以成为物理教学的资源,对提高教学效率非常有帮助。

(3) 生活与生产

教学过程中教学活动要重视与生活、生产的联系,重视与技术、社会的联系,这是物理学科的特点之一,也是物理课程标准的一个重要特点。在家庭、学校、社会中有大量学生感兴趣的物理问题,如家用电器、公共交通设施、交通工具、某些社会热点等。这些来自于生活和生产应用上的物理教学资源,促使学生把物理教学的内容和生活实际联系起来,有利于激发学生的学习热情,强化实践

意识,提高分析和解决问题的能力。

4.1.5 备教法与学法

新课程提出物理学科要改变学科本位的观念,一切以学生的发展为本,注重全面提高学生的基本科学素养。因此,在过去备课中强调的"备教法"现在也应相应地改为"备教法和学法"。

从学法上来看,新课程提出要完善学生的学习方式,要求学生改变单一接受学习的状况,采用有意义的接受与自主学习、探究学习和合作学习等多样化的学习方式,获得多元的学习经历和体验。而这一切的实现均是以教师教法的改变为前提的:教师要通过优化教学行为来调动学生的积极性;通过发扬教学民主来营造和谐、生动、活跃的课堂氛围;通过提出恰当的教学要求来组织合理、有序和丰富多彩的教学活动。这样看来,强调学生在课堂学习中的主体地位,并非减弱教师的作用,它要求教师在课前做更充分的准备工作,才能在课堂上灵活应变,才能胜任学习指导者的角色。因此,教师在备课时,要根据教材、学生情况、可用的教学资源,科学地设计学生的学习方法。同时,还要设计相应的教学方法。

(1) 备方法要从教学实际出发

对于任何一种教学方法,应该在综合考虑各方面因素的基础上,考察其是否有利于物理思维的激活、是否有利于物理知识的理解与建构等。例如,我们倡导探究学习,是因为探究学习活动能促进学生主动学习,体验获取知识的过程,培养学生的科学素养和创新精神。但不能因此而否定或贬低讲授的作用,具有启发性、艺术性、包含引导和点拨的讲授,仍然是高效传授知识、启迪学生智慧的基本途径。

(2) 备方法要有灵活性和开放性

课堂是动态的,有许多不确定性和可变性,学生个体间也存在差异,教师应根据教学需要,贴近每个学生的实际,灵活机动地采用讲授、实验、讨论等方法,做到兼容并蓄、取长补短;同时在备课时就要为学生的主动参与留下时间和空间,机动灵活地为开放式教学创造条件。

4.1.6 备教学流程

在对以上各项内容精心准备的基础上,就可以为整节课安排教学流程了,即设计教学流程。合理设计教学流程,就是将教学内容和教学活动按教学的逻辑结构划分为相对独立又相互联系的若干教学环节,再合理安排执行各教学环节的时间顺序,处理各环节的过渡与衔接,最后形成科学的教学流程。但是要注意,教师虽然确定了教学流程、设计了教学环节,但在课堂教学中不能简单机械地执行流程、呆板地死扣环节,一切要从课堂教学的实际出发,机动灵活地进行。

4.2 从备课到说课

说课是以备课为基础,面对同行,由说课教师系统地阐述自己的教学设计及理论依据。在这一过程中,说课教师要展示出自己的教学理念、理论功底、对教材的把握程度、对教法的运用手法及语言的表达能力,它是一个综合素质的展示。因此,说课绝不应该是简单地介绍教案。将备课教案提升为说课教案,还需要做大量的工作。备课是为教学任务如何完成在拟订方法和步骤,是在拟订课本的知识结构如何转化为学生的认知结构设计实施方案,是在做理论知识的准备,是要把物理知识以最优美的形态展示给学生。

下面,我们主要以一份关于《机械能守恒定律》的案例为例,从说课的几个主要方面来看如何将备课教案提升为说课教案。

4.2.1 说教材

把握教材是教学工作中最重要的部分之一。教材是教学大纲、课程标准的具体化,是教师教、学生学的具体材料。通过说教材可以促进教师认真学习课程标准、钻研教材,提高教师理解教材的程度及把握教材的能力。一般在备课教案中,对教材的分析仅仅是列出了教学目标、重点和难点。至于确定目标的依据及如何确定重点、难点均未写明。事实上,在备课过程中,教师对这些问题应该都是有所思考的,但是没有通过书面的语言记录下来,它只是一个隐性的思维过程。而说课正是将备课中的思维显性化。

说教材通常包括以下内容。

第一,所选教材的版本、本节课的内容及本节课在本单元或本册教材中的地位、作用以及知识结构和教材内容前后的联系。

[案例4—3]

本节课的教学内容是机械能守恒定律,是上海市二期课改新教材第五章的内容。机械能守恒定律是中学物理学习中最为重要且要求最高的几个内容之一,同时也是以后学习能量守恒的基础;学习本节课需要以动能、势能、功和能的关系、牛顿运动定律等为知识基础,以DIS的熟练使用为实验基础。本节课的学生实验——用DIS研究机械能守恒定律是新课标规定的学生实验,也是本教材十二个重点探究内容之一。

第二,根据课程标准,说出课程标准对授课内容的要求,说出本节课的目标要求(包括知识与技能,过程与方法,情感、态度与价值观三个方面)。

[案例4—4]

根据教材的特点和课程标准的要求,本节课要达到的知识与技能目标定为:

1. 知识与技能

(1) 知道机械能的概念,理解机械能守恒定律及其条件。

(2) 会用数学演绎法推导机械能守恒定律。

(3) 学会用DIS实验验证机械能守恒定律。

2. 过程与方法

(1) 通过对机械能守恒定律的推导和探究,感受学习和研究的科学方法。

(2) 通过对机械能守恒条件的归纳,经历在不同现象中寻找共性的方法。

(3) 利用DIS实验,探究摆的运动机械能是否守恒,认识DIS实验是现代实验研究的重要途径。

3. 情感、态度与价值观

(1) 研究几种不同的运动中,建立机械能守恒定律,增强严谨的科学态度。

(2) 通过自主推导、DIS实验,激发学生学习物理的积极性和主观能动性。

(3) 在运用机械能守恒定律解决实际问题的过程中,体验学有所得的快乐,感悟物理与社会生活的紧密联系。

第三,说出本节教材中所包括的物理知识及各知识点之间的相互关系,从中分析出哪些是重点,为什么是重点?哪些是难点,难在什么地方?确定这些重点、难点的依据是什么?

[案例4—5]

本节课的内容包括三个方面:一是建立机械能的概念,二是探究出机械能守恒定律,三是应用机械能守恒定律解决简单的物理问题。对学生而言,得出机械能守恒定律并不是最困难的,而归纳出机械能守恒的条件——只有重力做功,如何得到这一条件,如何理解这一条件,这对学生的学和老师的教来讲都是比较困难的。因此,可以这样确定本节课的重点和难点:重点是理解机械能守恒定律及其条件；难点是归纳出只有重力做功是机械能守恒的条件。

4.2.2 说学法与教法

在备课教案中，能看到的就是对教学做法及教学流程的设计，至于为什么要这样做，就要在说课教案中一一予以说明。说学法与教法，要以学生的学习过程为主体，说出教师相对应的教学设计和教学流程。

(1) 说学生

说学生主要要说学生已有的知识与技能基础、方法基础、心理特点和学习兴趣方面的内容。能否把握这些情况，反映了教师对教育理论和教学思想的熟知程度，同时也决定了这节课能否发挥学生的主体作用。

[案例4-6]

在本节课学习前，学生已经基本掌握了动能、重力势能的计算及功的计算，知道了功是能量转化或转移的量度。在《直线运动》和《力　力的平衡》两章中已多次使用过DIS实验系统，学生基本上具备了熟练使用该实验系统的技能。高一学生的思维已逐步从形象思维强势向抽象思维迁移，可以在教师的指导下，通过理论演绎、实验归纳的方法去寻找物理规律。

(2) 说教法

说教法要说明本节课要完成的教学内容、课时安排；要说明为完成本节授课任务教师所采用的方法和理论依据；要说明本节教学内容中的重点和难点以及如何突破本节教学内容中的重点、难点。这一环节的说课可以促进教师学习教育理论；学会根据不同的教学内容、教学对象和自己的特长，设计相应的教学策略。

[案例4-7]

本节课的内容包括三个方面：一是确定机械能的概念，二是探究机械能守恒定律，三是应用机械能守恒定律解决简单问题。完成这些教学内容需要2课时。

本节课采用讲授学习与自主学习相结合、演绎推导与实验归纳相结合的方法展开教学。从生活中去发现动能和重力势能可以相互转化，进而引出探究的主题：在转化过程中动能和重力势能的变化量是否相等。利用教师示范、学生理论推导、学生实验三种不同方式研究三种运动的过程中机械能是否守恒，然后从中找出共性，得出机械能守恒定律及其条件。最后运用机械能守恒定律解决简单的运动问题，加深对机械能守恒定律的理解。

本节课要突出的重点是：探究在某些运动中机械能是否守恒。采取的方法是：教师证明在自由落体运动中机械能守恒；学生自行证明在光滑斜面上下滑的物体机械能守恒；学生通过DIS实验证明摆锤的运动过程机械能守恒。

本节课要突破的难点是：机械能守恒的条件是"只有重力做功"。方法是：在证明三种运动过程中机械能守恒之后，引导学生去想能量的变化或者转移是与力对物体做功有密切关系的，考察在三种运动过程中力对物体做功的情况，寻找出在三种运动中力对物体做功的共性，即只有重力做功（这里只考虑地球与物体构成的体系，不考虑体系中有弹簧作用的情况）。

(3) 说教学流程

说教学流程，是整个说课过程中最重要的一环。要说出本节物理课的课堂结构；说出师生双边活动的具体安排和依据；说出本节课的板书设计及设计意图；说出本节课的课堂练习及意图；说出课后作业的布置和训练意图。

思考题

1. 从备课到说课的转化，你认为物理教师应当怎样拓展自己的阅读范围，深度解读新课标？

2. 有很多教师认为物理学科备课时只要有教参就可以了。面对新课改,构建新课堂,你认为这样的认识是否需要改变?请谈谈你的看法。

化 学 学 科

1. 化学学科特点与课改新理念

1.1 以实验为基础的学科

实验性是化学学科的基本特色,它包含四层含义:

(1) 化学实验是化学学科重要的学习内容。在中学阶段,化学实验与基本原理和基本概念、元素化合物知识、化学计算、探究学习等成为中学化学课程的五大学习领域,成为化学学习必不可缺的重要内容。

(2) 化学实验是学生进行化学学习的重要方法。化学学习的对象包罗万象,化学学习的内容纷繁复杂、化学实验的现象千差万别,如果只凭借记忆学习必然是事倍功半、得不偿失。而化学实验可以帮助学生进行有意义的编码,加深对概念、原理与规则的理解,促进学生对物质、性质与变化的认识,帮助学生检验自己的推理、假设和判断。

(3) 化学实验是化学教学的重要工具,是极为重要的教学法,它能够化微观为宏观、化抽象为具体、化枯燥为生动、化干瘪为形象,从而提升学生学习的效果。

(4) 化学实验是培养学生掌握化学学习的过程与方法,促进情感、态度与价值观发展的重要手段。在化学实验中,能培养观察、测量、条件控制、数据处理等科学方法;能培养分析、比较、类比、推理、归纳、综合等思维方法;能培养学生实事求是、勇于探索、追求真理、坚忍不拔的科学精神与一丝不苟、严肃认真、尊重科学的态度与品质。事实证明,缺乏实验的化学学习,学生的化学认知结构、方法结构与情感结构都是会有缺陷的。

1.2 与生活息息相关的学科

化学从其诞生就从未脱离过人们的生产与生活,它源于生活,研究生活,最后又回归于生活。人们的衣、食、住、行离不开化学,人们的生产劳动离不开化学。这一特点同样又映射于化学教学中。在沪教版义务教育化学新课程教材中,除了在学习的情境、知识的背景、知识的应用等处渗透着这一特点外,还在下册教材的最后一章讨论了"化学与社会发展"的密切联系,从"化学与能源"、"化学与材料"、"化学与环境"三个角度论述了化学在社会发展、文明进步中的重要地位。而高中新课程实施中,则更加重视化学学科与生活的联系,专门设置了"化学与生活"和"化学与技术"两个选修模块,以让高中学生进一步了解化学在人们的生产与生活中的重要角色。

因此,在化学说课中怎样体现生活化的原则至关重要。通常,说课教师会以创设生活化的情境、引用生活生产实例、借助熟悉的生活常识、使用源于生活发现的问题等方式以达成这一目标。如在《水的污染与净化》的说课中,可以设计让学生调查自己生活区周围水源的水质情况、向周围群众访谈以前这些水源的水质情况、了解水费的结构组成、参观(或上网了解)污水处理厂与自来水生产厂的工作流程等活动,从而突出化学与生活的重要联系。

1.3 抽象符号化的学科

为了便于不同语言与文化的化学家的表达和交流,化学在长期发展过程中形成了自己独特的符号系统,它们是由英文字母、阿拉伯数字、短划、加号、等号、箭头、三角符号以及少数几个希腊字母组成的,包括表示元素(原子或离子)的符号或图式、表示物质组成和结构的式子以及表示物质变化的式子。学生在中学化学学习中,必须学会认识与使用这套符号系统。但在历年的检测与考察中,学生使用化学符号、化学用语的不规范、不正确的情况有增无减,逐渐成为顽疾,针对于此,在说课中,如果遇到重要的相关内容,应着重加以阐述。

1.4 启蒙的基础性学科

"启蒙性"和"基础性"是中学化学课程的又一重要特点。"启蒙性"要求化学教学要反映出化学入门学习的特点,尤其是义务教育阶段,要以实践性、丰富性、趣味性和体验性的方式展开学习,让学生感知化学在日常生活、科学探究、社会发展中的重要价值,激发学生对化学的兴趣。而中学化学学科的基础性主要表现在两个方面,其一是要求学生必须掌握最基本的化学知识、技能与方法,它是学生后继学习必须具备的基础;其二是突出化学作为自然科学基础的地位和实际应用基础的价值。[①]这就要求教师能从学生身边的现实世界中寻找常见、熟悉而充满思考价值的现象出发,通过观察、探究、设计实验,以及合作探讨、操作体验、推理分析让学生实际感受化学在探究物质世界中的价值和意义,通过增加教学的跨学科性、实践性和探究性来使教学更为开放、多元,从而达到促进学生学习化学基础知识,理解科学本质,把握化学观念、丰富科学情感的目的。

1.5 凸显微观性的学科

化学是从微观的角度,即从分子、原子的角度研究物质的组成、结构、性质及其变化,这就使得化学学科具有微观性的特点。而这一特点又往往是学生学习的难点,因为学生缺少基本的直观感觉,缺乏必要的感性认识,毫无经验可言。教师说课时,对这部分内容的阐述尤其要注重体现通过怎样的方法、手段与途径可以使微观转化为宏观,使抽象变为形象,使不可触摸变为可以触摸。

1.6 化学学科课改新理念

通读义务教育化学课程标准与普通高中化学课程标准,可以发现其在课程与教学方面的如下一些基本理念。

(1) 立足于学生适应现代生活和未来发展的需要,着眼于提高学生的科学素养,构建三维课程目标体系。

(2) 提倡探究、合作、自主的学习方式,引导学生学习化学的基本原理和基本方法,形成科学的态度、方法与世界观,形成终身学习的意识和能力。

(3) 关注学生已有的经验和将要经历的社会生活实际,关注化学与日常生活的密切关系,培养

---

① 吴星主编:《走进高中新课改·化学教师必读》,南京师范大学出版社 2005 年 4 月第一版,第 26 页第 20 行

学生的社会责任感、参与意识和决策能力。

（4）积极倡导多元化、个性化、智慧化的评价方式，激励每一个学生走向成功。

由此可以得到如下的结论。

（1）化学学习观：首先，关注知识的内部生成，认为化学学习是学习者主动建构自己的知识经验的过程，是依据新经验对原有经验本身作出某种调整和整合。其次，化学课程强调社会交互与合作在学习中的重要意义，强调学习的社会性和人文性。最后，化学学习关注学习情境，主张创设真实的生活情境，在真正的生产活动中获取、发展和使用认知工具。

（2）化学教学观：化学教学是化学教师根据学生的特点，充分利用各种教学资源，为学生创设各种学习情境，与学生进行对话、交流、合作、创新的过程，是教师创造与开发化学课程的过程，更是师生交往、积极互动、共同发展的过程。

（3）化学教学中的师生观：化学教师是学生生命的促进者、学生活动的引导者、化学课程的构建者、学生学习的合作者，是学生精神生命的缔造者，而学生作为具有独特性、独立性、完整性的人，是化学学习的主体，是化学知识的主动建构者，是学习过程的自我调控者，是学习策略的自我决策者，是学习效果的自我反思者。

（4）化学教学中的评价观：化学学习评价的主要功能不是甄别与选拔，而是鉴定学生的发展、引导学生的发展、促进学生的发展，应采取多元化的评价方式，积极评价学习的各个维度，改善学习评价的标准，使学生勇于发现自己、解剖自己、激励自己、调节自己，从而获得良好的学习心态与心理环境。

思考题

1. 化学学科的符号系统既抽象又实在，它是化学思维的载体与工具。你在教学中有符号教学的体会与经验吗？

2. 化学学科的"启蒙性"特点，反映在教学设计和说课构思中。你认为说课应如何渗透这一特点？

3. 学生在学习化学中的角色定位在新课程中发生了很大变化，对此你在说课的说理与学法指导上是怎样表达的？

2．化学学科备课

通常，教师的备课应做到"五备"，即"备课标"、"备教材"、"备教法"、"备学生"与"备学法"。对化学教师而言，应结合学科特点，重点做好如下"三备"。

2.1 "备教法"——多元化

选择教学方法时，除了常规的教学方法，应多选择新课程要求的新方法，如探究教学法、发现教学法、合作教学法与实践教学法，使各种教学方法能够得到均衡的应用，以全面发展学生的综合素养与能力。教师在选择与使用这些新方法时，首先应全面衡量这些方法与化学教学内容的匹配程度，以确保该方法的使用是有效、有价值的；其次，应再仔细研究这些方法使用的条件、时机与注意点，以确保自己可以灵活地驾驭这些方法，避免其带来的负面影响；再次，应认真设计该方法的使用模式与环节，细致推敲可能会出现的问题，做好充分的预设并作预处理，以确保课堂教学能在弹性中顺利施行；最后，应合理地整合这些方法，使其能融合并服务于教学目的。

2.2 "备学生"——精细化

"备学生"历来都是教师们认为是必须而又难以实施的,已成为备课的"鸡肋"。怎样才能较好地解决这一问题呢?"备学生"主要可以从以下几方面着手。

第一,备学生的兴趣、爱好。如班级中喜欢科技活动的学生多,就可以科技作品制作为载体进行教学;喜欢化学实验的学生很多,则可以适当增加化学实验的频率与个数。

第二,备学生的知识掌握程度。这可以通过重新浏览学生以前的作业情况了解,也可以通过课前的相关知识的复习检测或作业了解。

第三,备学生的学习需求。化学学习内容并不总是让学生感觉新鲜、生动与有趣的,如化学基本概念与基本原理的学习、化学用语的学习等,此时,教师就要追求改变以激发学生的学习需求。如"金属活动性顺序"、"酸碱的性质"本身是枯燥的内容,但教师可以通过创设学习情境,如"职业淘银人"的新闻、"巫师神婆的把戏"等引发学生的学习需求。

2.3 "备实验"——优选化

"备实验"是化学科学备课的特色内容。"备实验"包括两个方面:一是化学实验的设计,二是化学实验的准备。前者是"备实验"的重点,在此过程中,教师应深刻理解教学内容,详细探察课本已有实验与教学内容的关联程度,还要进行学生兴趣度、实验的成功度、实验的可观测度、实验的安全度、实验的探究度等方面的考察。如这些方面不符合化学实验(包括演示实验与学生实验)的基本要求,就需考虑改造或替换。通常的改造是从实验流程的优化、实验装置的简化与可替代化、实验的微型化、实验的绿色化等方面进行考虑的。后者也是"备实验"中不可忽略的环节。教师应当预先亲手尝试确定的实验,以防在课堂上出现失败、误差、安全等问题,从而影响课堂教学秩序与教学效果。

思考题

1. 化学的"三备课"体现了学科个性,你对此有自己的具体见解吗?这"三备"观你认为应怎样体现在教案之中?

2. 实验教学是化学的核心教学法,你认为新课程的教与学应贯彻怎样的师生互动式实验教学?

3. 化学学科说课的特点和策略

3.1 化学学科说课特点

根据化学学科的性质和特点,我们可理出具有学科个性的说理性、方法性、过程性和实验性四大特点。

3.1.1 说理性特点

对于化学学科而言,能够成为说理依据的除了教育学、心理学之外,还有化学课程论、化学教学论、化学实验论、化学课程标准等专著或文件。

除了学科教学常规的"说理"之外，还应突出以下两个方面。

(1) 注重学科的观点与原理。化学学科自身含有许多特有的观点、规则与原理，在说课时应重点突出。如在"元素化合物知识"专题的说课中，应注重使用"物质的结构决定物质的性质、物质的性质决定物质的用途"、"从单质到化合物，从存在、性质、用途到制备"、"共性与个性的归纳与演绎"等原理阐述教学环节的设置、教学过程的展开与教学难点的突破等内容。

(2) 在说课中，属于非正常范围内的假想与处理等方面，要说明原因、理由、经验与预期，将其说清、说透。

3.1.2 方法性特点

化学是以理性思考为主的自然科学学科，其中必然包含着重要的方法论内容。在中学化学学习阶段，学生要学习和使用大量的一般学科学习方法(如观察的方法、表达的方法、探究的方法等)与化学学科学习方法(如理性思维的方法、化学实验的方法、计算的方法、绘制图表的方法等)。因此，教师在说课中，应阐述本节课需要让学生学习或复习哪些学习方法，培养学生的哪些能力，达成的基本目标是什么，以什么内容为载体，以及培养的方法与途径等。

3.1.3 过程性特点

新课程实施以来，关注化学学习的过程被作为三维目标写入了课程标准。"让学生有更多的机会主动地体验探究过程，在知识的形成、联系、应用过程中养成科学的态度，获得科学的方法，在'做科学'的探究实践中逐步形成终身学习的意识和能力。"[1]化学学习中的"过程"主要是指探究学习的过程。但探究学习不仅是指实验探究，还包括概念探究、原理探究、方法探究等方面。在说"过程"时，应重点说明"过程"的基本环节，每个环节中学生的基本驱动任务、活动特点、活动目标、活动的预期、活动中可能出现的问题以及如何调整和调控。

3.1.4 实验性特点

在化学说课中，除了应用板书等传统媒体与现代媒体之外，还可以选用化学实验作为教学载体。如借助"蓝瓶子"、"水底花园"、"无中生有"等实验激发学生学习化学的兴趣，吸引学生的有意注意。因此，在化学说课中引入化学实验，能提高说课的丰富性、生动性与趣味性，提升说课的效果，另一则也符合化学学科以实验为基础的特点，彰显学科特色。

但是，在说课时，教师是不可能真正进行演示实验与学生在场的实验，该如何处理呢？一般而言，可以根据所选择实验的具体状况分别处理。如是选择书本已为教师们所熟知的常规实验，只需向听者告知即可。但如果是非书本实验或是有改进的书本实验则需要进行详细说明，可按如下方法进行：如果改造实验属于单个(或数个互不发生联系的)试管实验，则只需简单说明药品与用量，并简述实验现象；如果是属于气体制取实验等较为复杂的实验、属于研究仪器与装置的实验、属于应用了自制或自创仪器的实验(如微型实验与生活替代品实验)等就需要画出仪器(或装置)的示意图，详细讲解仪器(或装置)各部分的作用，然后再阐述使用的药品与具体的操作步骤(如操作步骤较复杂，或操作步骤对实验结果有较大影响的还应板书实验步骤)，最后说明改造实验与原实验相比的优越性。

本书总论中已对学科说课的理论运用策略、程序设计策略和情感策略作过详细论述。在此，从化学学科新课改的理念出发，结合化学学科有别于其他文化学科个性化特性上，侧重阐述如下三方面的具体策略。

---

[1] 中华人民共和国教育部制订，《全日制义务教育化学课程标准(实验稿)》，北京师范大学出版社 2001 年版

3.2 充分显现化学教学"过程与方法"策略

"过程与方法"目标的提出,强调学生过程性学习和学习中的体验。化学学科教学中的"过程与方法"目标的价值追求是什么?四川省一位化学特级教师在一篇专论中指出:"过程与方法这一课程目标维度包含了四方面内容,概括起来就是通过探究活动认识科学探究的基本过程,初步学会观察、实验方法等获取有关信息和对信息进行加工,能解决一些简单的化学问题,能与人交流、合作且清楚表达自己的观点,养成良好的学习习惯与方法。"

3.2.1 化学说课中要体现"过程与方法"的价值追求

新课改的三维目标的制定,表明新课程将以学科为本走向学生发展为本,体现人文主义的教育观。化学教学过程应成为学生学习、探究的过程。作为以实验为基础的学科,教学构思、设计要集中体现"过程与方法"如下几个价值取向。

(1) 在过程中体验化学的科学价值、社会价值与生活价值;

(2) 在过程中,要以建构主义思想合理搭建化学知识体系与结构,从中让学生形成完整而系统的化学知识;

(3) 在过程中发展化学学科能力,掌握化学学科科学方法。要加强以化学基础知识和技能为中心的各种能力和科学方法的训练。在化学教学中加强宏观和微观相结合的思维方式的训练,以利于培养学生的创新技能;

(4) 在过程中形成正确的化学情感、态度与价值观。化学学习是一种有意义的活动,即所学的内容与生活、社会、自然界有着密切的联系,让学生带着对自然界中化学现象的兴趣性和探究欲,关心生活中的化学,这正是学好化学所必需的。在过程中逐步培养学生环保意识,认识"绿色化学",发挥化学在改善个人生活和促进社会发展中的作用,充分认识人与自然协调发展中的作用,充分认识人与自然协调发展的必然性等都是情感目标的具体内容。

3.2.2 说"过程与方法"中要反映教学情境与问题构思

以实验为本的化学与生活息息相关;以形象思维与抽象思维兼而有之的化学,要求化学教学直观形象。教师在说课时,在介绍教学过程设计中,要特别重视"情境"创设以及相关的问题探究。

例如,一位化学教师在讲《含硫化合物的性质和应用》的时候,设计出这样的情境:拿庆祝用的鞭炮,取出里面的火药放在石棉网上点燃,放出的气体能使品红试液润湿的滤纸褪色;讲《原电池》时,把音乐贺卡的电池展示给学生,鞭炮、音乐贺卡都是生活中常见的,学生感到亲切,就会产生强烈的求知欲。

凡涉及化学概念、原理或反映规律的内容,教师一方面要加强实验教学,指导学生学会观察,另一方面要设计各种层次与因果关系密切的问题,让学生学会探究,让学生在解决问题中学习。

如在讲"溶解度"一节时,教师提出三个小问题让学生思考:①为什么饱和溶液和不饱和溶液能相互溶化?②转化条件是什么?③饱和溶液是否一定是浓溶液,不饱和溶液是否一定是稀溶液?这样由浅入深,层层设问,让学生逐题回答,教学也随之逐步深入,环环相接,促进学生最大限度的参与,始终处于不断探索新知识的状态中,达到提高了课堂教学效果。

一位初中化学特级教师提出在指导学生问题探究中,要让学生获得两方面才能:一是能自己提出问题并进行初步探究,初步学会观察、实验等方法获取信息以及对信息运用比较、分类、归纳、概括等方法进行加工处理;二是用联系与变化的观点解答化学现象,解决一些简单的化学问题。

说课中说"教学情境"是教师预设的,可以根据自己的经验来判断这种情境的预期效果。如果是课后说课,那么这种"教学情境"就要增加现场效果的评价与自己的体会。

说课中说"问题的构思",要围绕如下几方面展开:说课教师首先要介绍为了什么目的与意图,设计了哪些问题,这些问题的展开是在怎样的情境中进行的,这些问题对教学知识点的掌握和思维的训练会带来怎样的效果等。

安徽省宣州市文昌中学蒋玉华等两位教师撰写的《盐酸》说课稿用表格式纵横项结合,说理说意图与教学过程方法相结合的表达形式,很好地体现了新课改理念,也把说课的说理性充分而详尽地表现出来,如表3.1所示。

表3.1 说课稿

教学环节	教学设计(简要)	设计意图
复习	以提问方式进行	再现旧知识,为学好本课时知识做好铺垫,有利于新旧知识衔接
引入	直接引入	开门见山,使学生目标明确
设疑探述	打开盛浓HCl瓶盖观察到什么现象?它是怎样形成的?	使学生能抓住一闪即逝的现象,培养他们的观察能力
阅读	指导学生阅读有关盐酸物理性质一段	培养学生自学能力、分析归纳能力
复习提问	二氧化碳通入紫色石蕊试液中的现象?为什么会有此现象?	复习旧知识,引出新知识
实验	演示实验,指导学生观察现象,并记下各种现象,填写表格	培养学生认真观察,思考能力,同时也激发学生的学习兴趣
复习提问	写出Zn+HCl,Fe+HCl反应的化学方程式	回忆旧知识,获取新知识,突破难点
实验	演示盐酸与铁锈、氢氧化铜、硝酸银反应,让学生观察现象的同时思考问题	让实验带路,通过直观印象,让学生记住知识,同时也培养了学生各种能力
讨论总结	从化学方程式入手,总结出各种反映所代表的反应类型	让学生学会认识从个别到总体的科学方法
提问设疑	讨论各反映类型及特点,获得复分解反映概念	用比较的方法,突破难点
练习	学生讨论,教师总结	讲练结合,通过练习使知识深化、固化、活化
讨论总结	在认识盐酸性质的基础上,总结其用途	让学生了解所学知识在生产实际中的用途,做到理论联系实际
教师小结	①盐酸的性质;②盐酸的用途;③复分解反应	可使知识系统化、条理化
作业布置		收集反馈信息

3.3 彰显化学实验教学育人功能的策略

化学实验既是化学教师教学的工具与载体,又是学生学习化学的重要方法。因此,化学备课和备课之后转化为说课的说稿都要以实验教学为主旋律来展开教学的过程设计。

实验和科学探究活动是学生形成化学核心能力最重要的方法。化学课改新理念要求改变传统的教学实验方式,要尽可能给学生创设探究的情境、氛围与条件,让学生在实验过程中进行提出问题、假设与猜想、设计与论证、实验与探究,收集信息、解释与结论以及反思与评价等系列的科学探究活动。

例如讲"水的组成",要求学生"认识水的组成",教师若不安排做"电解水"的实验,几乎无法完成任务,但仅仅是设计成实验验证,不增加一些问题与情境,这种实验又仅仅是一种"结论"和"告知",这就缺乏教育性。"水的组成"的另一个教学目标是"了解并区分单质和化合物"。教师就要充分利用"学生关于水的生活经验"和"已有的氧气、氢气的检验"知识,继而引导学生通过观察"检验电解前后物质性质的改变"的实验,再结合已学过的其他化学物质的组成来进行对比分析,作出合理判断。

说课活动中,教师说化学实验教学应围绕如下几方面展开。

一是本堂课化学实验的项目内容是什么,其目的与意图是什么;

二是是否有对传统的化学实验在形式、方法和组织过程上的改革和创新;

三是教师怎样提供给学生认识化学规律的感性材料,如何引导与培养学生养成实验的科学规范,怎样培养学生观察、思维等能力与方法;

四是如何组织和指导学生写好实验报告。

在化学教学设计与化学说课中,说明教师的实验演示和学生亲自参与实验的组织、指导过程的同时,还可以实现如下的教育教学目标。

一是进行科学态度教育,通过实验,培养学生细致观察、善于辨别、耐心操作和一丝不苟的精神;严格程序、分工合作、翔实记录、实事求是的科学态度。

二是进行环境教育。化学实验项目中有许多内容与社会环保、生活中的环保有关,让学生懂得环保途径与方法的同时,也懂得珍惜资源,保护生态环境,增强环保意识与环保的社会责任感。

三是培养意志力和合作精神。有些实验需要众人分工合作,各司其职共同完成;有些实验比较复杂,容易失败,需反复操作才能成功。这些实验在教师指导帮助下,从中可以磨炼学生的意志,克服急躁心理,增强学生坚韧性。还有些实验具有挑战性或危险性,在加强安全教育和科学程序的严密性教育后,当学生完成实验从险境中获得成功时,就会有一种战胜困难的成就感和自信心。

可见,化学实验教学的说课不仅讲清前面提到的四个方面,知识性、程序性的实验内容与项目,还要在实验的教育性和德育过程性上作进一步探讨。上述的三个方面在说课中应结合课的实际内容,将其分列于"说教学目标"、"说教学过程"和"说教学方法"之中,使化学实验教学更充分全面地发挥其育人功能。

南京市秦淮区教师进修学校的李雪梅老师,在初中化学《铁的性质》的说课中,结合本节课实验探究方案,对其中的情感和价值观目标作了比较全面的表述:

(1) 通过收集的资料和研究性学习的有关内容,使学生树立珍惜资源、合理利用资源的观念;

(2) 通过实验方案的设计和探究,增强学生对化学的好奇心和探究欲,激发学生的学习兴趣;

(3) 通过课前资料收集、小组合作研究性学习,发展学生善于合作、勤于思考、勇于创新和实践的科学精神;

(4) 通过我国钢铁史学习,增强学生热爱祖国的情感,树立为民族振兴、为社会进步学习化学的志向。

3.4 突出生活性与主体性策略

化学源于生活,化学研究所得出的规律必须回归生活,为生活实践服务。新课改提出"身边的化学物质"、"化学与社会发展"的构思,要落实在化学课堂教学中,不仅要收集、整理与化学相关的现实生活实例、轶事、故事等充实教学内容,还要结合学生的兴趣和生活经验,让学生主动、能动地去体验与感悟。

初中化学课程标准中提出了五大学习主题——科学探究、身边的化学物质、物质构成的奥妙、物质的化学变化、化学和社会发展等,已从根本上改变了过分偏重学科知识的倾向,更加符合初中学生的认知特点和发展需要,有较强的时代感和现实性。由此可见,化学新课堂教学以及与之相呼应的说课,显然要进一步把学生学习主体性放在更为重要的位置上。我们在说课时,不仅说教材、说教法,还要深入具体地说学情、说学法。

办法之一是全面了解学生学情,从知识、技能、情感与态度等方面作深入了解,从中掌握具体的学生认知水准和认知规律;

办法之二是换位思考,从学生的角度出发,去看待问题、思考问题,进而拿出最符合学生认知规律和口味的教学设计;

方法之三是结合化学实验教学,引进问题探究式教学方法,在训练发散思维和收敛思维中,开展以学生为主体的创新教育。

例如,黑龙江省大庆市实验中学潘秋萍等撰写的试说《摩尔》课的"教材处理"中,可以看出潘老师等不仅学情分析细致,教法针对性强,而且学法指导也十分符合新课改要求:

任何化学基本概念,可依其特点,通过不同方式进行教学,摩尔概念教学,教师往往从现代化学观点出发,阐述摩尔概念,注重分析摩尔定义,揭示摩尔概念的内涵与外延,这样教学固然有利于培养学生思维的严密性及掌握知识的准确性,但它却忽视了摩尔的形成过程,以及与其他概念之间的关系和重要性,这对刚刚从初中升入高中的学生来说,他们的知识和能力还需要有个过渡。学生常常对采用摩尔概念的原因,感到难以理解,这样,不仅抑制了他们的学习动机和兴趣,而且使他们对概念的理解呈现孤立、间断的状态,影响了智力发展。鉴于以上原因,在处理这节教学内容时,除注意吸收一般摩尔教学的长处以外,还应特别注意解决以下三个问题:①补充相关化学史内容,让学生了解摩尔形成的必要性,诱发其学习动机。②讲清物质的量所研究的对象,因为摩尔作为物质的量的单位,是与物质的量紧密结合在一起的,因此,要使学生顺利掌握摩尔概念,介绍物质的量这一物理量至关重要。③让学生真正明白摩尔这一单位的科学性、重要性,为今后使用摩尔这一单位打下良好的情感基础。为此,对教材的知识结构作适当调整,可按如下一条知识主线组织教学,化学史→物质的量→摩尔→摩尔的量,这样有利于学生在学习过程中逐步建立和完善思维系统化的整体结构。

思考题

1. 用表格结构来呈现说课的说理与程序,它能起着纵横联系和"做"与"悟"的结合,请你也设计一份相类似的说课稿。

2. 化学的生活性与社会性要靠教师观察和洞察周围的世界,请以此作为研究主题,写一篇富有特色的说课稿。

科 学 学 科

1. 科学学科特点

科学是一门综合课程,它既不同于传统的分科理科课程,又不同于传统的综合理科课程,而是一门全新的、具有现代意义的科学课程。它包含了生命科学,物质科学,地球、宇宙和空间科学三大领域和科学探究,科学知识与技能,科学态度、情感与价值观,科学、技术与社会等四个方面;核心理念是全面提高每一个学生的科学素养;突出特点是"整合"。

1.1 整合性

科学新课程超越了学科界限,统筹设计,整体规划,强调各学科领域知识的相互渗透和联系整合。它以自然界的统一规律——结构规律和运动规律为线索,科学知识领域,从生命科学、物质科学和地球、宇宙和空间科学三个方面展开。并考虑到7~9年级学生正处于从具体形象思维向抽象思维过渡的阶段,教材随着学生思维的发展过程分成三个阶段:认识自然阶段、寻找规律阶段、探究本质阶段。三个阶段都紧紧围绕"结构规律和运动规律"这一线索。7年级"认识自然"是以定性观察和描述性内容为主,让学生对整个自然界形成感性认识,它是"探究规律"的基础。8年级"寻找规律"则以学生对大自然的认识为基础,从非生物界到生物界,从静的到动的,总结出整个自然界的结构规律和运动规律;9年级"探究本质"则从科学家眼中看自然界的两大规律,运动变化是绝对的,运动变化中又有不变,物质的宏观性质是由一定的结构规律与之相适应,最后突出探究科学的本质是为了应用科学。三个阶段紧紧围绕线索,环环相扣,由浅入深地安排整个内容,从而让学生对整个自然界有整体认识,找出统一的规律。

这样的安排,有助于学生从整体上认识自然和科学,根据统一的科学概念、原理和各领域知识之间的联系来建立开放型的知识结构;有助于学生知识的迁移和学习能力的发展;有助于对学生科学探究能力培养的总体安排,使学生得到全面的科学方法的训练;有助于学生较为全面地关注和分析与科学技术相关的社会生活问题,获得对科学、技术与社会关系的理解;能够更好地培养学生的科学素养,为今后进一步学习或走入社会打下坚实的基础。

1.2 基础性

科学新课程面向全体学生,立足于每个学生科学素质的培养,体现了具有基础性的特点。其选取的知识内容范围上扩大了知识的广度,即让学生广泛认识事实和概念方面的知识("是什么"),增加了有关的资料、信息,尤其是现代新科技信息,削减了需要记忆的公式、结论和技巧训练的内容,降低传统意义上教学内容的难度。在此基础上,精选自然原理和规律的知识("为什么"),使学生认识探索问题的思维方式和途径;构建并突出"怎么做"的知识,注重理解科学探究的过程和科学对社会的影响。

1.3 实践性

从培养学生的科学素养的角度来讲,我们要让学生学习的知识从静态性、确定性知识转移到动态性、过程性知识,教学的难度从注重记忆结论转移到注重认识科学过程上。因此科学课程把实践活动(包括学生动手操作、查阅资料分析信息、实验、小制作、课外活动等)作为对学生进行科学认知过程和科学素养培养的重要手段和途径,注重让学生应用学到的科学知识、科学思维方法解决社会生活实际中的综合性问题,充分体现了科学课程的实践性特点。

思考题

1. 请用实例谈谈你对科学学科的整合性特点的理解。你认为"整合性"特点怎样体现在备课说课中?

2. 科学学科基础性的"是什么"、"为什么"和"怎么做"三个问题,你认为应当怎样落实到教学过程中?

2. 科学学科课改新理念

2.1 科学课程的基本理念

全面提高每个学生的科学素养是科学课程的核心理念。

2.1.1 面向全体学生

科学课程(7~9年级)是国家九年义务教育课程的一个组成部分,《全日制义务教育科学(7~9年级)课程标准(实验稿)》是学生在接受了九年义务教育之后应当达到的科学素养的基本目标。无论学生存在着怎样的地区、民族、经济条件、文化背景的差异和性别、天资、兴趣的差别,科学课程均为每个学生提供公平的学习科学的机会,这是由义务教育的性质决定的。

面向全体学生,还意味着照顾学生的个体差异,使每个学生学习科学的潜能都得到充分发展。

2.1.2 立足学生发展

科学课程(7~9年级)是学生学习科学的入门课程,应全面培养学生的科学素养,为他们的终身发展奠定基础。

学生对科学的兴趣是学习科学最直接和持久的内部动力,对学生今后的发展至关重要。本课程在内容的选择和组织上,从学生的实际出发,注重创设学习科学的情境,激发好奇心与求知欲,使学生在探究过程中体验学习科学的乐趣。

在科学教育过程中,应重视科学课程本身所蕴涵的德育要素,进行爱国主义、集体主义和社会主义教育,以及科学思想、科学精神的教育,与其他课程及各教育环节一起,共同为学生形成正确的世界观、人生观与价值观奠定基础。

科学教育是一个能动的过程,应当通过学生自主的探究等活动来实现教育目标。教师应根据《全日制义务教育科学(7~9年级)课程标准(实验稿)》能动地发挥作用,成为学生学习活动的组织者、引导者和规范者,使学生的科学素养在主动学习科学的过程中得到发展。

2.1.3 体现科学本质

科学课程要引导学生初步认识科学本质,逐步领悟自然界的事物是互相联系的,科学是人们对自然规律的认识,必须接受实践的检验,并且通过科学探究而不断发展。还应当使学生认识到科学、技术与社会有着密切的联系,科学是一项人人都应当关注的社会事业。所有这些对培养学生的科学态度、科学价值观以及对科学的良好情感都有重要的作用。

2.1.4 突出科学探究

发展学生的科学素养离不开科学的学习过程,科学的核心是探究,教育的重要目标是促进学生的发展,科学课程应当体现这两者的结合,突出科学探究的学习方式。应给学生提供充分的科学探究的机会,让学生通过手脑并用的探究活动,体验探究活动的曲折和乐趣,学习科学方法,发展科学探究所需要的能力并增进对科学探究的理解。

科学探究是一种让学生理解科学知识的重要学习方式,但不是唯一的方式。教学中要求运用各种教学方式与策略,让学生把从探究中获得的知识与从其他方式获得的知识联系起来,奠定可广泛迁移的科学知识基础。

2.1.5 反映当代科学成果

科学在不断发展,它具有鲜明的时代特征。科学课堂要反映当代的科学成果和新的科学思想。应当让学生了解一些现代科学技术知识,了解现代科学技术对建设新农村、新城镇和改善人们物质与精神生活的作用,从而使他们意识到科学与自身和社会发展的密切关系,学好科学知识,提高科学素养,树立服务社会、振兴中华的理想。

2.2 科学课程的目标

2.2.1 总目标

科学课程以提高每个学生的科学素养为总目标。通过本课程的学习,学生将保持对自然现象较强的好奇心和求知欲,养成与自然界和谐相处的生活态度;了解或理解基本的科学知识,学会或掌握一定的基本技能,并能用它们解释常见的自然现象,解决一些实际问题;初步形成对自然界的整体认识和科学的世界观;增进对科学探究的理解,初步养成科学探究的习惯,培养创新意识和实践能力;形成崇尚科学、反对迷信、以科学的知识和态度解决个人问题的意识;了解科学技术是第一生产力,初步形成可持续发展的观念,并能关注科学、技术与社会的相互影响。

2.2.2 分目标

科学课程的分目标包括四个方面:科学探究(过程、方法与能力),科学知识与技能,科学态度、情感与价值观,科学、技术与社会的关系。

(1) 科学探究(过程、方法与能力)

在科学课程中,学生将通过科学探究等方式理解科学知识,学习科学技能,体验科学过程与方法,初步理解科学本质,形成科学态度、情感与价值观,培养创新意识和实践能力。具体包括以下内容:

发展观察现象和提出问题的能力,增进对提出问题意义的理解;

发展提出猜想和形成假设的能力,了解假设对科学探究的作用;

发展指定计划、进行简单的实验设计和手脑并用的实践能力,认识实验在科学探究中的重要性;

发展收集信息和处理信息的能力,理解收集、处理信息的技术对科学探究的意义;

发展科学解释和评价的能力,了解科学探究需要运用科学原理、模型和理论;

发展表达和交流的能力,认识表达和交流对科学发展的意义,认识探究的成果可能对科学决策产生积极的影响。

(2) 科学知识与技能

了解或理解基本科学事实、概念、原理和规律,学会或掌握相应的基本技能。能用所学知识解释生活和生产中的有关现象,解决有关问题。了解科学在现代生活和技术中的应用以及对社会发展的意义。

统一的科学概念和原理。在自然科学的发展过程中,形成了一些统一的概念和原理,它们反映了自然界的内在的同一性。通过科学课程的学习,学生将逐步加深对下列基本概念与原理的理解:物质、运动与相互作用,能量,信息,系统,结果与功能,演化,平衡,守恒。

生命科学领域。了解生命系统的构成层次,认识生物体的基本构造、生命活动的基本过程,以及人、健康、环境之间的相互关系。逐步领会生物体结构与功能的统一、生物体与环境的统一和进化的观念,认识生命系统是一个复杂的开放的物质系统。

物质科学领域。了解物质的一些基本性质,认识常见的物质运动形态,理解物质运动及其相互作用过程中的基本概念和原理。初步建立关于物质运动和物质结构的观念,认识能量转化与守恒的意义,会运用简单的模型解释物质的运动和特性。

地球、宇宙和空间科学领域。了解地球、太阳系和宇宙的基本情况及其运动变化的规律;了解人类在空间科学技术领域的成就及其重大意义;了解在人类生存的地球环境中阳光、大气、水、地壳、生物和土壤等是相互联系、相互影响、相互制约的整体,建立人与自然相处的观念。

(3) 科学态度、情感与价值观

科学态度、情感与价值观是科学精神的重要内容,是科学课程目标的重要方面,科学态度、情感与价值观的培养应该贯穿在科学教育的全过程。通过科学课程的学习,学生将:

① 对自然现象保持较强的求知欲,养成与自然界和谐相处的生活态度;

② 尊重科学原理,不断提高对科学的兴趣,关心科学技术的发展,反对迷信;

③ 逐步培养创新意识,敢于依据客观事实提出自己的见解,能听取和分析不同的意见,并能够根据科学事实修正自己的观点,初步养成善于与人交流、分享与协作的习惯,形成尊重别人劳动成果的意识;

④ 增强社会责任感,形成用科学技术知识为祖国和人民服务的意识。

(4) 科学、技术与社会的关系

理解科学、技术与社会的关系是现代公民科学素养的重要内涵,对这一部分内容的学习是培养学生理论联系实际的作风、参与社会决策的意识、形成可持续发展观念的关键。通过科学课程的学习,学生将:

① 初步认识科学推动技术进步、技术又促进科学发展的相互关系,初步认识社会需求是科学技术发展的强大动力;

② 了解科学技术在当代社会经济发展中已成为一种决定性因素,科学技术是第一生产力;

③ 了解科学技术对自然、人类生活和社会产生负面影响,初步懂得实施可持续发展战略的意义;

④ 了解科学技术不仅推动物质文明的进步,也促进精神文明的建设与发展,科学技术是一项重要的社会事业,每个公民都应该关心并有权利参与这项事业。

思考题

1. 科学新课程的核心理念是指向"每个学生的科学素养",你对"科学素养"一词的内涵与外延有何认识?在说课中应怎样体现呢?

2. 科学新课程的总目标和分目标有何内在联系?请结合一次说课详细解读自己的教学目标。

3. 科学说课内容的案例分析

科学说课一般包括对教材、学情的分析,教法、学法的选择,实验仪器准备、实验设计及多媒体课件的运用,教学程序、反馈评价、板书设计等内容。

3.1 说教材

3.1.1 说教材的作用与地位

说科学教材地位,指该教材在全学科中的位置,上下关联的状况以及在三维目标中的作用等。

此外，还可从知识体系、逻辑关系以及学生认知上来认定教材的地位与功能。下面是刘东晖老师关于《物质的密度》教材重要性的分析与确认：

要对所选内容的课时安排作出说明。

[案例3-1] 《物质的密度》一课说教材的作用与地位

密度是科学教学的重要内容，其理由有：①密度是学生学习科学过程中遇到的第一个重要物理概念，密度知识在工农业生产和生活中有广泛的应用，有利于在教学中渗透STS(科学—技术—社会)教育。②密度概念的教学中所包含的"用比值定义物理量"的方法是初中科学以及高中物理学习的重要的方法之一，通过实验探究建立密度概念的方法也是建立许多物理概念的科学方法。③由密度概念得出密度公式，由密度公式得出密度单位及其读法和意义等学习方法，对学生以后学习有指导作用，有利于知识迁移。④密度知识是学习压强、浮力等知识的基础。

综上所述，《物质的密度》在初中科学教材中处于重要地位。

下面是李立珂老师关于《氧气》教材在知识结构中的定位分析，以及教材教育功能的分析：

[案例3-2] 《氧气》(第一课时)一课说教材的作用与地位

本节内容选自华东师大版义务教育课程标准实验教科书《科学》初中一年级(7年级下)第二章《空气》中的第三节。包含了氧气的获得、氧气的性质和燃烧条件三部分内容，以氧气的性质把三部分内容有机地连接起来。教材把它放在空气的成分之后，二氧化碳之前，保持了知识的结构性，教材内容的系统性。

本节教材以实验为基础，利用双氧水和催化剂制得氧气，进一步通过观察实验认识氧气的性质，最后探索燃烧条件与灭火方法，层层深入，符合初中生从感性到理性的认知规律，更能激发学生的学习兴趣，培养学生的分析、推理能力，让学生在动手和动脑的同时体验探索科学的曲折和乐趣。

3.1.2 说教学目标

教学目标一般可从科学探究，科学知识与技能，科学态度、情感与价值观，科学、技术与社会的关系等方面来确定。

小学阶段课程目标重在"了解"、"认识"、"养成"、"尝试"、"想象"这些动词所指向的科学知识、技能与情感态度。

中学阶段则重点是科学素养的四个维度：科学探究；科学知识与技能；科学态度、情感与价值观；对科学、技术与社会之间关系的理解。

下面是郑琼老师关于《分子》教材说教学目标及确定目标的依据。

[案例3-3] 《分子》一课说教学目标及确定目标的依据

（1）认知目标

理解分子的含义；了解分子运动论和扩散现象。

（2）技能目标

在实验中培养学生的观察能力。在对分子概念的理解和深化中培养学生的逻辑思维能力。在巩固练习中，培养学生灵活运用知识的能力。

（3）思想情感目标

对学生进行世界的物质性、物质运动的永恒性、物质的可分性以及纯与不纯的相对性的辩证唯物主义教育。

下面是严红老师关于《土壤污染的防治》说教学目标及确定目标的依据。

[案例3-4] 《土壤污染的防治》一课说教学目标及确定目标的依据

（1）知识与技能目标

① 了解土壤污染的来源、主要途径以及污染物质种类，认识土壤污染的危害性。

② 知道土壤污染和人类活动密切相关。
③ 懂得防止土壤污染的重要性和主要措施。
(2) 过程与方法目标
① 通过"土壤酸碱度对植物的影响"活动设计,了解土壤酸碱性变化影响植物的正常生长。
② 通过调查活动了解本地土壤利用、污染和保护方法的情况。
(3) 情感、态度与价值观目标
① 组织开展以土壤污染为主题的调查活动,初步了解土壤污染给人类带来的严重危害。
② 养成关注环境、热爱自然的情感。

3.1.3 说重点、难点的确定及依据

抓重点、突破难点是不同的课堂教学结构取得最佳教学效果所采用的共同的方法。科学学科中的"科学素养"的核心知识、"科学探究的基本技能以及科学态度"都应作为重点内容。缺乏感性认识的抽象的知识,逻辑性强的、应用时需考虑相关因素比较多的、思维要求高的知识及难以记忆的知识等均属于难点。

下面是竺定天老师关于《探索宇宙》说重点、难点的确定及依据。

[案例3-5]《探索宇宙》一课说重点、难点的确定及依据

教学重点:太阳系的构成及八大行星的主要特征;银河系的构成、大小和形状;宇宙的层次性。

确定依据:太阳系和银河系是人类所在的恒星系和星系,也是人类所能探索到的第一个恒星系和星系。八大行星既是太阳系的重要组成部分,也是地球的左邻右舍。只有了解它们才能更好地认识地球在宇宙中的位置。宇宙的层次性体现了"宇宙是物质的,物质是运动的,运动是有规律的"这一科学基本观念。所以确定上述内容为本节的重点。

突破方法:

① 太阳系的构成采用播放太阳系动态模型课件,让学生制作太阳系简单模型图,提供八大行星离太阳远近口诀等方法进行突破。

② 八大行星的主要特征,银河系的构成、大小和形状及宇宙的层次性采用教师提供资料、播放相应课件,使学生获得丰富的感性认识和体验等方法进行突破。

教学难点:宇宙是膨胀的、无边无际的。

确定依据:学生平常体会不到宇宙在膨胀,所以学生很难想象宇宙在膨胀。学生平常所观察到的物体都是有大小的,很难想象宇宙是无边无际的。

突破方法:

① 通过提供宇宙中星体间的距离越来越大的事实,以及通过吹气球类比等增加学生的感性体验进行突破。

② 通过讲述人类认识宇宙的历史即从地心说→日心说→星系→现在,来说明人类的认识范围一直在不断扩大,而且还会扩大。再通过生动的比喻:人类相对于宇宙,好比鱼儿相对于海洋,蚂蚁相对于大地,最终使学生感受到宇宙是无边无际的这一事实。

以上案例的说明分析都比较详细,针对性强,用"确定依据"与"突破方法"来说理,充分显现出说课的本质特征。但是重点确定的主要原因中应指出:"八大行星"是"探索宇宙"中的核心内容,又是科学学科的知识中"物质世界"的重要内容,这才是作为教学重点的最主要原因。

3.2 说学情

新课程强调对学生科学素养、科学探究与科学实践的教育,这就要求教师要充分了解学生,内

容包括认知基础、生活经验、学习中的心理特点等,不了解这些就无法设计一种适应学生的课堂。下面关于 CO_2 制取的说学情,江苏省无锡市甘露学校李红老师从三个方面作了具体分析。

[案例3-6]《二氧化碳制取的研究》一课说学情

(1) 说已有知识和经验

① 在日常生活和小学《自然》学科的学习中,学生对二氧化碳的性质及获取二氧化碳的几种途径有了一定的生活体验和知识积累。为此,在进行本课题教学时,要充分利用这些经验创设教学情境,使学生在小组讨论中对实验室制取气体的几个基本原则有一个大概的了解。

② 学生在课题"制取氧气"的学习中,已初步了解了气体的制取不仅要考虑反应原理,还要根据药品的状态、反应条件、气体的性质等选择发生装置和收集装置。因此,在进行本课题教学时,要善于采取对比的方法组织讨论和交流,使学生在回忆、对比、分析、归纳、实验等过程中形成制取气体的一般思路和方法。

(2) 说学习方法和技巧

组织讨论和实施探究是学好本课题的重要方法。教学中,要充分利用教材所呈现的一组实验室制取二氧化碳的常规仪器模型,组织用"拼凑"图片的方法来探究实验室制取二氧化碳的有关原理。为此,可把这些图片复印放大,让学生先通过"拼凑"这些仪器模型的方法来设计实验室制取二氧化碳的发生装置和收集装置,再组织小组交流与展示,从中培养学生的创新意识。

(3) 说个性发展和群体提高

本课题设置的模型探究活动对于学生来说具有更强的挑战性,要求学生不仅要有一定的动手能力,还要有更强的抽象思维能力。因此,在学习过程中,尤其要关注那些平时动手能力比较弱的学生,鼓励他们大胆动手、勤于思考、敢于质疑,使他们积极参与到整个探究活动中;而对那些平时动手能力较强的学生,要积极引导他们学会合作、学会交流,在动手操作中养成善于争鸣、勇于创新的科学态度。使各类学生通过本次探究活动,都能有所收获、提高和发展。

以上案例从学生"已学"、"已知"的分析入手,引出相应的学法,加强学法指导。组织教学中又关注了"个别生"与"群体"的差异教学,这种"说学情"是把"基础条件"与"教学措施"紧密联系起来表达,说理性较强。

3.3 说教法、学法的确定及依据

科学是一门综合学科,一节课的教法和学法也往往是多种方法的组合。科学教学方法多种多样,为了加强实验教学,有实验法、练习法;为了丰富感性认识,发展学生的感知能力,可以选用演示法、分组实验法、观察法;使学生正确理解概念、规律的方法有:讲授法、谈话法、启发法、发现法等。教学手段包括语言和教具两大类,教具有普通教具(挂图、板画、模型)和现代教具(录音、投影、录像、计算机多媒体等)。具体说教法应注意以下几点:①说选择的主要教法和辅助教法的内容,以及教学后手段的内容;②说教法和教学手段的依据;③说突出重点、突破难点的实验方法及操作,或所需预备知识及典型例题;④说所选教法和教学手段的注意事项,着重说明实验操作的要领、观察的重点。

确定教法和学法的出发点是突出学生在学习过程的主体地位,最大限度地发挥教师的主导、调控作用,营造生动活泼、平等、民主、和谐的教学氛围,促进学生的个性发展,从而落实课堂的教学目标。学法的选择及学法的指导是说课中的画龙点睛之笔。

科学探究作为让学生理解科学知识的重要的学习方式被广大教师用于课堂教学,但要注意并不是所有学习内容都适合探究,也不一定要完整的探究过程,要根据学情和学习的内容来确定是否进行科学探究和怎样探究,以获得最大的教学效益。

上海市南汇网络培训学员王国建老师说教法的案例如下。

[案例3—7]《如何正确书写化学方程式》一课说教学方法的选取

本节课以学生的活动为主,让学生在"想一想、猜一猜、试一试、练一练、议一议、做一做"的教学流程中不知不觉获取新知识。为了充分调动学生的积极性,变"要我学"为"我要学",在整个教学过程中,以学生的主动探索为主,教师的引导、点拨为辅,并充分利用多媒体及化学实验辅助教学。从而激发学生的求知欲望,提高课堂效率。

(1) 启发式教学

通过对旧知识的回顾及新知识的学习,尽可能在启发学生的前提下,依据质量守恒定律,由学生推理出如何正确书写化学方程式,培养学生对知识的迁移能力。

(2) 实验教学法

化学实验是激发学生的好奇心和求知欲的重要手段,能让学生产生浓厚的兴趣和好奇心,使得学生自愿地加入探索问题、发现问题、解决问题的教学活动中来。因此,在教学中,演示氢氧化钠与硫酸铜的反应等实验,一方面激发学生学习化学的兴趣,另一方面培养学生对实验的观察能力,加深了对知识点的记忆,对实验现象的分析能力,从而能自主地解决问题。

(3) 多媒体电化教学

多媒体教学直观形象,新颖生动,不仅能把知识更多、更快地传授给学生,还节省了时间,增加了课的容量,有效地提高课堂教学效率。在教学中,通过多媒体展示图片,可增强学生对知识点的学习兴趣,激发学生的内在动力,加深对知识点的理解。通过一些动画演示实验的过程,使每一个学生能清楚地观察到现象,面向全体学生,关注每个学生的发展。精选的习题通过投影显示出来,可节省时间,让学生有时间去考虑问题,解决问题。

上述案例中的教法,其实主要是实验教学法,启发式只是一种引入课程的过渡性方法,多媒体教学在此主要是作为一种教学手段来使用。

下面是杜江老师关于说教学方法选取的案例。

[案例3—8]《体温的控制》一课说教学方法的选取

学生对体温的控制已有体会,但认识欠细致,根据教材内容的特点,我认为教学中必须以学生为中心,以启发式教学为主,适度地采用探究的方法。

(1) 启发式教学法

本节以人体体温为研究对象,学生通过自身感知,已形成了相关的认识。教学中通过自主思考、讨论、交流后,学生能建立起知识,不必由教师填鸭式的讲述来越俎代庖。因此应充分采用启发式教学法,教师以问题为切入口,层层质疑,引导学生积极思考,鼓励学生交流与讨论,师生共同解释疑惑。其流程为:教师设问→学生独立思考→学生间交流与合作→师生共同归纳总结→巩固相关结论。以此来激发学生的思维,突出重点,突破难点。

(2) 探究式教学法

科学的核心是探究,科学探究是让学生理解科学知识的重要学习方式之一。对"探究"可从不同侧面进行分类:①从探究的要素和特征上,可分为部分探究和完整探究。②可根据知道与开放程度不同,分为不同的层次。③从探究的形式上看,有实验探究、理论探究等。可见探究并不神秘,不是必做实验,过程不一定十分完整,也不一定要花很长时间。根据教材的具体内容,教师应选取最佳的探究类型,设计恰当的探究活动,给学生提供充分的探究机会,使课堂教学焕发活力,努力提高学生的探究能力,加强知识的理解和应用。

上述两种方法十分适用于教学对象,杜老师把实验理由——用法——教育功能联系起来,分析得比较透彻。

3.4 说实验设计及教学媒体的选择与运用

科学是以实验为基础的学科,实验对知识的学习、能力的培养、方法的运用及学习兴趣的激发都有极为重要的作用。说课应对实验的器材要求、实验的目的及设计、自制教具的使用、实验的改进等作必要的说明。使用多媒体,要说一说课件的内容及特点,如说一说课件在为学生提供感性材料、建立共同经验,使抽象知识具体化,在事物或事物的发生转化中的作用;调动学生多种感官协同参与感知等方面的作用和意义。

上海市南汇区网络培训学员张明军说实验设计及教学媒体的选择与运用的案例如下。

[案例3-9] 《凸透镜成像》一课说实验设计及教学媒体的选择与运用

合理地使用自制教具、多媒体技术来辅助教学,能激发学生学习物理的兴趣,使学生在愉快心情中更好地接受和掌握所学的知识,提高对科学知识的认知、分析、口头表达的能力并促进其思维能力的发展,充分发挥出他们的创造能力。如引入课题时用自制的教具,可以引起学生注意,激发学生学习兴趣。用大烧瓶作放大镜,体现了物理学科的特点,即来源于生活、服务于生活。用Flash动画能启发学生思维和想象,用多媒体演示(Authorware)成像规律,有利于学生对所学知识的理解,激发学生参与学习的热情。

下面是付春燕老师的说课案例。

[案例3-10] 《人体的呼吸》一课说实验设计及教学媒体的选择与运用

实验室现有的教具"肋骨运动的演示"是平面的,不够形象,学生很难理解。除了自制"模拟膈肌运动装置",还可采用多媒体动画,通过立体的、直观的、动静结合的动画,结合教师的层层引导,启发学生积极思维,逐步使学生由感性到理性,认识理解呼吸运动,培养和发展学生的抽象思维能力。

3.5 说教学程序

说教学程序主要是说程序的整体构思、制定程序的策略及实施的简明步骤。一般可先拟定教学流程,再说编拟流程的策略。科学课的教学程序必须反映出如下基本内容。

(1) 新课的引入和知识的展开;
(2) 教学的基本环节和每一环节的教学内容;
(3) 各环节介绍中要细化突出重点、化解难点的具体做法;
(4) 有学生实验探究环节的要说出目的、任务、过程指导以及简要地评价内容与方式。
(5) 每节课学生所要达到的知识与技能的检测与评价。

浙江省海宁张晓艳老师说教学程序的案例如下。

[案例3-11] 《植物生殖方式的多样性》(第一课时)说教学程序

第一步:创设情境,整体感知

兴趣是最好的老师,恰当的新课导入能激发学生的兴趣,为教学创造最佳的学习氛围,新课伊始,我从"春天来了,许多植物会开出鲜艳的花,大自然会出现繁花似锦的美丽景色"将学生们引入春天。紧接着问:"根据你平时的观察,说说植物开花时节,花会发生什么变化?"这一问题一提出,学生们便热烈地讨论起来。由于观察的局限性,学生们只能看到表面的现象,如:含苞待放,蜜蜂采蜜等。这时我适当加以引导、点拨提示花结构会发生什么变化,继而通过动画展示让同学们从视觉上感受这个变化的过程。引导学生读图比较豌豆花和棉花的传粉方式有什么不同,带着问题,让学生自学、自主分析得出,发展学生观察思维能力。

第二步:提出问题,难度适当,引导学生,积极思考

"在课堂教学中的导入是要把教学引向学生的主动学习或是探究的开始,提问也不再是要求学生直接回答,而是能激发学生自主地提出更多有价值的问题。"基于以上考虑,我在接下来的教学中提出了一些难度适当并有一定开放性的问题,如:①你认为哪种传粉方式比较普遍;②你认为异花传粉的途径主要有哪些等。希望通过这些问题能使他们在想象、思维和表达的过程中,切实锻炼分析综合能力,增强他们参与学习的积极性。在这里多媒体帮了大忙,通过录像剪辑让这些对城里的孩子来说比较陌生的知识生动展现。学生的求知欲望非常强,在讲好虫媒花和风媒花后,我们班有同学这样问:"老师,梅花是虫媒花吗?"同学们听了,七嘴八舌讨论开来:"是啊!腊梅花很鲜艳,也很香,应该也会吸引昆虫吧!"我回答:"是。"学生接着问:"梅花开在冬天,这时天气寒冷没有昆虫,它怎么传粉呢?"其他学生紧张地看着我,还好我早早地查阅了这方面的资料,要不然对同学们可无法交待。学生们在学习新知识的同时,又能发现新问题,提出新观点,这便是我们最大的收获。孩子们返璞归真,他们渴求知识,他们积极思考,他们举起小手想要知道有关世界的所有"为什么"。

以上案例只是这堂课四个步骤中的前面两个,从情境创设到问题提出,逐步引导学生深度认识植物生殖方式的多样性,教师几乎把具体的教学过程、师生对话情境都像绘画中的"白描"一样作了交代。这种说程序显然是课后说课。其优缺点可作如下分析:①程序与过程清楚,构思的缘由在叙述中给予交代,让听者明白其详细的过程;②口语化、情境化便于听者接受,给人以亲近感;③由于突出了上述优势,带来的欠缺是"说理"不够充分,两个阶段的教学目标指向也不够清晰,似乎只在表白"我在课上做了什么"。

[案例3—12] 上海市南汇区网络培训学员施皓玉在上《嗅觉和味觉》一课时,设计了如下结构性程序(详细教学过程略):
(1) 创设问题情境,激发兴趣,导入新知
(2) 组织学生活动,解决问题,获得新识
① 观察探究活动:观察味蕾和人能感觉的四种基本味道;
② 分组设计探究活动:舌对基本味觉的感受;
③ 探究嗅觉器官是如何闻到气味的;
(3) 理论联系实际,应用知识,深化知识

上述结构性程序遵循从感性到理性、从观察到体验的认识探究过程,比较符合小学生的心理和知识基础。

思考题
1. 科学说课重在"说理",你认为科学课程与理化学科说理有何区别?要使科学说课更具有魅力和意义,你认为怎么说"理"比较有效?
2. 科学说课主要包含哪些方面?根据上述所提供的案例,请结合自己说课经历谈谈体会。

4. 科学学科说课的关注点

常规的科学说课,大致由说教材、说教学程序、说学生、说教法手段等几部分组成。根据科学学科特点和新课程的目标指向,科学学科在说课时尤其要关注如下几点。

4.1 突出科学课程标准分析和解读

科学学科新课标中,许多新观点、新理念要落实在教师的课堂之中,教师说课时要在分析教材时细化自己的认识与体会;要在教法中体现学法指导;要在教学中呈现学生的参与和体验。如7~

9年级科学素养的四个维度目标怎么落实到本节课的教材之中呢？3～6年级的科学行为习惯和生活习惯在本节课如何培养？科学普及性知识获得后教师如何指导学生学以致用？这些都是科学学科有别于其他学科的重要的说课内容。

4.2 突出探究式教学特点，体现先进的科学教育理念

科学课程目标中十分强调"体验"、"探究"、"合作"和"学以致用"。因此，探究式学习成为科学学科的主导教法和学法。

"探究式教学"强调科学概念、科学方法、科学态度三者的综合和对科学研究过程的理解。它的特点是：①学生学习是积极主动的；②学生是通过亲身实践获得知识与技能的，学习效率高；③教学由封闭走向开放，实现课内外的联合。

探究式教学的基本步骤是：①提出问题；②猜想与假设；③制定计划；④进行实验与收集证据；⑤分析论证；⑥评估；⑦交流与合作。

探究式教学，要求体现的科学教育理念为：①体现科学探究思想；②体现合作学习与自主学习的思想；③体现以实验为基础的思想；④体现 STS(科学—技术—社会)的教育思想；⑤体现综合优化的思想。这些现代教育理念对科学说课具有重要的指导意义。

4.3 突出教学特色与教学创新

科学课程是新课改中崭新的课程，它始终贯穿了以科学探究为主的思想，初中科学课程还有健康与生命、天文与空间科学等。这些都给教师提供了创新教学的广阔时空，教师要以新课改的创新理念来架构自己的教学特色。没有创新的教学就培养不出具有创新素质的人才。此外，学生个体的差异、教师教学风格和特长的差异、教学物质条件的差异等诸多因素都可能造成教学过程的千差万别。而教学过程的开放性也决定了教学说课内容必须不断推陈出新。因此，说课内容应突出教学特色与教学创新，力求具备针对性、独特性和创新性。

怎样才能做到有教学特色与教学创新呢？可以是对教材处理的与众不同，注重贴近学生的认知特点；可以是创设教学情境的新颖独特，注重激发学生的兴趣；也可以是设置教学问题的引人入胜，注重切合学生的最近发展区；还可以是组织指导学生活动的灵活多样，注重提高学生积极参与的欲望；更可以是教学悬念设置的耐人寻味，注重调动学生主动探究的积极性，等等。

思考题

1. 科学说课的关注点实际上就是科学说课中的学科性，对上述三个关注点你有自己的见解吗？

2. 你认为科学学科探究性教学应当采取怎样的教学策略，在"导"学、"践行"上有自己的经验吗？

信息技术学科

以说课为载体，展开课堂教学实践研究，是以教师专业发展为终极目的的教研方式创新。说课，是"四课"——备课、说课、上课、评课的中间环节；通过"说课"反思教学设计，能帮助一线教师提高课堂教学实践能力。怎样"说"好信息技术学科教学设计，本章将从认清信息技术教育的本质特征开始讨论。

1. 信息技术学科特点

1.1 信息技术学科的特点

信息技术学是一门高速发展的科学,近 30 年来,本学科从硬件研发到软件开发,从理论到应用,都以空前的速度向前发展着,带动了其学科教学内容的不断发展与更新。目前,信息技术作为现代科学技术的核心,已渗透到社会生活各个领域,改变着人们的工作、生活、思维方式,成为当代文化的主流之一。

信息技术学是一门高度综合的科学,它以数学、逻辑学、物理和电子学为基础,融合了语言学、心理学、工程学、信息论、控制论、系统论、材料学、光学、生物学等各大学科知识,同时还在发展中不断扩展着自己的内涵。

信息技术学是一门学科理论与应用技术几乎同步发展的科学。新理论及时付诸应用,尖端技术即刻普及,成为这个新兴学科的发展特色。

1.2 信息技术学科课程的特点

以培养学生信息素养为核心目标的信息技术学科课程,秉承信息技术科学特点,融合教育科学方法,形成独特的学科课程特点。

1.2.1 基础性与发展性

信息技术课程的基础性表现在它是各个学科全部教育活动的基础之一,也是学生在今后工作与生活中解决问题的基础,是学生在未来学习型社会中自我发展、持续发展的基础。

受信息技术高速发展的影响,信息技术课程内容具有极大的发展性、跳跃性和速成性。教学内容处于高速度、高淘汰并存的发展状态之中,如何选取信息技术中的基础知识和基本技能,选择核心的、适当稳定的学习内容,为学生终身发展打好基础,是本学科必须应对的挑战。

1.2.2 综合性与人文性

中小学信息技术课程兼有基础文化课程、劳动技术教育和职业教育的特点,也兼有学科课程、综合课程和活动课程的特点,其课程目标、内容、教学方法和评价方式都有综合性,"既包括信息技术的基础知识、信息技术的基本操作等技能性知识,也包括应用信息技术解决实际问题的方法,对信息技术过程、方法与结果评价的方法,信息技术在学习和生活中的应用,以及相关权利义务、伦理道德、法律法规等。"[①] 信息技术课程的人文性表现在:"课程为实现人的全面发展而设置,既表现出基本的工具价值又表现出丰富的文化价值,即既有恰当而充实的技术内涵,又体现科学精神,强化人文精神。"[②]

1.2.3 实践性与工具性

培养学生应用信息技术解决实际问题的能力,是信息技术课程的核心目标之一。信息技术是

[①] 教育部:《全日制普通高中信息技术课程标准》,2003 年 2 月
[②] 同上注

"人类通用的智力工具",学生的实际操作能力是其信息素养的重要标志。通过信息技术课程教学,可以使学生经过自己的实践操作、编程、信息重组等反复尝试和不断修改等实践活动,掌握信息技术学科的基本知识与基础技能,体悟信息文化内涵,知道如何以所学的信息技术知识作工具,解决学习和生活中的各种问题,形成信息检索、筛选、鉴别、使用、表达和创新的能力。

1.2.4 创造性与开放性

信息技术教育过程,是学生动手实践、独立创造的过程,在学生利用计算机进行学习的过程中,需要开动脑筋,大胆想象,这是信息技术学科教学创造性的特色使然。我们不能把信息技术教育按照学习一门传统学科的思维去教、去学、去考,那将窒息学生的创新精神。

信息技术的开放性[①]是指信息技术课程目标开放、教学内容开放、学生获取知识及掌握技能的开放、评价标准开放。

1.3 信息技术学科的内容与任务

《中小学信息技术课程指导纲要(试行)》[②]中,指出中小学信息技术课程的主要任务是:培养学生对信息技术的兴趣和意识,让学生了解和掌握信息技术基本知识和技能,了解信息技术的发展及其应用对人类日常生活和科学技术的深刻影响。通过信息技术课程使学生具有获取信息、传输信息、处理信息和应用信息的能力,教育学生正确认识和理解与信息技术相关的文化、伦理和社会等问题,负责任地使用信息技术;培养学生良好的信息素养,把信息技术作为支持终身学习和合作学习的手段,为适应信息社会的学习、工作和生活打下必要的基础。据此,形成下列课程任务。

1.3.1 各学段课程任务

信息技术课的核心价值是培养学生的信息素养。课程标准规定:小学主要训练学生的基本操作技能,以及对信息技术的初步了解,形成学生的感性经验;初中则着重让学生在信息技术应用中继续提高信息技术操作技能、综合应用技能,关注信息文化理念的形成;在高中阶段,使学生在技术应用能力继续提高的基础上,在感受、认识和理解信息文化的基础上,追求自由与信息文化的能力。[③]

1.3.2 课程设计思路与模块结构(以高中信息技术课程标准为例)

高中信息技术课程的设计体现如下三个特点:第一,信息技术应用能力与人文素养培养相融合的课程目标;第二,符合学生身心发展需求的课程内容;第三,有利于所有学生全面发展与个性发展的课程结构形式。

高中信息技术课程包括必修与选修两个部分,共六个模块。各模块之间的关系如图1.1所示。

必修部分只有"信息技术基础"一个模块,2学分。它与九年义务教育阶段相衔接,是信息素养培养的基础。选修部分包括"算法与程序设计"等五个模块。帮助学生在必修模块的基础上,关注

---

① 陈至立:《抓住机遇,加快发展,在中小学大力普及信息技术教育——在全国中小学信息技术教育工作会议上的报告》,2000年10月
② 《中小学信息技术课程指导纲要(试行)》,http://www.edu.cn/20020327/3023657.shtml
③ 李艺、朱彩兰、董玉琦:《普通高中信息技术课程标准及其研制概述》,《中国电化教育》2003年第7期

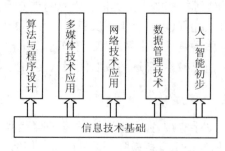

图 1.1 高中信息技术课程包括的内容

技术能力与人文素养的双重建构,是支持个性发展的平台。

1.4 信息技术学科的教学特点

经过新课程实验洗礼,信息技术学科教学特色逐步彰显,其最显著的教学特点,是以现代教育技术①为理论基础,以学生为主体的教学方式创新。祝智庭教授引用(B. Means 等)《用教育技术支持教育改革》一文中传统教学与革新教学之特征对照表,②说明革新教学与传统教学的差异。

表 1.1 传统教学与革新教学对照表

传统的教学	革新的教学
教师指导	学生探索
说教性的讲授	交互性的指导
单学科、脱离情境的孤立教学模式	带务实任务的多学科延伸
个体作业	协同作业
教师作为知识施与者	教师作为帮促者
同质分组(按能力)	异质分组
针对事实性知识和离散技能的评价	基于绩效(面向过程)的评价

在实践中,以现代教育技术为主体的信息技术教学,操作性特征有如下几点。

1.4.1 教学进度、内容和要求上的"异步性"

受信息技术高速发展的影响,信息技术学科课程在教学内容和进度方面有较大的可变性和可选择性。

由于信息技术本身具有极强的实用性、可自学性,学生的前置学习条件很不相同,学习进度往往在多个方面表现出极大的差异性。因此,信息技术课程教学进度、内容和要求上具有"异步性"特色。

---

① 教育技术定义:教育技术是通过创造、使用和管理合适的技术性的过程和资源,以促进学习和提高绩效的研究与符合伦理道德的实践。黎加厚原文:"Educational technology is the study and ethical practice of facilitating learning and improving performance by creating, using, and managing appropriate technological processes and resources"。——AECT 2005
中国教育和科研计算机网,http://www.edu.cn/20050817/3147119_2.shtml

② 祝智庭,《教育信息化与教育改革》,华东师范大学教育科学学院
http://www.etc.edu.cn/articledigest 11/information-education.htm

1.4.2 教学交互的"多维性"

信息技术学科的教学交互具有多维特征,包含"人—机"交互,"师—生"交互,"生—生"交互等。

1.4.3 学习方式的自主性、协作性与探究性

信息技术操作性技能的习得,需经过学生自我尝试领悟,来自同伴的"一点通"式的点拨,以及探究者顿悟。在更高级的问题解决型学习中,自主、协作与探究,对学生意义建构的形成,具有其他学习方式不能替代的作用,自主、协作与探究,是信息技术学科的主要学习方式。

1.4.4 教学评价的"开放性"

信息技术的教学评价,以提高学生信息素养为目标,重过程、重能力、重创新,突出学科特点,采取基础知识测试、基本技能考查和应用成果提交并举的综合评价办法,对学生进行考核和评价,具有开放性特征。

思考题

1. 信息技术课的特点决定了它与众不同的学科性质,你认为信息技术教学的个性特色有哪些方面?
2. 信息技术的学科科学特点与学科课程特点有何不同?
3. 怎样认识信息技术教学中的"多维性与开放性"?

2. 信息技术学科课改新理念

普通高中技术领域课程标准(信息技术部分),①深刻地融合了现代教育思想,围绕普通高中信息技术课程的总目标——提升学生的信息素养,提出信息技术课程的五大新理念:课程理念一"提高信息素养,培养信息时代的合格公民"。理念二"营造良好的信息环境,打造终身学习的平台",它是新课程理念"学习对生活有用的知识、学习对终身发展有用的知识"在信息技术学科的具体体现。该理念为我们理清了计算机课程与信息技术课程性质的区别——信息技术课程是一门综合性较强的STS课程,其内容体系构架如图1.2所示。

当我们将信息技术课程界定为STS课程时,就可以摆脱把信息技术课当成单纯的操作技术课来"讲"的误区。

课程理念三"关注全体学生,建设有特色的信息技术课程",则是新课程理念"为了每一位学生的发展"在信息技术教育中的具体体现。关注全体学生,应当从这样几个层面入手:①充分考虑中学生起点水平及个性方面的差异,强调学生在学习过程中的自主选择和自我设计;②提倡通过课程内容的合理延伸或拓展,充分挖掘学生的潜力,实现学生个性化发展;③关注不同地区发展的不均衡性,在达到"课程标准"的前提下,鼓励因地制宜、特色发展。

课程理念四"培养解决问题的能力,倡导运用信息技术进行创新实践与课程"。理念五"注重交流与合作,共同建构健康的信息文化,强调信息技术教学方法的适切性和实用性"。指导教师在信息技术课程教学中转变教学行为,结合中学生的生活和学习实际设计问题,让学生在活动过程中掌握应用信息技术解决问题的思想和方法;鼓励学生将所学的信息技术积极地应用到生产、生活乃至信息技术革新等各项实践活动中去,在实践中创新,恰当地表达自己的思想,进行广泛的交流与合

---

① 教育部:《普通高中技术领域课程标准》(信息技术部分)

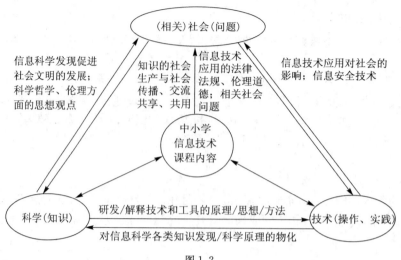

图 1.2

作,在创新中实践,建构健康的信息文化。

　　高中信息技术标准界定了体现信息素养的四个组成部分:①对信息的获取、加工、管理、表达与交流的能力;②对信息及信息活动的过程、方法、结果进行评价的能力;③发表观点、交流思想、开展合作与解决学习和生活中实际问题的能力;④遵守相关的伦理道德与法律法规,形成与信息社会相适应的价值观和责任感。

思考题
1. 信息技术课程有哪五大新理念?
2. 怎样全面认识"关注全体学生,建设有特色的信息技术课程"?
3. 学生的信息素养包含哪些组成部分?这些"素养"怎样构成课堂教学具体目标?

3. 信息技术学科说课特点

3.1 信息技术学科说课特点

　　信息技术学科的说课,要遵循各学科说课的共同规范,总论已有论述。本小节重点讨论"说现代教育技术应用的实施"要点。

3.1.1 注意教材结构的系统性与独立性

　　信息技术学科知识系统性很强,同一模块内部有较强的联系,因此,在教学某一单元、某一章节、某一课时时,要注意联系旧知,以旧引新,促进迁移。不同的模块又具有独立性,教学顺序可以不受教材前后限制。

3.1.2 关注学生学习的自主性与个性化

　　根据课程理念期望的信息素养个性化发展目标,重点说明为保障每一个学生都能够获得最适合自己的发展,教师所进行的自主性与个性化的学习设计。

3.1.3 强调课堂教学模式的创新性

基于现代教育技术的教学模式,以任务驱动、问题解决的自主性、探究性的教学方式见长,这种教学模式既是说课中的亮点,也是说课中的难点,教师要精心思考怎样说好选择上述教学模式的理由,说好实施上述教学模式的教学策略和组织策略,说清教师对如何引导学生开展学习,达到什么样的信息水平等的设想。

3.1.4 注重教师的信息素养

信息技术教师的学科素养,是实施教学的保障。在说课中,要恰当展示信息技术教师的学科素养,按信息技术教学常规,上课需备多媒体教案,说课需备多媒体说案。

3.1.5 重视教学环境准备与资源选择

信息技术教学活动需依赖相应的信息化学习环境与资源,如多媒体教室、网络教室,课件、网页等,这些专业设施与资源的先进程度、维护水平等直接影响教学效果,教师必须将之纳入备课说课的内容。

3.2 信息技术课说课的一般环节

3.2.1 说教材

教材是课程的载体,说课需说出教师对教材准确而深刻的理解,说出对教材编写的意图或知识结构体系的分析;说出在理解基础上自然随顺地应用教材的基本思路。

[案例3-1]《程序的基本控制结构》

《程序的基本控制结构》是浙江教育出版社高中信息技术教材第二版"第六章 程序设计基础"中第二节。纵观全书,本章属于电脑的高级应用。而这一节是在学习了"宏"的相关知识的基础上进行的。这一节在巩固前面所学知识的前提下,从"宏"入手,深入地学习程序设计的基础知识——基本控制结构。这一节既是本章重点又是难点,但是对学生只要求掌握程序的三种基本控制结构:顺序结构、分支结构、循环结构,难度有所降低。所以这一块内容安排一课时,使学生理解这三种基本控制结构并能较熟练地运行。

上述案例,注重说明"教"与"学"的连接;并重点分析了该教材与前后知识的关联,摸准了学习起点,值得借鉴。信息技术学科教材的形式多样,有纸质的书面教材,还有电子教材(光盘资料或网络资源),说课中也应重视。

3.2.2 说学生

说学生是分析教学设计逻辑起点的工作,"说学生",可从三个方面展开:①说明学生在信息技术学习中的学习水平和一般特征——年龄特征、知识水平、能力结构、认知结构、接受水平,当前的发展水平以及潜在的可能发展水平、学生的共性以及个别差异等;②分析学生的差异性:学生在信息技术学习中的个性差别、知识水平差异以及不同的学习态度等;③分析学生学习心理、思维障碍的表现与成因。通过恰当分析,找出应对策略。

[案例3-2]《网页制作入门》

学生通过前面各章节内容的学习,对文本、图形、图像、声音、动画等多媒体信息的处理技术有了一定的使用经验,掌握了一些信息的搜集、整理、加工等方面实际处理能力,特别是通过对

Internet 相关知识的介绍及大量网站的浏览,对网页内容、结构、效果等设计的优劣都有了一定的感性认识,并且有了一定的分析、评判的能力,基本上完成了知识和能力的积累。

[案例3-3]《图形的转动与缩放》
在我们日常生活中,计算机始终是我们学习、工作的一个工具。通过本课学习,我不仅仅希望学生通过绘制图形而学会对图形的转动与缩放操作,更希望他们用自己已掌握的计算机操作创造美丽的图案、充分发挥自己的想象力,给生活创造美。

上述案例3-2,对学生在信息技术学习中的学习水平和一般特征分析得很全面;案例3-3只说明教师的期望,没有反映学生特点,这是在我们自己的说课稿中要引以为戒的问题。

3.2.3 说目标

信息技术学科教学目标主要包括知识目标、能力目标和情感目标三个方面,"说目标"要说清三个基本问题:①教学目标的设定依据;②教学目标在课堂上如何呈现;③教学目标的分类及其逻辑结构。目标设定,要熟悉课标要求,适合学生学习起点,明晰教材内涵。

[案例3-4]《遨游因特网》(小学)
(1) 知识与技能目标
① 使学生了解在 Internet 上搜索信息的意义,了解搜索信息的基本方法。
② 掌握简单的关键词搜索的方法和保存网页信息的简单操作,培养学生信息的检索、搜集、筛选、整理、加工的能力,提高学生的信息技术综合素养。
(2) 过程与方法目标
通过学生交流、师生交流、人机交流、学生活动等形式,培养学生利用信息技术的能力。
(3) 情感与价值观目标
① 让学生在自主解决问题的过程中培养成就感,为今后学会自主学习打下良好的基础。
② 通过小组协作和主题研究活动,培养学生协作学习的意识和研究探索的精神,从而激发学生对网络产生浓厚的兴趣。

[案例3-5]《网页制作》
通过本章的教学,使学生获取、分析、处理、发布、应用等信息处理能力得到提高。特别注意培养学生通过网络发布信息的能力,培养学生的创新、探索精神和分工合作意识。结合这个总的教学目标制定本节的教学目标。

1. 教养性目标
(1) 知识目标
① 熟悉 Dreamweaver 的界面环境;
② 了解 Dreamweaver 菜单、属性面板、对象面板、快速启动面板中的主要功能及用法;
③ 掌握超级链接的概念。
(2) 能力目标
① 掌握文本网页的制作技术,会设置字体、字号、颜色及超级链接;
② 提高对信息的处理能力;
③ 培养学生自主学习的能力。
思想方法:观察法、发现法、类比法。
2. 教育性目标
培养学生做文明礼貌、诚实可信的人;发扬团结协作的学习精神。
3. 发展性目标
(1) 培养学生学习信息处理技术的学习兴趣;

(2) 培养学生探索新知识、新技术的求知欲望；

(3) 激发学生的创新意识。

案例3—4的作者能准确把握学生的学习起点,针对学生发展特点设定教学目标,将提高学生的信息技术综合素养作为主要目标。案例3—5的目标设定考虑到了教学内容的联系,但目标繁杂,操作性不强。例如"掌握文本网页的制作技术,会设置字体、字号、颜色及超级链接"是技能目标而非能力目标。"培养学生做文明礼貌、诚实可信的人;发扬团结协作的学习精神"目标过大,可改为在学习中养成礼貌、诚信的习惯;体验协作学习的乐趣等。

3.2.4 说教法设计

说现代教学方法设计,重点在于阐述如何选择教学方法,在这里,我们借助下列概念图,对任务驱动教学法、探究学习(发现)法等①现代教学方法,作一个结构性整理(见图1.3)。

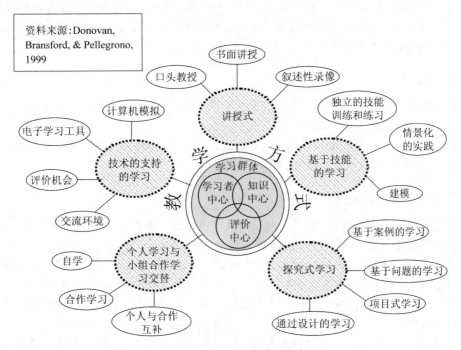

图1.3 从四个要素出发审视信息技术学习

从Donovan等人的归纳②中,我们发现,从"学习者——知识——评价——学习群体"四个要素审视信息技术教与学,选择教学方式的核心在于适切性和实用性,在于其对学生发展的作用。

[案例3—6] "表格设计"说课稿

本课学习的内容是用word编制表格,属于掌握技能的学习,桌面操作直观性强,易于模仿。而本课教学对象是初中学生,正处于善于模仿的年龄,因此,我采用直观教学法,设计了"感知——模仿——迁移——运用"的教学策略,这样,帮助学生理解操作方法,学会运用操作方法进行实践,从而培养学生获取信息、分析信息和处理信息的能力。

案例3—6的最大优点是:紧扣培养学生"对信息的获取、加工、管理、表达与交流的能力"的课

---

① 其他教法还有:演示法、讲授法、多媒体教学法上机操练法、讨论法、启发式教学法、自学辅导法、上机实验法、情境教学法、案例法、范例教学法、游戏教学法 李艺等:《信息技术教学法:继承与创新》,高等教育出版社2003年

② 苗逢春:《高中信息技术新课程:课程、教学与教研》,http://www.wxjyzx.com.cn/ReadNews.asp?NewsID=2306

程目标,用简洁的语言,阐明了教师选择教法的思考,说明了其对学生发展的影响。

3.2.5 说学法指导

信息技术学习是一种富有认知灵活性的学习过程,学法指导说什么?重点内容应该是说教师的指导如何贴近基于任务或问题的学习过程展开;如何重点把握知识结构方法的总结、规律提炼;如何帮助学生学会将知识结构方法迁移到新任务情境中的练习巩固、应用迁移;以及引导学生通过交流讨论、评议优化深化学习成效;还可说激发学生学习兴趣、指导学生开展"合作"和"探究"的指导策略。

[案例3-7] 《美化工作表》的学法指导,说得清晰明快,重点突出,特别是小组学习的设计及其指导策略规划,目的明确,方法具体而有实效,值得学习。其片段如下:

学生在教师的指导下带着任务通过小组合作、实际操作、探究学习等方式,逐步完成任务,并在实践体验中实现知识的传递、迁移和融合。本人利用"小组制",目的是考虑到整个班级水平差异,具体操作分四个小组,在每组中设立一位电脑较好的学生担任组长,负责这组学生的答疑和管理这组的纪律等。这样不但能培养学生的自律,而且更能让更多的学生参与活动,互动学习,及时解决问题,当堂掌握知识,体验在合作学习中共同进步的乐趣。

3.2.6 说媒体

信息技术教育,离不开信息化学习环境设计,计算机教育专家谭浩强老师曾说过这样一句话:"如果谁有'无机教学'法,我就会发现'无水游泳'法!"

"说媒体"要先交待上课时拟采用的教学(媒体)环境,自己制作或选用的教学软件,必要时做些演示,并说明选用教学环境和教学软件的理论依据或指导思想。

3.2.7 说教学过程设计

说教学过程设计是说课重点,要说出自己的教学过程设计以及预设的教学效果。至于居教学方式下位的教学活动设计,则要精心安排教学策略,细致地关照学生的思维发展。

说教学过程设计的具体步骤为说教学"情境"、生成任务、组织合作、激励探究等教与学的过程方法,说明教学活动的设计、学习资源的提供、作业系统的设计以及教学中的随机评价等。如:任务驱动式的学习,要说清"接受任务——探究学习——尝试操作——综合运用"等流程。重要的是,要以理性思考,点明教学环节与方法、手段之间的联系,以及教学过程安排的目的和将到达的预期效果。

说教学结构,要用概念图在课件中清晰地表达出来,努力将以主题单元型的自主学习、探究学习分成若干板块,如创设情境,架设桥梁;探究新知,自主构建;回归生活,解决问题;布置作业,课外延伸等。

在说教学流程和可能教学效果的时候,我们要避免的问题是:①教学设计与所应用的教育理论脱节,理论、实践"两张皮",消减了教学设计的合理性;②只是说教学流程安排,而不阐述理由,只说怎么教,不说为什么这样教,让人感觉不出设计者的理性思考,失去研究的意义;③对预期的教学效果(效益)估计不足或者人为夸大,降低了教学过程设计的价值。

[案例3-8] 《遨游因特网》[①]教学过程

课堂教学应体现以人为本的思想,体现以学生为中心,以学生自主探究为特征的探究性学习模式,以此来实现让课堂活动起来,让学生动起来,使课堂充满生命的活力的目的。以学生为中心,学习者在教师创设的情境、协作与会话等学习环境中充分发挥自身的主动性和积极性,对当前所学的知识进行建构并用其所学解决实际问题。在这种模式中,学生是知识的主动建构者和运用者;教师

---

① 斐斐课件园,http://www.xie9xie.com/edu/ShowArticle.asp?ArticleID=69731

是教学过程的指导者与组织者,意义建构的促进者和帮助者;信息所携带的知识不再是教师传授的内容,而是学生主动建构意义的对象。

本课尝试引导学生置身于网络这一开放的信息化资源环境中,通过亲身体验,以小组合作的方式进行研究,积极主动地去获取、整理,创造性地加工信息,更进一步地提高学生的信息综合素养,培养学生的探索精神,提升学生的探索能力。

任务驱动:搜索信息的方法。

(1) 任务启动

兴趣是学生积极求知的诱因,当学生对所要学习的内容产生浓厚的兴趣时,自然便能主动参与到教学过程中来。结合学生在语文课本中学过的《九寨沟》一课,教师的导入语是这样说的:书中介绍的九寨沟是一个人间仙境,非常的美!如果我们现在想更多地了解一下九寨沟,你有什么办法吗?怎样才能在包罗万象的信息海洋里快速找到我们所需要的东西呢?随即引出"搜索引擎",激发学生的探索欲望,使学生主动地进入探求的氛围之中。

(2) 操作指导

在网上查询信息也需要一个工具——搜索引擎,但是在我们自己的计算机中是没有的,它一般在一些大型的门户网站中才有,比如有名的网站:搜狐、雅虎、新浪等,那么同学们可以跟我来看一看。打开两个搜索窗口,让学生观察它们有什么异同点?一个是 IE 浏览器自带的搜索窗口,一个是大型门户网站上(如搜狐)的搜索窗口。搜索引擎常用的查询方法有两种:关键字检索服务和分类检索服务。教师解说以上两检索的区别:目录检索适用于按主题(某一类别)查找信息,而关键字检索适用于按只言片语查找信息。教师边说边演示操作过程。

(3) 学生操作

学生可以通过教师的讲解进行操作,也可通过教师提供的可自主交互的网络课件平台,一方面,为学生提供了有搜索引擎的网站,如搜狐:www.sohu.com;中文雅虎:www.gbchinse.yahoo.com;新浪:www.sina.com.cn 等一些相关网站。另一方面,为学生提供了网上搜索信息的方法,如分类检索、关键词搜索。还可以请同学们进入搜狐网站首页,看一看,想想如何在这里搜索信息(学生可以通过网站上的搜索帮助,了解搜索的方法,锻炼他们的自学与信息获取能力)。

(4) 信息反馈

学生进入具体的操作过程,在实践与体验中,让学生利用网络资源与网络工具,在大量的信息源中选择有效方式获取自己感兴趣的内容,学会对资料的检索与分类。请同学们说一说这两类检索的区别之处,个别学生操作演示给大家看,他是用什么方法,如何来查找信息的;信息搜索记录有多少条,查找到了哪些九寨沟的资料等等。

(5) 归纳总结

网上的资料浩如烟海,纷繁复杂,我们只有通过关键词搜索、分类查询的方法,才能很快地找到我们所需要的素材。大家通过访问不同的网站,都能发现有自己需要查找的内容,那么想把它为自己所用,又该怎么办呢?(后略)

评点:案例 3—8 说教学过程这一段说得清晰流畅,首先,开宗明义地阐述了在新课程理念指导下的教学设计思想:"课堂教学应体现以人为本的思想,体现以学生为中心,以学生自主探究为特征的探究性学习模式"、"本课尝试引导学生置身于网络这一开放的信息化资源环境中,通过亲身体验,以小组合作的方式进行研究,积极主动地去获取、整理,创造性地加工信息,更进一步地提高学生的信息综合素养,培养学生的探索精神,提升学生的探索能力。"其次,说学生的学习过程,各分五步,依序阐述了两个师生互动,完成"任务"的过程,说明了课"怎么上"。第三,说明指导方法,阐述"为什么",应该是说课稿中的一段佳作。

3.2.8 说小结

"说小结"并不是对所说一节课的教学内容进行小结,而是用简洁的语言"小结"出授课者对本节课的设计思想,凝聚出本说课的亮点。以下案例 3-9 基本体现了这样的理念。

[案例 3-9] 纵观全课,以任务驱动为主线,充分发挥学生的自主学习能力,教师适时点拨指导,让学生的个性得以张扬,创新能力得到培养。

以上是信息技术课说课的一般环节,但是说课没有固定的模式,在说课过程中也不一定按部就班,应尽可能说出自己的特色。

思考题
1. "说现代教育技术应用的实施"应关注哪些问题?
2. 写一小段说课稿,说说你对怎样说明信息技术"课堂教学模式创新"的思考。
3. 信息技术课中的教学环境准备与课堂教学效果有什么关系?

4. 信息技术学科备课与说课

4.1 信息技术学科备课与说课的关系

备课与说课的关系可以这样理解:在方案设计上,教案是教学行动方案,说案是教研行动研究意义上的理性化教学方案;二者有相关性;备课是说课的先导,说课是备课的反思,二者有继承性;备课与说课的关系是辩证的,二者相互依存、相互影响、共同发展。

具体到学科教学中,要了解信息技术学科备课与说课有什么关系?需从观察实践中的问题开始,在日常教学生活中,我们观察到备课、说课、上课中的问题,大致可分为以下几种:一是有些教师"会上不会说",看他的课堂,组织有条理,学生活动应对自如。但听他说课,却常常感觉到其"说"缺思考,仅仅停留在现状浅显描摹层面,说不出个所以然——缺理论素养。二是有些教师"会说不会上",说课头头是道,然而面对信息技术学科中学生的学习障碍却难以应付——缺实践智慧。三是有些教师"备课、说课两相误",教学设计"目中无人,心中无本",上课不知所云,说课不明所以——缺对学科本体知识和教学的基本技能技巧的理解。

上述问题告诉我们:要说好信息技术课,首先必须做好说课的先导功夫——备好课。努力使自己确立现代教育理念,在先进理念指导下钻研学科的本体知识,洞透信息技术学科教学核心内涵;理解教学内容;充分了解学生,对学生在学习中可能出现的思维障碍、操作问题了然于心;并不断探索和研究帮助学生克服学习困难的方法;形成系统的教学策略。其次,要自觉提高课堂教学的实践能力,提升课堂教学决策能力,锻造教学机智。其三,主动研读教育教学理论,用理论指导实践,将教学经验升华为实践智慧,以恰当的说课技术与艺术表达出来。

4.2 信息技术学科教学的系统设计

教学设计是以系统方法和设计观为指导,探索解决教学问题的有效方案,目的是实现效果好、效率高和富有吸引力的教学,最终促进学习者的学习和个性的发展。因此,教学设计活动是一种系统活动,需要考虑系统与要素、结构与功能、过程与状态之间的关系而进行综合设计。信息技术学科教学设计与传统教学的不同之处,是以信息化教学设计为主流,荷兰特温特大学的 Sanne

Dijkstra 教授在阐述他本人提出的"基于问题的教学设计模式"时指出:教学设计就是制定有利于建构可用于形成问题的情境与客体的计划。这些问题能指引学生对客体的感知和操作,并要求学生作出论断以及自己设计和建构客体。① 信息化教学设计过程强调"以学生为中心、关注学习过程"两项基本原则,并由此衍生出以下原则。②

原则1:注重情境的创设与转换,并最终使学生在真实情境中灵活应用知识。

原则2:以"任务驱动"和"问题解决"作为学习和研究活动的主线。

原则3:为学生提供有援的学习环境,以保障学习活动的有效性。

原则4:充分发挥评价的目标导向功能,重视学生评价技能的提高。

原则5:注意学习内容的适量,保持学习内容的活性。

原则6:鼓励学生体验多种情境和检验不同观点。

原则7:鼓励合作学习,注意心理环境的营造。

进入操作层面,教学设计过程一般包括以下主要步骤:教学设计的前期分析,阐明教学目标,制定教学策略(包括教学媒体的选择和设计),编写教学方案,评价教学设计成果等。

教学设计的前期分析,中心任务是深刻理解课标,精心研究教材。宏观上,从课程的整体性角度出发,统一安排一学期的教学任务内容。中观层面,需从单元教学层面考虑活动多样性,评价多元化、资源丰富性和时间安排的合理性等。微观设计,注重每个单元教学的过程设计。总结多年实践经验,笔者认为,以下列"课标——教材——策略分析表"作为信息技术学科教学设计的思维支架,可以帮助我们深刻理解课标,从而准确设置教学目标,选准教学策略。

表 4.1 课标—教材—策略分析表

课标要求	教学内容	知识水平过程				过程方法	情感态度价值观	本课(单元)目标	教学方法	情境设计	问题设计	支架设计	评价设计
		认知	理解	分析	应用								

编写单元教学方案,核心要务是选准学习的项目主题,切准主题,倾力做好情境设计、问题设计、助学支架设计、评价设计工作,使单元教学方案成为促进学生发展的学习地图。综上所述,信息技术学科的备课要点,可概括为以下四字诀:理念领先,思维创新;精研课标,深析文本;摸透学情,巧设情境;定准目标,任务引领;活用方法,优化过程;环境保障,资源充分;多元预设,催化生成,评价激励,反思提升。

4.3 将教案升华为说案

在教案基础上生成的说案,可以看作教师对教案的课前反思纲要,对说课者而言是自我反思,对参与说课的教师群体而言是合作反思。所以,说案要包含教案中的精华部分,也不能缺少教学目标、方法程序等基本内容,但更重要的是要从理论和实践的结合上具体阐述"我为什么要这样教"。具体操作要达到四项标准:理念先进、特色鲜明、程序合理、语言精当。还要注意信息技术学科教案内容与格式的特殊性——信息技术学科教学在操作中一些"所见即所得"的操作过程,在教案的文字中往往反映不出来,但在说课中,需边展示边说明,重点说明操作技能"教"和"学"过程设计中的"为什么"。

思考题

1. 结合一堂课说说你对教学的系统设计的构思。

---

① 盛力群等:《现代教育技术》,浙江师范大学精品课,http://course.zjnu.cn/met/jpkc/data/index.html

② 闫寒冰:《学习过程设计——信息技术与课程整合的视角》,教育科学出版社 2005 年,第 24 页

2. 你认为信息技术学科与其他文化学科在备课与说课上有什么不同？

5. 信息技术学科说课与上课

所谓"说课"就是用生动的语言，描摹课堂教学中"教"与"学"的行为状态，说课和上课中教师行为有哪些区别？不妨列表比较一下。

表 5.1 上课与说课的比较

行 动	上 课		说 课	
	教师行为	行动意图	教师行为	行动意图
教学活动				
创设情境——生成问题	导入：采用问题情境、案例示范等	引起学生对学习内容的兴趣	直击教学中的问题，形成简洁的导入情境 例如："网络迷航是学生在网络环境下探究学习中经常出现的问题。"	激发教师对研究内容的热情
研析任务——激发动机	引导学生将问题转化为任务，并指导学生分析和理解任务的内涵，说明目标与评价标准，及时激励反馈，引导学习深入	将任务转化为学习的内驱力	说明本说课所表达的研修主题 例如："研究怎样设计学习支架，帮助学生摆脱网络迷航现象，是我们今天所说教学设计的主要研究目的。"	使听众的思维聚焦于当前说课内容，将之转化为大家主动参与的共同研修任务
对话与协作——分享智慧	① 指导学生恰当应用教学支架指导自己自学与探究 ② 时刻关注网络控制系统，及时调控学生的学习进度 ③ 积极展开师生之间、生生之间的互动对话、交流、思辨与争论等，推动学生思维发展 ④ 及时发现并帮助学生解决学习中的问题 ⑤ 积极评价，不断加强学生的学习内驱力 ⑥ 应用教学机智，积极应对课堂中的生成性问题，进行科学决策	指导和帮助学生学习，赢得教学相长	将自己设计（或已实施）的教学行为与同行分享，邀请他们与自己合作，展开对某一单元教学行为的讨论、反思性研究	分享教学智慧
意义建构——共同发展	引导学生及时总结提升学习经验，将之归纳为知识网络	将探究结果升华为知识与技能	说课讨论后，理性归纳同行给出的意见，修正教学设计	将研修内容归纳为经验

(续表)

行动	上　课		说　课	
	教师行为	行动意图	教师行为	行动意图
课堂管理				
防范问题	① 同学生共同商定网络教室中的规章与程序 ② 帮助学生明确自己要承担的责任 ③ 建立师生合作机制，维护课堂秩序，减少混乱与拖延 ④ 事先规划活动过程 ⑤ 建立自主学习、小组学习管理机制 ⑥ 鼓励和奖励遵守纪律的行为 ⑦ 监控和维护注意力 ⑧ 帮助学生学会自我管理	构建有秩序的教学环境	陈述信息技术教学中的课堂管理策略与方法	交流信息技术教学中的课堂技巧
处理问题	① 有效掌控网络管理系统的扫描程序，定期监控全班学习活动 ② 经常个别提醒，阻止学生在课堂上和上机过程中开小差的活动 ③ 发现冲突，及时解决 ④ 对学生违纪行为做出不伤害其心理发展的适度惩罚	解决课堂教学中出现的问题，维护课堂教学的秩序		
学习评价				
多元评价	与学生分享评价量规，及时展开自我评价和相互评价		应用说课评价量规，及时展开相互评价	

如表 5.1 中所列，说课是预演教学方案的行动，上课是实施教学方案的行动，二者的共性在行动。说课是一种表达，上课也是一种表达。两种表达对象不同——说课是和同行切磋；上课是带领学生学习的行动。若将信息技术学科课堂教学技能迁移到说课中，要努力将"教"的行为转化为"说"的行为，"说"好教师在设计、实施"情境——对话——协作——意义建构"中的独特匠心和教学机智，"说"出教师行为背后的理性思考，"说"出教学行为实施后的作用，"说"出一堂精彩好课的生成策略。

6. 基于认知学徒制的个性化说课研习

"教有法,教无定法",教学方法说到底是个人艺术,怎样促进专家教师说课经验分享呢?基于认知学徒制的个性化说课研习,不失为一个行之有效的方法,现介绍如下。

6.1 工作原理

基于认知学徒制的个性化培训,其工作原理来自建构主义学习理论,将教师当作学习者,通过新手教师与专家教师围绕一个共享的说课任务,轮流作业、互相观察、共同反思的方法,使新手教师增强对专家教师说课框架的概括和细节的敏感度,对说课方法"建模",然后以此为基础,调节自己的说课行为,自我修正、自我监控,提高说课水平。

6.2 实施进程

基于认知学徒制的个性化培训基本流程如图6.1所示。

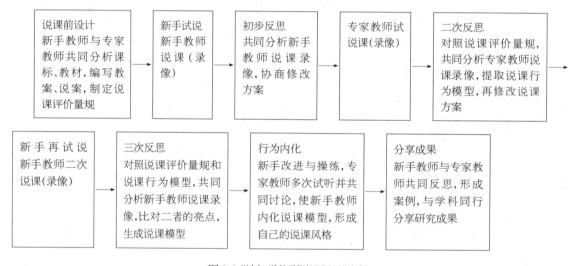

图6.1 "认知学徒到说课研习"流程

6.3 研修原则

6.3.1 相互信任原则

双方必须相互信赖,特别是年轻教师,要对"师傅"十分信任与尊敬。

6.3.2 平等协商的原则

新手教师与专家教师的研习是共同参与,平等协商,共同学习的过程。

6.3.3 积极体验的原则

在对各自的说课行为分析和反思过程中,双方都会直截了当地指出对方的不足,提出积极的修改意见。但总体氛围应该达到真诚、友好、相互激励的理想状态,要让研修过程始终处于兴奋与愉悦的状态中。

6.3.4 理性思考的原则

在研修过程中,不满足于对特定说课内容就事论事的表面化分析,倡导理性思考、深度拓展,以及教研成果最大化。

思考题

1. 怎样理解"基于认知学徒制的个性化培训"的工作原理?
2. 遵从"基于认知学徒制的个性化培训"的培训原则有什么意义?
3. 根据你的教学经验,说说"基于认知学徒制的个性化培训"中为什么要进行二次反思?

美 术 学 科

1. 美术学科特点

美术学科作为基础教学的一门科目,主要特点是:全体性,美术学科教学是面向全体学生的,关注全体学生的;基础性,为学生打下知识与技能基础,包括育人和美术内容两方面的基础;美术学科还是美育的重要途径。

美术学科区别于其他学科的特点有:形象性、情感性、文化性、多样性和技艺性。这些是由美术的本质所决定的。

1.1 形象性

美术是视觉的艺术,其特质在于可视可感的形象性。没有可视可感形象的艺术作品,不成为美术。美术的形象性是物质的、具体的,无需通过中介和想象就能感知。美术的形象性使得美术学科教学不能离开形象性。美术学科的教学内容、教学原则、教学方法等都依据形象性而设计提出。基于此,美术学科教学在借助音乐或是语言等启迪学生,最终必须回归到具体形象,因此美术学科直观教学也就最为普遍和实际。形象性是美术学科区别于其他学科最主要的特点之一。

1.2 情感性

情感性是美术的一个基本品质。美术是人类情感和精神生活的创造表现。任何美术表现形式都包含着一定的情感和思想。美术中的形、色、质是人类情感的载体,是作用于人的感官的直观形象与符号,容易唤起人的情感体验。在20世纪初,梁启超、王国维、蔡元培等先哲将西方的美育理论与中国的美育思想相结合,把美育界定为情感教育,认为美育"陶养吾人之情感,使其由高尚纯洁之习惯,而使人我之见,利己损人之思念,以渐消沮者也"、"则其明以陶养性灵,使之日进于高尚者,固已足矣"。[①] 作为美育主要途径之一的美术教学亦当具有着情感性。培养学生对美好事物的热爱,对美好情感的体验,用美的形象陶冶着学生的情操,这都是美术学科情感性的具体体现。

---

① 《蔡元培美学文选》,北京大学出版社1983版,第70—72页

1.3 文化性

美术是人类文化最早和最重要的符号性载体之一,记录和再现了人类文化和思想的发生、发展过程。运用美术形式传递情感和思想是整个人类历史中一种重要的文化行为。美术与社会生活的方方面面有着千丝万缕的联系,因此美术学科绝不仅仅是单纯的技能和技巧拼凑,而是建立在文化情境中的技能技巧。不同历史和不同国度的艺术家创作的美术作品都有着自己的文化背景,如果将这些作品从自身的文化背景中剥离,势必会造成我们的误读。如苹果在不同的文化背景中有着不同的象征性,在基督教艺术中,由于苹果是夏娃从智慧树上摘取的禁果,一般象征着人类的堕落,而婴儿耶稣手拿苹果,其实是象征着赎救人类。这些象征关系的规定性来源于希腊神话,如果我们不理解这些规定性,就不可能真正解读作品。把美术学科视作人文学科而不只是技能课程,在广泛的文化情境中开展美术学习是当今世界美术教育的主导潮流。

1.4 多样性

多样性是美术学科显著的特点。在科学技术领域新的发明出现,旧有的理论技术便被淘汰,而美术却是中外的、不同时代的不同风格样式和艺术观念并存,呈现百花争艳的局面。"艺术之长不是解决方法的划一和答案的标准化。"(艾斯纳语)请十位画家用不同的工具表现同一对象,会有十种不同的表现样式,即便是运用同一种工具,在面对同一对象时,也会因为画家视角的不同、感受不同和个性的不同呈现给大家不一样的作品。美术对多元化和个性化的包容,不苛求标准答案,赋予了美术学科多样性的特点。

1.5 技艺性

美术不再被理解为仅仅是单纯的技能和技巧的拼凑,但美术的技艺性这一显著特点却不容忽略。美术一词从字面上就可以理解为"美之术",这"术"就是各种方法、手段和技能。过去我们把技艺性抬得过高,以至于将美术等同于技艺,这固然偏颇。但我们从深陷的技艺中拔腿,又入"美"的泥沼,显然是另一种失误。"术"之前必须有"美"存在,否则美术也就不成其为美术。但在我们大谈美的线条、美的色彩、美的形式的时候,一定要了解掌握基本技能才使得这些美得以呈现。美术学科的技艺性特点需要正视。

美术学科特点是学科建设的基本依据之一,也是说课说理的最根本出处。我们了解和熟悉美术的学科特点,有助于我们更好地进行教学,也有助于我们说课时从中找到最为根本的理性立足点。

思考题

1. 上述美术学科的特点的挖掘是否充分?你有自己的见解与体会吗?
2. 美术学科有的特点是相互包容的,如个性化、多元化,在此被多样性所涵盖了。你觉得这样的涵盖是否合适?
3. 分析和了解美术学科的特点,你认为对美术说课有着怎样的帮助?

2. 美术学科课改新理念

过去我们把美术等同于技术,所以对于美术学科有技能学科一说。现在我们还需要技术,但我们更清楚美术不仅是技术,还包含人文精神,因为我们的美术学科是具有人文性质的。美术是情感的、文化的、多样的,同时还是技艺的,所以我们的美术学科要兼顾多元,更好地发挥学科育人功能。

2.1 提高学生的美术素养,促进学生全面发展

新课程改革的一个显著特征是为促进每个学生发展,就是以学生为本,着眼于学生的全人发展。在此我们要相信学生都具有学习美术的能力,都能在他们不同的潜质基础上获得一定的发展。如果美术教育本身未能对绝大多数学生产生吸引力并使之发生素质方面的某种变化,那么,我们的基础美术教育整体上就不能算是成功的。

学生的基本美术素养,包括对基本的美术知识与技能的了解掌握,并具备基本的艺术态度。基本的美术知识技能包括:对美术的内容和现象有基本的了解;对美术的创作方法与过程有基本的了解,能在表现中进行一定的运用;对美术在社会中的价值与作用有基本的了解,能将自己的美术行为与社会价值联系起来。

艺术态度主要包括:有良好的视觉意识,对视觉现象和美术作品能作出积极反应;能自觉而大胆地运用美术的媒材和方法表达自己的观念和情感,生活有艺术化倾向;能不断地追求高品位的审美,保持自己独特的审美趣味。

2.2 发挥美术教学魅力,激发学生学习美术兴趣

在基础美术教育中,要促进学生全面发展,关键就在于激发学生的学习兴趣。

就本性而言,人一般都喜欢情趣性行为,兴趣是学习的基本动力之一。但作为具有社会性的人,在很多情况下又不得不进行一些意志性行为。美术学习在一定的程度上,也应该是一种意志性的行为。换句话说,要学好美术不运用自己的意志恐怕是不行的。但问题也就随之出现了:一般的中小学生能在多大程度上为学习美术动用自己的意志,尤其是顽强的意志呢?因此我们要特别关注兴趣这一学习基本动力。

在美术课程标准的第一学段普遍提及了乐趣和游戏的问题:如"造型·表现"尝试不同工具,用纸以及身边容易找到的各种媒材,通过看看、画画、做做等方法大胆、自由地把所见所闻、所感所想的事物表现出来,体验造型活动的乐趣。"设计·应用"尝试不同工具,用身边容易找到的各种媒材,通过看看、想想、画画、做做等方法进行简单组合和装饰,体验制作活动的乐趣。"综合·探索"采用造型游戏的方式,也可采用以造型游戏与语文、音乐等学科内容相结合的方式,进行无主题或有主题的想象、创作、表演和展示。在我们的第二学段也有提及游戏的问题:"综合·探索"采用造型游戏的方式,结合语文、音乐等课程内容,进行美术创作、表演和展示,并发表自己的创作意图。在美术课程标准的实施建议中给出的教学建议:"教师应以各种生动有趣的教学手段,如电影、电视、录像、范画、参观、访问、旅游,甚至故事、游戏、音乐等方式引导学生增强对形象的感受能力和想象能力,激发学生学习美术的兴趣。"很明显,趣味性应始终伴随着美术教学。

2.3 技术和人文的结合,在广泛的文化情境中认识美术

美术学科具有技艺性的特点,很长一段时间我们对美术学科的认识局限于技艺性,所以美术学科也就成了技艺学科。这样美术学科的培养目标就会偏向于向高一级美术专科学校输送人才这样单一的方向。

前面提到美术更是具有文化性,美术也是文化的产物。美术课程标准特别强调"美术是人类文

化最早和最重要的载体之一,运用美术形式传递情感和思想是整个人类历史中的一种重要的文化行为……通过对美术课程的学习,有助于学生熟悉美术的媒材和形式,理解和运用视觉语言,更多地介入信息交流,共享人类社会的文化资源,积极参与文化的传承,并对文化的发展作出自己的贡献"。人文性是对美术学科特点的重新认识,是对教育应培养什么样的人这一总的教育目标的反思。一个只知道美术知识和技能的教师很难适应新的美术学科教学,只从美术知识和技能进行教学,也不利于学生对美术的全面认知和把握,并从中受益。

2.4 综合实践探究发现,拓展美术学科教学空间

过去美术教材大都是以造型训练为基础,以提高学生的绘画技能为主,略兼一点美术欣赏内容。技能训练略加美术欣赏已成为多年来绝大多数美术教育的传统模式。以往的美术教学大纲基本上则是按学科知识门类来划分课业形式的,凸显的是学科知识体系。本次课程改革,从促进学生素质发展的角度,结合美术学科的特点来划分学习领域。课程标准从学生学习活动方式考虑,划分出"造型·表现"、"设计·应用"、"欣赏·评述"和"综合·探索"四个学习领域。综合性学习是世界教育发展的一个新特点,也是本次基础教育课程改革需要突破的一个难点。为此,课程标准特别设置了"综合·探索"这一全新的学习领域。"综合·探索"学习领域提供了上述美术学习领域之间、美术与其他学科、美术与现实社会等方面相综合的活动,旨在发展学习的综合实践能力和探究发现能力。

现在的美术课程标准制订没有沿袭过去美术教学大纲罗列具体知识点的方法,而是提出了不同地区的不同教师可以根据实际情况和条件,选择和采纳教学活动建议,只要围绕各个学段各个学习领域的内容标准以及相关教学活动建议和评价建议,我们可以自己创造新的教学内容和方式,拓展美术学科教学空间。这与过去我们只能教教材的面貌相比有了质的改观,美术教学的自由性的凸现,使得施教者个人有了巨大的发挥空间,也对施教者提出了新的要求,即只能以引导者的身份,去影响受教者的审美活动,而不能决定、支配受教者。这样的改变对美术教师提出了严峻的挑战。

2.5 认识三维目标,把握教学方向

美术课程标准课程总目标:学生以个人或集体合作的方式参与各种美术活动,尝试各种工具、材料和制作过程,学习美术欣赏和评述的方法,丰富视觉、触觉和审美经验,体验美术活动的乐趣,获得对美术学习的持久兴趣;了解基本美术语言的表达方式和方法,表达自己的情感和思想,美化环境与生活。在美术学习过程中,激发创造精神,发展美术实践能力,形成基本美术素养,陶冶高尚的审美情操,完善人格。

课程的总目标是按照三个维度表述的,即知识与技能,过程与方法,情感、态度和价值观。在知识与技能方面,学生要学习美术欣赏和评述的方法,了解基本美术语言的表达方式和方法,努力形成基本的美术素养。在过程与方法方面,学生要以个人或集体合作的方式参与各种美术活动,体验美术活动的乐趣。在情感、态度和价值观方面,学生要努力获得对美术学习的持久兴趣,激发创造精神,陶冶高尚的审美情操,完善人格。三维目标使得美术教学能更全面发挥育人功能,促进学生美术素质的提高。

思考题
1. 美术教学新理念与学科特点之间有着密切联系,你在新课程的教学设计中如何体现?
2. 学习本章后你对学生的美术素养有何新的认识?你在备课与说课设计中是怎样贯彻的?

3. 在美术教学中对"激发兴趣"这样的老话题,你认为把它视为新理念是否合理?为什么?

3. 美术学科说课

3.1 说课内容

3.1.1 说教材

(1) 美术学科说教材,首先要说说本课教材在全册教材所处的地位,要着重区分一下本课倾向于四个学习领域("造型·表现"、"设计·应用"、"欣赏·评述"、"综合·探索")中的哪个领域,可以分析相应的前期和后续有怎样的学习,并作出教材的取舍等处理。

(2) 美术学科说教材,可以对学段的阶段目标以及该学段学生已有的认知基础作一定的分析。比如第一学段阶段目标要求学生去尝试,而这个学段的学生也正好处于敢于尝试的年龄;第二学段不仅要学生尝试,还要有所认知和了解,而这个学段的学生开始出现转折,差异性日趋明显;第三学段不仅要认知还要学会运用,而此学段的学生眼高手低现象严重,认知和实践的有机协调成为重点和难点;第四学段除了要认知还要内化,并有自主发挥的要求,而这个学段的学生分化严重,能说不能做的情况趋于普遍。对学段目标和对应学生特点的分析,有利于我们把握教学难易和如何组织教学。

(3) 美术学科说教材,还应该对本课具体目标和重难点作出分析。而上述的分析有助于我们正确地对教材作出处理,确立恰当的教学目标、教学重点和难点。其实这些分析也就是确定教学目标的依据以及确定教学重点和难点的理由。另外可以从促进学生美术素养、美术的技术和人文结合等理性着手,对教材分析,并作出相应的三维目标。

上海市南汇区网络培训学员奚君在一年级《会摇摆的玩具》中的说教材,从分析本课在全册教材所处的地位及其与前后教材内容的联系入手,讲述了自己对教材的处理,并根据自己对学生认知的了解,从实际出发确定了教学重点。这份说教材面比较全,点分析得也很到位:

[案例3—1]

本课《会摇摆的玩具》教材来源于上海书画出版社第一册第三单元。

"造型要素"是本套教材编写的主线之一,是解决知识和技能的重要途径。而其中"形状造型"是在儿童"点线涂鸦"的基础上的进一步深化,符合儿童的认知规律。同样,"用纸造型"是美术教学很重要的手段,纸的表现力很强(能画、能折、能剪、能贴……)让学生在学习活动中,增加动手机会,激发创造欲望,提高造型能力,符合教材的编写意图。

教材中,本课的要求是利用对称原理让纸片站立。用纸立体物做摇摆动物玩具则是拓展内容。教参中的方法是:剪出圆形——对折圆形——装饰完善,同样也能得到站立摇摆的效果。但是,我个人认为,学生的认识是浮于表面的。所以,我把"使纸既能站又能摇"设为本课的重点,把原理分解细化,让学生根据他们目前的思维方式和预见能力,自主创造问题,发现问题,继而自行解决问题。从而认识对称线的重要连接作用,深刻认知对称原理,从而达到能灵活运用,实现创意制作的多元教学目标。我想应该会比教材中的做法精彩一些。

上海市南汇区网络培训学员宋蓉萍在《家乡美景留个影》的说课中简单介绍本课在教材中的位置,继而从新理念分析入手,说教材重点落在教材处理和教学策略上。

[案例3—2]

本课《家乡美景留个影》,教材来源于上海书画出版社第六册第四单元《我们的故事》。

新课程改革,注重教材走进学生生活,引导学生将学习视野拓宽到现实生活,去关注社会、关注家乡。南汇遇到了千载难逢的发展机遇,家乡的面貌发生了日新月异的变化。近年来,空港、海港、鲜花港、野生动物园、古镇新场等这些地方,成为人们旅游的热门景点。我认为,家乡特有的这些素材,是美术教学能引以为用的好教材,是有效培养学生爱生活、爱家乡,激发学习兴趣从而进行美术创作活动的好载体。在设计本课时,我一直在思考的问题是:如何使课堂学习从学生生活中来,贯穿到学生的作品中去,学习内容贴近学生生活,表现学生的所想所愿,并引申至一定的思想教育目的。故此,我在三年级教材中,选取了一个表现动态人物造型的教学题材,将课题创新设计为《家乡美景留个影》,结合家乡的变化,结合目前的两纲教育,将家乡教育和美术资源有机结合,以"家乡美景留个影"的教学情境,以动态人物表现的内容,清晰明了地落实知识点,让学生领悟并了解人物造型变化的方法,并以此感受生活美、体验生活美、创造生活美,深化学生对家乡的情感。

上海市南汇区网络培训学员刘芝婷在五年级《传情达意的环保贺卡》的说教材中,表述教学目标知识与技能,过程与方法,情感、态度和价值观三维非常明确:

[案例3—3]

本课根据上海教育出版社,九年制义务教育试用本五年级第一学期中的《做贺卡》教学单元的拓展,以利用环保材料制作为切入点。根据教学大纲和教材要求,我把教学定位在创作设计制作上,向学生介绍了用废旧材料来制作各种各样的贺卡。大多数学生对环保贺卡的知识完全不了解,教师可利用课前制作既有趣味、奇特造型、环保材料独特且有代表性的贺卡激发学生的学习积极性,运用欣赏、讨论等多种手段启迪学生思维,引导学生学习、了解其相关知识和技巧,培养学生的动手能力、创作能力及审美情趣,使学生提高对美的感受能力和艺术创造能力。知识目标:了解贺卡的分类和功能以及设计的创作特点,利用生活中的废弃材料,以多种手法进行设计制作,激发学生的创造灵感,锻炼他们的动手能力。能力目标:培养学生的观察、想象、创造思维能力。在情感态度价值观的目标:①让学生知道新年互赠贺卡是人们交流感情,表达美好祝福的一种方式。②通过手工制作新年贺卡,并送给自己喜欢的人这一活动激发学生热爱周围的人,珍惜宝贵的友谊,进而热爱大自然、热爱家乡,并发现美、创造美。

这份说案,前面的分析与目标确立结合不够,且有些相左。如:"大多数学生对环保贺卡的知识完全不了解"。那么对知识目标的确立重点应是了解环保贺卡,而不是泛泛"了解贺卡的分类和功能以及设计的创作特点",而"利用生活中的废弃材料,以多种手法进行设计制作,激发学生的创造灵感,锻炼他们的动手能力"这后半段的知识目标我看应该是能力目标更确切些。

美术学科说课的说教材地位以及教材处理,分析学段和学龄,与目标重难点的确立应该是一个整体,不是独立互不相干的,更不应该出现前后矛盾。

3.1.2 说学生、学法

说学生,包括说学生学习本课程、本教材的基础状态即学情,然后在此基础上进行学法指导。

(1) 说学生,对一般学龄儿童所处的美术特有时期要了解,并作些交代。一般我们可以将儿童绘画发展分为涂鸦期、象征期、意象期、写实期等。而我们的孩子步入小学基本是都是从意象后期开始逐渐进入写实前期。写实期我们可以分为写实前期和后期,前期是萌生写实和推理写实,后期是仿成人写实。中学生基本都步入写实后期。

(2) 说学生,我们还要分析具体面对的教学对象实际所处的是写实前期或是写实后期。分析学生与本节课相关的生活经历与体验,是否掌握教学内容所必须的学习能力和技能,主要包括与学习美术相关的自学能力、思维能力和表现能力等。

(3) 说学法,教师进行学法指导需结合学生实际,如怎样指导学生进行自学、观察、写生、技法训练等。在一堂课中,不可能把所有的学习方法全都教给学生掌握,说课时,根据本节课的教学内容,说出其中重要的一至两种指导学生学习的方法即可。

上海市南汇区网络培训学员盛伟红面对中学生在《校园海报设计》说课中的说学生、学法:

[案例3—4]

从学生心理角度出发:初中学生正当青少年期,自我意识较强,模仿性也强,作为教师有责任对他们的行为有更多的注意和认可,要通过各种有益的健康活动(主题性)来吸引他们,不能光靠简单说教。所以要充分利用美术教育的专长与德育教育并举,对青少年进行有益和有效的关心和帮助,而美术教育更使学生在心灵里受到艺术的魅力洗礼,形成正确的审美观、道德观、价值观和人生观。所以学生对学习内容应该产生兴趣。

体现海报设计的社会意义和艺术节活动策划性,通过小组合作讨论——探究——创作,依靠集体的智慧,挖掘更大的潜能,创作出有个性化的作品。

这则案例貌似有说学生和学法,但实际却有偏差,不具说服力。学情,分析一下心理是可以的,但对于学生面对"校园海报设计"所相应具备的美术基础没能作出分析,显然很不够。后面的学法更是概括到了"通过小组合作讨论——探究——创作,依靠集体的智慧,挖掘更大的潜能,创作出个性化的作品"。虽暗含着自主探究,但其实是交代了一个小的教学环节。

上海市南汇区网络培训学员奚君在一年级《会摇摆的玩具》说课中的说学生、学法:

[案例3—5]

一年级学生知识基础、生活经验的缺乏,使大部分同学对新事物的认识不是很全面,需要发挥集体智慧和老师的引导和协助。所以,本课中,教学重点是教师需要重点为学生解决的。而教学难点则可以充分发挥低年级学生的天趣,利用已有的知识与技能加以实现。

在解决教学难点时,充分发挥低年级学生对新事物充满好奇,注意力集中短暂,又争强好胜的心理特点,运用"闯关"游戏以及教师"故错法",在一惊一乍间,激励学生开动脑筋,让学生自主探究,从而使教学环节得以顺畅过渡,教学重点圆满解决。继而利用他们当前的心智特点,对小动物的热爱,对玩具的喜爱,为自己做一个心爱的玩具,符合学生身心成长,也激发学生创作热情。师生互动,推进教学目标的实现。

在具体说课中,说学生的学情可在分析教材确立教学目标前加以阐释,说学法可置于说教法、手段中分析与说明。

3.1.3 说教法手段

(1) 说教法,美术教法主要有:讲授法、演示法、观察比较法、辅导练习法、参观发现法等,当然我们还可以自创新方法。教法的确定主要是依据美术学科的形象性、情感性等特点,考虑教学设备条件,从学段学生实际出发。

(2) 说手段,美术教学手段主要是围绕教学方法来展开的。如教法是讲授法,手段主要是教师的陈述和问题的创设。教法是演示法,自然要教师直观示范或是图片展示,抑或是多媒体课件的运用,让学生有视觉的感受。

上海市南汇区网络培训学员刘艺婷在五年级《传情达意的环保贺卡》中的说教法手段:

[案例3—6]

依据本课的性质及学生,我主要采取"启发——引导法",以实例为线索,充分动用教具,不断采用欣赏、启发、讨论、归纳相结合的教学方法。在实例的引导下,调动学生的积极性和自觉性,由感性认识上升到理性认识,使每个学生都能参加到动脑的积极思维中,真正做到面向全体。运用多媒体优化课堂教学,激发学生兴趣,提高课堂效率。并提问不同层次的学生,这样多法并用,在评论环节采用学生自评、互评的方法,既培养了他们分析作品的能力,又启发了学生的思维。

刘老师的说教法手段,提出了主要教法,罗列了许多手段,感觉面面俱到,缺乏梳理。刘老师提出了主要的、基本的教法是"启发——引导法",那么后面的文字应该紧紧围绕这个基本教法来展开,最好当然是还能结合一下教学实际。编者建议:依据本课的性质及学生情况,我主要采取的教法是"启发——引导法"。围绕"启发——引导法"我运用了多种教学手段落实此教法:首先通过实例来启发引导,具体实例是××;继而运用多媒体,向学生展示××,进一步启发引导;再进行问题启发,根据不同层次学生我提出了××、××等问题。

上海市南汇区网络培训学员唐海虹在七年级《泥与火的艺术》中的说教法手段,干净利落,有理有据:

[案例3-7]

为了激起学生更大的兴趣与热情,由被动变为主动,既锻炼学生形象思维能力(脑),构成能力、创造能力;又可以锻炼学生的表现能力(手);同时提高学生的审美能力(眼),真正体现眼脑手的协调并用的原则,根据学生情况,我采取以下教学方法。

(1) 情境创设教学法

导入部分设计了参观博物馆的情节,学生总是在一种情境氛围中接受知识效果最好,通过创设与教材情感相符合的情境,使学生轻松地掌握知识。

(2) 观察、发现法

观察、发现法有助于发展学生的智力、思维的主动性,体现学生的主体,是学生有效的学习方法,使学生体会像科学家那样探索发现真理的滋味。让学生观察彩陶的图案画,使学生发现从不同角度观察会有不同的画面,激发学生进行练习的欲望。

(3) 范例教学法

学生在生动活泼的情境中,通过范例的欣赏,感受美的过程,去发现美,创造美。

3.1.4 说教学程序

(1) 说教学结构(教学环节),美术教学结构有"引导——新授——尝试——评价"和简化的"导入——尝试——反馈"这样的传统,也有新的结构"原创表现(展现原生态)——启发引导——再表现——交流评价——拓展"。当然还可以根据教学实际提出新结构形式,但因为美术的实践性,课堂需要给学生充足的时间,所以结构不宜复杂多变。

(2) 说具体过程(教学步骤),是在结构的基础上进行丰富,当然还应该展开理性的思考。如在引导环节,一是进行了情境创设;二是提出了几个问题。这是出于激发学生兴趣的考虑。新授中,我又是通过直观的演示××、问题××的启发、学生观察××讨论××发现××。这里依据的是美术的学科特点和新理念,还有学情分析等。结构是骨架,那么这里的具体过程应该是血肉了。

(3) 目标的达成,重难点的落实。在说教学程序中目标达成和重难点落实往往隐含在里面,一般不单独分列,可以在具体过程阐述时,相应作一说明。如美术学科教学重难点的落实一般都是在新授中解决,可以在新授的问题和直观演示之后提出这里我落实了重点或解决了难点。

在说教学程序时很容易演变成复制教学详细的过程,这显然是没有很好理解什么是说教学程序。下面的案例就是出现了这样的差错。

教案中的教学过程和说教学程序一模一样。

[案例3-8]

(1) 利用多媒体展示各种材料的浮雕作品导入本课,这样可以拓宽学生的视野,增长学生的知识,吸引学生注意,从而激发创作兴趣。

学生欣赏各种材料的浮雕作品后,进行提问:你们觉得这些作品好看吗?你们想不想自己创作一幅浮雕作品呢？然后拿出西瓜皮给大家看，由此引入本课：西瓜皮浮雕。

(2) 借助实物投影仪，让学生欣赏几件西瓜皮浮雕，接着提问：这些西瓜皮上雕刻了些什么内容？表现怎样的内容能使西瓜皮表面的纹理发挥出更特殊的效果呢？我们如何把图案上的内容巧妙地搬到西瓜皮上去呢？采用层层设问的方法，让学生思考讨论后得出结论。

(3) 演示西瓜皮的雕刻过程。这一环节我改变了以往教师在台上演示，学生只在下面观赏的方法，而是采用让一到两位学生上台来演示给大家看，然后教师再总结操作过程，并对不规范的动作加以指出，提醒学生应当注意的地方。

(4) 学生进行创作。利用多媒体重复前面的作品，伴随着轻松的音乐，鼓励学生进行大胆创作，通过不断的实践和探索，让每位学生都有展示自己才华的机会。培养了学生的主体参与意识，调动了学生的主观能动性。

(5) 评价。采取自我评价的方式：学生把自己的作品放到展示区，然后把作品介绍给大家。这样使学生成为学习的主体，对所学知识得到进一步的巩固和升华，同时也使学生得到一次自我展现的机会。

(6) 通过小结，告诉学生不但可以利用生活中极其普通的材料制成精美的工艺品，而且只要多注意观察，一定会从中发现并创造出更多更美好的东西来。鼓励学生到生活中积极地去发现美、探索美，从而创造美。

这位教师的教案设计倒是有一些自己的想法并加以阐述，书写得很理性。而将这份教案转变成说课时，很显然说教学程序没有被教师很好地加以理解，只是将教学过程从教案中搬过来，缺乏必要的提炼。

以下是上海市南汇区网络培训学员唐燕云的二年级《漂流瓶》的说教学程序。这原本是唐老师的说教法手段，是结合教学程序进行展开的，但我觉得这更应该是说教学程序比较合适：

[案例3-9]

(1) 以新激学，激发学生的求知欲

精彩而富有新意的引入，往往会给学生带来奇特的感受，不仅仅使他们由抑制到兴奋，而且会使他们把学习当作自我的需要，自然的渐进新知的情境。

在引入部分，先让学生们猜测，此时学生们都会情不自禁地跃跃欲试，各抒己见，当他们沉浸在快乐的情绪中时，我及时地提出了今天的新课题：漂流瓶。打开了话匣子，学生对如何制作漂流瓶产生了极大的兴趣。激发他们强烈的求知欲。从"乐中学"不言而喻。

(2) 以趣质疑，发展学生的求异思维

创设读信的情境，符合学生们的年龄特点，低年级学生年龄小，在课堂内进行这样的游戏，喜悦之情油然而生，通过读信知道漂流瓶的功能，激发学生的创作灵感，另外，运用有趣的漂流瓶故事点缀枯燥的教学过程，可以使学生产生愉悦的心情，而且可以使他们从"哪些材料适合做漂流瓶？"中质疑问难，活跃学生的思维。小组讨论时个个都积极投入，大胆发表自己的见解。由此让学生有了疑问"漂流瓶还有什么装饰方法"，学生们都围绕这一问题互相讨论、研究、探索。用瓶子来表现自己的创造。学生的求异思维得到了发展。

(3) 以异求创，释放学生的创造潜能

用新异的作品来激励学生去发现和创造，是美术教学的重要环节。

在新授部分，多媒体展示各种装饰好的漂流瓶，学生欣赏，他们惊奇地发现所学的内容是全新的，跃跃欲试。于是学生们都积极主动地尝试各种各样的装饰方法。有的用颜料彩绘，有的剪贴装饰，甚至用自己的剪纸作品装饰。所选的瓶子造型及装饰很富有设计感。由此，学生们的想象力和创造力得到了充分的释放。

3.2 凸显美术学科说课的个性

美术学科的形象性、情感性、文化性、多样性和技能性这五大特点及其相关性,很大程度上区别于语、数、外等文化知识学科。因此,教师在说课时,不仅在教学设计中要充分呈现,也要在自己的"说中"予以表达。此外,美术学科的思维特性也影响着美术的教与学,因此也要以本学科思维来构建课堂,设计教法。

3.2.1 体现美术学科特点

美术作为视觉艺术,最具形象性的特点,在我们说课时可以作为运用影视手段和示范演示等直观教学的理论依据。另外在具体说课时,我们的美术说课也可以借用一些直观的手段,如制作一些幻灯投影和简单的PPT,甚至是教师的简单演示,在说课中加以运用,这样的说课肯定是美术说课独具的。

美术是人类情感和精神生活的创造表现。前面在分析美术学科特点时已有分析:培养学生对美好事物的热爱,对美好情感的体验,用美的形象陶冶着学生的情操,这都是美术学科情感性的具体体现。我们教学三维目标中的情感、态度和价值观直接就得益于情感性这一特点。还有在分析学生和具体教法手段的采取时,也要考虑到学生的情感,把美术的情感性和学生的情感对应起来,比如在中小学阶段都可以多一些与学生生活实际的联系,在小学阶段还可以多一些拟人的手法分析形象,从而唤起学生的情感。

美术学科应视作人文学科而不只是技能课程,在广泛的文化情境中开展美术学习是当今世界美术教育的主导潮流。

上海市南汇区唐华老师《芦苇飘摇》的说课,将芦苇背后少为人知的文化背景呈现出来,芦苇便不再是那简单的芦苇:南汇泥城地处东海之滨,滔滔长江水卷带的泥沙在这里汇聚,造就了广袤的片片芦苇,浑身是宝的芦苇以它顽强的生命力在这里扎根,印证着历史的沧桑。自中国共产党诞生以后,近50位泥城革命先烈为了祖国的解放、人民的幸福而光荣牺牲在这片片芦苇荡中。泥城人民对芦苇有着一份特殊的感情。

文化,可以丰富我们对事物的认知,让我们不再停留在表面,只留有形象。

美术对多元化和个性化的包容,不苛求标准答案,赋予了美术学科多样性的特点。多样性可以在问题设计时予以体现,因为美术学科的多样性,所以问题设计得有开放性。具体问题还可以从不同角度来设问,避免学生的答案趋向唯一。多样性还可以直接体现在我们对美术任务布置时的要求,可以多材料,可以多手段,可以多角度。

美术不再被理解为仅仅是单纯的技能和技巧的拼凑,但美术的技艺性是不能被否认的。在涉及具体作业时,如何更好地去表现,技艺指导少不了。而学生要进入高一级学习,也少不了技能渗透,这都是技艺性的体现。从简单的造型、构图、色彩到立意,技艺性让美术学科特点得以显现。

3.2.2 运用学科思维特点

形象思维不仅是美术学科的思维特点,也与中小学生的年龄特征非常吻合。形象思维具有形象性、非逻辑性、粗略性和想象性的基本特点,这些特点在美术学科中应该得到很好的运用。比如我们在启发学生思考时,很多时候是运用形象来引导学生,使得学生产生新的想法。这是运用了形象思维中的形象性特点。又如学生有一些好的想法和好的形象刻画,往往没有原因,不知为什么,只是想到了,这体现的是非逻辑性。这些好东西不便于阐释,而可以直接拿来展示给学生,这可能与其他学生的某个还未成型的想法暗合,于是也就带给他新的启示,同样这可能又是没有为什么,这又是非逻辑性的。在交流中有些内容学生未必说得清想得明,尤其是低年级学生,可面对材料很多时候却能完成出乎我们意料的作品,其实我们的美术学科在面对中小学生时根本不需要精确,这就是粗略性的体现。有实践经验的教师,肯定遇到过学生询问可不可以这样表现,学生是很善于思考的,他们的想象力远胜于我们,在这里需要的是我们多肯定和鼓励,而不是按逻辑推理进行,或因为其不符逻辑而否定。美术学科形象思维特点,在我们确立目标,分析学生,采用教法和具体教学程序的设计时都应予以考虑。

求异是美术学科的优势。"不一样"在美术领域更有生命力。在启发学生时可以追问还有什么不一样的想法;可以运用对比,呈现不同的作品,让学生各取所需。这都是求异思维在美术学科中的有效运用。求异思维在教学程序设计中有着自己的用武之地。

3.2.3 突出学生美术素养的培育

提高学生的美术素养,促进学生全面发展;发挥美术教学魅力,激发学生学习美术的兴趣;技术和人文的结合,在广泛的文化情境中认识美术;综合实践探究发现,拓展美术学科教学空间。这些新理念应该成为我们说理的主要依据,也应该成为我们教学的方向。

提高学生美术素养,我们在对学生进行基本的美术知识与技能渗透和艺术态度引导时,我们便有了底气,因为这是促进学生全面发展所必需的。我们分析学情,过滤教法时要多从学生兴趣出发,要采用形式多样,手段新颖,问题引入等手段。在分析作品时,不停留于作品的可视形象,介绍文化背景应成为我们的习惯。不只是从学科单一的角度出发,综合实践拓展学生的视野,探究发现,让学生有自己的空间。这些都该时刻萦绕于我们脑海,在设计教学时应充分予以考虑。

思考题

1. 你认为在说课中应如何更好地凸显美术学科区别于其他文化课的学科特点?
2. 美术学科思维有很强的学科个性,在说课中怎样体现?
3. 新理念指导下的美术课堂,你认为应当用怎样的说课方式和说课语言才能更好地表达?

幼 儿 教 育

幼儿教学的说课不再是围绕传统意义上的"语文"或"数学"等学科进行,幼儿园已完全改变了分科教学的模式,上海学前教育的"二期课改"选择了走综合课程之路。幼儿园的《学习活动》课程教材(也称学前教育教师参考用书)摒弃了传统的按照学科知识的逻辑来组织和展开课程的分科模式,根据幼儿年龄特点、学习特点和发展需要,按照他们生活经验的逻辑来组织和展开课程。教师通过采用主题化、生活化、游戏化的方式组织实施幼儿园的《学习活动》课程,让幼儿在学习活动中感受乐趣,体验成长,了解知识间的有机联系,从而产生有意义的学习,得到知识、能力及情感的培养。幼儿园主题式综合性学习活动折射出了现代社会科技发展综合化的时代精神,而且集中体现了新课程教材教学改革的基本理念。

1. 幼儿园《学习活动》课程的主要特点

根据"以幼儿发展为本"这一基本课程理念,幼儿园的《学习活动》十分强调凸显幼儿的主体地位,具体体现出下列一些主要特点。

特点一:回归幼儿现实生活。

传统幼儿园分科教学强调以课本为主、教师为主、课堂为主,脱离幼儿的现实世界、远离幼儿的真实生活。《学习活动》直面幼儿学习成长需要,关注幼儿的生活情境和生活经验,引导他们关爱周围的人、爱护自己的生活环境,体验人与动物、植物的关系等,提倡幼儿"在生活中学习、在活动中成长",使幼儿园的"学习"课程向幼儿的现实世界回归,努力在"现实生活中"学习知识、发展能力、培养情感等,实现促进幼儿多方面发展的价值。因为《学习活动》的内容只有贴近幼儿生活实际,才能体现当代幼儿教育的真谛。

特点二:强调多方面的整合。

幼儿园《学习活动》,强调课程的整合性。因为以主题为构架呈现教育内容,将不同领域的内容置于一个相同的主题背景下实施,有必要实现多方面的整合:体现在课程目标上,即要实现知识与技能、过程与方法、情感与态度等目标的有机统一;在一日生活中要体现《学习活动》与幼儿园游戏、生活、运动有效结合,在学习活动内部要将语言、美工、音乐、科常等幼儿发展各领域内容有机联系;体现在教育教学方法、途径、手段和组织形式等方面的也都应该综合;另外幼儿的生活是深入各社区的生活,所以幼儿《学习活动》的有效开展必须通过整合社会、社区、家庭等多方资源。

特点三:重视幼儿的活动过程。

幼儿园《学习活动》课程是以过程模式为取向的,它把幼儿在教师指导下所获得的一切经验都看作是有价值的,改变了以往只关注统一学习结果的倾向,通过充分体现幼儿园学习活动的动态生成性、自主选择性;通过淡化学习结果、注重活动过程来达到学习促进每一个幼儿在自身基础上获得进步和发展的目的。注重过程,就是关注幼儿在学习活动过程中的经历、体验,他们怎样利用原有的经验来开展学习探索?生成了哪些需要?在学习环境中怎样与教师、同伴互动?怎样克服困难学会学习?力图使幼儿在宽松的环境中自由、主动地发展。

特点四:注重选择灵活实施。

幼儿园《学习活动》课程教材,突破了原有教材所具有的唯一性、知识性、系统性与权威性。幼教的"新教材观"认为教材只是一种参考材料和资源,一种帮助幼儿学习的工具,它起到的是一种媒介的作用。《学习活动》则充分体现了低结构、高开放、可选择的特点。它要求教师要有教育机智,随时关注生活、关注孩子,根据他们的兴趣和生活中发生的有意义的事件来创造性地选择新教材、改变新教材。注重选择性,给予了教师更多的课程选择权,教师可以根据本社区、本园、本班幼儿的特点灵活地运用教材,自主地设计实施活动,使教师真正成为课程的开发者、实施者和评价者。同时注重选择性,也赋予孩子以更广阔的学习和生活的空间,幼儿可以根据自己的需要、兴趣、个性进行自主选择与活动,如可以选择不同的学习主题、可以选择不同区域活动的内容,还可以选择合作的伙伴,充分体现出《学习活动》尊重幼儿个性差异,注重引导发展的课程特点。

思考题

1. 幼儿园《学习活动》课程教材打破了长期采用的分科教学模式,它对教师开展具体教育实践有什么指导意义?你认为教师行为应发生怎样的变化?

2. 结合自身开展幼儿学习活动的实例,谈谈你是如何实施课程教学的有效整合?

2. 幼儿园《学习活动》课程新理念

目前上海市学前教育课程教学改革的基本理念是"以幼儿发展为本"。围绕该基本理念,要求我们正确地看待幼儿的发展。

2.1 幼儿体、智、德、美各方面的发展是一个整体,《学习活动》应促进幼儿全面和谐发展

幼儿的身体(生理、身体运动能力)、心理(认知、情感)和社会性等方面的发展是一个相互依存的整体,任何一方面的缺陷都会阻碍幼儿其他方面的进一步持续发展。如果早期教育中过分狭隘地关注某一方面的快速发展,追求一个方面的"卓越"表现,并以牺牲另一些方面的经验和发展为代价,导致"片面发展",这将会给幼儿的继续成长带来难以弥补的缺陷。所以教师要把促进幼儿全面和谐发展作为幼儿《学习活动》的价值取向,不要只是关注幼儿回答问题的准确度、技能技巧的熟练度,还要关注他们的身体健康、自我服务、心态积极、自我认识、自我表现表达、合作互助等各个方面,提供孩子全面和谐发展所需的丰富的物质环境和同伴交往的机会。

2.2 幼儿主要的学习方式是通过游戏和操作实践活动来整体地认识周围环境,《学习活动》应体现这个特点

发展心理学的研究向我们表明了这样的儿童学习观:幼儿是独立发展着的个体,是积极主动的学习者,他们通过活动,通过与大自然、周围的物质环境、与成人与同伴之间的互动,从所见、所闻、所做和所体验到的东西中间构建着概念、做事的方法、做人的原则,逐渐形成自己的品格和能力。他们也从与周围世界打交道的成功和失败中认识自己的能力,形成或独立自信或依赖自卑的人格。所以只有在自主活动过程中,幼儿才能充分体验自身的存在与价值,获得更好的发展。因此,教师在目标、内容选择和环境组织以及活动的开展上都要与幼儿发展的这些特点相符合,以便激发幼儿积极、独立地与周围环境发生各种互动,并品尝到成功的愉悦。

《上海市学前教育课程指南》强调指出:幼儿园《学习活动》课程内容的选择和组织应"以整合和开放为特点",应围绕着对幼儿个人和社会有意义的议题加以组织,与幼儿生活紧密联系,而且课程内容最好师幼共同合作计划;其次,"学习活动"的实施应以"活动、体验"为特点,通过幼儿喜欢的多种活动形式(游戏、参观、摆弄、操作等),为幼儿积极主动地与其周围的人和物充分互动提供自由的时间、空间、材料,使幼儿有机会获得多种物质方面的经验与人际交往方面的经验。

2.3 幼儿的发展存在着广泛的个体差异,《学习活动》应尊重这种差异

幼儿园孩子都来自不同的家庭,由于遗传的不同、早期家庭教养影响的不同,所以都有着各自不同的性格特点、兴趣需要、行为习惯、认知水平,况且,同一年龄班中,年龄最大的孩子与最小的孩子几乎相差一年,他们之间的发展水平自然存在差异。教师必须重视幼儿的年龄特点与个别差异,了解幼儿的内在需要、不同爱好和潜在的发展可能性,给予幼儿自我发展的机会。改变以同样的目标、内容、实施方式对待不同的孩子的做法。

首先,要看见这种差异,要以发展的眼光看待幼儿在某些方面的暂时落后,不要简单地在幼儿之间作横向比较、下结论,要以多元智能的理论看待幼儿在智能结构上存在各自的不同强弱,要激发幼儿将自己的优势带动自己的弱势,着眼于每个孩子在自己原有基础上获得发展。

其次,教师在学习内容的选择和活动的组织上,应尊重个别幼儿独特的兴趣与需要,不强求所有的孩子以同样的方式参加同一种内容的学习、达到同一个目标。在幼儿需要时给予及时的个别指导和回应,使每个孩子在幼儿园的学习生活变得有意义,促进他们在原有水平上不断提高。

第三,幼儿园的学习活动组织形式要注重集体、小组、个别相结合,允许幼儿沿着自己的兴趣学

习探索,为他们的发展提供自由的空间。

思考题

1. 根据"以幼儿发展为本"的新课程理念,你对《学习活动》提出的有效促进幼儿全面和谐发展这句话有什么新的认识?
2. 由幼儿园新课程理念引发的教师教育教学行为变革具体体现在哪些方面?

3. 幼儿园《学习活动》课程的构思

《上海市学前教育课程指南》明确指出:幼儿园学习活动主要指讨论、阅读、欣赏、制作、表演、实地参观、收集信息等活动,旨在激发幼儿主动探索、积极体验、使幼儿在认知能力和态度上不断进步,为后续学习打下基础。

3.1 尊重幼儿学习的特点

3.1.1 幼儿是学习活动的主体

幼儿作为独立的发展着的个体,只有在自主活动的亲历过程中才能充分体验获得经验。但幼儿的自主活动不是单独的个体活动,而是以与同伴、教师及其他人共同生活为背景的。幼儿是通过交往逐步认识自我并接纳他人,初步了解社会生活必需的基本知识与行为规范。

3.1.2 幼儿是通过与环境的相互作用生成并开展学习活动的

环境是人们赖以生存和发展的物质、社会、心理条件的总和,是幼儿发展的资源,幼儿的发展受到来自幼儿园、家庭社区等多方面的综合影响。教师应善于利用人、物、时空等各种要素,引导幼儿与环境积极主动地相互作用,以促使幼儿自主活动的生成,从而认识个人以及生活共同体与环境的依存关系,积累与环境作用的必要体验与经验。

3.1.3 幼儿是在主动获得经验过程中,形成和发展具有个性特点的语言与非语言的表现表达方式的

幼儿在积极主动与环境互动过程中,是以语言和非语言(如动作、符号、图像、视觉艺术、音乐、舞蹈、手工、多媒体技术等多种方式)表现表达自己所认识、体验和感受的一切。由于幼儿存在个别差异,所以孩子的表现表达方式各不相同,他们有"一百种语言"。幼儿园的《学习活动》应尊重幼儿的多种表达表现方式,教育内容也要以多种方式呈现,以适应幼儿认识发展的阶段性以及内在认知结构的差异性。

3.2 强调《学习活动》课程的目标导向性

3.2.1 全面把握幼儿园《学习活动》课程目标

幼儿园《学习活动》课程目标如下。

(1) 初步了解并遵守共同生活所必需的规则,体验并认识人与人相互关爱与协作的重要和

快乐。

（2）亲近自然，接触社会，初步了解人与环境的依存关系，培养认识与探索的兴趣。

（3）初步接触多元文化，能发现和感受生活中的美，萌发审美情趣。

（4）积极尝试运用语言及其他非语言方式表达和表现生活，具有一定的想象力和创造力。

幼儿园《学习活动》课程目标是每个教师必须清楚地意识和全面地熟悉把握的，在教学实践中根据其指向，生成具体情境下的目标，从而来组织幼儿的学习活动。

例如：根据"亲近自然……初步了解人与环境的依存关系"的目标，教师就要有意识地引导幼儿观察与认识周围的各种自然现象，萌发幼儿爱护环境的意识，形成对自然的热爱情感、探究欲望和审美体验等；根据"接触社会"的目标，教师就要引导幼儿积极主动地与周围更多的人接触与交往，让幼儿亲身去体验社会的各个方面，认识自己与周围人的关系，倾听他人的意见，关心和同情他人，知道与人合作，感受人与人互相关心、互相帮助的温馨；根据"了解并遵守共同生活所必需的规则"的目标，教师就要在幼儿学习中有意识地培养幼儿的规则意识、合作意识和责任意识，学习处理矛盾和解决冲突，形成对待他人的良好态度和行为方式等等。

3.2.2 正确理解《学习活动》课程目标的几个要点

（1）突出课程目标促进幼儿情感、态度的发展的功能

《上海市学前教育课程指南》在关于幼儿园课程目标表述中明确指出：通过上海市学前教育课程的实施，促进幼儿健康水平以及情感、态度、认知能力等方面的发展。之所以强调情感态度，把它列在前位，一是因为过去强调认知，只是强调其中的知识技能，比较忽略情感态度对认知的影响。二是快速发展的社会中，知识是不断更新和变化的，认知能力比知识技能更重要。对个体而言，情感态度是相对稳定的，积极的情感态度是个体认知能力持续发展的内在动力。三是在具体的教育情境中，情感态度还具有启动作用，作为学习的先行者，对学习起到推动、导入的作用，它是影响幼儿学习的积极性及效果的重要因素。

（2）认识、把握好目标定位的基础性与挑战性之间的关系

幼儿园的课程目标又一价值取向是基础启蒙。因此，《学习活动》的目标明确定位于"初步了解并遵守共同生活所必需的规则"，"初步了解人与环境的依存关系"，"初步接触多元文化"，"具有一定的想象力和创造力"。多个"初步"及"一定"字眼的使用，提示教师要有长远的发展眼光，为幼儿后续发展和进一步学习打下基础，切不可急功近利，刻意对幼儿进行训练和拔高，过分强调知识的深度与难度，这是教师在实施幼儿学习活动时要注意把握的。

既然课程目标中基础启蒙的要求非常鲜明，但在课程实施中却又不断强调学习活动必须要有"挑战性"，要体现促进幼儿发展的价值，这是一对矛盾。它要求我们无论是提"初步"，还是提"挑战"都要考虑两个问题：一是基础，二是发展。在提"初步"时，本来就蕴涵着一方面考虑幼儿原有的基础，一方面考虑原有基础上的适宜性发展，这一发展又只是以后新的发展的基础，而不是最终发展；在提"挑战性"时，同时就在考虑怎样的发展目标是对原有基础具有挑战的可能性，当然也是以适宜为标准的，即"既要适合幼儿的现有水平，又要富有一定的挑战性"。

3.3 善于根据幼儿生活经验，选择、开发和组织《学习活动》课程内容

幼儿园学习活动内容是构成幼儿园《学习活动》课程的基本要素，是实现幼儿园课程目标的载体。为二期课改编写的《教师参考用书》某种意义上是一种教材，但它与传统教材发生了很大的变化。它不是一套现成的、可拿来照章执行的操作性教材，而是以高开放、重选择为特点的教师教育活动参考用书。它要求教师根据本园、本班幼儿的发展需要和实际水平，对教材进行创造性的、有

针对性的选择和改变,利用幼儿园、周围社区以及家庭的实际资源来完善或弥补教材与幼儿园实际的差距。如:《教师参考用书》中"认识周围的人——建筑工人和商店里的人",教师把它改编成"认识周围的人——幼儿园里的人",使课程内容更贴近幼儿生活,更容易为幼儿理解与接受,更符合幼儿的经验,以帮助幼儿更有效地学习。

同时教师要关注幼儿的生成活动,将有价值的内容引入课程。

思考题

1. 有教师提出,学习活动要满足幼儿的兴趣与需要,重在与幼儿生活经验相结合,那么是否还有必要强调目标呢? 为什么?

2. 幼儿园《学习活动》提倡幼儿发展的自主性、能动性,让幼儿有快乐的体验,那么是否再提挑战性会给幼儿造成压力和负担? 请结合工作实际谈你是如何处理好幼儿发展自主性与挑战性之间的关系?

4. 幼儿园《学习活动》课程的说课

随着新课程教学改革的启动与实践,幼儿园说课作为一种教学研究形式与手段,作为促进教师将课改基本理念转化为具体教育教学实践的一种载体,对增强教师设计和组织教学活动的自觉性、目的性,帮助教师进一步思考教育活动诸因素间的关系,提高自身理论联系实际的整体能力发挥着积极的作用。

4.1 幼儿园《学习活动》说课的构成及撰写

幼儿园说课方案按照说课内容的内在逻辑来看,应该包括五个要素:即"说教材、说教法、说学法、说活动程序、说活动的准备"。

4.1.1 说教材

说教材就是对本次学习活动内容在整个主题网络中的地位作简要分析,通过分析本活动内容在整个主题中的作用,以及它与幼儿先前活动所掌握的经验之间的联系,说明教材的地位和作用;通过分析《学习活动》总体要求及相关基本经验,说明本次活动目标确立的价值以及依据;通过对幼儿"最近发展区"的把握,提出整个活动的重点、难点及其依据。

(1) 说教材的地位与作用

说教材的地位与作用,应简要分析本次活动内容在整个主题系列中甚至在幼儿终身发展中的作用与地位。教师首先必须说清楚此次活动的内容"是什么"及为什么要选择这些内容。要说明教材是如何从当时、当地幼儿群体的需要而选择的。对幼儿现状要作简要分析:主要包括幼儿的年龄特点、原有知识经验和基础技能的发展情况,以及幼儿的兴趣、需要、动机和行为习惯等发展状况。

说教材时,教师要既能清楚地了解幼儿,又能将幼儿发展水平与教材内容的确定与选择、教学活动的设计紧密联系起来,从而做到使教育活动有效促进幼儿的发展。如果教材是在幼儿日常活动中生成形成的要给予说明。说课质量的高低,取决于对教材分析的深度和广度。对教材的分析,重在挖掘教材的知识价值、能力价值和思想价值。

例如,在分析幼儿园中班学习活动《大肚子妈妈》这一教材的地位与作用时,上海市普陀区童星幼儿园余贞老师作如下表述。

[案例4—1]

《大肚子妈妈》是中班学习活动"我爱我家"主题中的一个小主题,是继"三八"节"我爱妈妈"活动后即将要进行的活动,它对引发幼儿进一步了解家里的成员,萌发爱妈妈、爱兄弟姐妹的情感有积极的推进与拓展的功能。

之所以会产生这样一个小主题还是源于幼儿自己的生成,在两个多星期前,中班进行了春游活动,当孩子们看到我们班谢青青妈妈隆起的腹部时显得十分惊讶,他们好奇着她与自己妈妈的不同,而谢青青则非常骄傲地告诉大家:我妈妈肚子里有个小弟弟,我就要做小姐姐了等等,一时之间引起了孩子们的羡慕。伟大的教育学家杜威曾提出:教育即生活,它强调教育离不开生活,教育是为了生活而存在的,生活中其实处处都存在着教育,而教育也应该像生活一样自然。看着孩子们兴高采烈的样子,我决定把这个来自于生活中的事情变成一个集体活动与孩子们来分享。在"我爱我家"的主题中,有着一条明确的总目标:尊敬父母和长辈,感受家的温暖。对于思维正处于具体形象阶段的中班孩子来说,理解"长辈的爱与家的温暖"靠口头讲难免还是显得空洞与抽象,但如果以他们所感兴趣的"妈妈的大肚子"作为切入口,通过生动的生活事件对孩子潜移默化地进行爱的教育,可想而知,效果会比枯燥的说教要强上一百倍。如今的孩子大多是以自我为中心,对于成人特别是母亲给予他们的爱,他们显得比较麻木,往往缺乏一种感恩的意识,反而觉得那是应该的,借此活动,我希望能让孩子去试着体会妈妈怀孕时的辛苦,自然地萌发对妈妈的关爱之情。

除此之外,另外一个选择这节教材内容的原因,是因为在对孩子们的观察中我发现,中班年龄段的孩子性别意识开始逐渐抬头,他们开始对一些诸如"我从哪里来"的问题充满了好奇,他们渴望了解这一切,然而在中国传统的教育中,成人是比较回避幼儿的这类问题,然而"性和生殖"是生活中一件非常自然的事,孩子当然有权知道与自己有关的一切事,我也希望这次活动能把它看成是一次很自然、很轻松自在的性教育,希望孩子能知道自己是妈妈辛苦怀孕十个月后从妈妈肚子里生出来的,而不是从垃圾筒或者马路边捡回来的,这对孩子健全的人格发展是有益的。

从上述说教材的案例中,我们看到余教师善于根据教育家的理论,善于从"学会关爱"课程要求的基本经验出发,有效地选择和开发教材,将教材与幼儿生活实际、幼儿的年龄特点与发展兴趣需要有机结合,对促进中班幼儿情感、能力、知识的和谐发展找到了一个很好的教育载体。

(2) 说学习活动目标的确立及其依据

说目标,先要了解掌握《上海市学前教育纲要》、《上海市学前教育课程指南》提出的总目标;紧扣幼儿园"学习活动"提出的基本经验,再具体说清本次活动的具体目标。说目标要科学,除了体现学前教育纲要等要求,反映教材的特点,符合幼儿的学情,还要阐述清楚制定目标的依据,做到言之有理。

幼儿园每一次具体的学习活动都是主题系列中的一部分内容,围绕同一主题,各幼儿园、各班级因环境条件不同可以有不同的学习内容走向,但每一个具体活动目标的确立都应从属于该主题活动的核心经验,主题活动的核心经验引领着每一次幼儿学习活动的开展。以"旅行去"为例,其具体内容要求是:了解我国主要的名胜和特产;交流到各地区旅游的经验和感受。但它的目标定位是从属于"欣赏、感受祖国文化的丰富性,有初步的爱家乡、爱祖国的情感,了解一些接触到的多元文化"这一主题核心经验的。

说课时,具体活动目标的表达要准确、具体、简洁、全面,要明确说出本次活动的知识目标、能力目标和情感态度方面的目标;要将一般性的目标具体化为可观测的行为目标。要说明通过本次活动,幼儿能学会什么,幼儿的知识、能力、情感有什么变化;要说明教师预期幼儿行为改变的结果。并说明这样要求的理论依据何在,充分发挥活动目标的导向作用。

说目标:小班主题活动《我自己》中的系列活动之一"能干的小手"。

[案例4—2]

学前教育纲要提出:"幼儿园必须把保护幼儿生命促进幼儿健康放在工作首位"。小班幼儿已具有初步的自我意识,对身体各器官逐步产生探索的兴趣。然而限于年龄特点,幼儿对自身的认识还很肤浅,自我保护意识不强,而且现在独生子女,家长包办代替和过度的宠爱使孩子失去一些自我服务的机会。所以结合主题活动"我自己",山东省红星幼儿园王倩老师组织孩子进行了《能干的小手》学习活动。她把这次活动的目标确定为:

(1) 知识目标:引导幼儿认识自己小手的简单结构,知道手能做许多事情。
(2) 情感目标:激发幼儿喜欢自己的小手,有自己的事情自己做的愿望。
(3) 能力目标:帮助幼儿初步掌握保护小手的方法。

说目标:大班主题活动《动物世界》中的系列活动之一"鸟的家族"。

[案例4—3]

"鸟"是动物世界中的一个大的家族。在厦门,到处都可以看到鸟的身影,听到鸟的叫声。而且教育的资源也很丰富:家庭养鸟,花鸟市场,公园,厦门的白鹭洲有鸽子,鼓浪屿上有"百鸟园"等。这些鸟有着相同的特征:有羽毛,有翅膀,会飞……但由于不同的生活环境,有着不同的外表颜色、不同的生活习性,对人类有不同的作用。大班的孩子对鸟的认识有一定的经验,他们喜欢给鸟喂食,还喜欢亲近鸟。新学前教育纲要告诉我们,"要与社区密切合作,综合利用各种教育资源,共同为幼儿的发展创造良好的条件。"学前教育课程指南指出:幼儿要有亲近大自然,有观察、探索周围事物与现象变化与发展的兴趣,初步了解人与自然的关系。因此,引导幼儿尝试探索鸟与人类的关系,探索不同鸟类的不同的生活环境对幼儿发展有着一定的教育价值。

依据主题活动的核心经验与学前教育纲要的要求,依据大班幼儿的年龄特点和教材特点,厦门市第一幼儿园郭老师从情感、态度、能力、认知方面确定了本次活动的具体目标:

(1) 知识目标:认识生活中的多种多样的鸟及鸟类的共同特征。
(2) 能力目标:依据生活环境的不同进行鸟的分类并尝试自我纠错。
(3) 情感目标:萌发爱护鸟类和大自然的情感。

以上两则案例,我们可以发现他们都以新学前教育纲要精神、主题活动核心经验为依据,都注意了从情感、能力、知识三个维度出发,具体表述了本次活动的具体目标要求。但表述的角度、口吻有所不同,前者主要是从教师角度,以"激发、引导、帮助"幼儿的口吻加以介绍;后者是从"幼儿自身认识什么、获得什么、萌发什么"的角度进行表述。应该说,从幼儿角度表述活动目标的方式,目前为更多幼教工作者所提倡和认同。

(3) 说重点、难点的确立及其依据

说课稿要写出该活动的重点、难点分别是什么,并写出确立该重点、难点的理论依据,即在列举该活动重点、难点的同时,说明为什么该重点是本学习活动的最主要部分或最重要内容,为什么该难点在本活动中对幼儿是最具挑战性的,如何解决(但有不少情况下,重点和难点是一致的)。

大班学习活动《逛商店》的重点、难点的表述如下:

[案例4—4]

重点:引导幼儿将逛商场时的所见所闻大胆地讲述。制定重点的依据:学前教育纲要中提出要让幼儿"想说、敢说";"语言能力是在运用的过程中发展起来的"。我们的重点并不是教幼儿记忆大量的词汇,而是让幼儿能乐意与人交流,能大胆在众人面前表达。另外,作为大班幼儿思维已经由直觉行动性向具体形象性过渡,形象思维已经迅速发展,我通过带领幼儿逛商场,给予幼儿大量的直接感受机会,利用这个真实生活的场景,鼓励每个幼儿开口用自己的语言,大胆表达自己的见闻,这是一个很好的契机。

难点:初步引导幼儿较连贯地讲述逛商场时最感兴趣的一件事。要求幼儿能根据这件事的顺序,组织简单的语句,较连贯地表述,这对幼儿来说有一定的难度,但在一些同伴的带领下,会产生跃跃欲试的心理,它就像跳一跳就能够摘到的果实,在教师鼓励帮助下,大多幼儿经过一定的努力是可以完成的。因此本次活动将此设为难点。

"鸟的家族"的重点、难点及其依据的表述如下:

[案例4-5]

根据目标,我把活动的重点定位于:"了解鸟类的共同特征"。因为了解鸟类的共同特征是幼儿在认识多种鸟之后的一种概括与提升,是为幼儿今后主动识别更多的鸟类、拓展相关"鸟的家族"的知识打下坚实的基础,又是培养幼儿学会学习的一个载体。

教师把"依据生活环境的不同进行鸟的分类,并尝试自我纠错"列为难点,是基于在教学重点的基础上又进一步提高了要求,要求幼儿在抽象出一般(鸟的共同特征)的基础上又分辨一些鸟的特殊类别,通过对鸟的认识与分辨,初步感悟一般与特殊的联系与区别,引发幼儿对动物的进一步的兴趣,这难点的解决,对学习的推进、对幼儿的发展起着重要作用。

4.1.2 说教法

说教法主要是教师要说明"怎样教"、"为什么要这样教"的理由。说教法时注意要根据教材的内容特点和教学目标要求、幼儿的实际、教师的特长以及教学设备情况等,来说明选用的教育方法或教学手段。既要说出整个活动用什么教学形式及方法,是集体的、分组的还是个别进行的,更要说清为什么用这种形式方法、教师如何指导、为什么要这么指导等。要着重说明自己其中独创的做法,特别是培养幼儿创新精神和实践能力的具体做法。

目前幼儿教师在组织幼儿进行学习活动中,最多运用的是情境教学法、交流讨论法、操作探索法、记录统计法,还经常运用激情教学法、电教演示法、互动法等教学方法。

说教法:大班主题活动《我长大了》中的一个系列活动"人在变"。

[案例4-6]

开学了,围绕着"我升大班了"的主题,南阳路实验幼儿园大班开展了一系列活动,孩子们在日常生活中感受到自己的身体变化,如:我的衣服变小了,说明我长大了;我的鞋穿不下了,说明我长大了;我的裤子短了,说明我长高了。在最近一次常规的身高体重测查后,教师把前一次的测查结果和这次的测查结果同时展示,更引起了小朋友对自己成长的关注……在孩子们的好奇、探究中,陈老师设计了"我变了"这样一次学习活动,一方面满足孩子们的心理需要,促进自我意识的发展;另一方面遵循纲要中的要求:"引导幼儿对身边常见事物和现象的特点、变化规律产生兴趣和探究的欲望"、"教育活动内容既适合幼儿的现实需要,又有利于其长远发展;既贴近幼儿的生活,又有助于拓展幼儿的经验和视野……"根据主题内容要求,根据"教师应成为幼儿学习的支持者、合作者、引导者"的角色定位,陈老师采用了如下的教学方法。

(1) 情境引入法

区域内投放测量身高、体重的器具,目的是通过"量量你有多高"、"称称我有多重"的活动,让幼儿体验自己长大了。活动中孩子们学会了看人体秤,同伴间互相测量身高;同时通过环境的刺激,让幼儿寻找、辨认同伴小时候的照片,引发了幼儿的好奇心,吸引幼儿参与到活动中来。

(2) 电教演示法

通过电教手段、多媒体动画"小时候的录像(分享交流自己在幼儿园小中班阶段的录像)、胎儿的生长发育以及新生儿的养育的录像",让幼儿对自己的成长有一个全新的认识,在这一个过程中,现代教学辅助手段的运用发挥了传统手段不可代替的功能,使幼儿理解和认识更直观、生动、透彻。

(3) 比较操作法

首先出示前阶段幼儿身高体重的对照记录,让幼儿看一看、试一试、比一比,通过观察比较(小时候与现在的身高、体重数量变化)获得了最直接的经验,并在交流操作的过程中增进了对自己和他人的了解;第二分组操作,让幼儿把自己获得的经验再一次深化,通过制作、想象绘画、排序等多种形式表达、表现自己对成长的理解与期盼。

(4) 交流分享法

请各小组幼儿将自己的制作、想象绘画、排序等作品形式与全班分享,交流自己对成长的理解与期盼,体验成长的快乐。

上述案例表明,教师在组织开展幼儿园主题学习活动"人在变"中采用了四种方法,但其中有个非常显著的特点就是:富有情境性、操作性。它充分体现出当前幼儿园学习活动方式的追求与改革趋向。新课程教学改革中最关键的一点就是要求教师教学方法的改变,要充分重视让幼儿在主题情境中建构认知,发展情感,培养能力。

4.1.3 说学法

教师在说学法时首先应说幼儿:着眼于研究幼儿,说幼儿的心理特点与学习特点以及这些特点与本学习活动的相关性;说幼儿的认识基础与生活经验以及它们对幼儿新的学习活动将会产生怎样的影响。

其次,要说学法指导:主要针对活动目标与幼儿实际,说出过程中怎样根据班级幼儿特点和运用哪些教育教学规律指导幼儿进行学习的,具体采用哪些指导方法,依据是什么;自己如何以"学"为主体进行活动设计,激发幼儿学习兴趣,引导幼儿积极探索,克服以教师"教"为中心。现在教师指导幼儿活动中常用的有多通道参与感知法、体验法、探索法、操作法、小组合作法、观察法、讨论法等学习方法。

说学法案例:中班主题《幼儿园里朋友多》中的一个系列活动"大手牵小手,我的朋友多",案例由上海市南汇区幼儿园姚红老师提供。

[案例4—7]

"说幼儿":幼儿通过前期主题活动《幼儿园里朋友多》中故事、儿歌、谈话等活动积累了一些关于好朋友交往方面的经验,应该说"听大人的话、好东西一起分享"等道理孩子们都懂,但还较多停留在认识的层面,这是由于幼儿年龄小,常以自我为中心,实践机会少,还有品德教育不是一蹴而就的特点,造成他们在真实的生活中经常会存在一些言行脱节的现象。例如遇到自己喜欢的事情仍会争先恐后、不爱惜同伴的物品等。另外,我班孩子现阶段有一个共同的兴趣热点:就是关注班级小组活动的情况(即由家长与幼儿共同组成,分成若干小组,双休日自主开展活动,这是我班的一个特色)。他们经常主动交流活动中的一些情况:不同的活动内容、同伴间交往共处的趣事,体验和同伴在一起活动的快乐,所以我以幼儿喜欢的小组活动为抓手,精心预设"大手牵小手,我的朋友多"的活动,让幼儿在自觉参与亲子小组活动、收集交流小组活动事迹过程中,获得友爱相处的实践经历,体验生活中自我教育、相互教育的真实过程。

说学法:小班主题《过新年》中的一个系列活动"搓元宵",案例由上海市南汇区幼儿园孙莉老师提供。

寒假结束,新学期开始。为了使孩子们从家庭到幼儿园后继续感受着浓厚的春节气息和喜气洋洋的氛围,教师设计了"过新年"主题活动。而开学初正值元宵节之际,元宵节是我国传承了两千多年的传统节日,是人们庆贺新春的延续,民间有吃元宵的习俗。元宵又叫"汤团"或"汤圆",这些名称和"团圆"字音相近,取团圆之意,象征全家人团团圆圆、和睦幸福。开展"搓元宵"活动能让幼儿感受民间传统节日——元宵节的美好,在充满过节的热闹气氛里充分认识食物与过节的关系,了解食物也可以有这么深的意义,体验民俗、民风的情趣。

[案例4—8]

"说幼儿说学法"：我班的孩子在假期中已经历了春节这个传统节日，但是还没有在幼儿园过元宵节的经验。上学期曾接受过大班哥哥姐姐送的新年礼物，但是没有与哥哥姐姐共同活动、共同制作手工的经历。根据小班孩子怕生，不敢与其他幼儿相处的年龄特点，同时针对独生子女，平时缺少与不同年龄幼儿在一起互相合作完成任务，共同庆祝节日体验的实际情况，另外，小班年龄的幼儿手指肌肉群发育还不完善，平时游戏中部分幼儿有用橡皮泥搓圆的实践，但是没有用糯米团制作的经验，在搓元宵的时候必然会出现困难。比如动作不协调，不知道如何搓等等，如果只是让他们自己独立完成，就会显得缩手缩脚，效果不会太好。

在这里，我特别设计幼儿混龄的组织形式，让小班弟弟妹妹和大班哥哥姐姐一起做元宵、吃元宵，混龄活动为幼儿提供了一种经验积累和互相学习的可能性，对独生子女社会性发展、健全人格的形成具有独特的积极作用。在具体过程中，围绕搓元宵这一重难点，我采用讨论探索、示范模仿、实践操作的指导方法，先让幼儿自由讨论、摸索如何搓元宵，不管成功与否，幼儿都先有了一个经验准备。然后教师以示范讲解，哥哥姐姐的榜样示范，给予幼儿更清晰的概念，使他们有了一个模仿的对象。同时让这些能干的哥哥姐姐起带头作用，小班朋友可以看一看，试一试，跟着做一做，使他们在轻轻松松自主参与的过程中学会了搓元宵这一技能；更主要的是在我指导幼儿大带小，营造一种相互帮助、相互关爱的气氛，引导小班幼儿和哥哥姐姐一起做、一起吃元宵的同时，体验相互合作、相互交流，大家一起热热闹闹过元宵节的快乐情绪。

"说幼儿"的目的是为教师设计具体学习活动过程和采用合适的学习方法提供依据，是教师指导幼儿活动的前提条件。"说幼儿、说学法"时切忌空洞和一般化，克服诸如"根据幼儿的特点"或"根据幼儿的实际""我就设计……"这种一笔带过的形式化的现象。

4.1.4 说活动程序

说活动程序是说课的重点部分，说活动过程就是说明整个活动的流程，即各个活动环节的实施过程。按照活动的先后顺序说明每一环节所用的大体时间，介绍时只需概括说，只要听者能清楚"教的是什么"、"怎样教的"就行了，重点说明主要环节的双边活动，要致力于活动难点和重点的突破。同时在介绍活动过程时除了讲活动内容的安排，还要讲清"为什么这样教"的理论依据(包括《上海市学前教育纲要》依据、课程指南依据、教学法依据、学前教育学和学前心理学依据等)。此外，还可以说说活动延伸、延伸的作用与延伸的依据。

"说活动程序"案例：大班"周浦的老房子和新房子"，案例由上海市南汇区某幼儿园汪英老师提供。

[案例4—9]

《我们的城市》主题中有"老房子和新房子"这一内容。原本想让幼儿通过自己家原先住的老房子和现在住的新房子作一个比较，但考虑到大多幼儿对自己以前的老房子缺乏印象。于是，我让幼儿拓展了解自己所生活居住的地方——周浦，了解其新旧房子的变化，直观地比较和感受周浦日新月异的变化，从而激发幼儿爱自己家乡的情感。

在引导幼儿及家长的共同参与时，我把活动重点定在对新老房子加以比较，寻找不同点，感受新房子给我们现在的生活带来的舒适和便利。在目标的定位上，还隐性地让幼儿在自己收集的资料中加以比较、整理、归纳、讲述，注重幼儿多种能力的培养。为此，本次活动设计指导思想是"引导幼儿主动参与，结合生活实际学会学习"。

活动目标：观察了解周浦的新房子和老房子的不同点，关注它们的不同特征；初步学习用图形表征的方式进行归类整理，形成初步的概括能力；激发幼儿热爱家乡的情感。

活动过程：通过引导幼儿走向社区、接触生活实际，为幼儿提供直观、丰富的事实材料，激发幼儿在"观察收集——讨论比较——归类统计——想象设计"中进行自主探索学习,活动环节层层递进。

(1) 观察收集

主要让幼儿通过对周围生活的各种不同年代房子的观察、信息的采集,进行新老房子不同点的区别,自己逐渐积累一些判断周浦新老房子的经验,培养幼儿观察的兴趣与观察的能力以及收集资料的一些方法。

(2) 讨论比较

这是对前面一个环节的提升。让幼儿运用自己的"周浦房子采集表"进行归纳和整理,整理出许多新旧房子不同的地方。如:屋顶上的设施、房子周围的环境、建筑材料等。通过罗列这些不同地方,让幼儿直接地感受到了新房子的优越性明显于老房子,且表达自己所居住的新房子和老房子的不同感受。其中着重引导幼儿根据自己收集的资料,讨论提出自己经过比较,认为新老房子的厅、门、窗结构有什么相同与不同点,在与别人收集的采集表进行互相比较、讨论后,老师运用多媒体手段再次进行具体的比较后,使幼儿对新房子与老房子的特征有更多方面、更直观、更清晰的了解。

(3) 归类统计

在这个环节中,主要是让幼儿从看到的这些房子迁移到自己所居住的房子,做一个简单的调查,其中重点学习渗透一个数字、图表的简单统计和比对。在幼儿的住房统计中教师自然结合了数数、比较数大小等等内容,使幼儿初步懂得和学会了综合归类,初步学会一些统计的简单方法。通过统计,使幼儿直观看到现在没人住在平房、住老房子了,自己的生活居住条件比以前已经有了很大的变化,生活设施都改善了。

(4) 想象设计

启发幼儿自己设计制作"未来的房子"——住房作品(幼儿可以用绘画、可以利用废旧材料设计制作自己喜欢的房子作品),并给房子起好听的名字,用"建筑设计展览会"的形式向大家介绍展示,激发幼儿"让我们生活的城市更美好"的热情与想象。培养幼儿热爱自己家乡的情感。同时提供幼儿展示自己才能的平台。

整个活动程序设计,较好地体现了"幼儿是学习主体"的精神,教师运用开放式教学手段,引导幼儿结合生活走向社会,开展丰富多彩的实践探索学习,让幼儿从了解周围房子的变化到自己家房子的变化到自己设计更好的房子,贴近幼儿生活和幼儿认识的特点与发展轨迹。同时基于"整合性"教学理念与教学设计,教师引导幼儿与同伴、父母、社区的各类人员交往,收集资料;并集观察、统计、比较等多种方法,集语言、计算、手工、绘画等多领域内容,集个别、小组、集体各类组织形式为一体,启发幼儿自主探索、共同交流、表现表达。从说课可以看出,幼儿是在这综合的教学方法、综合内容的交替中、在自身活动基础上去达成学习目标的。

4.1.5 说活动准备

除了上述内容,教师在说课时,还要说活动准备,包括活动前的准备(家长工作、社区协调、环境创设、资料收集、前期经验积累等)和活动中的准备(即有关教具、玩具等操作材料,包括幼儿用书、教学挂图等)。活动准备是为了让幼儿通过与环境、材料的相互作用来获得发展,因此,活动准备必须与幼儿的能力、兴趣、需要等相适应,这些在说课时也应说清楚。如果有展示自己参与制作的多媒体课件,要突出说明课件对本次活动重点、难点解决的作用。

思考题

1. 幼儿园教师"说课"包括哪些要素?其中"说教材"涉及哪些具体方面?请结合一次教研尝

试开展一下"说教材"的活动。

2. 为什么说课过程中要进行"幼儿学法"的分析,它对学习活动开展有什么影响?

3. 为什么说"说课"能引领教师实施新课程教材,提高理念转化为教学实践的能力?

说课案例

案例1 中学语文《母亲这样的女人》说课

姓名	严红霞（上海市南汇区网络培训学员）	所教学科	语文
所选课的主题	平民生活·母亲	教学对象	高二学生
课时数	1课时	所用教材	二期课改实验本

<table>
<tr>
<td rowspan="2">说
教
材</td>
<td>
高二第一单元把我们引领进平民的世界，本文用平和、舒缓、悲悯的文字引领我们走进"母亲这样的女人"的心灵。
  课文导语说得好："一个人就是一个世界。"然而，在中国这样的社会，在母亲那样的年代，在事业、自由和家庭之间徘徊，并最终选择牺牲、奉献出所有自我生活空间的人，永远是女人。本文是一篇不同于一般对母爱之无私与伟大充满歌颂的文章，而是提出了一个更深层次的追问： 批注：这里体现了教师领会作者写作意图，为教学设计做铺垫。在母爱之奉献背后，母亲作为一个独立的个体，她的自我空间何在？哪里是她的心灵世界？
  《母亲这样的女人》，将文章的关怀点不再仅仅局限在"我的母亲"的个体之上，而是具有了对母亲这样的女人之更广泛的人文关怀意义上。所以，引导学生品读周佩红平和、舒缓、悲悯的文字，来领略课文的旨味所在就有了非凡的意义。
  （根据二期课改要求，钻研文本，根据学生实际以及"仔细预读文本、寻找本文的独特亮点、写下最深阅读体验"的课前主动学习要求， 批注：课前预习与要求是上好语文课的重要前提。从以下三方面确定教学目标）
● 教学目标
  ① 知识与技能：抓住课文中关键词句，理解母亲生活空间的变化及原因，领悟课文的旨味。
  ② 过程与方法：通过品析、朗读、讨论、师生互动交流，感悟文章的深层含义。
  ③ 情感态度价值观：引发学生对"母亲"自我空间和独立人格的思考，懂得 批注："懂得"一词似乎宏观了，首先是换位思考，学会关心。如何关心"人"。
  （从关注文本、吃透文本的角度，引导学生在整体把握的基础上抠关键句段，以此设置重点；从阅读文本，阅读生活的角度，引导学生深入思考生命空间的意味，此为难点）
● 教学重点与难点
  重点：抓住课文中关键词句段落，理解母亲生活空间的变化及原因，领悟课文的旨味。
  难点：引发学生对"母亲"自我空间和独立人格的思考，懂得如何关心"人"。
</td>
</tr>
</table>

(续表)

	说教师的活动	说学生的活动	说设置意图
			批注:师生活动与设置意图三段纵列有创意,呈现新课改理念。
说教学程序	导入: 抒写母亲的作品如孟郊的《游子吟》、史铁生的《合欢树》,表达了怎样的主题?	简述歌颂母爱的主题。	由其他母爱主题的作品,看出周佩红作品关注母亲自我空间的新颖切入点。
	揭题:"千里万里,不如家里",那是因为家里最最安宁温馨。家里有个母亲这样的女人,就有了"安",可是母亲自己的生活又是怎样的呢?今天让我们一起来学习周佩红的《母亲这样的女人》。 简介周佩红; 引导学生捕捉本文的独特视角。	通过不断出现的关键词"空间",明确课文关怀母亲自我生活空间或独立人格的切入视角。	选择从女人"自我空间"的角度作为课堂教学的切入点来阅读研究,一求切实,二求深入。
	阅读思考① 批注:"读"与"悟"是语文教学基本环节,教师提问题让学生"读中思"、"读中议"解决关键词,是一个很好的办法。 课文写得很节制,一路不事张扬,只客观描述母亲令人感伤的一生。阅读全文,抓住关键词句"空间越来越小",试用简洁的语言来梳理母亲的一生。	从作者的回忆文字中,梳理母亲的一生: 小时候…… 求学时…… 结婚后…… 夫死至退休…… 被车带倒至死亡…… 梳理出母亲自我空间由阳台外的广阔天地到楠木骨灰盒的线索,概括出自我空间越来越小的观感。	通过关键句的梳理,整体把握文本中"母亲"的生活空间变化轨迹,为深入探究做好铺垫。
	阅读思考② 母亲一生扮演着什么样的角色? 是什么抑制和遮蔽了她的情感和企求,换言之是什么把母亲的自我空间挤压殆尽?	研究课文,从文中筛选关键要点作为回答依据。 母亲在家庭中担任许多角色:妻子、媳妇、母亲、祖母等;母亲担起许多家庭重任。 引导得出:抑制和遮蔽了母亲的情感和企求的不仅仅是繁忙的家庭义务,把母亲的自我空间挤压殆尽的是冷漠与不被理解。	作为作品中的母亲与众多在家庭中扮演母亲角色的女人她们的自我空间呢?学生一般只会看出繁忙的家庭义务,侵占了母亲的生活空间。而课堂上我要引导学生通过婆婆、丈夫、子女的表现,看到母亲遭受冷漠、忽视,不被理解,情感空间被漠然挤压的状况,这是更为重要的一点。

(续表)

阅读思考③ 周佩红是在母亲死后才认识到母亲独立空间被挤压的问题的。那么课文中的母亲在生前是否意识到自我空间问题？从文本的哪些关键段或细节中可以找到启示？	仔细品读，咬文嚼字，引导学生抓到几处关键文本，体会母亲对自我空间追求的过程： 少女时期，美好的憧憬；(模糊) 婚后，夹缝中求索；(迷惘) 晚年，回忆中汲取；(渐醒) 临终前，最后的失败抗争。 (看似迷失，实则清醒)	引导学生看到本文独特的风景。通过捕捉重点语段和对母亲的细节刻画，更深一层次地领略这位平凡母亲身上的奇异亮色，可以给学生一种精神深处的撼动。
教师走进母亲的世界，依据课文重要片断，梳理出母亲对生活的追寻轨迹。	朗读，加深体会。	我阅读此文时，同样受到了深深的震撼，批注：说课中，在说出意图时，也说出自己的感受，这就提高了说课的感染力。甚至渐读渐深。我在整理制作幻灯片时，先感动了自己，又在课堂上感动了学生和听课的广大同仁。可见，只有教师深入文本，才能引导学生深入文本。

说教学程序

附：由学生朗读……我进行课前梳理。批注："我的课前梳理"只要列出要点即可，不必全部罗列。

我们已经习惯了这样认识母亲。(母亲，叫一声母亲，我满心酸楚。)

您是为我们而存在的，是属于我们的，属于父亲、婆婆、哥哥、我，以及我们的下一代。久而久之，您习惯了：做一个终身的孝媳、贤妻、良母。

小的时候，我们习惯了您在灯下捏着针线，为我们缝补衣服，下班回来给我们带好吃的，去学校为我们开家长会，柔声细语地抚慰我们，擦去我们的泪水。天长日久，我们习惯了您的憔悴、操劳，您对脾气乖戾的祖母的全力侍奉和忍让，对小孩子们慈爱温和的笑。您一步也不能离开这个家，因为家里的每个人都需要您。

(母亲自身即是一个整体。这是我们从前很少想到的。)

母亲自己的生活在哪里呢？(母亲，叫一声母亲，我心口发堵。)

六七岁时，您在南京的家中，喜欢趴在窗口看外面。外面的左边，有一幢小洋楼，二楼阳台上，经常能看见一个女人坐在靠椅上看书，或者搬出雪白的枕头被褥，把它们在太阳底下拍松，晒得软软的。年幼的您觉得心里很舒服。您甚至记得太阳光里飞舞着的细小灰尘。

(那时您小小的心里，满是对美好生活的憧憬吧？)

母亲可能对自己的生活早有思悟。(母亲，叫一声母亲，我心里有了巨大的阙失。)

在忙活那些永远没完的琐碎家务的间隙，您开始整理一些旧物。常常是床铺上堆满了乱七八糟的东西，箱柜大开着，您却拿着放大镜反复看一张旧照片，像一个专心致志的考古学家。

您的抽屉里有一支口红，铜皮外壳，旧得发黑，里面膏体干硬，已经旋不出来，但仍然顽强地红着，就是旧画上一方印章的那种红。

(或许，您对美丽情感的渴望也是那么顽强地红着吧？)

空间越来越小母亲迷失在人生路上。(母亲，叫一声母亲，我的心何止是悲伤内疚！)

那天您忘了戴表，忘记了时间。您坐下来，吃了一碗面。那很有劲头的面条和香菜肉末"梢子"让您想起几十年前在兰州的生活。您坐了很久。当您起身时，忽然不知道要做什么，要到哪里去。您便这么漫无目的地走着，完全地迷失了。

(或许，这不是迷失，而是您清醒而又悲壮的最后一次抗争吧。我的心也恍惚了。我的身上，有着您未完的命。但这分明是我的脚。我的。也是我的路——不同于母亲的。)

(续表)

说 教 学 程 序	读后感悟 批注：这里显然是"小结升华阶段"，两个问题切中主题，目的不仅在于教会学生读文章，更在于引导学生阅读生活，此处学生的回答将会怎样？要有一些预测就更好了！ ① 如果生活中你的母亲也是缺少独立空间的"这样的女人"，那么作为子女，你想实实在在地为她做点什么？ ② "我的身上，有着母亲未完的命。" "但这分明是我的脚。我的。也是我的路——不同于母亲的。" 请描述"我"会走怎样的一条路。	两者选一来表达自己的情怀。	意图①不仅教会学生阅读文本，也引导学生阅读生活。 意图②学生学习中，阅读难，表达更难，表达较为完整的意群往往是难上加难。趁着赶起的情感潮水，趁热打铁，可以使口头作文显得不那么困难。
	作业：① 温故知新，再读课文； ② 以"人的自我空间"为话题，写可长可短的随笔。		经过课前预习，课堂教学，在课后再读文章，得到的往往更多。这是我的阅读经验。我常常鼓励学生自觉地这样做。
	教师寄语： 在你的生活自留地里， 种一棵风雪不侵的柳树， 可以靠着树干读书， 也可以躺在绿荫里做梦！		很满意自己备课时的即兴所得，语言朴素又意味不浅。所以在课堂结束时与学生共享。
说 学 生 说 学 法	学生是普通高中普通班的学生，每天忙于应付各门学科各种作业，对语文这一母语学科却往往相对忽视些。批注：说得很实在，教会学生养成预习习惯，是语文教学重要前提条件，严老师的做法之细、指导之有力，值得赞赏！可能是从小养成的习惯，他们阅读文本时几乎不带自己主动的思考和探究，而是很被动地让文本影像一样走过双眼，有的时候留下一些浮光掠影，有的时候几乎像天空鸟儿飞过一样不留痕迹。为了改变这一状况，一年多来，我由引导他们做摘抄华彩段落，到做较全方位的摘要，到做区分出主次侧重的三级提纲。经过一年多的磨合，师生间已经有了一些默契。现阶段，很多同学已经能够根据我对预读提出的要求，先行自读文本，并且或作文意梳理整体把握，或作关键筛选细部关注。为较深入地从一个突破口进入文本打下了一定的基础。 如果说学生对文本的较深理解存在一定困难，那么在运用生活体验理解文本真意上则存在了更大的困难。所以在这堂课上，我选择了"人的独立空间"这一切口进入，一方面希望由咀嚼关键文本展开较为扎实的阅读探究，另一方面也希望学生阅读文本的同时，阅读人生、阅读生活。		

（续表）

说教法手段 批注：这专栏中的教法写得太松散，似乎是教师的体会。其实，从上面的程序中完全可以归纳出自己的教法！	① 我在教学中要求学生关注文本，所以上课前自己必然尽力追求吃透文本，为学生作出表率；每次课前预读的布置与课堂教学有合理铺垫、衔接意图。要求学生写一些阅读体验，自己也会同样去做，并与学生的优秀预读一起在课中或课后交流，起到引导作用。 ② 我追求课堂教学的清晰、朴素、切实和尽可能的深入。 我的问题设置连起来好像一篇层进式作文的提纲，清晰实用，不过求新奇华丽。通过我的板书，也基本可以较为清晰地展现我的教学追求。 　　　　　　母亲这样的女人 　　　　　　　　周佩红 "家"有母亲这样的"女"人→安 "女"人撑起"家"，自己的天地却越来越小。 女人的自我空间呢？ 繁忙的家庭义务　　　→侵占生活空间 遭受冷漠、忽视，不被理解→挤压情感空间 母亲如何面对越来越小的自我空间？ 少女时期，美好的憧憬；（模糊） 婚后，夹缝中求索；（迷惘） 晚年，回忆中汲取；（渐醒） 临终前，最后的失败抗争。（看似迷失，实则清醒） 周佩红、你、我如何思考母亲的空间？ "人"如何思考、追寻"人"该有的"自我空间"？

评析：

《母亲这样的女人》是现代作家周佩红的作品，写的是平民母亲，一个沉重时代的女人。严老师的说课是由三维目标构成，以"教师活动"与"学生活动"双向纵列的教学过程设计后引入说课话题的。

该说课的主要特点，也是值得学习的有两点。

（1）为引导学生品读周佩红的平和、舒缓、悲悯的文字，提出"仔细预读文本、寻找本文的独特亮点、写下深读体验"的预习要求。语文课的预习是上好课的重要条件，是拓展课堂以外教育空间的重要方面。正像严老师在"说学生说学法"中所写的"现阶段，很多同学已经能够根据我对预读提出的要求，先行自读文本，或作文意梳理整体把握，或作关键筛选细部关注"。学生有了预习习惯和基本技能，就能大大提高随堂课教学的"底气"，这是"把课堂还给学生"的一个很好办法。

（2）在说教学程序中，用"阅读思考题"设计的程序来呈现教学过程，抓住文本中的关键词"空间"，注重探究"角色"的扮演、"情感"的流露和体验。程序中的"说理"用"设置意图"一栏分段对应地表达，分问题思考中教师的主要作用是"引导品读"、"揭示蕴意"、"引发深思"。

在研读品读中，教师又整理了精彩的段落加上教师的评语，让学生朗读。教师"要求学生写一些阅读体验，自己也会同样去做，并与学生的优秀预读一起在课中或课后交流"。这是师生合作学习的一种尝试。

不足之处当然可以提出一些,比如在目标和难点的确定上,尚未用更为准确的语言,文本构思中没有说出为什么要作这样的目标认定。把"懂得如何关心人"作为难点似乎略为宏观了,这里的情感不是一种"懂得",而是"学会"换位思考、"不忘母亲的精神境界"、"关心父母"。也就是说,如果我们仅用"难得寸草心,报得三春晖"来理解文中的母亲,似乎显得肤浅了!再如,文中的"空间越来越小",对"空间"的领会应从"生活空间"拓展到"精神空间"、"心灵世界",进而引导学生思考"母亲的自我空间何在"?(尽管教师在引学的短文中有所体现,但在教学程序中未能具体表达。)

(方贤忠)

案例2 小学语文《田忌赛马》说课

姓名	倪惠良(上海市南汇区网络培训学员)	所教学科	语文
所选课的主题	21.田忌赛马	教学对象	四(4)班学生
课时数	2课时	所用教材	S版小学语文第八册
说教材	《田忌赛马》是S版九年义务教育五年制小学语文第八册第六单元的第一篇阅读课文,是一篇传统的好教材,是一个有趣的历史故事。它以赛马为线索贯穿全文,主要讲了2500多年前战国初期齐国大将田忌和齐威王赛马转败为胜的故事。全文写了两次比赛,涉及了三个人物,脉络清晰,分初赛失败,孙膑献策,再赛获胜这三部分。这个故事启发我们面对强者,要仔细观察、分析,做到知己知彼,合理调配自己的力量,才有可能以弱胜强。 本单元的训练重点是学习将人物对话改成一般叙述,并能根据提纲简要复述课文。从编排的意图看,作为第六单元的打头篇,起着举一反三的作用。再从教材本身看,本课有三个特点:一是课题概括了主要事情;二是全文描写生动,叙述清楚,两次比赛层次分明,人物形象鲜明丰满;三是文章结尾言简意赅,耐人寻味。可见,本文在本单元中有着重要的作用。要学生复述清楚课文,首先要让学生熟悉课文内容,理清课文脉络,因此,第一个教学目标定位为熟悉课文,了解赛马的经过。要学生复述好课文,除了熟悉课文内容之外,还要理解内容以及把握不同人物的形象,因此,第二个教学目标定位为品读课文,感悟人物的形象、特征,学习简要复述课文,将人物对话改成一般叙述。根据学生的实际情况,通过了解两次赛马时双方三匹马出场顺序的不同,体会孙膑的足智多谋,学习认真观察分析的态度和科学的思想方法,这也是课文的难点所在。由于本课是讲读课文,因此,学习的主要方法定位在"以读代讲,以练代讲、语思统一"的导学式学习法,让学生通过"读→摆→思→谈→演"的方式完成本课学习任务。
说教学程序	根据以上分析,我设计了"自读课文,初步了解赛马经过→摆布对阵图,直观了解赛马过程,寻找胜败原因→揣摩人物内心,体悟人物品质→角色表演,回悟课文→延伸课外,升华情感"的教学思路。 下面重点说一下突破教学重点、难点的策略。 新课标指出:"阅读是一种被引导的创造"。在阅读教学中,教师要善于激发学生的好奇心理,激发学生寻根问底的兴趣。要鼓励学生敢于发表和坚持自己的意见,做学习的主人。因此,第一环节的教学主要是让学生在充分读的基础上运用已有的生活经验和知识水平,读懂课文,初步了解整个赛马经过。 为了激起学生寻根问底的兴趣,引导学生加深理解,体会正确的思想方法,引导学生质疑:①调换马的出场顺序就一定能取胜吗?如果齐威王每个等级的马都比田忌的快得多将会是怎样的结果?学生经过思考就会明白那样的话田忌同样会输,调换出场顺序也是徒劳的。②孙膑为什么不在第一次比赛前提出调换马的出场顺序这个办法让田忌一战即胜呢?通过这两个问题引导学生明白孙膑调换马的出场顺序这一创新,不仅要有胆识,还要善于观察、分析。

(续表)

说教学程序	"一败一胜"的原因弄清楚了,但"孙膑认为田忌可以取胜的根据是什么"这一教学难点还没有突破。为了突破难点我设计了一个问题:"孙膑是怎样知道调换马的出场顺序就能让田忌取胜的?他根据什么来判断?"经过学生的阅读体会加上教师的引导,学生不难找出"齐威王的马比田忌的快不了多少"这句话。为了调动学生已有的知识经验和生活经验,引导学生理解这句话,我设计了这样的教学情境:让学生拿出道具摆一摆,想象假如六匹马儿一块跑,将是怎样的结果?从六匹马的排列顺序中体会到"齐威王的上等马比田忌的上等马快一点点,齐威王的中等马、下等马都只比田忌的快一点点"。从中领悟到这一结果是孙膑经过仔细观察、分析而得出的,这就是他判断的根据。 本文的教学重点是训练学生复述课文的能力,将人物对话改成一般叙述。要让学生复述好课文,必须在把握课文内容的基础上,还需把握人物的形象、特点。因此,我设计了"揣摩人物内心,体悟人物品质"这一环节,主要是让学生通过朗读、交流、体验,深刻地体会人物各自不同的神态、心理,加深对课文的理解。最后安排同学分别扮演孙膑、齐威王、田忌进行角色朗读,让课堂充满情趣,给学生展现的舞台,满足他们的表现欲望,同时为复述课文打下基础。
说学生说学法	目前所任班级学生38人,男女学生各占一半。班级大部分学生喜欢阅读,喜欢语文课,喜欢历史故事,而且思维活跃,善于竞争与合作,善于质疑与解难,善于想象和推测。其中部分学生有较好的朗读水平,能大胆地进行表演性朗读,同时语言表达能力较强,课堂教学效果明显。这些都是我们学好课文的有利因素。但不足的是:学生们的理解概括能力不够强,班内基础比较弱的学生也不少(上海福利院学生4位、外地民工子女7位),他们不善于思考,不能非常积极主动地投入到学习过程中来,这也是我应该考虑的实际问题。 "授之以鱼,不如授之以渔。"语文教学中不仅要传授知识,而且要教授方法。只有在讲读课中将学习方法传授给学生,并引导学生在阅读课文中加以运用直至掌握,才会真正收到比较理想的效果。本设计旨在通过学生"读"、"摆"、"思"、"谈"、"演"的方式完成学习任务。通过"读"让学生找出本文的重点句子,了解课文内容,然后抓住文中的重点句子来突破难点,知道两次比赛的经过和结果,培养学生的阅读能力;通过"摆"对阵图旨在进一步了解田忌失败和胜利的原因及孙膑的足智多谋;通过"想一想、谈一谈"体会孙膑的足智多谋,知己知彼,深化人物性格特征,以培养学生的想象和口语表达能力;通过让学生扮演记者采访孙膑和齐威王的好友,深化对课文的认识,锻炼学生的自我表现的机会。
说教法手段	为了实现教学目标,有效地突出教学重点、突破教学难点,我依据新课程的理念,面向全体学生,在教学中采用创设情境引导探究学习的教法。通过在情境中,要求学生边默读边思考问题,养成良好的默读习惯;通过小组交流学习的形式,充分调动学生学习的积极性、主动性,让他们有充分的时间和机会通过默读、思考、分析讨论等方法,主动地获取知识,从而培养学生自主学习的意识,掌握探究问题的方法。因此,本课教学中,我采用"以读代讲,以练代讲、语思统一"的导学式教学法。

评析:

  倪老师的说课作业模板包括较为详细的教案和两次说课稿,读后给人以深刻印象:不仅思路清晰、逻辑合理,而且教法生动贴切。

  现将倪老师在说课中值得赞赏、值得他人学习的地方作如下评析。

  (1)能用新课改三维目标来确定本课的具体教学目标,在表述中又保留了个性化的独特见解。与此相呼应的"说教材"中,能充分理解培训课程所要求的基本思路,在领会编者意图、分析本单元本教材特点的基础上,对自定的目标作解读,告诉他人"为什么我要确定这样的目标"。在第二稿中又将知识、情感目标确定后,与引出"以读代讲,以练代讲,语思统一"的导学学习法的理由作了说明。这就把"说课说理"的最突出的特征表现出来。

  (2)"说学生说学法"能紧密结合。学生的情况分析包括基础知识、基础能力、心理特点甚至包括所教班级学生的心理倾向、班风等。学情分析是教学设计最基本、最重要的依据。倪老师对班级学生的阅读、喜好、思维倾向、表现能力都作了具体分析,并以此作为教学方法确定的重要因素。

从总体上看倪老师的说课作业最大的优点是:教案体系完整,程序清晰,重视学法指导;在教案转换成说课中,能把自己构思中的隐性思维充分而有条理地表达出来,较好地达到了说课说理追因的要求。

(方贤忠)

案例3 中学数学《集合及集合的表示》说课

上海市控江中学 张菁璐

1. 说教材

(1) 教材的地位与作用 批注:从集合的内容分析了教材在整个数学学科中所处的地位,具有承前启后的作用。通过对学生的认知情况确立本节的重点及难点,应该说是本节说课的亮点,体现一切从学生的实际出发的教学理念。

集合是近代数学最基本的概念之一,很多重要的数学分支如近代代数,实变函数,概率统计和拓扑学等都建立在集合论的基础上。随着科普技术的迅速发展,"集合"这一术语在科技、科普读物中也经常出现,因此,中学阶段学习一些集合初步知识显得十分重要。九年制义务教育教材中对集合概念已有所渗透,还引入了不等式的解集等概念,故而集合作为高一年级第一学期数学教材第一章,学习是有基础的。通过集合初步知识的学习,一方面可以使学生对初等数学中的一些基本概念理解得更深刻,表达得更明确;另一方面,也可为参阅一般科技读物和学习后继内容准备必要条件。因此集合对知识点的链接起到了承上启下的作用。

(2) 教学目标

① 认知目标:理解集合的概念;掌握集合的表示方法。

② 能力目标:培养学生理解分析能力。

③ 情感目标:激发学生的求知欲;增强学生的学习自信心。

(3) 重点、难点透视

集合中基本概念较多,如集合与元素的一般概念,集合中元素的四个特性,集合的表示法(列举法、描述法、符号表示法、图示法)等。以往的教学经验使我体会到,学生对集合的概念理解不清,有的学生甚至在学完了一章后,仍不理解集合究竟是什么。因此集合的原始概念和它的表示法是本节的重点。由于集合概念逻辑性强,初学者较难理解和掌握,故而又是难点。

2. 说学法 批注:学法设计充分体现转变学生的学习方式,结合认知结构原理组织学生的自主合作学习,可谓理论与实际相结合的分析操作过程。说课中很好地把握了"怎么学","为什么这么学"的要求,体现了新课程的学习理念。

我们常常感叹许多学生对学习数学没什么兴趣,甚至有畏惧的情绪,其主要原因在于以往教师满堂讲的教学模式限制了学生学习的创造性和参与的积极性。学生在课堂里被机械地灌进许多公式和定理,他们既领悟不到前人智慧结晶的精妙之处,又体会不出它们的用途。学生将数学看成是公式的堆积,把定理作为该背诵的教条,这样的情况岂能学好数学? 在这种情形下,如果在课堂上仅仅简单给出结论,然后让学生机械记忆一些抽象的概念,势必加深学生的厌学情绪,认为学习数学是一项枯燥无用的工作。

本节是进入高中的第一课,我们要让学生在一种宽松和愉快的情境下,轻松进入学习状态,自发地产生探索数学未知领域的好奇心,树立起能够学好数学的自信心,从而激发学生的学习热情和兴趣。

教给学生在获取知识的过程中,学会观察、概括、表达、论证的方法,发展学生数学思维的深刻性、灵活性和创造性。

内容组织:

根据教育学家奥苏伯尔关于学科和认知结构组织的假设及其"先行组织者"技术与美国心理学家布鲁纳倡导的发现法教育理论,我将教学内容组织如下:

(1) 设计实例,使学生感到集合概念不是凭空硬性规定的,而是与实际生活及数学研究密切相关。

(2) 展开讨论,让学生领会集合概念的深刻内涵,体会尝试自己发现问题、解决问题的乐趣。

(3) 介绍集合发展史,从深层面上吸引学生,提高学生内在的持久的学习积极性,在理想上、追求上更进一步。

3. 说教法 批注:在学法的基础上,确定教法是教者遵循的教学原则,说课教师在这一方面可谓独具匠心,从目标——学法——教法一气呵成,层次分明。

(1) 教学方法

本节课在教法上贯彻如下两项原则。

一是少教多学原则。学生是教学的主体,学生学习数学是一种再创造过程,他们通过吸收与融合原知识的过程来建立理解的层次结构。本节是集合这一新概念的引入,初中阶段学生对自然数集、整数集、有理数集、实数集和某些点集(如直线、圆)已有一定的认识,但因为集合的概念及其表述方式比较抽象,对学生来说比较陌生,一时难以适应,所以在教学中应根据学生年龄特征,多举些实例,以让学生观察实例为基础,用归纳的方法形成集合与元素的一般概念。有利于培养他们尝试用自己的想法解释所观察的东西,用新的观点修正原有的观念和看法,摆脱依赖教师讲深讲透的心理。

二是寓教于乐原则。实践证明,学生在积极愉快的情绪下,学习效率会大幅提高;在宽松的情形下,能够最大限度地激发其聪明才智和创造性。结合本节课特点,将知识性与趣味性相结合,以吸引学生喜欢数学,自觉地学习数学,以调动学生的"心理场"。比如,通过生活场景引入为什么要学习集合,介绍集合发展史时,着重于集合论的形成过程,使他们了解事物发展的辩证规律。

(2) 教学手段 批注:教学手段略显单一,应考虑使用多媒体展示实例,引例、例题使用投影只是辅助工具,此点略显不足,应加以修正。

根据本节课内容的特点,为了更有效地突出重点、难点,增加课堂容量,提高课堂效率,我采用投影仪配合教学。将引例、介绍、问题及练习分别投影在前方,避免当场抄写,节省教学时间。

4. 说教学程序

(1) 创设历史情境,激发求知欲;

(2) 运用实例,引导探究;

(3) 巩固概念,反馈练习;

(4) 归纳小结,深化主题。

本课的教学过程设计如下。

1. 新课引入

板书:"集合"指出。

(1) 这是一个古老而非常自然的概念,古语中:"物以类聚,人以群分"就是集合之意。

(2) 近代集合概念的确立,是基于非数事物的需要,源于 19 世纪末,发展于 20 世纪初叶。
(3) 集合是数学中的一个基本概念,是现代数学的基础,它渗透到许多方面。

2.运用实例,引导探究 批注:数学概念的产生源自现实生活,抽象的过程充分体现观察、概括、表达、论证的方法,突出了思维的抽象过程。

(1) 集合概念

① 集合是数学上的一个原始概念,不能用其他更基本概念来定义,故讲解集合这一不定义的原始概念时,只能对集合作描述性的说明。结合课本上五个例子,要求学生寻找其中规律,讨论集合概念的内涵,突出强调集合概念中"确切指定对象"和"整体"两层含义。同时,设计几个"不确切指定对象"的例子,让学生比较鉴别,加深对概念的理解。

观察下列各例,寻找规律:
A. 高一(3)班全体学生;
B. 所有公园里美丽的花;
C. 中国境内的所有省份;
D. 所有锐角三角形;
E. 1,3,5,7,9;
F. 不等式 $3x+2>0$ 的所有解。

由教师与学生共同观察实例 A—F,同时展开讨论,回答以下三个问题:
● 所举实例中,集合指什么?集合的元素指什么?
● B 的描述是否组成集合?请说明理由。
● 方程 $x^3+2x^2+x=0$ 的解集有几个元素?它们是什么?

[目的 1] 通过对概念的描述与讲解,让学生分清集合与元素这两个概念,同时强调了集合的整体性。

[目的 2] 强调元素的"确定性"。从前两个问题中,教师引导学生掌握学习数学概念的方法:要抓住概念中的关键语句。如集合中的关键语句是"确切指定的对象"和"整体"。

[目的 3] 强调集合元素的另一个特征:集合的元素是各不相同的,即集合中元素不重复出现,让学生通过讨论后得出这特征比教师指出印象深刻。

② 从例子:"方程 $x^3+2x^2+x=0$ 解集与不等式 $2x-5>0$ 的解集"引入有限集与无限集的概念。

请学生说出:方程 $x^3+2x^2+x=0$ 的解集与不等式 $2x-5>0$ 的解集中元素个数各是多少。

通过对两例不同解集元素数的描述归纳出有限集与无限集的概念。

由学生指出前六个例中,哪些是有限集,哪些是无限集?

[目的] 在六个具体的实例中,集合的元素包括数、形、人物,这样的设计用意是给学生以启示:作为集合的元素有丰富的内容,我们现在学习的集合主要是数与形的集合。同时,让学生通过观察讨论,自己归纳出有限集与无限集的概念,有利于培养他们分析问题、解决问题的能力。

③ 让学生自己例举集合的例子。

[目的] 及时反馈学生对集合概念的理解情况,以便评价纠正,达到巩固的目的。

(2) 集合表示法

① 通过教材中两个实例(1)由 1,3,5,7,9 组成的集合;(2)我国三个最大岛屿的名称所组成的集合。引入集合的表示法之一:列举法。

② 通过两个实例(1)不等式 $3x+2>0$ 的解集;(2)函数 $y=x^2$ 图像上所有点的坐标所组成的集合。引入集合表示法之二:描述法。

③ 复习整理整数的一些基本概念和性质:奇数、偶数、质数、倍数、约数、整除、余数、最大公约

数等,引入集合表示法之三:符号表示法。

④ 指出有时也可以用图来表示集合,引入集合表示法之四:图示法。

⑤ 例题:用列举法表示方程 $x^2-5x+6=0$ 的解集;

用描述法表示不小于 -20 的负整数所组成的集合;

用列举法表示集合 $\{(x,y)|x+y=6,x\in \mathbf{N},y\in \mathbf{N}\}$;

分别说出集合 $\{y|y=x-1\}$ 与集合 $\{x|y=x-1\}$ 中所描述的对象。

[目的] 突出集合中元素即研究的对象可以是任意的。

前面两个例子让学生进一步掌握集合的表示法。

后面两个例子从另一侧面让学生巩固集合的表示法,同时选取本例既可以加强对学生数学语言应用能力的培养,又可训练学生数学语言转换能力,即文字叙述与数学表达式相互转换的能力。

⑥ 介绍表示元素与集合的数学符号: $\in$ 。

(3) 空集的概念

讨论教材中的两个例子

① 不等式组 $\begin{cases} 2x-5>0 \\ 2(x-1)<1 \end{cases}$ 的解集;

② 两个外离的圆的公共点的全体所组成的集合。

[目的] 从实例引入空集的概念,给叙述以启示,空集是客观存在的,它的引入是有实际的需要的。值得注意的是:学生可能将第一个例子的结论表示成无解集,要指出正确的表述应为不等式的解集是空集。

3. 巩固概念,反馈练习

(1) 设 $A=\{x|x^2-1=0\}$,求集合 A 中的元素,元素个数,用列举法表示该方程的解。

(2) 求两条平行直线的公共点的集合。

(3) 设 $A=\{$ "The quick brown fox jumps over the lazy dog"$\}$,B 集合中元素是 A 中所有出现过的字母,C 集合元素是 A 中从未出现过的字母,求 B,C 集合。

(4) 假设手中有一副扑克牌,共 54 张,规定 $A=1\cdots$,$J=11$,$Q=12$,$K=13$,用描述法表示被 5 除余 3 的牌所组成的集合。

(5) 集合 $\{x|y=x^2+1\}$;$\{y|y=x^2+1\}$;$\{(x,y)|y=x^2+1\}$ 它们是三个不同的集合,想一想,为什么?

(6) 0 与 $\{0\}$ 有什么不同,说明理由。

[目的] 通过由浅入深地练习,加深对概念的理解,设计(3)、(4)两题可增加解题的趣味性。第(5)题进一步考察学生对集合及其表示法是否真正理解。第(6)题加深学生对空集概念的认识。

4. 归纳小结,深化主题 批注:任务驱动式教学,最重要的环节之一是总结,也是教师比较容易疏忽的部分。张老师注重总结的重要性,通过小结,深化主题,突出了重点,打下伏笔。

回顾课题,师生共同小结。

(1) 本节主要知识点:集合的描述中"确定的对象"和"整体";集合的四大特征:确定性、互异性、无序性、任意性;集合的四种表示法;空集的含义。

(2) 思考:$\varnothing$ 与 $\{\varnothing\}$ 是相同的集合吗?

(3) 布置作业(略)。

[目的] 通过小结巩固了本节基本概念,而思考题突出了元素与集合的内在关联,深化了主题,也激发了学生的探索欲,为进一步学习集合埋下伏笔。

评析:

张菁璐老师的说课通过创设情境,以大量的生活实例,引导学生理解集合的特征。"师生共同为数学学习提供了丰富多彩的原料和素材",使课堂充满趣味性、探索性和应用性,也激发了学生的学习热情,使学生感受到生活中集合对于事物分类的作用,真正体验到数学源于生活,回到生活,充分体现情感、态度与价值观。

集合语言是现代数学的基本语言。本模块对集合作为一种语言来学习,通过实例让学生切实感受到学习集合知识的必要性,体会集合是一种语言,逐渐熟悉自然语言、集合语言、图形语言各自的特点,根据需要进行相互转换,从中感悟集合语言的意义和作用。同时体会到用集合语言表达数学内容的简洁性、准确性,并且创设了使学生运用集合语言讲行表达和交流的情境和机会,体现"合作学习"的理念。

这是一节典型的概念课,从教学形式来看,教师做了精心设计,虽是以教师的讲解为主,但能从大量具体的实例中抽象概括得出概念的设计,体现了新课标的思想——数学是"刻画自然规律和社会规律的科学语言和有效工具"。

本节课中由于集合是进入高中阶段的第一个数学学习内容,故选用学生所熟悉的材料,特别是学过的有关数集的材料。这样起到双重的作用,既复习了学过的内容,又了解了一种表达数学内容的语言。但在开始阶段,不宜选择学生还没有很好掌握的教学内容。例如,在学习的开始阶段,不宜选择平面点集作为理解集合的载体,这是一个难点。

(王桂华)

案例4 小学数学《长方体表面积》说课

原稿发表于《教学与管理》2004年第三期

1. 说教材 批注:说教材是指教材地位与作用,教材的结构分析与处理要指出"为什么会出现错误与针对的教学措施是什么"。

长方体表面积这部分内容是在学生认识并掌握长方体特征的基础上教学的,教学的难点在于:学生往往因不能根据给出的长方体的长、宽、高想象出每个面的长方形的长和宽各是多少,以至在计算中出现错误。为了使学生更好地建立表面积的概念和计算方法,教材加强了学生动手操作的训练,让每个学生拿出一个长方体纸盒,沿着棱剪开、再展开,看一看展开后的形状,让学生标出每个面的长、宽各是多少,然后自主概括出表面积的定义和计算方法。

本节课的教学目标 批注:认知目标的确定不够全面、准确。既然教法采用"探究——建构——应用拓展"的主线,那么目标就不应仅限于探究意义和计算方法一点上。是:①通过操作能自主探究出表面积的意义和计算表面积的方法;②在自主探究中培养动手操作、合作交流及创新能力;③体验数学问题的探索性和感受数学知识的生活性。

2. 说教法和学法 批注:通过创设情境,让学生动手操作,自主探究归纳来掌握知识,这既是教师的教法,也是学生的学法,这样做,不仅培养了学生的能力,也有助于学生建立初步的空间观念,本节课根据知识内容和学生的认知特点,选用教法得当,但对为什么这样教就说得不够。

本节课采用"问题与探究——建构认知结构——应用与拓展"的教学方法,倡导为培养学生具有适应未来社会变化的能力而教学,教学过程充满探索、合作、交流的气息。本节课以学生为主体,在教者提供有关材料的基础上,让学生根据自己提出的问题,在动手操作、讨论、交流中获得新知结论,从而培养学生的自主学习意识,掌握自主解决问题的方法。

3. 说教学程序

(1) 联系生活,创设情境

情境的创设是提出问题的前提条件。教学时要立足教材,联系生活实际来创设问题情境。开始我利用电教媒体出示牙膏、扑克、香烟、火柴等包装纸盒,让学生明确包装需要计算包装纸的面积。通过捕捉生活中常见的包装问题,将学生自然地带入求知的情境之中。

(2) 给出信息,提出问题

根据教材内容,围绕问题情境引导学生观察、思考,学生就会发现问题,敢于提出有价值的问题、有创造性的问题。引导学生观察牙膏盒(扑克盒、香烟盒、火柴盒),问:同学们想提什么问题?根据情境学生可能提出:①表面是什么意思?②包装纸的面积是不是一个面积、一个面积地求?③求包装纸的面积至少要知道哪几个条件?与什么有联系?

(3) 自主探究,获取新知 批注:让学生提出问题,并动手解决自己所提的问题,体现了以学生为主体的指导思想,使学生增强了探究问题的求知欲,激发了学习兴趣,并在培养自主学习的意识方面有了提高。

有了问题就要寻求解决问题的办法,数学学习和探究过程中,常见的解决策略如转化、实际操作、探究发现、猜想验证等,能否真正成为知识建构活动的主题,关键取决于师生角色的转换,本节课让学生通过观察——操作——实验——发现——交流——归纳,进一步引导学生对数学材料和事实进行分析、综合、归纳,通过这些数学探究活动去获取知识,发现规律,总结方法。

① 动手操作,观察感知

首先让学生将自带的纸盒拿出,进行观察,并提出问题。

师:谁知道表面是什么意思?谁愿意说给大家听一听。

(学生自己动手展示纸盒的表面积并归纳出表面积的意义。教师板书长方体表面积的意义。)

② 自我探究,发现方法 批注:表面积的意义和计算方法是紧密联系的两个方面,在推导方法的过程中,通过动手操作,小组合作,交流总结,引导学生从意义出发,来认识和掌握方法;反过来,又能从算法的探索归纳中,加深对意义的理解,收到了较好的效果。

师:求长方体表面积就是求几个面的面积?(六个面的面积)

至少知道哪几个条件?为什么?(长、宽、高)

③ 合作交流,总结规律

师:请同学们动脑筋想一想,能不能通过剪一剪、看一看、做一做,探索出求表面积的方法?(可四人一组相互配合,交流计算方法。)

学生分小组合作交流。

各小组学生交流并汇报结果,可能出现以下两种情况。

第一种:把长方体分成六个面三个部分,如图4.1所示。

图4.1 第一种情况

归纳并板书:长方体表面积=长×宽×2+宽×高×2+长×高×2

第二种:把长方体分成面积相等的两大部分,如图4.2所示。

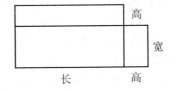

图4.2 第二种情况

(长×宽+宽×高+长×高)×2
[(长+高)×宽+长×高]×2
[(宽+高)×长+高×宽]×2
归纳并板书:长方体表面积=(长×宽+宽×高+长×高)×2。
学生汇报后,电脑动态分别演示两种推导思维的全过程。
④ 学生自学例1,并交流

(4) 实践运用,灵活计算 批注:由于对教学的难点分析不足,目标的确定不够全面,练习的层次、密度,变式与拓展上明显不足,对这样设计的目的,预期的效果和培养学生能力的哪些作用等方面也未作交代。

① 实际测量:量一量你们自带的纸盒的长、宽、高(保留整厘米数),并计算出它的表面积。

② 做一做。一个长方体长4米,宽3米,高2.5米,它的表面积是多少平方米?

③ 求图4.3的长方体的表面积(长、宽、高的单位:厘米)。

此题可能出现以下几种解法。

A. (6×6+6×12+12×6)×2
B. 6×12×4+6×6×2
C. 6×6×2+6×12×2+12×6×2
D. 6×6×10

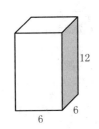

图4.3 求长方体的表面积

(5) 引导质疑,总结全课

鼓励学生针对结论质疑(如火柴盒外壳四个面、金鱼缸五个面)。让学生自己说说这节课主要有什么收获。

(6) 巩固新知,反馈信息(布置作业略)

(7) 调查研究,拓展延伸 批注:质疑讨论及调查研究都有较好的设计,遗憾的是没有能展开及进一步就怎么样和为什么作些说明。

请同学们课后到市场上调查香烟、火柴、扑克的包装情况。请将10包火柴进行包装,你能想出几种包装方法?市场上是哪一种包装方法?它们的表面积分别是多少?

通过调查研究,解决实际问题,让学生体验数学就在我们身边,拓展了学生的思维,使学生了解到"知识从生活中来,到生活中去"的道理,能有效地培养学生思维的发散性及创新意识。

评析:

《长方体表面积》说课设计采用"问题与探究——建构认知结构——应用与拓展"的教学方法,教法与学法紧密联系,使课堂成为学生动手操作、自主探索与合作交流的主要场所,营造出宽松的课堂教学气氛,增进学生对数学的理解,构建一种有利于培养创新意识和实践能力的人际认知环

境,达到了较好的效果。具体如下:

(1)从学生已有的知识以及学生熟悉的生活情境和生活实物出发,引导学生将生活问题数学化,并由学生自己提出相关的数学问题,同时让学生在观察、尝试、比较的过程中,运用多种感官,参与长方体表面积计算的探索过程。课的精彩之处在于学生学习时,采用动手实践、自主探索、合作交流等多种学习方式,寻找出解决问题的方法。

(2)引导学生在探索中发现和总结出计算长方体表面积的方法,让学生充分发表自己的见解,在多种算法的交流中选择适合自己的算法,不但调动了学生学习的积极性,更有助于学生形成探索性学习方法,培养创新能力。

不足之处在于:课程中比较注重新授过程的设计,练习层面层次化略显不够,联系设计目的与预期效果要作进一步交代,过程设计与教学目标之间的说理还不够贴切。

(马红缨)

案例 5 中学英语《Spring Festival》说课

姓名	沈漪(上海市南汇区网络培训学员)	所教学科	英语
所选课的主题	Spring Festival	教学对象	预备3班
课时数	第二课时	所用教材	牛津 6AModule4Unit3 Festivals
课题	6 A M4U3 Spring Festivals		
教学目标	知识与技能目标	学习中国人传统的节日活动,会用一般现在时描述人们在节日期间的活动。	
	过程与方法目标	应用竞赛、结对、小组形式,采用游戏、模仿朗读、小组讨论、报告、小品表演等互动式教学策略使学生学会合作学习。	
	情感态度价值观目标	培养学生合作精神和热爱祖国传统文化、关爱他人的道德情感。	
教学重点、难点	重点:词汇 red packets, New Year decorations, market, Which festival do you like? / Which festival do you like best? I like Chinese New Year. / I like Chinese New Year best. 用一般现在时的句型描述活动。 难点:拓展的词汇 red lantern, spring gala, set off fireworks and firecrackers, temple, Yinfa Home for the Aged, orphan, orphanage		
教学关键或突破口	学生应用课文上所学句型进行描述春节的活动,在此基础上学生进行讨论、收集信息的拓展活动,引出拓展的词汇,再进行头脑风暴,引出学生合理使用压岁钱,怎样过个有意义的春节的话题,为学生的后期创作活动做准备。		
教学用具	多媒体幻灯片、录音机。		

(续表)

教学过程			
教学内容与任务	教师活动	学生活动	设计理念
Pre-task preparation	Let's sing an English song.	Sing an English song.	① To create a relaxing environment for students. ② To inspire and arouse students' interests of learning English.
	Here are three apples. 批注：用游戏方式开头吸引学生，通过问题形式来激活学生的背景知识，新旧知识做了很好的衔接。Each apple has got a game. Let's share three apples.	Game A (Each item will have 10 points): Look at the pictures, try to remember what festivals they are. Game B (Each apple will have 20 points): You will have to listen to some sentences and tell us what festival it is. Game C (Each item will have 10 points): Match the festival with its celebrating date.	① To review the activities in special festivals. ② To develop students' ability of memorizing. ③ To enable the students to be more familiar with the exact time of celebrating the festivals. ④ To create an environment for listening and practice the students' listening ability.
While-task procedure	Let's make a survey in pairs by turns.	① Guess which festival Kitty likes best. ② Listen and repeat after the tape. ③ Then students ask and answer questions about their favourite festivals by turns, one student records the numbers on the items.	① To help students know how to ask about their favourite festivals. ② To cultivate their intonation and pronunciation. ③ To cultivate students how to make a survey by cooperation.
	Learn the text ① Ask the students about the date of Chinese New Year, weather, traditional activities.	① Answer questions with the help of pictures.	① To create real life situations to arouse students' interest in class. ② To practice students' ability of listening and comprehension. ③ To train students' ability of imitating. ④ To consolidate the text and help the students to use language by finishing the task.
	② To consolidate the text.	② Repeat after the tape in groups, then in chorus to practice reading the text.	
	③ To have a discussion about what we do and what we see at Chinese New Year.	③ Write down something what we do and what we see at Chinese New Year.	

(续表)

Post-task activities	Give me suggestions on how to spend lucky money well.	Give me suggestions on how to spend lucky money well.	To listen to others' ideas about how to use money well and learn to use money suitably, educate students to help those who need help.
	How can I make my festival interesting and meaningful.	Have brain-storming and give me your suggestions.	To get more ideas and get ready for the following activities.
	Talk about your topics according to different situations.	Give each group a situation [批注:提供给学生一个真实的情境让学生在解决问题中自然学习语言、运用语言是非常符合课程标准对英语教学的要求。] about their plans of Chinese New Year.	① To practise students' ability of speaking. ② To help students how to use English in real life.
作业布置	① Write a short passage about your favourite festival. ② Find more information about how Spring Festivals came.		To improve students' ability of writing and collecting information by surfing the Internet and reading books.

板书设计：

A Survey

1　2　3　4(记分)

1. Chinese New Year
2. Lantern Festival
3. Mid-autumn Festival
4. Qing Ming
5. Dragon Boat Festival
6. Christmas

说教材	"地位与作用" 调整教材的作用： 　　这是本章内容的第二课时，是在第一课时初略地学习中国一些主要的节日及其活动的基础上，进一步学习中国春节的庆祝方式。我将教材内容进行了调整，将 P70 页先教，再教 P71、P69，主要使学生在已有知识和经验的基础上能对春节活动作详细的描述。 　　因此在设计这堂课时，我抓住 festivals 为主线，将课堂与现实生活紧密结合。我创设了贴近学生生活的真实情境，设计了各种课堂任务，使学生通过学中用，用中学，学以致用，达到学习英语的最终目的——提高学生用英语进行交际生活的能力。因此我设定了以下三维目标： 　　1. 知识目标 　　(1) 会用一般现在时描述人们在春节期间的活动。 　　(2) 会用"wh"问题询问人们喜欢什么，最喜爱什么节日。 　　2. 能力目标 　　(1) 培养学生描述节日活动的能力。

（续表）

说教材	（2）培养学生良好的语音、语调和说的能力、收集并综合信息的能力。 3. 情感目标 批注：目标的设定很好地体现出了教师所做的事情，"通过……"达到了什么样的结果，符合说课的要求。 （1）通过多媒体和课堂活动激发和鼓励学生英语学习的兴趣。 （2）通过游戏和活动培养学生的合作精神和竞争能力。 （3）教育学生如何更好地使用压岁钱和使节日更有意义。 　　牛津教材编写者以（Task-based learning）任务为基础的学习法，通过让学生完成一个一个的任务来学习词汇和结构。也就是 Learning through doing，它倡导以学生为中心的教学原则（Learner-centered），强调学生为主体，教学中始终强调发挥学生学习的积极性（motivation）。因此，我在设计课堂活动时坚持以学生为主体，设计以节日为主线的课堂活动。 　　本节课的重点是学习春节的传统活动，如果就事论事，按本宣科，学生的活动能力和知识层面将在课堂上得不到发展和延伸，因此我以调查为任务进行引入，以巩固句型 Which festival do you like? / Which festival do you like best? 　　以 I like Chinese New Year. / I like Chinese New Year best. 为手段引出话题，然后创设生活情境，将春节的活动一一展现在学生面前，词汇 red packets，New Year decorations，market，在此基础上对春节的内容进行拓展，如春联、烟火、鞭炮、春节联欢会、寺院、拜佛、敬老院、孤儿院、孤儿等词汇，让学生在讨论中学会积累和收集信息，在描述活动中运用所学词汇和巩固拓展词汇。再者，我为了达到教育学生如何更好地使用压岁钱和使节日更有意义这一情感目标时，我设计了两个各抒己见的讨论话题，同时为学生的自由创作活动做准备，逐步达到知、情、意的三维目标的统一。 　　"重点难点的分析等"：这一课时中主要学习春节，书上知识点是 Which festival do you like? / Which festival do you like best? I like Chinese New Year. / I like Chinese New Year best. 和词汇 red packets，New Year decorations，market，在此基础上对春节的内容进行拓展，如春联、烟火、鞭炮、春节联欢会等词汇，再对春节中的活动进行自由创作活动，达到运用语言的目的。
说教学程序	本节课的内容分为四个部分： 第一阶段：Pre-task preparation ① 热身：唱英语歌 Jingle-bells。 ② 复习：完成三个分享苹果的游戏（看图说节日，将节日和时间配对，听活动猜节日）。 第二阶段：While-task procedure 课文的引入和学习、巩固 ① 作调查，练句型，引出春节话题（学习句型 Which festival do you like? / Which festival do you like best? I like Chinese New Year. / I like Chinese New Year best. 学生互动提问，得出最令中国人喜爱的节日是春节的结果。 ② 通过直观的生活情境呈现，学习春节前、除夕、节日期间的各种活动，学习和巩固词汇。 ③ 巩固课文：通过模仿朗读，培养良好的语音、语调，学习描述节日活动。 ④ 小组讨论和报告：与春节有关的所见所闻。让学生学会收集信息，拓展词汇，并总结节日的各类活动。 第三阶段：Post-task activities 讨论题：为我出主意①如何使用我的压岁钱；②如何让我的节日有趣和富有意义。 创作运用：用不同的方式表现你们有趣和富有意义的春节（可以参考所给情境）。 第四阶段：Assignment 写话：写有关如何过春节的短文，巩固、运用课堂所学知识。 收集有关春节的来历，以丰富和开拓学生知识面，了解民族风俗文化。

（续表）

说学生说学法	Students analysis：批注：对学生的学情分析从大到小，从远到近，说学法都是依据学生实际的情况，按照课程标准来确定的。 There are 51 students in this class. They can use what they have learned to express themselves. But still some of them are shy to speak English. So the teacher should encourage them to talk and get involved in class. 我任教的班级学生人数较多，学生程度参差不齐，如何达到使全体学生参与的目标，使不同的学生达到不同的学习目标，激发学生的学习兴趣，养成良好的学习方法和习惯，培养和发展学生的学习能力。这是我每堂课的培养学生的目标。在这节课上，我在培养学生学法和能力上主要体现在： ① 学会合作：在学完课本上的有关春节的内容后，我请学生进行小组合作学习，将除了书上提到的内容，还有哪些你所看到和听到的节日活动记下，学生在此过程中学会学习。 ② 学会互动：应用句型"Which festival do you like? / Which festival do you like best? I like Chinese New Year. /I like Chinese New Year best."进行跨小组抽问回答，学生和学生之间的互动能力得到锻炼。 ③ 学会收集和概括信息：在前期学习的基础上，根据信息描述活动和事物，培养学生概括和整理信息的能力。 ④ 学会评价：让学生互评各自的活动，在评价中语言能力和判断能力得到提升和锻炼。我在设计Post-task activities时，请学生展示作品时，其他小组必须做到认真听，记下重要信息，并为其他小组打分。让学生互评各自的活动，在评价中语言能力和判断能力得到提升和锻炼。使学生们在互评过程中看到自己的进步和成果，使学生的主体性和创造性得到充分发挥。
说教法手段	以教师为主导，以学生为主体，以语言结构的教学和语言功能的教学有机地融合一体的教学原则，坚持学生全员参与的原则，使语言交际活动贯穿教学活动的始终。 ① 运用情境教学法——应用信息技术手段，为学生创设直观的生活情境，激发兴趣。 ② 运用任务型教学法——设计游戏、调查、讨论、汇报、头脑风暴等活动任务，鼓励学生在合作、竞争中完成任务；同时学会评价，培养集体荣誉感。使学生在用中学，学中用，达到学以致用的境界，培养学生综合运用能力。
其他	

评析：

沈漪老师的这堂说课是一个很好的案例，说课稿中没有理论的堆砌，语言流畅清晰，具体分析有以下几个特点。

（1）说课内容完整，每一个环节经过几次的修改而日臻完善，反映出教师在不断的学习中理解了说课的过程，把隐性的备课过程通过说的方式呈现出来；

（2）说课中上课内容与为何这样做的原因都呈现出来，且活动的设计与安排遵循课程标准要求，符合学生的实际水平；

（3）每一个环节都渗透出教师对于标准的把握，使得整堂课的活动安排由简到繁、由易到难、由"死"到"活"，不难想象，学生在这一堂课的学习效果是明显的。

（董亚男）

案例 6 小学英语《Book 2A Unit6 Christmas》说课

姓名	龚丽华	所教学科	小学英语
所选课的主题	Book 2A Unit6 Christmas	教学对象	小学二年级学生
课时数	1 课时	所用教材	Oxford English 2A

教学目标：
(1) Basic aims
① To learn four new words: present, bell, star, tree
② To learn the simple sentence: I put the... on the tree
(2) Developing aims
To know more about Christmas
(3) Education aims
To learn to cooperate with others well
教学重点与难点：
(1) To pronounce the words correctly
(2) To communicate with others properly
教具与学具：
教学过程或步骤：

Step	Teacher's activity	Students' activity	Purpose 批注：说课中对教学行为的目的分析是一大亮点，教学的目的性更加清晰。
Pre-task preparation	Show the flash of the song *Jingle Bells*	Enjoy the song	让学生欣赏有关圣诞节的歌曲，创设与教学内容贴切的教学情境。
While-task procedure	(1) To teach: present ① Show the picture of Santa Claus ② Play the movie ③ Ask 　What do you see? ④ Game: Golden Eyes Present, present, where is the present? (2) To teach: bell ① Open the present and take out the bell ② Compare and choose ③ Show a tongue twister ④ Introduce different bells	① Look at the picture ② Enjoy the movie ③ Read and spell ④ Answer I see a ____ present ⑤ Look and say Present, present, it is ... ① Look and read the word ② Choose which word is 'bell' ③ Say the tongue twister ④ Listen and say	利用外星球来的圣诞礼物，激发学生学习的兴趣，创设乐学的氛围。 培养学生用各种形容词描述礼物的能力。 通过游戏活动，吸引学生注意力，让学生全身心投入活动，达到良好的巩固单词的作用。 通过与形近词的比较，加深对新单词的印象。 通过用不同速度念绕口令，帮助学生快乐地练习单词的发音，拓展学生的词汇，同时进行文化渗透。

(续表)

While-task procedure	(3) To teach: star ① Show a star ② Show some national flags ③ A guessing game ④ Show a rhyme A yellow star I can see. Up so high In the sky. (4) To teach: tree ① Put the star on the tree ② Say: I'm a tree. A tall tree. ③ Introduce: Christmas tree (5) To teach: I put the... on the tree. ① Teach: put ② Teach: I put the bell on the tree. ③ Teach: I put the... on the tree.	① Read and spell (car, bar, star) ② Look and count the stars ③ Guess star, star, a ____ star ④ Say and act ① Read and spell (bee, see, tree) ② Try to say: I'm a tree. A ____ tree. ③ Read ④ Describe the Christmas tree ① Read ② Follow the teacher ③ Follow the teacher ④ Put sth. on the tree and say the sentence	对学生进行语音的训练。 拓展学习。 在活动中巩固单词的发音，并学会用形容词描述 star。 在优美的配乐中朗读儿歌，将单词教学融于段落中巩固。 对学生进行语音训练，用拟人化的手法巩固单词。 让学生边放边说，并鼓励学生用更多的形容词来描述所摆放的饰物。
Post-task Activity	Introduce how to decorate and say sth about the Christmas tree	① Decorate the tree in groups ② Introduce the Christmas tree	鼓励学生在小组中亲密合作，共同装饰圣诞树。边说边做，使英语学习生活化、自然化、交际化。
Assignment		① Draw a beautiful Christmas tree and introduce it ② Know more about Christmas	开放式课外作业，开发学生的潜能。

板书设计：

Unit 6 Christmas

present   bell   star   tree

I put the ____ on the tree.

说教材	牛津英语低年段教材 批注:对教材分析从课程标准的角度出发是说课中的一个重要环节。从激发和保持学生的兴趣出发,着重培养学生学习英语的积极性和自信心。它把基本单词及语法教学,融会在有趣的英语活动之中,通过儿歌、歌曲、游戏、故事和其他丰富多彩、形式多样的活动,让学生学习用简单的语言进行得体的交际,使学生主动地获得信息、习得语言,并在感知语言的同时,逐渐学会用英语进行思维。教材将结构、功能和情境紧密结合,选取交际活动中真实的语言材料,也重视结构形式,使词汇、句型的使用反复循环、螺旋上升,每个单元由:Let's act、Let's talk、Let's learn、Let's play 和 Let's enjoy 这五部分组成,内容密切联系生活,从多个侧面反映学生的学习生活、兴趣爱好、课外活动、家庭生活、愿望志向等,充满情趣,又富有时代信息。 　　本节课的教学内容是牛津英语二年级第一学期 Unit6 Christmas 　　(1) 本单元的教材内容是围绕"圣诞节"这个主题展开的:语言的使用环境是开圣诞 Party 活动。 　　(2) 词汇方面 　　学习有关圣诞节的单词:bell,tree,present,star,配以所教句型给学生营造出一个节日的氛围,突出主题:Christmas。 　　(3) 句型方面 　　I put the ____ on the tree 句型中可替换其他物品的名称或根据实际情况替换不同的物品名称,有助于学生在实际生活中对语言的理解和表达更为准确和真实。 　　(4) 情感方面 　　创设装饰圣诞树的情境,让学生在相互的合作中完成装饰的任务,并在这个过程中学会相互合作,实现情感共鸣。 　　结合教材生活化的特点,通过本节课的学习,让学生了解有关圣诞节的知识,并通过形式多样的情境,在自如地、灵活地运用语言的同时,培养学生的合作精神。
说教学程序	Pre-task preparation Show the flash of the song *Jingle Bells* 让学生欣赏有关圣诞节的歌曲,创设与教学内容贴切的教学情境。 While-task procedure (1) present 批注:利用礼物的意外出现来导入新课很快地抓住了学生的注意力,为本课开了个好头。 　　利用外星球来的圣诞礼物,激发学生学习的兴趣,创设乐学的氛围。通过游戏 Golden Eyes 让学生在短暂的时间内寻找礼物的位置,目的是让学生的注意力马上集中起来,全身心地投入到活动之中,在回答 Present, present, where is the present? Present, present, it is... 的情境中反复巩固单词的发音。 (2) bell 　　由打开礼盒,向学生呈现 bell,导入单词,并通过与形近词 ball, bee, bed 的比较,加深对新单词的印象。让学生用不同速度念绕口令,帮助学生快乐地练习单词的发音。并通过聆听各种铃声,拓展学生的词汇 doorbell, bicycle bell, church bell 的同时进行文化渗透。 (3) star 　　盒中的另一礼物是 star,自然导入新词。向学生呈现各国有星星的国旗,让学生数星星数的同时,了解到一些异国文化。A guessing game 通过转盘的随机转动,出现不同颜色的星星,让学生在猜一猜的游戏中愉快地巩固该单词的发音,不会觉得枯燥。并鼓励学生在优美的配乐中朗读儿歌,将单词教学融于段落中巩固。

(续表)

说教学程序	(4) tree 将星星放在树上，引出新单词 tree。并让学生用各种形容词描述圣诞树。 (5) I put the _____ on the tree 在学生会说 I put the bell on the tree 的基础上，让学生边放装饰品边说，并鼓励学生用更多的形容词来描述所摆放的饰物。 Post-task activities 　　鼓励学生在小组中亲密合作，共同装饰圣诞树。边说边做，使英语学习生活化、自然化、交际化。
说学生说学法	本班学生的特征 批注：了解自己学生的实际情况能最有效地为教师备课提供帮助。课堂中语言的生成度也很高。：本班学生英语学习兴趣浓厚，乐于用英语进行简单的交流，表达思想。他们在课堂中表现活跃，积极参与游戏、活动，喜欢念英语儿歌，唱英语歌曲。 　　学生已有的知识技能：二年级的学生在校学习英语已经有一年了，他们已经掌握了一些基本的形容词，如 big，small，red，yellow，beautiful 等，在平时的教学中，我有意识地经常对学生进行课外知识的拓展，因此，他们对生活中接触的东西，能用颜色、大小等来描述。这对本节课的教学是有促进作用的。 　　总之，教师在设计教案时比较关注学生语言的综合运用，尽可能提供学生语言实践的机会，如 What do you see? How many stars are there on the national flag? 鼓励学生能结合自己的语言知识进行语言练习，并使学生得到文化的熏陶、知识的拓展。 　　另外，本设计学生的 Individual 和 pair work 运用较多，因为教师在各活动的设计上(特别是新授环节)发现此活动方式更有效，而在巩固部分教师采用 group work 鼓励学生合作探究，共同提高。应该说，整个教学活动的设计都非常关注学生在各个活动中思维能力和技能的培养。
说教法手段	根据我们英语教研组的课题《小学英语教学中活动化学习方式有效性研究》，本堂课设计了四个活动 批注：用活动的方式引入新课、展开新课、巩固知识大大增加了小学生课堂学习的积极性，值得推广。。 　　Golden Eyes 是让学生在短暂的时间内寻找礼物的位置，目的是让学生的注意力马上集中起来，全身心地投入活动之中，通过回答 Present, present, where is the present? Present, present, it is… 在情境中反复巩固单词的发音。 　　Tongue twister 的目的在于通过富有节奏感的绕口令，将两个形近的单词不断比较，从而帮助学生有效地区分单词。 　　A guessing game 通过转盘的随机转动，出现不同颜色的星星，让学生在猜一猜的游戏中愉快地巩固该单词的发音，不会觉得枯燥。 　　最后是装饰圣诞树的小组活动，鼓励学生亲密合作的同时，将今天所学的单词及相应的形容词整合成一段有意义的话，使语言学习从单词逐步过渡到句和段。总之，通过这四个活动，旨在激发学生学习英语的兴趣，从而进一步提高教学的效益。 　　合理教学方法的使用达到了效果： 　　通过欣赏圣诞歌曲，渲染气氛，创造英语学习的氛围。 　　由浅入深、新旧结合、循序渐进。比如：运用学生已经学过的儿歌，用新单词稍作修改，达到用旧儿歌巩固新单词的目的。 　　感知单词、拼读单词、在各种情境中操练单词、在情境中体验句型。 　　拼读单词、操练单词、使用句型，在句型操练中生成短话进而感知文化。
其他	

评析:

根据课程标准中的总目标与阶段目标要求来分析这一堂说课有以下特点。

这堂课围绕着活动的完成而达到了词汇、句型、短句的生成,很好地体现出了课程标准中所提出的通过"体验、感受、参与"来激发学习语言的积极性;以词——句——短话、由点——线——面的结合,教学程序呈现出层层深入、逐步递进,有利于学生知识的掌握。

说课教师了解学生的实际需求,设计的教学活动非常贴近学生的生活实际,起到了培养和激发学生学习积极性的作用。

这节说课还有一个特点是教师能始终围绕任务分配、任务完成,从简单任务到复杂任务,每一次的任务过程都体现出学生合作学习的氛围,任务中既有学习型任务,例如:认识单词、学会读音,又有为了交际的真实生活任务,例如:如何装饰圣诞树。学生运用英语的能力就这样在"做"中得到了提高。

(董亚男)

案例7 中学政治《关注我们的人文环境》说课

上海市向明初级中学 王爽英

1. 说教学目标

本课教学目标是在研究教材和研究学情的基础上设定的。

本框教材是初二思想品德课第二课"生存环境呼唤保护"的第二框。本框教材在第一框"关注自然环境"教学的基础上,对学生进行"关注人文环境"的教学。它包括"人文环境反映了一个民族的历史积淀"、"人文环境反映了一座城市的历史和文化"、"人文环境对人的素质提高起着培育熏陶的作用"三个知识点,本课教学要引导学生认识在生活中要"关注人文环境",重视人文环境的建设,并自觉接受良好的人文环境的熏陶,健康地成长。一个民族的人文环境中蕴涵着一个民族的民族精神,一个城市的人文环境中蕴涵着一座城市的城市精神,因此,本课教学是落实民族精神教育的一个重要结合点。

初二学生已经学习了中国历史,生活中有一部分学生跟随家长外出旅游,参观过祖国的许多名胜古迹。学生已学习过上海乡土历史、乡土地理,对上海的名胜古迹、革命遗址会有更多的了解,能具体感受人文环境的重要作用。这有利于课堂学习活动的开展。学生可以根据已有的知识和生活经验来探讨"关注人文环境"的问题。

根据以上的教材分析和学情分析,确定本课的教学目标如下。

知识目标:知道人文环境分为有形和无形两类;懂得人文环境反映了一个民族的历史积淀,反映了一座城市的历史和文化;理解人文环境对人们素质提高有培育熏陶的作用。

过程、能力与方法目标:通过资料采集、课堂探究活动、小组合作讨论以及教师必要的点拨、引导,让学生领悟保护人文环境的意义,培养收集资料和分析资料的能力和分析实际问题的能力。

情感、态度与价值观目标:领悟人文环境中蕴涵的民族精神和城市精神,增强学生的民族自豪感;初步树立保护和珍惜人文环境的观念,从自身做起为创建良好的人文环境出一份力。

2. 说教学过程

本课教学的三个知识点是一个有机的整体,从一个民族的人文环境、一座城市的人文环境,到人文环境对人的素质的培育熏陶作用,层层推进,逐步深入,让学生从不同角度来体会"关注人文环境"的意义。第三个知识点"人文环境对人的素质提高起着培育熏陶的作用"是整堂课的教学重点所在。

为了落实本课的教学目标,我将课堂教学分为四个环节。第一、第二个环节,通过课堂活动,领悟一个民族、一座城市的人文环境蕴涵的民族精神和城市精神;第三、第四个环节着重解决本课的教学重点问题,领悟人文环境对人的素质提高起着培育熏陶的作用,引导学生初步树立保护和珍惜人文环境的观念,从自身做起为创建良好的人文环境出一份力。

具体过程如下。

课堂导入:印度和中国古代的两首特征鲜明的音乐响起,让学生走进世界四大文明古国。从文明古国给人们留下的文化瑰宝引出什么是人文环境,导入课题。

第一个教学环节:本环节主要落实教材中第一个知识点,让学生懂得人文环境反映了一个民族的历史积淀。教学以前面导入部分为基础,通过一个思考题自然过渡。思考题是这样的:"四大文明古国中,只有中国的文明没有断代。那么在五千年的中国历史中哪些文化古迹给你留下了深刻的印象?为什么?"这个问题是让学生从文化古迹追溯历史,懂得人文环境是一个民族的历史积淀。

教学中教师特别要注意及时引导、总结学生发言,比如长城既凝结了中华民族的智慧又体现了中华民族抵抗侵略、顽强拼搏的精神。在学生的发言过程中教师要引导学生充分发掘人文环境中蕴涵的民族精神,有机渗透民族精神教育,激发学生的民族自豪感。后来教师总结这部分内容,提炼知识点并板书:人文环境反映了一个民族的历史积淀。

第二个教学环节:本环节主要落实教材中第二个知识点,让学生懂得人文环境反映了一个城市的历史和文化。教学以一段视频自然过渡,视频资料充分利用了学校外籍学生资源,讲述了班级的韩国学生希望有同学带他游览上海,了解上海。从而引出这一教学环节的课堂活动——"我带大勋游上海"。要求学生为班级的异国同学设计一条上海一日游的路线,让韩国同学从历史、文化、现代化建设等不同角度了解上海,并说明设计的意图。

设计过程中,让学生充分利用上海乡土历史、乡土地理两本已学过的乡土教材,从中选择出最具有代表性的旅游景点,同时可以让学生参考书本的解释或者根据自己掌握的知识来说明所选景点代表了上海的哪些历史与文化。这个活动设计,是希望学生通过回顾上海历史和现代化建设,懂得人文环境体现了一个城市的历史和文化。教师在学生发言的过程中要注意引导学生从历史、文化、现代化建设等不同角度寻找景点,也可以提示学生从身边最熟悉的区域内寻找一些有价值的地方,比如卢湾区的一大会址等。活动结束后,教师总结这部分内容,提炼知识点并板书:人文环境反映了一座城市的历史和文化,着重领悟上海是一座具有光荣革命传统的城市。

第三个教学环节:本环节教学主要帮助学生理解人文环境对人的素质提高有培育熏陶作用。教学从上海现代化建设体现的高度、速度和深度,过渡到洋山深水港建设的一段视频。视频集中讲述了一组洋山建设者不畏艰险,舍小家为国家的感人事迹,很具有代表性和感染力。根据视频内容提出两个问题。

问题一:"看了这段录像你有什么感受?"目的是让学生总结洋山精神的内涵,体会到洋山精神的可贵,理解这种精神就是一种无形的人文环境,引出人文环境分为有形、无形两种。

问题二:"如果你是处在洋山建设者的这种人文环境当中,你会以一种怎样的精神面貌来面对学习和生活?"目的是让学生理解良好的人文环境对提高人的素质有培育熏陶作用。这一问题的回答,教师特别要做好学生各种回答的应对准备,比如可能有学生认为"大家都奉献,我就乐得享受,何苦这么累呢!"此时教师要做好引导,不能刻意回避,可以从个人奉献,集体成长,最终也有助于个人发展的"个人与集体的关系"来引导学生走出认识误区。

第四个教学环节:本教学环节是第三个教学环节的延续。因为第三个知识点既是本课重点也是本课难点,所以有必要展开深入讨论,在理解人文环境意义的基础上,激励学生从自身做起,为创建良好的人文环境出一份力。教学从洋山建设的总结自然过渡到上海"海纳百川、追求卓越"的城市精神。过渡语言如下:"洋山深水港的建设不仅是上海建设者的功劳,也与浙江以及全国各地的建设大军密切相关。没有全国的帮助不会有现在的洋山。"为了引导学生领悟"海纳百川、追求卓越"的城市精神,接着提出课堂讨论题:"学习生活中我们如何来具体体现'海纳百川、追求卓越'的要求?"这一讨论有一定难度,但是很有行为指导意义。通过讨论,可以让学生明白在学习生活中,我们要用实际行动继承发扬上海城市精神,为创建良好的人文环境出一份力。

讨论发言过程中,教师可以适当引导这样几个方面:①海纳百川要有博大的胸怀,取百家之长。所以生活中要心胸开阔,有宽容之心。②要能虚心听取别人的意见;能够以诚挚的心帮助身边需要帮助的人。③学习上要博采众长,扩大自己的阅读面,学习不同的知识,开阔自己的视野,博学才能专攻。④做人要自信,有勇气追求卓越,这里也可以联系初二语文教学中的《少年中国说》。要敢于尝试,不怕别人笑话等。

通过学生的发言,教师适时地引导归纳,让学生充分理解良好的人文环境能提升我们每个人的素质,同时也让学生知道如何在实际行动中继承和发扬上海城市精神,共同努力创造一个更加美好的人文环境。

总结全课:音乐声中,优美的语言结束全课。

3. 教学中相关问题的说明

(1) 教学内容处理

本课教学的重点和难点是要学生理解人文环境对人的素质提高有培育和熏陶作用,特别是要学生能明白良好的人文环境和我们的学习生活也是密切相关的,让学生能在行为中自觉保护人文环境,为创建良好的人文环境而努力。因此教学中我设计了第三、第四两个教学环节,用比较多的时间来解决这个重点难点问题,希望教学上能在明理的基础上对学生的情感态度和行为实践能有导向作用。

(2) 教学方法与策略

本课教学基本采用了问题讨论法,通过问题的层层深入探讨,从感性到理性,由浅入深地落实每个知识点,有机渗透民族精神教育。课堂教学中问题的展开都是以学生发言为主,教师做好引导和点拨,注意学生主体性和教师主导性的结合。教学策略上考虑到动静结合,既有美妙的音乐又有丰富的视频,既有个人的思考又有集体的讨论,使教学显得生动活泼。

(3) 教学评价的运用

在教学过程中,教师对学生的发言要及时给予鼓励性的评价。评价中特别要注意一些教学中的生成性问题,如果和教学目标密切相关或者反映出学生思想上的困惑,一定要及时组织讨论,并对提出这些问题的学生给予肯定和鼓励,使教学更具有针对性和实效性。

评析:

王爽英老师说课稿,总体能体现课改理念。教学目标设计全面,不仅注重知识目标,而且重视了能力和情感目标。能正确理解和把握教材内容,并能根据教学目标创造性地使用和开发课程资源;重点、难点分析准确;能够体现知识的联系,实现学科知识整合。课堂导入自然贴切,生动有趣,有利于激发学生的学习欲望;在学法方面能体现"自主、合作、探究"的学生方式;教学流程的设计合理、灵活,并具有开放性;教学活动有利于学生形成良好的学习方式,并能体现学生主体作用。

案例 8 中学政治《投资理财与规避风险》说课

上海市南汇中学 瞿美芳

1. 教学目标

教材分析：本课内容是高一第五课《金融服务与投资理财》第三节第一框内容。在了解银行的基础上，第三节的金融服务主要讲投资理财。与全面建设小康社会相伴，投资理财日益成为家庭、企业经济生活的重要方面。本课结合学生实践对保险业务活动（包括保险的性质、职能、目的等）进行介绍，说明规避风险的必要性。有助于学生增加金融知识，培育金融意识，为今后理性地进行家庭理财和企业理财打好基础。

学情分析：学生对银行、股票、债券、保险并不陌生。但对投资理财与规避风险之间的关系缺少了解，甚至是误解。因为学生在这方面没有多少实际的经验，社会上又对投资理财有误导，认为投资理财就是投资增值、就是生财，使大家思想认识产生混乱；加上我国金融市场还不够成熟，投机气氛较浓，违法行为较多，而传统的教育又将投资理财当作"少儿不宜"。因此在教学中存在一定的难度。

基于以上对教材和学情的分析，对三维目标设定如下。

（1）知识和能力目标

了解规避风险是投资理财的首要目标。理解保险的基本职能以及派生职能等基本内容，正确认识保险的目的；培养学生分析材料、归纳知识、运用知识的能力。

（2）过程和方法目标

通过典型案例、相关实物、经济图表的分析、体验、探究，掌握从感性到理性、从具体到抽象的归纳方法；通过教师必要的点拨，在交流、讨论、调查、分析比较的基础上理解保险的职能和目的。

（3）情感、态度与价值观目标

增强规避风险的意识，培养社会互助精神，增强生命质量的观念，增强社会责任感。（贯彻两纲精神：在民族精神教育方面，培养社会互助精神；在生命教育方面，增强生命质量观念。）

2. 教学过程

主要通过四个环节的设计来落实三维目标。第一环节（导入部分）：了解规避风险是投资理财的首要目标。第二环节：了解投资理财、规避风险、保险之间的关系，理解保险的性质。第三环节是保险的基本职能以及派生职能。重点把握基本职能的两个方面——分散风险、补偿损失及其相互关系。第四环节是保险的目的。学生在认识上有误区，是教学难点。四个环节是一个有机整体，环环相扣。

第一环节——导入部分：请学生列举家庭投资理财种类。询问学生参加保险的情况，为什么要参加保险。

媒体出示：残酷现实——2006年系列事故案件图片

分析：投资理财是要考虑生财，但不是首要目标，首要目标：对企业是实现资产的安全；对家庭是获得基本的保障。得出：规避风险是投资理财的首要目标。

设计：提问目标明确，材料有震撼力，既了解规避风险是投资理财的首要目标，又激发学生强烈的学习兴趣。

第二环节——为风险投资——保险

媒体出示漫画。

投资理财首先要借助保险业提供的保险服务，从而引出什么是保险。

（如此设计是让学生明确：投资理财、规避风险、保险之间的内在联系。）

保险含义、性质知识点的了解主要通过对学生学习过程的设计来把握。教师提供引导性材料，引起学生的好奇心，激发学生的探究愿望，留足时间和空间让学生讨论和交流。

媒体出示：保险含义、一般程序、"包头空难"资料、政策性保险和商业保险比较。抓住概念中的关键词把握保险的含义；概括保险的一般程序。学生从案例中读取信息，根据理赔险种，分析判断，进而比较政策性保险和商业性保险两种不同性质保险的区别。教师通过巡视，启发、指导、鼓励学生有所发现，畅所欲言，适时评价。

（设计目的：培养了学生读取信息、分析判断、归纳总结的能力。并根据不同层次的学生设计表格，提问可以有所不同。）

第三环节——保险的职能

保险的职能，分为基本职能和派生职能。基本职能是重点。分三层来把握：媒体提供两份小资料，让学生判断，根据判断分析古代已有保险的萌芽。告知现代保险基本职能的内涵是：分散风险、补偿损失。在此基础上，教师重点分析基本职能两方面的辩证关系。

（设计说明：由于学生没有学过哲学，对基本职能两方面的辩证关系理解有困难，老师要作必要的讲解；为了通俗易懂，出示具体的保单来分析讲解，帮助同学正确理解。）

保险费和理赔金是两笔差距悬殊的数，差额部分谁来支付？（学生讨论）

得出：差额部分就是保险公司集中起来的众人的保险费。也就是在一定条件下，分担了个别单位和个人所不能承担的风险，从而形成了一种经济互助关系。帮助学生领会"一人为众，众为一人"的互助关系，说明两个方面是不可分割的，分散风险是补偿损失的基础，补偿损失是分散风险的体现，进而揭示出保险的基本宗旨："一人为众，众为一人"。

（在这里有机渗透民族精神方面的教育，培养社会互助精神。）

（派生职能知识的理解，主要通过问题的设计，结合提供的情境，唤起学生已有经验，达成共识。环节紧扣，问题设计起到承上启下的作用。）

追问：保险公司会不会把收来的保险费都用于理赔？

出示资料：2006年上半年我国保险费收入和理赔情况图。

提问：保险资金在"收"和"付"之间有时间差，沉淀资金如何运作？

（稍作讨论）学生根据对现实生活关注作出多角度回答，根据学生回答作出实事求是的评价，并提供政策依据，帮助同学了解国家对保险资金运作的引导作用。

出示资料引出派生职能之一：资金融通——为经济建设提供资金。

又设问：保险公司为了提高经济效益、减少赔款、增加盈余又该如何做？

视频——麦莎台风：了解麦莎台风到来之前保险公司做了哪些工作？

引出派生职能之二：防灾防损的社会管理。让学生知道保险预防服务的必要性和重要性，有助于我们社会主义和谐社会的构建。

提供实例——上海市南汇中学组织学生进行消防逃生演练的照片，进行安全方面的教育。

第四环节——保险的目的

这是本课的难点。如何突破难点？

现场调查：同学家庭、学校参加保险和理赔情况。现场统计，理赔不管有没有，肯定参保多理赔少。出示资料：太平人寿1000万护送"千手观音"图。

讨论："投保了，却没有出险，保险费不是赔掉了吗？"

设计意义在于：

一方面得出保险的目的——为了规避风险，得到财务上的保障；另一方面加深理解，提升思想境界，这不是亏而是对他人的帮助、贡献，是公民人格魅力的发挥；第三，抓住机会对学生进行生命教育,增强学生生命质量观念。

友情推荐:"聪明理财"五大定律。

(设计目的:头尾完整。提出家庭理财的合理化、科学化的指导意见,让学生发挥家庭小主人的作用,为学生提供学以致用的机会,同时及时纠正个别家庭盲目理财的现象。)

操作平台:收集各保险公司的广告语,了解它们开设的险种。完成书本P20表格。

(设计目的:通过各保险公司的广告,了解其主要业务。结合自己实际来选择规避风险的项目,学以致用。)

3. 相关问题说明

(1) 教学内容的处理

本课首先要处理规避风险与投资理财的关系,了解规避风险是投资理财的首要目标。同时要理清投资理财、规避风险、保险之间的关系,知道投资理财主要借助保险来规避风险。保险知识内容中保险的基本职能是重点,保险目的是难点。教学过程设计中对以上问题都作了认真思考,并注意了环节间的衔接,追求逻辑上的顺畅严密。

(2) 教学方法策略

对教学内容进行心理化组织即创设符合学生特点的教学情境:通过提供材料——设计问题——引思、体验、感悟、探究——达成共识,综合能力得到培养;从生活图片、经济图表、典型案例、理性材料中读取信息——唤起已有经验——分析判断——重构知识,拓宽思维,提高理论联系实际的能力。力求媒体形、声、色、内容的统一。课堂教学活动建立在师生交往、对话的基础上,确保学生心情舒畅,思维活跃,想象力丰富,师生关系和谐融洽,体现教学的本质。

(3) 教学评价的使用

安排学生讨论、交流,让学生有自我评价和相互评价的机会;师生交流对话中捕捉学生的亮点并适时强化,对学生的良好表现,给予归因反馈,增强学生的成功感;对学生的错误认识,指出并正确引导,晓之以理;对课堂生成性问题,给予重视。

评析:

瞿美芳老师的说课稿,总体能体现课改理念,坚持育人为本、面向全体、因材施教。教学目标明确,目标分析有条理。熟悉教材,领会教材编写意图,教学环节设计流畅,过程设计能体现思想性、德智共生性等思想政治课特性。教学方法能选择案例教学为主,案例能贴近学生生活;能以问题和情境为着手点,启发学生思维,激发学生情感,调动学生全身心参与教学活动,体现了学生的主体地位。本说课稿最大的亮点是能从学生关注的社会生活现象及其所遇到的具体问题入手,经过抽象,达到理性,然后引导学生运用所获得的理性知识去分析、研究和解决实际问题。

(钱毓琴)

案例9 中学历史《三大发明的进步与传播》说课

上海市清流中学 黄颖

注:为方便点评,已对原说课稿进行了局部合理调整。

1. 说教材: 批注:"说教材"非常好,不但从宏观上把握教材的地位与作用,而且从微观对三大发明的进步与传播进行诠释,体现了作者对本课内容的理解是比较深刻的。

《三大发明的进步与传播》是中学历史新教材七年级上册第五单元《多元文化碰撞与交融的宋元文明》中的第五课,概述了宋元时期的"三大发明"即印刷术、指南针和火药的发明、应用和传播。

课文分三目介绍了三大发明,三目之间属于并列关系。其标题分别是:活字印刷术、指南针、霹雳炮和突火枪。(旧教材是火药,这里是霹雳炮和突火枪。之所以是"霹雳炮和突火枪",而不是"火药",我想一是宋元时期,火器有了较大的进步与传播,二是与导言中英国大思想家培根提到的"这三种机械发明"相对应。)

【活字印刷术】介绍了从雕版印刷到活字印刷的重大突破和创新——北宋中期,杭州平民毕昇发明了活字印刷术。首先介绍了雕版印刷的概况、方法,突出了它的利与弊;其次基于雕版印刷的不足,毕昇发明活字印刷术是重大的突破,元代的王祯不断完善,充分说明科学是无止境的;最后介绍了活字印刷术的传播,以突出说明活字印刷术对传播知识和促进世界文明发展所作的贡献。

【指南针】介绍了指南针的发明历程、传播以及西方人在此基础上的改进状况。首先介绍了战国时期世界上最早的指向仪器——司南,在小字中指出了司南磁性弱、效果差的缺点;其次介绍了北宋时期指南针的进步,钢针的磁性强、准确率高,并用图片和文献资料介绍指南针安置的几种方法,激发同学的学习兴趣;最后介绍了指南针的传播及西方人在此基础上的改进,重在说明中国指南针对欧洲航海业起到了巨大的推动作用,为欧洲的环球航行和新大陆的发现提供了重要条件。

【霹雳炮和突火枪】介绍了火药武器方面的重大改进,并广泛用于军事。首先介绍了我国古代的炼丹家在炼丹的过程中发现了火药的配方,人们在此基础上发明了火药,并于唐朝末年用于战争;接着介绍了宋元时期火器广泛应用于战争,火药武器发展经历了三个阶段:燃烧性火器——爆炸性火器——发射性火器,爆炸性火器的代表是"霹雳炮"和"震天雷",发射性火器的代表是"突火枪","震天雷"是世界上最早的金属炸弹,"突火枪"是世界上最早的原始管形火器,是现代枪炮的前身。火药传入欧洲对欧洲社会产生了巨大的震动,对世界文明发展作出了贡献。

中国被誉为世界四大文明古国之一,其重要标志之一就是"四大发明",而其中的三大发明是在宋元时期完成的,从科技方面开创了中华文明发展的新格局。

从文明史角度看,该课从科学技术方面展现了中国宋元时期科学技术发展的新高度——处于当时世界文明的高峰,说明了中国的科技发明极大地推动了社会的进步,为全世界、全人类的文明发展作出了卓越的贡献。

从历史发展的角度看,本单元前面几课介绍了宋元的政治、经济文明,此时的农业、手工业繁荣,商品经济的发达,为本课即宋元科技领先于世界奠定了物质基础,也是其能够领先于世界的重要原因。

2. 说学生 批注:"说学生"不但注重了对学生历史学习能力的分析,也注意了对学生思维特点的分析,根据这些因素采取相应的教学策略,非常恰当。如果能兼顾学生个体情况,就更加有的放矢了。

本课的教学对象是初中一年级的学生,通过两个多月的学习,大部分同学对"史由证来,证史一致"的历史学习方法有些了解,在教师的引导下,也能运用;其次他们正处在积极思维的年龄,凡事都想知道个为什么,因此,设计恰到好处的提问,不仅能把学生注意力吸引过来,还能使学生带着探索历史奥妙的心情,积极地而不是被动地学习,本课的文献资料浅显、易懂,若教师在教学过程中注重循序渐进、形象生动地设问且引导恰当,学生是能够较好地达成学习目标的;另外就本课而言,其内容同学都较熟悉,如何吸引学生,使他们感兴趣是这节课成功与否的关键。所以我一方面充分利用教材提供的图片及文献资料,在多媒体的辅助下,创设教学情境,设计合适的问题,引导学生层层解剖问题;另一方面通过实践让学生动手动脑做一做,使他们对本课更感兴趣,同时体验"合作学习"的学习方法。

3. 说教学目标 批注:"三维目标"确立的表述正确,学习主体明确、行为动词可测、行为条件清楚、要达到的学习结果具体适度。这样的目标比较容易在课堂教学中落实。

【知识与能力】

知道唐初出现了雕版印刷,北宋毕昇发明了活字印刷术,了解活字印刷术的优点,认识中国发明的活字印刷是世界印刷技术史上的一次重大改革,对传播知识、促进世界文明发展作出了重大贡献。知道宋元经济的繁荣、发达,为活字印刷术领先于世界奠定了政治和物质基础,也是其能够领先于世界的重要原因。

知道指南针的发展进步及向外传播情况,认识指南针促进了欧洲航海业的发展,为欧洲的环球航行和新大陆的发现提供了重要条件。

知道火药的发明、火药武器的发展概况,知道南宋出现的"突火枪"是后世枪炮的雏形。了解火药传入欧洲对欧洲社会产生了巨大的震动,对世界文明发展作出了贡献。

【过程与方法】

指导学生动脑动手,比较雕版印刷术和活字印刷术,讲述活字印刷的优点,体会活字印刷术的创新性,认识该发明对中国和世界的贡献。

根据实物或图片,知道指南针的发展与使用,了解指南针对中国及欧洲航海业的促进作用。

通过阅读教材,观看图片,知道火药发明、火器的进步改变了战争的形式,通过讨论,正确理解火药发明的意义。

通过讨论,认识三大发明对中国和世界文明的重大影响。

【情感态度和价值观】

通过学习三大发明的发展经过,认识到宋元时期的科学技术居于世界领先地位,增强学生的民族自豪感和学习热情。

【重点、难点】

重点:活字印刷术、指南针和火药武器的发明、应用和传播。

难点:三大发明对中国及世界的影响。

4. 说教学过程

教学过程分两段:前段主要学习活字印刷术、指南针和火药武器的发明、应用及传播;后段讨论三大发明对中国及世界的影响。

学习活字印刷术、指南针和火药武器的发明、应用及传播。

① 导入

我们都知道我国是世界四大文明古国之一,其重要标志之一就是"四大发明"。这其中的活字印刷术、指南针和火药三大发明是宋元时期完成的。早在三百多年前即1620年,英国大思想家培根写道:"……这三大发明首先在文学方面,其次在战争方面,第三在航海方面,改变了整个世界许多事物的面貌和状态,并由此产生无数变化,以致似乎没有任何帝国、任何派别、任何星球,能比这三种机械发明对人类事务产生更大的动力和影响。"历史事实是否真如他所说的那样呢?今天我们一起来学习这段历史。

【设计目的】我想突出三大发明是在宋元时期完成的,强调三大发明的传播对欧洲和世界的巨大影响。同时借助同学凡事都想知道个为什么、探索历史奥妙的好奇心——真是这样吗?展开课题。

② 印刷术

A. 课前布置两组同学分别按照"雕版印刷术"和"活字印刷术"的制作工序,用土豆制作刻有"清流中学"的刻板、活字和印刷品。

B. 课上展示,制作者分别说明制作"雕版印刷术"和"活字印刷术"印刷品的主要步骤。(附:主要步骤:雕:制雕版——印刷;活:制活字——排版——印刷。)

C. 再要求同学如果在原有作品基础上,再制作"清流学子"四个字,请问:你会采取哪种制作工序?为什么?完毕后归纳"雕版印刷术"和"活字印刷术"的特点。

表 9.1 "雕版印刷术"和"活字印刷术"的比较

名　称	时　间	优　点	缺　点	适合的作品
雕版印刷术	唐朝初年	稳定、坚固、耐用(后面补充的)	费料、费时、费工、不灵活	文字较少、制作量大的作品如"纸币"
活字印刷术	北宋中期	省时、省料、省工、灵活、可反复使用	印刷要求比雕版印刷高	文字较多、制作量大的作品如"书籍"

D. (在学生回答雕版印刷术的缺点、活字印刷术的优点后)教师追问:活字印刷术适合印刷哪些作品?雕版印刷术并非一无是处,它只是相对活字印刷术而言,费料、费时、费工、不灵活。但事实上到今天雕版印刷术还在应用,如纸币。那么,它有哪些优点呢?比较而言,毕昇发明活字印刷术是一个重大突破。元朝王桢的转盘排字法进一步推动了印刷业的发展。

E. 为什么印刷术会在北宋时期有重大突破?

F. 看教材 P_{128} 的地图,了解中国印刷术外传的情况。

【设计目的】批注:说理明晰具体,不是为理论依据而进行说理,而是完全从学生的实际情况出发,为落实三维目标而进行设计的。一方面锻炼同学的动脑动手能力,体验制作过程的艰辛,从而学会珍惜劳动成果的好品质;另一方面通过比较教学法,使学生学会归纳的学习方法、体会活字印刷术的创新性,且学会辩证地看待事物的两面性;同时理解宋元经济的繁荣、发达,为活字印刷术领先于世界奠定了物质基础,也是其能够领先于世界的重要原因。

③ 指南针

A. 给出三幅图片:司南、指南针、水罗盘。请同学依据书上的文字材料按时间排序,且说出它们相对应的时间。

B. 指出:司南、指南针、罗盘都是指南针,也叫罗盘针。早在战国时期,人们就利用天然磁石指示南北特性制成了指南工具——司南。北宋时,人们在人工磁化和使用方面取得了重大进步。将磁化钢针支撑固定在一个刻有方位的盘中,用来指向,这就是指南针,也叫罗盘针。

C. 你知道今天的指南针是怎样的吗?如果你外出旅行需要指南针,你会选择司南、指南针还是罗盘?为什么?

D. 阅读材料:

●舟师识地理,夜则观星,昼则观日,阴晦观指南针。——北宋　朱彧《萍洲可谈》

●舟舶来往,惟以指南针为则,昼夜守视为谨,毫厘之差,生死系矣。——南宋　赵汝适《诸藩志》

问题:从上述材料中你获取了哪些历史信息?

(强调指出:指南针是"航海的眼睛"。)

【设计目的】充分利用教材资源,了解指南针的发展与使用;并且能为现实服务,学以致用;通过阅读材料,运用"史由证来,证史一致"的学习方法,了解指南针发明的意义。

④ 霹雳炮和突火枪

A. 以讲故事形式入手,知道火药的发明及配方。接着问:为什么在宋元时期火药武器迅速发展?用图片介绍火药武器发展经历了三个阶段:燃烧性火器——爆炸性火器——发射性火器,突出爆炸性火器的代表是"霹雳炮"和"震天雷",发射性火器的代表是"突火枪","震天雷"是世界上最早的金属炸弹,"突火枪"是世界上最早的原始管形火器,是现代枪炮的前身。阿拉伯人把火药传到了欧洲,欧洲资产阶级制成枪支弹药,推翻了落后的封建统治。可见火药在世界历史发展的进程中也起到了重要的作用。

B. 阅读材料:如果没有火药,世界也许会少点儿痛苦,但另一方面,中世纪欧洲那些穿盔甲的骑士们可能仍然在他们的护城河围绕的城堡里称王称霸,不可一世,而我们的社会可能仍然处在封建制度的奴役之下。
——美国学者德克·海德

提出问题:你怎样看火药的发明?(小组讨论,阐明观点。派代表交流。教师小结:它为人类社会的发展起到了促进作用,但也会给人类造成巨大的伤害。这就需要人类控制自己的行为,让火药造福于人类。)

【设计目的】初步了解火药发明、火器的进步概况,通过阅读材料了解火药对人类社会的影响,正确地理解火药发明的意义。之所以设计"B"这个问题,是因为学生对火药的认识具有片面性。

讨论三大发明对中国及世界的影响。 批注:这个教学环节的设计非常巧妙,有一石三鸟之效:通过史料得出结论,可以潜移默化地培养学生"论从史出"的史学意识;学生在阅读与思考过程中,可以加强提取信息、运用有效信息解决问题的能力;在思考和解决问题的过程中,又落实了情感态度价值观目标。

① 组织讨论

阅读下列材料。

A. 活字印刷术大约在14世纪传到朝鲜、日本,朝鲜人民根据活字印刷的原理,首先制造出铜活字和铅活字,后来,活字印刷术又经丝绸之路,由阿拉伯人传入欧洲。
——旧教材七年级第二学期 P_{49}

B. 约12世纪末,指南针由海路传入阿拉伯,再传至欧洲。西方科学家在此基础上进行改进,发明了旱罗盘。
——新教材 P_{129}

C. 如果欧洲人不借用中国人的指南针和船尾的舵,欧洲人就不可能实现在文化上和经济上席卷世界的大部。
——英国 李约瑟:《中国古代科学技术史》

D. 阿拉伯人把火药传到了欧洲,对欧洲资产阶级战胜封建贵族起到了一定的作用。欧洲人又进一步把火药用于采矿和筑路方面,促进了社会的进步。 ——旧教材七年级第二学期 P_{49}

请讨论回答问题:
● 是谁在三大发明传播过程中起到了重要的作用?
● 从材料 A、B 中你还能获取哪些历史信息?
● 材料 C、D 说明了什么问题?
● 上述四段材料对你有何启示?

【设计目的】中国发明的活字印刷术和指南针传到亚洲、欧洲,当地人民改进后又传回中国;指南针的西传,为欧洲的环球航行和新大陆的发现提供了重要条件;火药传到欧洲后,帮助资产阶级摧毁封建堡垒,加速了欧洲乃至全世界近代化的进程。通过讨论,使同学认识到人类文明是不断发展和进步的,人类文明的发展是普遍联系的,世界人民相互学习、相互交流和融合,推动了人类文明的共同进步和发展。

② 小结 批注:课堂教学小结要注重对本课内容的温故,更要注重在温故基础上的知新,应该注重对本课知识的拓展和延伸,让学生带着一个问题走入课堂,带着更多的问题离开课堂。从这个角度考虑,本课小结还有提升的空间。

马克思说:"火药、罗盘针、印刷术——这是预兆资产阶级社会到来的三项伟大发明。火药把骑士阶层炸得粉碎,罗盘针打开了世界市场并建立了殖民地,而印刷术却变成新教的工具,并且一般地说变成科学复兴的手段,变成创造精神发展的必要前提的最强大的推动力。"

中国古代的科技成就,证明了中华民族以自己的勤劳智慧,曾一次次领先于世界,完成了人类发展史上的飞跃,为世界文明作出了辉煌的贡献。我们相信:今天,富有创造精神的中华民族,通过我们的努力,一定会再度振兴,屹立于世界民族之林!

评析:

以上案例是2006年上海市历史说课大赛中的获奖作品。从整体上看,本说课稿教材分析合理、教学目标设计得当、教学过程设计体现了二期课改"关注学生发展,注重培养学生历史学科思想方法"的理念,是一份比较优秀的说课稿。

下面主要从"说理"和"说课语言"两个方面进行重点评析。

(1) 说理具体明晰。说课最显著的特征就是要说明"为什么这样教"的理论依据,但这些理论依据不是空洞的标签,需要教师充分理解和领会二期课改新的理念,并把这些理念具体落实到每一课的教学内容中。从说课稿中我们可以看出,教师已经把二期课改的理念内化,并把这些内化的理念落实到课堂教学实践中。例如,在设计"印刷术"这目内容时,教师课前布置学生用土豆制作刻有"清流中学"的刻板活字和印刷品在课上展示,再要求学生如果在原有作品基础上,制作"清流学子"四个字,进而提出问题:你会采取哪种制作工序?为什么?完毕后归纳"雕版印刷术"和"活字印刷术"的特点。对于这个教学环节的设计的理论依据是:锻炼学生的动脑动手能力,体验制作过程的艰辛,从而学会珍惜劳动成果的好品质。说明教师力图通过体验式学习方式,落实过程与方法目标,进而实现情感态度与价值观目标。总之,本说课稿说理具体、明晰,说明教师具有一定的理论功底,并善于把先进的教育教学理念落实到课堂实践中。

(2) 说课语言准确清楚,体现了"说"的实质。由于听众不同,说课强调"说"的特点,说课语言包括独白语言和教学语言。从说课稿中可以看出,教师说课的语言功底较强,大部分内容使用的是独白语言,系统地介绍自己的教学设想和所持的理论依据。同时为了让听者听清楚课堂教学是怎样一步一步实施的,教师在适当的时候,又把自己置身于课堂教学的情境之中,例如,在导言、小结等处教学语言的合理使用,使说课像实际上课那样,有讲有读,有问有说,使听者有一种身临其境的感觉,增加课堂教学的感受效果。总之,由于教师说课语言运用准确、合理,不但展示了一定的理论功底,也充分展示课堂教学的实际效果。

综观整个说课稿,教法和学法这个环节被忽视了。另外,如果教师在说教学程序时,能够对原有的教学程序进行条理性的归纳和总结,提纲挈领地把教学程序和理论依据提炼出来,效果会更佳。

(王亚娟)

案例10 中学地理《经纬线知识的运用——制作简易经纬网地球仪》说课

上海市辽阳中学 黄俊

教材: 新教材六年级地理第一学期"经纬线知识的运用"

注: 为方便点评,已对原说课稿进行了合理调整。

1. 选择这一课题的原因 批注:《制作简易经纬网地球仪》这一课是教师为了突破经纬线知识的难点所增加的一节课,没有现成的教学内容与要求。增加这一说课环节,有助于体现教师的上课意图,非常有必要。这是本说课稿的一大亮点。

随着二期课改的展开,改变学生的学习方式已经成为教学的主旋律。教师在教学中不能仅仅考虑学习的结果,即知识的传递,更要直接面对学习的过程,即掌握知识的方法。

六至九年级阶段地理课程标准专门安排不同尺度的区域作为学生"自主学习,学会探究"的内容,其主要目的是使学生学会学习和研究地理的基本方法。其实,平时教学中根据不同的教学内容,也可以采用"自主探究"的方式。因此,培养学生阅读、运用地图的能力,是地理教学的主要任务,也为学生自主探究学习创造了好的条件。所以,我选择了运用经纬线知识让学生"自主探究"制作简易经纬网地球仪这一课题。

2. 说教材 批注:教师除了对该课内容在教材中的地位作用进行分析,还增加了教材特点的分析,对于运用制作简易地球仪学习经纬网知识的运用有更明确的认识。

(1) 本内容在教材中的地位

本教材内容是学看带经纬网的地图一节的重要组成部分,是六年级地理第一册"地图"一章的具体落实。本内容的学习,对于学生掌握其他地图读图的学习方法,都有示范作用。

(2) 教材特点

① 文字内容较少。

② 关注活动内容。教材在知识介绍前特地设计了思考实践题,使学生有运用经纬线知识参与实践的过程。

③ 注重技能训练。思考实践题都是围绕读图训练展开的,使学生在课堂上也能自主学习获得实践的体验。

(3) 教学重点、难点

① 在地球仪上识别地轴、赤道和两极。

② 经线、纬线的特点。

(4) 教学目标 批注:新课程改革要求教师在课堂上要始终关注三维目标,即知识与技能目标、过程方法与能力目标,以及情感、态度、价值观目标。建议在教学目标中增加过程与方法目标。教学目标应该是针对学生要掌握的知识与技能,所以在表述中应注意"使学生",主语应该都是学生。

学生能识别地轴、赤道、经线、纬线和两极等;了解经线、纬线的特点。

通过对小地球仪的探究,培养学生的观察能力;通过制作简易的经纬网地球仪,培养学生动手能力。

在探究的过程中,培养学生的团结协作精神。

3. 说学生 批注:关注学生的发展是新课程改革的核心理念,教师既分析了六年级学生的年龄特点,又分析了所授班级学生的特点,比较全面。

六年级的学生活泼好动,与其他年级学生相比,他们学习地理的兴趣要浓厚得多。虽然抽象思维开始发展,但在思维的过程中仍然以形象思维为主。他们在进行抽象思维的时候,常常还需要具体的、直观的、形象的、感性经验的支持,不然,就会出现了解、判断、推理上的困难。经纬线知识对六年级学生来说是重点,更是难点,且比较抽象。借助简易地球仪的制作,形象直观,既可以化难为简,又能激发学生的兴趣。

授课班学生普遍比较喜欢地理,思维活跃,由于知识经验的不断积累,思维水平的日益提高,他们容易高估自己的实际能力,常常不满足于教师或教科书中的解释,不喜欢现成的结论,常大胆地提出自己的意见,而通过制作简易地球仪进行自主探究学习正好满足学生这方面的需要。

4. 说教法、学法 批注:教师对如何教、怎样学都作了阐述,尤其是说学法,言简意赅,方法明确。

(1) 说教法

为适应地理"实践与应用"的新要求,根据培养学生的求知欲和自我实现的需要,这节课我积极探索"以学生自主学习为主"的策略,把课堂中更多的时间留给学生去探究、建构、解决问题。

地理的综合性、开放性和地域性的特点,决定了学习和研究地理的人特别需要用右脑进行形象思维来认识地理环境,这是地理学价值所在。读图用图的训练是培养和训练形象思维最核心的内容,所以经纬线知识的研究,需要学生充分运用地球仪和地图进行分析。学生在制作简易经纬网地球仪的过程中,体验知识的获得过程,从而激发学生学习地理的热情。因此,这节课我主要采用探究学习进行课堂教学。

(2) 说学法

① 运用经纬线知识,自主探究制作简易的经纬网地球仪。

② 积极思维,通过相互交流,尝试自己动手,进一步掌握经纬线知识。

5. 说教学程序

以二期课改地理课程理念"关注促进学生发展的地理、关注实践与应用的地理"为指导,力求使学生获得可持续发展的地理基础知识和能力,学会思维。主要教学环节如下。

(1) 引入

教师边说边放影片《地球在宇宙中》,引出经纬线,引入新课,引起学生的兴趣。

(2) 新课 批注:通过"想一想、填一填、找一找、考一考、做一做、评一评、练一练"七个学生喜闻乐见的教学环节,将经纬网知识的学习建构在制作简易地球仪的过程中,处处体现出学生的主体地位,比较出彩。

① 想一想:地球仪上为什么画经线、纬线?

提出疑问,引起学生的思考,通过该问题的简单讨论,使学生对经纬网作用有所认识,为后续学习做好铺垫。

② 填一填:(边教学边填写)

教师出示经线、纬线比较表,用经纬网地球仪进行演示,让学生通过观察得出结论,完成表格的填写。目的在于培养学生阅读经纬网地球仪的能力和观察能力。

表 10.1 经线与纬线比较

	经 线	纬 线
定 义	连接南北两极并与纬线垂直相交的半圆	与赤道平行的圆圈
形 状	半 圆	圆 圈
长 度	相 等	不 等
指示方向	南 北	东 西

(说明:在学生回答过程中可根据情况调整填表的顺序,教师可以启发和引导。)

③ 找一找:

A. 纬线:赤道(0°)、30°N、60°N、90°N、30°S、60°S、90°S。

B. 经线:0°、180°、90°E、90°W。

从理论上讲经线、纬线都有无数条,一节课的学习又是有限的,要使学生了解经线、纬线的度数,选择几条特别的即可,可以帮助学生理解经线、纬线制定的方法,培养学生举一反三的能力。

④ 考一考:(幻灯片)

A. 地轴、南北两极。

B. 纬线:赤道(0°)、30°N、60°N、30°S、60°S。

C. 经线:0°、180°、90°E、90°W。

充分发挥多媒体动态效果,通过多媒体课件依次呈现以上内容,让学生读出。根据学生的遗忘规律,对前面所学知识及时巩固,为制作简易地球仪打好理论基础。

⑤ 做一做:(制作简易经纬网地球仪)

A. 制作材料:乒乓球一只、铁丝一根、一个圆规、红笔、铅笔等。

B. 制作过程如下:

- 画赤道;
- 画经线:0°、180°、90°E、90°W;
- 找两极;
- 画纬线:30°N、60°N、30°S、60°S;
- 添加地轴。

这是本节课的重点,也是让学生参与动手实践的环节。鉴于时间的限制和学生能力的分析,教师引导学生先发现后制作,通过探究思考绘制方法,完成用乒乓球制作简易地球仪的方法,培养学生的动手能力、分析能力。做得快的同学帮助做得慢的同学,通过合作,形成互帮互助氛围。

⑥ 评一评:各组制作的"地球仪"展示并由学生互评,教师点评。

要求学生将制作完成的简易地球仪交至讲台,通过实物投影,展示学生的制作成果。让学生互相评议,说出好坏的理由,有利于学生形成对经纬网知识的正确认识,巩固所学知识。动口动手动脑,充分调动了学生的感觉器官,深化了思维过程。

⑦ 练一练:(判断题)

通过完成判读练习,达到复习巩固的作用。

评析:

《经纬线知识的运用——制作简易经纬网地球仪》是地理新教材第二章的重点难点内容,黄俊老师在此增加了一课时,让学生制作简易经纬网地球仪,在制作的过程中感受知识的形成过程。对于学生理解重点、突破难点有着重要的作用,符合学生的年龄特点和兴趣爱好,非常有必要,其说课特点如下。

(1) 说出了本节课的来龙去脉

说课就是要让听的教师和专家了解说课教师的教学思路和设计意图,特别是教材中没有的内容为什么要上,必须说一说。而黄老师在说课的第一环节就加以说明,说得及时,说得有理。这节"自主学习"课是为了教学需要由教师自己增加的,仅这一点就可以看出教师以学生发展为本的理念。心中有学生,才能站在学生的立场,设计出有助于学生理解经纬网知识这一重点难点知识的活动。

(2) 说出了实践与应用的地理

黄俊老师共分六个部分进行说课,说课过程比较全面和完整,整节课呈现的形式、教学过程、目标、程序等,使听说课的人一目了然。看了说课内容,我们能大致了解说课教师的上课意图和教学方法,并具有一定的理论支撑:如黄老师能将新课程理念融入到教学之中,关注学生"实践与应用的地理"。同时具有较强的科学性,黄老师选取了较好的切入口,将教材内容与学生特点有机结合,通过简易经纬网地球仪的制作,帮助学生突破经纬网学习的难点,符合六年级学生的年龄特点和地理思维特点。这样的说课思路清晰,目的明确。

本节课是新增加的一节课,没有现成的资料,学生制作简易地球仪,又是一节动手课,需要一些学具,如果黄老师能在说学法的时候再加以补充说明,不仅可以充实说学法的内容,同时也能使听众更明白,说课效果会更好些。

(张焱)

案例 11 中学物理《简谐运动》说课

首先跟学生说明什么是机械振动,什么是简谐运动,什么是介质的波动。紧接着用多媒体让学生观看机械的振动,质点做简谐运动,水面上介质的波动,让学生对这部分内容有一初步的感性认识。

1. 说教材

简谐运动是高一物理机械振动和机械波这一章的第一节,是这一章的重点内容;本节内容,是在学生学习了运动学、动力学、圆周运动及功和能的知识后而编排的综合提高内容,是力学部分的一个特例,有基本概念、基本规律和科学方法组成。机械振动和机械波是一种比较复杂的机械运动形式,对它的研究在知识上为以后学习电磁振荡、电磁波和光的干涉与衍射奠定了一定的基础,在研究方法上也为自然科学的各个分支学科奠定了基础。机械振动和机械波的知识与人们的日常生活、生产技术和科学研究有着密切的关系,因此学习这部分知识有着广泛的现实意义。

2. 说目标

知道简谐运动是最简单、最基本的机械振动,知道了简谐运动也就了解了机械振动的基本特点。通过这节课的教学,要使学生知道机械振动,特别是简谐运动中各物理量的变化规律,让学生从观察实验中分析归纳出简谐运动的特点;学会研究复杂问题的基本方法,如同人们认识事物的一般规律那样,从简单到复杂,进而掌握其本质特征,研究复杂的物理现象——机械振动和介质的波动。本节对高一学生来讲是第一次研究物体在变力作用下产生变加速度运动的特殊物理问题,处理得好有助于学生深入理解动力学知识,所以讲课时尽量不要使用简练概括的数学语言,尽量用学生容易听懂的文字语言来叙述和分析物理现象。

3. 说学生

高一大多数学生具有单一的思维定势,他们习惯于分析恒力作用下物体的单程运动,对振动过程的分析,学生普遍会感到有些困难,因此对变力作用下来回运动的振动过程的多量分析成为本节的教学难点;教学时要密切联系已有的知识,引导学生利用PPT讲解,把突破难点的过程当成巩固和加深对已有知识的理解和应用的过程,当成培养学生分析问题和解决问题能力的过程,从而达到预期的教学目的和教学要求。如果能抓住简谐运动中的各物理量的变化规律进行分析,也就能顺利地把握复杂的机械振动的要领。所以在本节的教学中,要把分析简谐运动的规律、振动的特点作为教学的重点。充分发挥教师的主导作用,使学习的主体能够理解和掌握。

4. 说教法

高一学生学习物理的兴趣正在从直观向概括的认识转化,他们的思维也正在从形象思维向抽象思维转移,所以教学中通过演示使学生观察到振动的特点,运用类比引导学生建立理想模型,指导学生讨论振动中各物理量的变化规律,归纳出产生振动的原因。因此,这节课可采用综合运用直观演示、讲授、自学、讨论并辅以多媒体电教手段。教学中,要积极引导加强师生间的双边活动,激发学生的思维。

5. 说过程

(1) 导入新课,约需要3分钟

创设情境、激发学生的学习兴趣,列举生活、生产、实验中的事例进而引导学生观察归纳出它们的共同特征,再介绍研究这种运动形式的重要性和现实意义。先说明机械振动的复杂性,接着导入研究复杂事物的一般方法,也就是先从最简单最基本的形式——简谐运动开始,再逐步深入讲解较复杂的振动过程。研究物理学离不开观察和实验,观察和实验既是研究物理的基础又是学生认知的起点,讲解简谐运动的实例时,要强调物理知识必须密切联系实际,在让学生观察摆球、振子的实际运动时,要努力启发学生思考为什么会产生这样的运动,让学生的思维融入新课的教学。

(2) 新课教学,约需要35分钟

现代教学论认为,物理教学不仅具有传授知识的功能,还有培养能力和发展智力的功能。讲授弹簧振子应着力介绍理想化模型的科学思维方法,并联系前面学过的质点、伽利略理想实验,使学生进一步领会到理想化方法在研究物理问题中的作用。在培养能力方面,按照大纲的要求还应包括培养学生的自学能力,从指导学生阅读课本入手,在介绍弹簧振子后,让学生通过阅读课本,分析振动过程时一定要先将平衡位置、最大位移处的几个特殊点的各个物理量分析讨论清楚。在讨论了各个特点后,再过渡到其他各四分之一周期过程中各物理量变化的情况分析(可让学生叙述)。为使学生进一步深入了解振子的振动规律,教师可以引导学生一起完成课本上表格的填写,以提高教学效果。

分析过程可以按如下问题的讨论进行:
① 描述运动状态的物理量是什么?
② 运动状态的改变是指什么?
③ 描述运动状态变化快慢的物理量是什么?
④ 简谐运动中引起运动状态变化的力具有什么特点?
⑤ 简谐运动具有哪些力学特征?
⑥ 简谐运动从能量转化角度上来讲具有哪些特征?

教学过程中要启发学生通过分析讨论归纳得出结论,千万不可教师高高在上谈自己的看法和想法,要清楚地认识到在分析简谐运动的过程中,学生的思维存在两大障碍,一是学生习惯于恒力作用下对物体运动的分析,对变力作用下的分析感到有困难;二是学生在分析单个物理量时没有什么困难,综合考虑问题时就会张冠李戴。在引导学生讨论问题时,要按照事物本身的发展规律,抓住本质的东西,每一步的分析都有理有据,使学生分析、讨论复杂问题的能力得以培养和提高。

(3) 布置作业,这部分教学大约需要2分钟

为使学生系统全面地理解和掌握"简谐运动"的特点与规律,要求学生课后还要仔细阅读课文,认真完成教师布置的作业,并好好预习下一部分教材的内容。

6. 说板书

板书、板图

……

板书、板图的直观性较强,在黑板上保留的时间长一些可以对学生的视觉刺激作用明显增强。教学中将整块黑板一分为三,三分之二用于简写概念和规律,三分之一留作作图分析。

评析:

在教材分析中,教师对本节教学内容在教材中、在整个知识体系中所处的地位与作用作了简单明了的阐述,这样的说明使听者很快对本节教学内容有了大概的了解,同时也使听课者看出说课教师对教材有着深刻的理解,能够驾驭教材。在分析了教学内容与前后知识的关联之后,教师又对本节教学内容的特点作了较为详尽的分析,突出了"简谐运动"这一内容在教材中的独特地位与作用,使听者在继续的听课中,有了关注的重点,会主动去理解说课者的意图。

不足之处是在目标分析中,教师以认知规律为依据,确定了本节课的知识和技能目标,但缺少对目标的进一步细化;将"简谐运动中各物理量的变化规律"这一知识点的目标定为"知道",这与教师后面的实际处理不符。对过程与方法目标的确立只提到了本节课中用到的一种方法,对其他方法没有进行挖掘,例如用文字描述物理规律、建立物理模型等。在教学目标的陈述中,缺少情感、态度与价值观这一维度的目标。另外,在陈述中,"使学生"、"让学生"这些话语的使用,让听课者感受到这节课的主人依旧是教师,学生并没有经历自主学习的过程。

总体来说:说课教师已经认识到高一学生学习物理的兴趣正在从直观到因果向概括的认识转化,知道他们的思维也正在从形象思维向抽象思维发生转移,所以教学中通过演示使学生观察到振动的特点,运用类比辅以多媒体电化教育引导学生建立理想模型,明确提出了本课时的具体教学要求与知识和技能目标。说课过程中依照教学内容、教学对象及教学条件,把备课、上课等主要过程从教学理论角度,进行了阐述,选取教学方法与手段应该说都很到位。

(汪卫平)

案例 12 中学化学《分子和原子》说课

福建省厦门市城东中学 吴春梅

1. 说教材 批注:"说教材"非常好,从对教材作用及地位的阐述可以看出说课教师对教材的分析有自身独特的思考,凸显了创新性的特点。

(1) 教材的作用及地位

《分子和原子》是九年级化学教材上册第三单元课题2的内容,学生已学习了有关《空气·氧气》的知识,比较系统地认识具体宏观物质及变化规律,在此基础上,学生将开始从宏观物质世界进入微观世界,并用微观的观点去学习化学。从知识结构上分析,本课题属于化学基本概念、理论型课题,本课题的教材是"双基"的重要组成部分,是今后学生学习化学的理论基础,又是必不可少的工具。在旧教材中是并入第四单元《物质构成的奥秘》,而在新教材是将它插穿于联系社会和生活的具体宏观物质《自然界的水》的内容中,我认为有分散教学重点和教学难点的意图。

本课题首先从学生身边日常现象入手,通过想象进入微观世界,建立物质是由微粒构成的基本观念,然后由师生共同活动探究来进一步学习有关分子、原子的性质。教学内容设计上重在让学生从宏观现象来分析微观本质,建立物质构成的微粒观。

(2) 教学目标 批注:能够从学生角度出发陈述教学目标,说明说课教师已真正认识到学生是行为的主体。

① 知识与技能:认识物质的微粒性;知道分子、原子是构成物质的微粒;能用分子、原子观点来解释一些现象。

② 过程与方法:通过活动与探究,学习对获得的知识进行分析得出结论的方法(观察、分析、比较、想象),体验科学探究的过程。

③ 情感、态度与价值观:体验物质客观存在的辩证唯物主义观点,养成细致地观察的习惯。

(3) 重难点

① 重点:建立对分子、原子构成物质观念,初步形成概念。

② 难点:建立微观粒子运动的表象,初步体会它与宏观物体运动的差别。

2. 说学生 批注:"说学生"注重了对学生学习现状的分析,并能有针对性地采取相应的教学策略,从而促使学生成为学习的主体,更有效地参与教学活动。

我校地处农村,经济较薄弱,家长对子女文化课的学习不够重视,造成学生学习气氛不浓。因此,我尽量挖掘教材的内容,结合学生身边的实际生活,合理安排程序,教学设计尽量使学生爱听、爱做、爱看、爱学,激发他们的思维,有利于学生积极思考,对知识点的记忆,提高他们学习化学的兴趣。

3. 说教法 批注:"说教法"不但表明了教学过程中采用的教学方法,而且能够用相应的教育学、心理学理念为其提供理论支撑。

微观世界对学生来说是陌生的,如何带领学生从宏观进入微观是本节教学的关键,采用观察、实验、想象、类比、模型化方法的综合应用是解决这一难题的有效途径。

建构主义认为:知识是学生在一定情境下,借助学生和教师的帮助,利用各种教学资源和媒体,通过意义构建方式来完成的。根据这一教育理论,结合教材内容特点和学生认知情况,教学中我尽可能从学生熟悉的事物出发,面向学生已有的生活经验和社会背景,创设有利于主题理解的问题情境,启发学生由生动、直观现象进入抽象思维,同时又体现一种在生活中寻找化学原型的学习思想。

现代教育技术理论认为现代教学手段与传统基本教学形式(大班上课)的基本手段:口授、粉笔加黑板和教科书相比,增加了图、声、像等直观多媒体技术,大大增强了学生对知识的感知程度,对教学内容和教学方法产生了很大影响。本节将把微观粒子结构及运动表象通过多媒体手段展示给学生,增强对学生感官发出最有效刺激,以促进学生获取知识。

4. 说学法 批注:学习方法的选择与教学方法能相互协调,互相呼应,具有较强的指导性与实用性。

教学过程中学生是学习认知的中心,只有学生积极、能动地参与,凝聚于知识中的智力因素才能转化成学生自己的能力。《分子和原子》是自然科学中系统地认识物质微观世界的开始,形成一种良好的抽象思维习惯是本节课学法指导的关键。

教学中设计学生能够有感官参与、思维参与的实验探究活动(品红的扩散,氨分子扩散实验),指导学生形成一种对现象的观察、思考和构像能力。通过指导学生查阅资料了解《分子和原子》的知识,教给他们自主学习的方法;教学过程中,指导学生通过生活现象、实验手段来发现问题、探究原因,深入认识物质的本性的学习思路;通过对氨分子扩散实验的改进,引导学生有目的地思考观察现象,学会如何观察比较现象,学会用创造性思维方法及比较实验的学习方法来解决问题。

5. 说教学程序 批注:"说教学程序"清晰、完整,不但阐述了教学各个环节中的情境设计及其主要作用,还说明了教师的设计意图,可以看出教师力求使三维教学目标和谐统一于教学过程中。

说教学程序见表12.1所示。

表 12.1 说教学程序

教学环节	学生活动	教师活动和设计意图
创设情境,引导活动与探究1	很小的高锰酸钾颗粒能否再分?将一很小颗粒的高锰酸钾加入水中后观察现象?然后不断地加入水,为什么还有高锰酸钾的紫红色特征?	引入新课,引导学生认识到:任何物质都可以像研究楼房结构一样,一层一层拆分下去,物质是无限可分的。
展示资料,汇报与交流	课前查阅资料:你知道的分子和原子你获得信息的资源,人类历史上是怎样知道物质是由微粒构成的,你对构成的微粒又有哪些认识?	组织学生自主学习,体会前人从宏观进入微观,逐渐认识微粒的过程,并认识到:分子是构成物质的一种粒子,原子也是构成物质的一种粒子。
比一比,算一算	完成如下一道简单的计算题 已知:一个水分子的质量是 3×10^{-26} kg,一滴水的质量是 0.05g,求:一滴水中有多少个水分子?	组织学生活动和探究,合作学习。活动与探究目的:体验分子、原子的特性之一是分子、原子的质量和体积都很小。
活动与探究2	画出你想象的分子和原子的结构 你想象中的水分子、氧气分子的形状是怎样的呢?	组织学生活动探究,突出学生对微观粒子的想象能力。
课件展示	观看图片和音像材料,苯分子及其他分子的图像和用移硅原子排列成中国汉字,感受到微观世界的美丽,又体验辩证唯物主义的一些观点。	利用课本中的图片或收集到的图片展示给学生,进一步强化了分子的微粒性。
看一看,想一想	观察浓盐酸和浓氨水的实验,思考怎样解释"无中生有"的现象?	呈现情境,引导学生进一步学习分子的性质二:分子、原子不断在运动。

（续表）

教学环节	学生活动	教师活动和设计意图
活动与探究3	学生设计改进实验：用滤纸折成纸鹤代替烧杯A、B，用打开瓶塞的浓氨水瓶代替烧杯C。 学生分组实验（氨气扩散实验），思考：为什么纸鹤A都变红而纸鹤B没有？氨气分子的运动是否停止了？ 思考：生活中有哪些与此相同的现象？	合作学习，引导学生观察、思考、分析和比较，加深对上述性质二的认识。 改进实验，培养学生的创新能力和环保意识，同时又延伸到课后的讨论。
看一看，想一想	思考：1+1=2？ 50毫升酒精和50毫升水混合为什么体积小于100毫升？	呈现情境，引导学生进一步思考，并学习分子的性质三：分子、原子间有间隔。
活动与探究4	请同学各取两支大小相同的医用注射器，将栓塞向外拉，分别吸入等体积的空气和水，用手指顶住针筒末端的小孔，将栓塞慢慢推入，哪一支针筒内的物质容易被压缩？	组织学生活动和探究，合作学习，体验分子、原子的性质三，并学会比较的方法。
归纳与小结：学习后我又知道了什么	通过这节的学习，在知识与技能、过程与方法、情感态度与价值观等三个方面的体会和收获畅所欲言。	教师讲解：对微观世界的研究一直是现代科学研究一个非常重要的领域，只有深刻认识了微观世界的奥秘，人类才能更好地更合理地利用各种自然资源，才能为国家和民族作出重大的贡献。 引导学生整理和归纳。
练习与实践	① 在课堂上完成课本P52页3题中2、3、4、6的四道习题。 ② 选做题：你能否设计一个实验证明分子在运动着。	及时巩固认知，深化体验。促进学生的反思和知识的建构。

附板书设计：

课题二 《分子和原子》

1. 物质是由微粒构成的
2. 分子、原子的基本性质
(1) 分子、原子质量和体积都很小。
(2) 分子、原子不断在运动。
(3) 分子、原子间有间隔。

6. 说教学体会 批注：如是教学后体会，能对教学设计实施后的教学结果与预期目标作一番比较，并提出改进意见，则更有利于提高教学设计能力。

本课题较抽象，故设计的实验应适合学生的认知水平，尽量从生活中创设情境。教师要注意引导学生如何观察现象，启发学生如何去分析现象，这是本节课成功的关键。

评析：

该说课的特色之一是说课的程序与众不同，并没有按照通常的说课流程进行，但也组织得有条不紊。特色之二是教材分析别出心裁，从知识结构、能力结构、情感结构三个方面进行的建构与阐述，清晰地折射了说课者对教材的深刻理解、对教学内容的良好把握，三维教学目标的确定清晰、合理、可操作性强，教学重点、难点确定恰当，符合学生已有的认知经验，选择的教学方法能充分调动学生的积极性与主动性，激发学生的学习意识。教学程序的构建注重科学性、灵活性、实效性与多元性，表达方式丰富，表达手段突出，能有力促进教学目标的达成。在教学设计时，教师对教学过程中每个环节的核心问题及问题序列，各个环节设置的必要性、预期达到的目的是什么，各个环节的衔接与过渡都考虑得十分全面。特色之三是在各个环节的阐述中，对"为什么"的解释与说明较为深刻与到位，能结合自己的教学实践寻求课程理论与教学理论的支持与引证。特色之四，加入了板书，使说课更为完整。但在学法与教法的分析中，稍嫌单薄与不足。同时，还应进一步加强说课的说理性，渗透更多的课程理念，加入更多的弹性设计，使说课的开放性与生成性得到体现。

（李　军）

案例 13 中学科学《纯碱与胆矾》说课

姓名	陶志军（上海市南汇区网络培训学员）	所教学科	科学（化学）
所选课的主题	纯碱与胆矾	教学对象	九年级学生
课时数	1 课时	所用教材	上科版

说教材	1. 本节课的地位和作用
批注：新课程背景下，对教材的理念和理解也发生了根本的变化。教材是课程标准意志的体现，要把握好教材，落实教学的目标，必须准确联系课程标准，实践课程标准的要求。该说课者在认真研读课程标准和教材的基础上，系统地阐述了选定课题的教学内容，本节内容在教学单元乃至整个教材中的地位和作用，以及与其他单元或课题的联系，围绕课程标准对课题内容的要求，将三维目标化解到了具体的教学环节中，确定了教学的重点和难点以及课时的安排，结构相当完整，说理充分。	盐类物质是初中化学重点内容之一，是在学习碱的性质和酸的性质之后的一个重要知识点，是全书中最后一个物质知识点。通过纯碱、胆矾性质用途的学习，揭示了盐类物质的一般反应规律，为最后一节学习单质、氧化物、酸、碱、盐之间的相互关系做好铺垫。学习盐的化学性质对加深理解碱和酸的性质及整个教材的知识体系起到承上启下的作用。为一部分学生今后参加工农业生产做好准备，也为一部分学生今后学习高中化学打下扎实的基础。 2. 教学目标的确定　批注：从实践新课程、贯彻新理念的要求来看，该教师所制定的教学目标全面体现了国家义务教育阶段化学课程标准的有关精神，不仅关注了化学知识与技能方面的要求，同时还关注了过程、情感态度与价值观方面的要求。从具体的教学实践活动来看，这些目标都有较明确的指向和较强的可操作性。 通过本节课学习，要培养学生的归纳推理能力，培养学生良好的学习方法，通过分析两种常见盐的组成和性质，初步了解物质性质跟组成结构的关系，并让学生了解生活中处处有化学，进行热爱科学的思想教育。为此确定教学目标：①知识与技能：知道碳酸钠和硫酸铜的物理性质和用途，理解它们的一些化学性质。理解碳酸盐的检验，知道结晶水、结晶水合物和风化的概念，知道几种常见结晶水合物的名称和化学式。②过程与方法：通过碳酸钠和硫酸铜化学性质的探究学习，培养学生的实验动手能力、观察分析能力和探究学习能力，训练学生从不同角度分析问题的科学思维方法。③情感态度与价值观：通过介绍我国著名科学家侯德榜的联合制碱法，对学生进行民族精神教育、理想教育和爱国主义教育。

说教材	**目标确定的依据：** 批注：说出隐藏在具体教学行为背后的理论依据和理性思考，是我们说课活动的实质所在。这个环节可以促使我们对自己或他人的教学进行理论层面的思考和分析，这方面往往是我们的弱项，然而，如果我们能从这方面多下功夫加以提高的话，自身的专业成长一定会有一个长足的进步。该说课者在这方面的努力值得我们学习。 根据国家课程标准，义务教育阶段的化学课程以提高学生的科学素养为主旨，激发学生学习化学的兴趣，帮助学生了解科学探究的基本过程和方法，培养学生的科学探究能力，使学生获得进一步学习和发展所需要的化学基础知识和基本技能；引导学生认识化学在促进社会发展和提高人类生活质量方面的重要作用，通过化学学习培养学生的合作精神和社会责任感，提高未来公民适应现代社会生活的能力。 二期课改理念认为，发展学生的科学素养离不开科学的学习过程，科学的核心是探究。在课堂教学中，教师应"还原"这种获取知识的"自然途径"为学生创设相当的环境，"再现"未知到真知的发现过程。纯碱和胆矾是培养学生进行科学探究的极好教材，通过实验探究，可培养学生的探究能力和创新精神。希望学生通过积极的科学探究，习得知识，培养能力，学会科学探究的方法，获得积极的情感体验，学会学习，学会解决问题。 教育家赞科夫利用维果茨基"最近发展区"理论提出，教学要利用学生已有发展水平与教学要求之间的矛盾来促进学生的发展。正确地认识学生现有发展水平和其潜在的发展可能，合理组织教学，使教学建立在学生通过一定努力可能达到要求的智力发展水平和知识水平上，即"跳一跳，摘到苹果"，并据此确立教学目标，以促进每个学生都能得到发展。 3. 教材的编写思路 在学生积累了一些元素化合物知识素材的基础上，本节介绍几种重要盐的组成、性质和用途，对前面学习的化学符号、某些物质的性质作了应用、巩固和整理。本节以盐为载体，展示物质的组成、结构跟性质的关系，介绍了对物质进行分类研究的方法，是进一步学习化学在认识方法上的一次重要操练。 本节教材按介绍俗名——物理性质——化学性质——用途的顺序进行，结合物质的性质介绍了晶体、结晶、结晶水合物、风化、潮解等概念。这些知识使众多的化合物知识系统化、规律化，所以本节知识处于承上启下的重要地位。 通过本节课的学习，学生在以下几个方面可得到发展： 批注：学生是一个个发展中的人，用发展的眼光看我们的学生，这里很好地体现了说课者先进的学生观。 （1）认识身边一些常见物质的组成、性质及其在社会生产和生活中的应用。 （2）形成一些最基本的化学概念，初步认识物质的性质和用途之间的关系。 （3）认识科学探究的意义，能提出问题，进行初步的探究活动。 （4）初步学会运用观察、实验等方法获取信息，能用文字、图表表述有关信息，初步学会运用比较、归纳等方法对获取的信息进行加工。 4. 教学重点、难点和关键 批注：依据学习内容确定教学的重点、难点，使教学活动做到重点突出、难点分散，解决"教什么"的问题。 碳酸钠和硫酸铜的化学性质是学习重点，结晶水合物属于纯净物是学生理解中的难点。通过实验，分析比较归纳出碳酸钠和硫酸铜的化学性质是关键。 课程标准指出：通过初中化学课程的学习，让学生认识身边一些常见物质的组成、性质及其在社会生产和生活中的应用，能用简单的化学语言予以描述。形成一些最基本的化学概念，初步认识物质的微观构成，了解化学变化的基本特征，初步认识物质的性质与用途之间的关系。据此确定本课时的教学重点、难点和关键。 5. 部分教材内容的处理 批注：根据教材的编写思路和结构特点，充分考虑学生的认知水平和年龄特征，对所选的内容或课题提出合理的课时安排并阐述这样安排的依据也是一个不容忽视的说课环节。 《8.4 几种重要的盐》分三课时完成，第一课时学习盐的组成、分类、命名和食盐，第二课时学习纯碱和胆矾，第三课时学习盐类的化学性质和复分解反应的条件，本节课是《8.4 几种重要的盐》的第二课时。 二期课改理念认为，教学内容的选择要依据学生的已有经验和心理发展水平，在学生原有的认知水平上得到发展。所以制订出适合本校本班级学生实际发展水平的教学计划显得十分重要。

(续表)

说教学程序 批注:说教学程序是说课的重点部分,它表现为教学活动推移的时间序列。通过说课者的分析,我们看到了该说课者的教学安排,反映了他的教学思想、教学个性与教学风格。从他对教学过程的阐述,我们可以看到说课者的教学安排具有一定的合理性和科学性。	1. "纯碱"教学活动流程图 批注:说教学流程,就是说具体的教与学活动安排以及这样安排的理论依据。在说教与学的内容时做到详略得当,重点内容重点说,难点突破详细说,理论依据简单说,只要让人知道"教什么"、"怎么教"、"为什么这样教"就行。本说课稿的作者在这方面做得比较好,值得我们学习。  （1）创设情境、提出问题 上课之初,展示图片,面团发酵时会产生酸,影响口味,为了消除酸,可加入纯碱,纯碱和酸反应生成的二氧化碳可使馒头变得蓬松柔软,口感极佳。根据教师提供的资料和同学们的学习经验,你想提出什么问题?从而激发了学生学习兴趣,引起探究的欲望。 心理学告诉我们,注意分有意注意和无意注意两种。有意注意是有预选目的、必要时需要意志努力、主动地对一定事物所发生的注意。无意注意是没有预定的,无需意志努力,不由自主地对一定事物所发生的注意。上课之初,采取措施,通过组织教学活动把学生停留在上一节课或课间的注意转移到本节课上来,对新的一节课形成有意注意。通过精彩的图片,让学生对教学内容产生无意注意。 （2）逐步学会研究物质物理性质的方法 提出下列问题请同学们思考: ① 物质的物理性质包括哪些内容? ② 你准备如何研究碳酸钠的物理性质?需要哪些药品和仪器?记录哪些现象?如何设计表格? （对于学习困难的学生,教师可作必要的指导,仿照如下表格设计。） 实验报告单 【实验目的】_____ 【实验用品】_____ | 实验步骤	现　象	结　论
观察碳酸钠的颜色和状态,取一药匙碳酸钠于烧杯中,加入约50毫升的水,搅拌		| 新课程标准告诉我们,义务教育阶段的化学课程应该体现启蒙性、基础性。一方面提供给学生未来发展所需要的最基础的化学知识和技能,培养学生运用化学知识和科学方法分析和解决简单问题的能力;另一方面使学生从化学的角度逐步认识周围的物质,分析有关的现象。 （3）活动探索、重组知识、培养解决问题的能力 碳酸钠的酸碱性这一环节采用探究性实验的程序来组织教学。 ① 提出问题。碳酸钠属于盐类,但为什么叫纯碱? ② 建立假设。当学生发现纯碱属于盐而叫碱这个问题后,极想知道原因,引导学生对自己发现的问题作出尽可能多的假设:纯碱溶液呈酸性;纯碱溶液呈碱性;纯碱溶液呈中性。 ③ 设计实验。在充分假设基础上,让学生选择仪器、药品,设计试验方案进行动手实验。提供下列药品和仪器,或添上需要的其他药品和仪器。

|说课教学程序|试管、烧杯、玻璃棒、胶头滴管、酒精灯、量筒、碳酸钠溶液、紫色石蕊试液、无色酚酞试液、pH试纸、_____。
④ 实验求证。布置学生做分组实验,在实验前交待清楚怎么做实验,如何进行合作共同完成实验。并要求学生认真完成学案上的实验报告。
指导学生自己设计表格记录,设计实验步骤,并分析实验现象,要记录哪些现象?如何设计表格元素?
⑤ 得出结论。实验完毕,各小组汇报结果,归纳获得结论。
⑥ 自评及小组互评。
学习纯碱的其他化学性质也采用探究性实验的程序来组织教学,并要求学生完成有关的实验报告。
课程标准指出:义务教育阶段化学课程中的科学探究,是学生积极主动地获取化学知识、认识和解决化学问题的重要实践活动。它涉及提出问题、猜想与假设、制定计划、进行实验、收集证据、解释与结论、反思与评价、表达与交流等要素。学生通过亲身经历和体验科学探究活动,激发化学学习的兴趣,增进对科学的情感,理解科学的本质,学习科学探究的方法,初步形成科学探究能力。
科学探究是一种重要的学习方式,也是初中化学课程的重要内容,对发展学生的科学素养具有不可替代的作用。通过本节课的教学活动,可增进对科学探究的理解,让学生体验到科学探究是人们获取科学知识、认识客观世界的重要途径;意识到提出问题和作出猜想对科学探究的重要性,知道猜想必须用事实来验证;知道科学探究可以通过实验、观察等多种手段获取事实和证据;认识到科学探究既需要观察和实验,又需要进行推理和判断;认识到合作与交流在科学探究中的重要作用。
(4) 渗透民族精神教育
通过介绍我国著名科学家侯德榜的联合制碱法,对学生进行民族精神教育、理想教育和爱国主义教育。介绍内容如下:侯德榜,著名科学家,杰出的化工专家。20世纪20年代主持建成亚洲第一座纯碱厂;四五十年代又发明了连续生产纯碱与氯化铵的联合制碱新工艺。他为发展科学技术和化学工业作出了卓越贡献。
课程目标指出,使学生增强热爱祖国的情感,树立为民族振兴、为社会的进步学习化学的志向。感受并赞赏化学对改善个人生活和促进社会发展的积极作用,关注与化学有关的社会问题,初步形成主动参与社会决策的意识,初步建立科学的物质观,增进对"世界是物质的"、"物质是变化的"等辩证唯物主义观点的认识,逐步树立崇尚科学、反对迷信的观念。
(5) 自主学习,了解结晶水合物的知识
① 请学生自主学习 P_{195} 有关结晶水、结晶水合物、风化的内容。
② 问题:天气干燥时,买回的块状碳酸钠,不久就变成粉末状了,这是为什么?
③ 出示一块石碱和一瓶碳酸钠粉末,让学生观察。
④ 请同学们完成有关学案内容。
这样经过自主学习、观察实验、讨论归纳,既对学生科学的学习方法进行了指导,也有利于学生对结晶水合物属于纯净物理解难点的突破。
就初中学生掌握的化学知识来理解结晶水合物是纯净物是有难度的。我设计了以下方案进行突破。让学生比较碳酸钠晶体和碳酸钠溶液的异同点,从组成上、结构上进行分析比较,得出碳酸钠晶体具有固定的组成而碳酸钠溶液没有固定的组成的结论。
2. "胆矾"教学活动流程图

(1) 创设情境、提出问题
展示图片。
1878年在法国波尔多城,葡萄树发生虫病大部分死去。大路两边涂了生石灰与胆矾溶液的树,却没有死。进一步研究才知此混合液具有杀菌能力,因在波尔多发现而被命名为波尔多液。根据教师提供的资料,你想提出什么问题?|

(续表)

说教学程序	（2）观察得出结论 通过让学生观察胆矾的颜色状态，培养学生的观察能力，得出胆矾的物理性质。 （3）操作实验，形成知识 让学生动手实验，培养学生的实验操作能力、观察能力、实验现象的记录能力、合作学习能力、自评和互评能力，形成胆矾和硫酸铜溶液的化学性质。 （4）大胆尝试，形成规律 学生通过探究活动报告单，进行积极的科学探究，习得知识，培养能力，学会科学探究的方法，获得积极的情感体验。学会发现问题、提出问题、解决问题，增强问题意识，运用实验手段进行科学探究的能力也得到了锻炼和提高。 说明：胆矾的学习活动过程与纯碱类似，有关的设计意图不再一一叙述。
说学生	1. 学生学情分析 <mark>批注：学情包括学生的年龄特征、认知规律、学习方法及已有知识和经验等在内的综合，它是教师组织教学活动的依据，是学生学习新知的基础。说学情，就是要依据学生的年龄特征和认知规律，全面客观地阐述学生已有的学业情况和已经掌握的学习方法，为优化教学设计提供参考。一般来说，学情应重点关注三个方面的内容：已有知识和经验、学习方法和技巧、个性发展和群体提高。本说课稿在说学情环节显得比较单薄，还可进一步分析和加强。</mark> 学生经过半年多的学习，对化学的学习已积累了一定的知识基础和方法基础，学生的自主学习能力和分析归纳能力得到培养。初中生的思维方式要求逐步由形象思维向抽象思维过渡，因此在教学中应注意积极引导学生应用已初步掌握的碱、酸等基础知识，通过理论分析和推理判断来获得新知识，发展抽象思维能力。当然在此过程仍需以一些感性认识作为依托，可以借助实验或多媒体电教手段，加强直观性和形象性，以便学生理解和掌握。 因此做好每一个演示实验和学生动手实验，调动好学生的积极性，不断提供动脑的问题情境，提供动手的实验机会和练习机会，让每个学生参与到学习中来是上好本节课的关键。 2. 学法指导 <mark>批注：学习方法，其实就是掌握知识的知识，它具有传递性、交互性的特点。在新知识教学时，认真分析并把握学生的学习方法和技巧，可以有针对性地指导学生从已有的学习方法和技巧体系中检索有用信息，培养学生独立分析问题、解决问题的能力。说学法，就是要说出学生从已有学习方法向新的学习方法转化的切入口或途径，说出学习新知识时应重点关注的方法，有助于解决"怎样学"的问题。</mark> 教学过程不仅需要教师的活动，而且需要学生的活动，只有把教师教的最优化和学生学的最优化融合在一起，才能保证教学最优化有一个完整的过程。本节课学生的学习方法如下。 （1）实验法 让学生动手实验探究纯碱的酸碱性和其他化学性质，强化学生的实验基本操作技能，逐步学会分析现象得出结论的方法，教师应注意以下四点的指导： ① 重视探索性实验的选择与设计。 ② 在实验之始，要向学生提示观察要求。 ③ 要重视引导学生对实验现象完整而准确的叙述。 ④ 要不失时机地引导学生透过实验现象分析其化学本质。 （2）多种感官协同法 就是需要调动多种感官同时并用，把耳听、眼看、脑想、手写等结合起来，共同完成学习任务。本节课中要求学生阅读、思考、分析、讨论和交流，因此需要多种感官同时开通。教师应做好以下指导： ① 指导正确使用教科书。 ② 指导学生正确听课、观察、收集信息、记录。 ③ 指导学生开展小组合作学习。 ④ 指导学生完成学案和笔记。 学习本节内容时，可让学生猜想假设纯碱、胆矾可能有的性质，设计实验验证，通过观察比较、收集证据、分析归纳、反思评价得出结论，从而培养学生的问题意识、实验设计能力、动手实验能力、探究性学习能力和创新精神。

说教法手段	教学方法的确定
批注:说教法,就是根据本课题内容的特点、教学目标和学业情况,说出选用的教学方法和教学手段,以及采用这些教学方法和教学手段的理论依据。教学方法虽然多种多样,但是始终没有通用的方法。"教学有法,但无定法",其实就是这个道理。为实现教学方法的最优化,常常需要在教育教学理论的指导下,对常用的接受式教学、合作式教学、探究式教学、自主式教学等教学方法进行优化组合,通过发挥各种方法的长处和优点,最终实现教学过程的最优化。	旧的传统的学习观认为,学习发生与否取决于教师的传授,学习的过程就是教师呈现、组织和传递知识的过程,学生的任务就是像"海绵"一样尽可能多地吸收教师传授的知识。而新课程理念认为,学习是一个主动的、有目标的过程,强调学生的探究活动,重视实验对学习的支撑作用。新课程初中化学的基本理念之一就是"让学生有更多的机会主动地体验探究过程,在知识的形成、联系、应用过程中养成科学的态度,获得科学的方法,在探究实践中逐步形成终身学习的意识和能力"。 根据这一教育理念,结合教材内容特点和学生的认知情况,本节课采用实验探究、自主学习、讨论归纳相结合的教学方法。批注:教学方法的选择与制定往往受教材内容、学生特点、教学媒体、教师教学风格和授课时间的制约。一般情况下,本源性知识常常采用观察、实验、讨论等方法,以培养学生观察现象、动手实验和分析问题的能力。 (1)纯碱和胆矾的化学性质采用实验探究的教学方法,具体教学流程如下: 问题情境 → 提出假设 → 设计实验 → 验证假设 → 得出结论 积极开展科学探究活动,对于改变学生的学习方式和教师的教学模式具有重要意义。通过科学探究,可以使学生在获得化学知识和技能的同时,受到科学方法的训练,体验探究的乐趣,形成和发展探究能力。 (2)结晶水、结晶水合物和风化的概念采用自主学习、讨论归纳的教学方法。批注:教学方法的选择与制定往往受教材内容、学生特点、教学媒体、教师教学风格和授课时间的制约。一般情况下,派生性知识一般采用讲授、讨论、自学等方法,以培养学生的推理能力、演绎能力和抽象思维能力。具体教学流程如下: 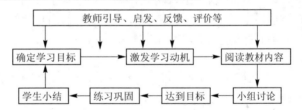 自主学习是科学探究的重要特征。充分调动学生的探究积极性,培养和提高学生的探究兴趣尤为重要。引导学生主动发现和提出问题,并通过积极的探究解决问题。本节课中"石碱晶体久置于空气中会变成粉末"的情境,教师在引导学生在感叹这一实验现象的同时,思考"为什么出现这样的现象?"等问题,激发学生进一步探究的兴趣和欲望。

评析:

这是选自上海市南汇区骨干教师培训班的一份优秀说课作业,作者来自课程改革的教学第一线。这份说课稿结构完整,说理有深度,体现了科学学科的实验性、探究性的特点,尤其是在"说教材"和"说教学程序"两个环节显得尤为出色。作者始终坚持从课程标准出发,理解和把握教材的地位和作用以及教学的重点和难点,通过设计多个教学环节和教学活动体现和落实三维教学目标,注重学生参与教学活动后可能获得的体验,也非常重视新课程所倡导的自主、合作、探究等学习方式的培养。说课稿,体现了说课者不仅对国家义务教育课程标准、上海二期课改的要求了如指掌,而且还有扎实的教育学、心理学知识,以及丰富的教学实践经验和良好的文字表达能力,令人敬佩。稍显不足的是"学情分析"环节分析说理不够充分,如能加强会使整个说课更加有理有据。

(朱 越)

案例 14 中学信息技术《让板报变得图文并茂》说课

山东省枣庄市第十五中学 张真

来自萝岗信息网技术网站 http://www.luogang.org.cn/resource/design/file.php?id=F0706230012

首先非常感谢我们教研室的刘勇老师给我这个机会,今天能和全国的信息技术权威、各省、市的专家坐到一起,我感到无比的荣幸。下面我将从以下八个方面来阐述我的这节课,不当之处,还请各位专家多多批评指正。

1. 教材分析

《让板报变得图文并茂》是青岛出版社出版的山东省初中信息技术教材一年级下册第5课。本课是在前几课学习了Word文档的修饰及版面设计之后,进一步学习插入更加丰富多彩的艺术字、图片和文本框,从而为板报锦上添花。

通过本课的学习能让学生创作出丰富多彩、更具个人特色的作品,学生也会十分感兴趣。

教材中,本课由六个小部分组成,分别是:插入艺术字、修改艺术字、在板报中插入图片、调整图片周围文字的排版方式、学会使用文本框、在板报中插入另一篇文章。其中,艺术字、图片及文本框的插入方法及改变文字的绕排方式都是大同小异的。

为了更好地培养学生的自主学习能力,在本课中安排了文档中对有无图片作背景即不同图文排版方式作综合对比应用练习;增添了运用"衬于文字下方"版式时对图片的巧妙运用,以提高学生的综合应用能力;另外还鼓励学生从网上搜索、下载图片,对图片版式设置的分类进行质疑等等。本课在整册教材学习中所起的作用相当大,不仅是对前面几课学习内容的综合应用,还将本册的学习推向了一个大高潮,学生的学习兴趣也由此冲向最高点。

2. 教学目标分析

(1) 认知目标:掌握艺术字的插入、艺术字工具栏、文件图片的来源与选择、插入与编辑方法以及图文混排方法。

(2) 能力目标:通过学生自主探究学习,培养他们的观察与审美能力、团队合作能力、知识迁移能力以及对信息的加工处理能力和创新设计能力。

(3) 情感与价值观目标:通过本课内容的学习,激发学生对电脑学习与应用的浓厚兴趣;在学生之间的交流合作中,培养学生互相帮助、共同研讨、团结协作的良好品质。

3. 教学时间、具体任务与问题设计

本课分两课时完成,此次说课的内容为第一课时:艺术字及图片的插入。具体学习任务如下:

(1) 看懂导学案的合作研讨一,了解插入艺术字的操作方法。

(2) 合作研讨二,了解艺术字工具栏。在此以其中的"文字环绕"按钮为例,让学生感受选择不同文字环绕后,文档所发生的变化。

(3) 合作研讨三,图片的来源。

(4) 合作研讨四,图片的插入。在插入艺术字的基础上,为文字插入图片:A. 通过"来自文件"插入所示图片作为背景;B. 通过"剪贴画"插入所示图片。

(5) 收获园地:自由创作。

问题的设计就是围绕在电子板报中插入艺术字及图片进行图文混排问题,分四步依次提出四个合作研讨课题(也就是四个任务),根据这四个课题让学生进行自主探究学习与综合练习,从而完成本课学习任务。

4. 教学要点

(1) 教学重点：本课的重点是在板报中插入艺术字、插入图片。让学生逐步学会知识的迁移和新旧知识的融会贯通。让学生知道计算机中的许多操作都是相通的或类似的。

(2) 教学难点：本课的难点是艺术字和图片排版时的版式设计。

5. 教法

采用目前信息技术教学倡导的"任务驱动"教学法，以指导学生完成一个个具体的学习任务而开展课堂教学，以尝试发现、综合对比、总结归纳、网络教室直观演示等形式贯穿整个教学过程。

6. 学法

为引导学生自主探究学习，培养学生良好的学习方法与学习习惯，通过上述教法，坚持以学生自主学习为主，让学生通过观察，自己发现问题、分组研讨问题、亲自尝试、合作解决，最后由学生自己归纳总结，来完成本课的四个任务。让学生以练为主，以亲自尝试实践、积极动脑动手来学习新知。

7. 教学资源准备

硬件准备：计算机网络教室。

软件准备：Windows 操作系统、Word2000、多媒体网络教室软件。

素材准备：学生导学案、课件、图片素材。

8. 教学过程设计

(1) 划分团队，展示排行榜，培养学生的竞争意识和集体荣誉感

全班分为两大团队，每个团队又由多个合作小组组成（一般是两人为一个合作小组，强弱联合）。对于教师提出的问题，哪个团队的同学最先发言，且回答正确，教师会在排行榜上为其所属团队插上一面小旗。这样可以培养学生的竞争意识和集体荣誉感，充分调动学生回答问题的积极性。

(2) 创设情境，激发学生学习兴趣

按照心理学常识，学生对学习内容产生兴趣，就能自觉地排除内外主客观因素的干扰，集中注意力积极主动地投入学习，把学习当成愉快的事。因此，在本课的导入中我设计了这样的一组明星修饰化妆前后的对比图片，让学生来发现修饰在生活中的普遍性和重要性。

这是一组好莱坞影视巨星的图片，她们的面孔都是公认的漂亮面孔，经常出现在国际大片之中。

在我国古代，出现过许多称赞女性美丽的词句。其中，屈原的弟子宋玉曾经在他的《登徒子好色赋》中这样称赞过一位天生丽质的美女：增之一分则太长，减之一分则太短；著粉则太白，施朱则太赤。眉如翠羽，肌如白雪，腰如束素，齿如含贝。

而我们现在看到的这组好莱坞的著名影星，她们是不是也是真的天生丽质呢？

提问：大家想不想来看一下她们的真面目？

课件展示：对比图片（修饰化妆前）。

真面目原来如此！提问：大家有没有"大跌眼镜"的感觉？

原来她们去掉修饰妆容后也是如此的普通。我们身边大都是普普通通大众化的人，但是有一点是不用质疑的，即我们普通人只要经过恰当的修饰，都会比以往更加光彩靓丽。

修饰之美其实是无处不在的。同样的房子，不同的主人可以根据自己的喜好，将它装修成不同的风格。同一个人，不同的妆容和服饰可以衬托出不同的气质和内涵。

课件展示：广告海报。

这是一张广告海报。在商业区或是繁华地段，如果你留心观察的话，你会发现满眼都是形形色色的广告牌和广告海报。它们大都是精美的图片配以各式的文字，这些经过修饰的文字，与图片相辅相成，使整体更具视觉冲击力和艺术表现力。

原来,这些呆板的文字经过艺术的加工,可以变得如此的生动活泼、多彩多姿呀!

那么,在我们常用的 Word 软件中,能不能也让文档变得图文并茂、生动活泼呢?答案是肯定的。现在我们就来看一下在 Word 文档中,如何让原本呆板的文字变得图文并茂、生动活泼。

展示修饰前和修饰后的同一篇文档:这是一段《小狮子爱尔莎》的节选,它没有"化妆"前是这个样子。"化妆"以后,变得如何了呢?

提问:大家仔细观察一下,修饰以后的文档有哪些变化?(学生回答)

总结:多了艺术字和图片。本节课我们就以这篇文档为例子来共同探讨如何在 Word 中插入艺术字和图片,让板报变得图文并茂。

(3) 通过任务驱动,让学生自主探究,合作研讨,亲自尝试;教师引导学生深入感知

在 Word 中打开《小狮子爱尔莎》的节选。

合作研讨一:对照导学案,两人一组研讨艺术字的插入方法。

时间:5 分钟。

提问:哪组同学最先完成任务?请举手。

展示作品。(掌声鼓励)

请最先完成的学生上前讲解演示过程,学生评价,教师总结。

展示其余三个任务。

合作研讨二:将鼠标指针指向工具栏上的每一个按钮,注意观察指针处所显示的按钮的作用。

时间:3 分钟。

以其中的"文字环绕"按钮为例,让学生感受选择不同文字环绕后,文档所发生的变化。

合作研讨三:图片的来源。

大家仔细观察"插入→图片"里的下级菜单,在这里图片可以来自两个地方。

提问:谁来告诉大家分别是哪两个地方?(学生回答)

总结:一个是来自 Word 中自带的剪贴画;一个是来自文件。在导学案中写出。

图片的插入与艺术字的插入步骤和方法基本上是相同的,下面同学们两人一组对照导学案,来合作研讨完成图片的插入。看一下,这一次哪个团队最先完成。

合作研讨四:图片的插入。

研讨:在插入艺术字的基础上,为文字插入图片:①通过"来自文件"插入所示图片作为背景;②通过"剪贴画"插入所示图片。

时间:5 分钟。

展示作品。(掌声鼓励)

演示最先完成同学的作品,并让其他同学点评,教师总结。

在学生研讨探索的过程中,教师加强巡视,了解学生学习情况,进行个别指导,引导学生互相帮助,协作学习。因为学生中电脑水平的差异是很大的,对于有的同学来讲,这个问题可能早已学会,那么就鼓励水平高的学生去帮助水平差的学生,形成良好的合作互助的学习方式。对于学生探究中共同遇到的困难,教师就借助网络教室演示系统带领学生一步步探索,并给探究成功的学生以展示自我的机会——当当"小老师",演示并介绍自己的做法。在学生探究发现的基础上,教师再引导学生深入感知。

深入感知的主要内容是本课的难点问题:图片的版式设计中采用"衬于文字下方"方式时一般需要对图片或文字进行编辑处理,一是通过图片设置工具将图片作淡化处理以突出文字,可以将图片设置为水印或增加亮度或降低对比度;二是根据图片主色调设置文字颜色为对比色以让文字清晰显示,而图片也十分醒目。这两种处理方式的选择取决于是突出文字还是突出图片,其中还要考

虑篇幅大小问题。这一难点学生容易忽视或不知如何处理,教师必须通过教学演示系统加强指导。

(4) 通过综合练习,加深对新知的理解与熟练应用

只要图片版式设计上的难点解决了,学生就没有什么为难之处了,其他设计练习完全可以轻松完成。现在就到了本课的收获时间了:收获园地。

在两个主题中任选一个,完成对文档的修饰。

主题一:春(节选)。

主题二:校园笑话。

方式:自由创作。

让学生根据自己所确定的主题大胆地去创新设计,不要求学生一律按照课本中的板报主题和样式去设计,如此能更好地调动学生的学习主观能动性,充分发挥其学习主体作用和创造力。

(5) 通过学生作品展示与点评,提高学生学习积极性与教学效果

将设计较好的学生作品通过网络教室演示系统展示给大家看,然后师生共同点评,"这幅作品设计得好吗"、"哪里比较好"、"哪儿不理想"、"你出出主意,怎样修改一下就好了"。通过这类问题调动学生积极参与,从中提高学生的鉴赏与审美能力,培养学生相互帮助、取长补短的良好品质。

(6) 全课总结,通过综合情境的问题,对板报设计的一般规律作总结指导

同学们现在已经掌握了如何让你的文档变得更加图文并茂、生动活泼了,是不是以后就可以随心所欲地修饰你的文档了呢?(学生回答)

展示讣告。

讣告是一种表达对死者沉痛哀思的文书。如果我们把它做成下面的样子,还符不符合它所表达的内涵?

提问:从这个例子,同学们可以得出什么结论?(学生回答)

总结:插入的图片和文字的修饰一定要符合文档要使用的场合和它所表达的内容。

我们回过头来再看这个对比的图片,这正证明了这句话——"世界上没有丑陋的人,只有懒惰的人。"

告诉同学们,只要勤奋起来,善于观察生活,修饰生活,点缀生活,那么你身边的美就会无处不在。所以从现在起,同学们就一起擦亮眼睛,关注生活吧!

最后,这是我从事信息技术教学几年来常用的三句话送给大家:

用信任的目光鼓励学生尝试;

用赞许的目光鼓励学生创造;

用微笑的目光评价学生成绩。

评析:

读张真老师说课稿,文中蕴涵的自信、从容、儒雅的个性风采扑面而来。信息技术教学,倡导任务驱动,但恰当的"情境"和"任务"设计却是教学设计中的难点。在我们为有些文不对题的"情境"、肤浅直露的"任务"扼腕时,张真老师本文中的"情境"、"任务"设计,却给我们带来了很好的启示。由我国历史上经典美文导入的"情境"设计,不但使学生体验到什么是美,更隐含了人文素养的熏陶。而国外美女本色照片与化妆照片的比对,激起学生好奇心,引起学生认知矛盾:美是可以修饰的吗?引起探究冲动:"在我们常用的 Word 软件中,能不能也让文档变得图文并茂、生动活泼呢?"于是,"情境"引起了问题,"问题"激发探究,形成了任务驱动的内生动力。课堂教学整体设计以"生成任务→探寻完成任务的方法→归纳结论"的顺序引入有关概念,展开教学内容。

张真老师的说课稿,说任务设计最突出的优点可以概括为三点:一是"任务"设计有明确的目标,修改文本"小狮子爱尔莎",插入图片等任务契合课标要求,贯彻教材要求,能引导学生通过"做中学"达成教学目标。二是"任务"设计切合初中学生的心理特点,教学资源(文本、图片等)选择照

顾到学生的喜好,注意分散重点、难点,照顾以学生的认知发展水平,次级"任务"设计有梯度,帮助学生在每个学习阶段都获得成功。三是注意设计引导学生反思的"任务",如"讣告",有助于知识巩固。这些都与他先进的教学理念分不开。

从说课稿中还可看出,本课教学过程安排合理,管理有序,在小组学习和评价设计上也有独到之处,是一篇非常难得的佳作。

(刘 霞)

案例 15 小学信息技术《彩色世界》说课

江苏省常州市武进区南夏墅中心小学 邵胜峰

注:为方便点评,已对原说课稿进行了局部合理调整。

1. 教材分析 批注:从学生分析的视角"说教材",既重视了在宏观上说出对教材的整体感知,理清信息技术能力发展的前后联系,又体现了微观操作上,关注学生知识与技能、过程与方法、情感态度价值观三维目标达成的教学目标导向思维,体现了作者设计本课的独具匠心。

《彩色世界》是江苏省小学信息技术教材(上册)第13课中的内容,教学对象是小学三年级学生。它是教材关于画图知识铺垫的延伸,并且贯穿着以后整个的画图知识教学,是学生能够顺利、快捷操作使用画图的基础之一,也是形成学生"了解熟悉——技巧掌握——综合运用"这一合理知识链的必要环节。教材要求让学生学会设置前景色、背景色和掌握对封闭图形进行彩色处理的方法,重点是掌握利用画图的"涂色"、"喷枪"、"刷子"、"取色"等工具对封闭图形进行彩色处理的方法。

色彩是小学低中年级学生在受到美术教育后最感兴趣的,它蕴涵了许多感性和理性的内容,如黄色象征宁静,绿色代表生命,蓝色象征高尚等,丰富的色彩既可以美化画面,还可以让人感受到理性美的熏陶。

尤其重要的是,按实践经验,学生在掌握了应用计算机画图的基本操作要领之后,会产生"我也行"的自豪感,学习热情与创造欲望空前高涨,产生适合创造力发展的良好契机,因此,本课的教学目的,在于通过让学生进一步掌握画图功能的使用技能,培养学生的自我创新能力,进而唤起学生的生活体验,拓展"彩色世界"的丰富内涵——色彩的自然美、人性美,从而使学生通过这节课网络环境下信息技术与美术教育整合的实验课,体验创造美的快乐。

单就内容而言,对已掌握了一定画图操作技能的三年级学生来说并不难,而且也是学生非常感兴趣的东西,因此在课堂上只需坚持精讲多练的原则,重难点知识让学生通过学习一些网页上的知识帮助自己研究或通过学习交流中心大家一起讨论解决或教师作适当个别指导帮助解决。

2. 教学目标 批注:"三维目标"的设置可操作性强。目标设置符合学生年龄特点,体现课标精神。目标指向的学习主体明确、行为动词可测、行为条件清楚、目标达成有可预期性。

认知目标:让学生熟悉"画图"的功能,学会利用 IE 浏览器和学习交流中心获取帮助,了解对图形进行彩色处理的方法。

能力目标:让学生学会应用"画图"的功能作简单创作,培养学生自我探索、自主学习的能力和自我创新、团体协作的能力。

情感目标:让学生在自我激励、体验成功的过程中,建立学习自信。

3. 教学重点与难点

重点:通过网络环境下的研究性学习活动,掌握对封闭图形进行彩色处理的方法。

难点:"彩色世界"丰富内涵的理解、体验与表现。

4. 教法阐述 批注：教法选择从小学生身心发展水平出发，与课标要求吻合，体现现代教学思想，有创意。

本课采用的主要教学方法有"任务驱动法"、"创设情境法"等。

信息技术教学大纲明确指出：知识及技能的传授应以完成典型"任务"为主。因此本课采用建构主义理论指导下的主体式教学模式。通过学生已经受过的美术教育和信息技术教育(课程整合)，创设一个电子画展的情境(创设情境法)，设置一个个任务，让学生运用已学知识，自己动手，有机结合画图的各种操作(任务驱动法)，以任务驱动的方式推进，使教学内容合理流动，水到渠成。教学中，注意将启发、诱导贯穿始终，充分调动学生的学习积极性，使学生变被动学习为主动愉快的学习，保持课堂教学能在生动、有趣、高效中进行。

5. 学法指导 批注：学法设计与教法设计贴合，有助于提高学生学习绩效。

本课教给学生的学法是"了解任务——思考讨论——合作操练"。使学生在完成任务的过程中实现知识的建构、迁移和融合。

6. 教学环境 批注：教学环境设计具有独创性，资源指向性强，有助于确保学习成功。

制作画图学习网站(网址：http://www.huatu.com，提供音频、视频、文字等方面的技术帮助以及部分素材、作品上传、学习交流等)。

7. 教学过程

根据本课教学内容以及信息技术课程学科特点，结合四年级学生的实际认知水平和生活情感，设计教学流程如下：创设情境，激情导入；步步为营，导学达标；归纳总结，完成建构。

具体阐述如下。

(1) 创设情境，激情导入 批注：贴近学生现实生活创设教学情境，使学生进入"有疑"的状态，便于生成探究学习"问题"，产生学习"任务"。

首先展示一个美丽的电子画展情境(可用 Flash 模拟一个场景：美丽江南)，接着出示电子画展中未涂色的作品，学生通过已有生活体验肯定会发表自己的评价，认识到电子画展中未涂色的作品由于缺乏色彩而显得单调、不"美"。师生共同生成问题："怎样使我们的图画更美丽？"教师顺水推舟提出探究任务：请你选择一幅自己最喜欢的图画，并给它涂上你认为最恰当的颜色，比比谁画得最漂亮？

此环节设计目的是：创设诱导学生学习的问题情境，激发学习动机，其巧妙之处在于设计了一个显而易见的缺憾，使学生产生心理冲突，利用学生对美好事物的向往，激发学生动手做一做的兴趣，使学生在情境中主动、积极地接受任务，从而乐学。同时复习已经掌握的操作技巧，为后面的教学做好铺垫。

(2) 步步为营，导学达标 批注：说教学过程，整体设计严谨。学习过程细致真实，具体有效，重点突出。教师在教学中，将自主学习与个别指导相结合，关注到了每一位学生的发展。

本环节分两个层次展开。

第一层次：

① 学生选择图画练习涂色，教师巡回指导色彩搭配。

② 交流评价学生作品，教师肯定学生的成绩，小结过渡。

第二层次：

① 教师指出画面内容的不丰富性，结合学生已受过的德育教育，集体讨论，引导拓展"彩色世界"的意义——美丽的色彩不仅有自然景色，还有人性的美。

② 制定整合美育、德育和信息技术教育的目标任务：自我创作一幅体现各种"彩色世界"的图画。要求对于画面设计(如内容、颜色搭配等)可利用小组协作方式来解决。遇到技术问题可通过

学习网页解决(提供网址:http://www.huatu.com)。进行比赛,优胜者发奖品:软盘和书签。

③ 学生自我创作,教师巡回指导。(为照顾学生的个体差异性,采用分层教学:操作技能比较熟练者为 A 等,操作技能薄弱者为 B 等,A 等学生可让其充分自主学习,B 等学生教师可适当进行个别指导。)

④ 集体讨论交流、评选优秀作品,优胜者发放奖品。

这一环节是课堂重点部分,因此,①我以任务驱动的方式来整合美术、思想品德和信息技术三大学科。任务是课堂的"导火索",教师通过课程整合后的优点,抛出一个个任务,激发学生的创作欲望,从而促使学生去自我探索、自主学习和团体协作、自我创新,达到掌握操作和使用的目的。同时使用优越有效的也是信息技术学科所特有的激励制度,为任务驱动法注入又一推动剂,激发学生的学习热情和创作积极性。②分层教学的运用,使得全体学生得到发展,提高自身操作水平(即分层教学的策略和效果)。

(3) 归纳总结,完成建构 批注:任务驱动式教学,最重要的环节之一是总结,也是教师比较容易疏忽的部分。这里应用归纳与总结的方法,澄清使用画图功能的要点,有特色。

① 学生交流学习心得,画概念图,互评互助。
② 教师帮助学生梳理知识,归纳总结。

为了检验和促进每个学生达到预期的目标,发现教学中的问题,对学生的学习效果进行评价是必须的,也是有效的。目的在于加深学生对知识的记忆、理解,完成真正意义上的知识建构。

8. 设计理念

在设计这节课的时候,我注重体现以下几个思想。

(1) 学科整合的问题。本课整合了美术、信息技术和思想品德三大学科,同时注意了信息技术教育知识的内部整合。

(2) 讲练结合。单就内容而言,对已掌握了一定画图操作技能的三年级学生来说并不难,而且也是学生非常感兴趣的东西,因此在课堂上只需坚持精讲多练的原则。重难点知识精讲。

(3) 改变学生的学习方式。学生变被动学习为主动愉快的学习,并且通过多种学习方式(如自主学习、协作学习、自我创新、利用网络学习等),获取信息,掌握操作。

(4) 情境与任务驱动的融合。在每一个任务抛出的时候,都创设了许多适当的情境,以此让学生在不知不觉的情境中积极主动地接受任务。

(5) 分层教学的实施。怎样照顾到学生个体差异性,使得每一位学生在教学活动中都获得个体的发展(不同对象分别对待)。

评析:

信息技术与课程整合,是我国面向 21 世纪基础教育改革的新视点,在全日制普通高中信息技术课程标准中"过程与方法"目标要求学生达到:"能熟练运用信息技术,通过有计划的、合理的信息加工进行创造性探索或解决实际问题,如辅助其他学科学习、完成信息作品等"、"能对自己和他人的信息活动过程和结果进行评价,能归纳利用信息技术解决问题的基本思想方法。"达成此目标的方法之一就是在我们的信息技术课堂教学中,主动进行课程整合。邵胜峰老师在说课中具体说明了他的勇敢尝试。

邵胜峰老师说课稿值得我们学习的地方在于:

他的教学思想:既教信息技能——进一步让学生掌握画图功能的使用又将信息技术作为教学的一种手段,促进学生全面发展——同时培养学生的"自我创新能力,进而唤起学生的生活体验,激发其情感……从而使学生受到美的教育"。

他的学法指导——讲练结合;

他的教法改革——情境与任务驱动的融合、尊重差异、分层教学;

他的师生互动、生生互动评价设计——评选优秀作品。

更重要的是他整篇说课中体现出来的以信息素养为中心、以学生为主体、以任务激励为主体的教学理念。在整篇说课中,我们也可感觉到他的教学设计和实施达到了信息技术与美术和思想品德课程的自然融合,没有为整合而整合的生搬硬套的弊病。

整篇说课可以改进的地方在于:能力目标和情感目标的设置还可更具体一点。

(刘 霞)

案例 16 中学生物《植物的蒸腾作用》说课

姓　　名	陆爱桢(上海市南汇区网络学员)	所教学科	生　物
所选课的主题	蒸腾作用	教学对象	初一学生
课时数	1 课时	所用教材	上海市统编教材《生物》

第一次说课(最基本的要求:在"说教材、说教学程序、说学生、说教法手段"四项中至少要填写两项,每项文字不少于200字)

说教材

提示:可从"地位与作用";"教学目标的确定";"教材编写思路";"重点难点的分析"等方面来"说"。其中,可以尝试将教案中的"教学目标"一项"改写"成"说案"中的"教学目标设计",其内容结构可以是:"目标"确定的依据;"目标"如何细化、分解,甚至还可以写出个性发展目标。

初一年级第一学期《生物》第三章第二节《植物的蒸腾作用》。

第三章《物质在生物体内的运输和贮藏》第一节《植物体内的物质运输》是解决物质运输的结构问题,是一个"是什么"的问题;第二节《植物的蒸腾作用》是解决物质运输的动力问题,是一个"为什么"的问题(为什么植物的茎具有运输水和无机盐的作用)。批注:结构与功能是互为统一的,绝不能割裂开来讲。在两节教学内容中都应是重点。"结构知识"是一种形象直观的内容,而"动力问题"是一种概括抽象的内容,这些内容对于处于以形象思维为主逐渐向抽象思维阶段过渡的学生会有许多困难,所以本节是本章的教学难点。

1. 说教学目标

2002年9月,上海市二期课程教材改革重要组成部分之一《生命科学》与其他新课程一样已经在全市试点(初中第一轮新课程试点学校有惠南中学、八一中学,新课程教师培训已经于2002年暑期8月21日至23日完成)。

上海市一期课程教材《生物》与二期课程新教材相比有许多不同之处。新课程强调以学生发展为本,强化科学探究,提倡多元化的学习方式,也强调态度、情感与价值观,知识与技能,过程与方法的统一性。所以,至2004年9月《生命科学》新课程全面实施的"过渡期",应率先研究解决的主要问题是教师对新课程一系列适应性的问题。其中之一是教学目标与新课程理念的适应性。

鉴于上述之见,本节课目标制订强调知识目标、能力目标与情感目标的统一性。

(1) 知识目标

① 知道蒸腾作用的概念、过程、意义及其在农业生产中的应用。

② 理解气孔开闭原理。

(2) 能力目标

① 培养学生实验观察能力以及分析比较实验现象和解决问题的能力。

② 培养学生初步具有收集信息资料、处理信息资料的能力。

③ 培养学生小组合作能力以及相互评价能力。批注:目标制定切忌空泛,一定要适切且能突出重点,才能保证课堂教学目标的达成度。

说课案例/279

(续表)

说 教 材	（3）情感目标 ① 培养学生初步建立植物与环境相适应的观点，增强学生生态意识，提高学生自觉爱护绿化和保护环境的情感。 批注：目标的设定是为这一节课的教学活动设计服务的，应在教学过程中有显性或隐性的体现。 ② 培养学生小组合作能力以及相互评价能力。 2. 说教学重点 生物学除强调加深学生的感性认识以外，更注重的是在学生获得感性认识的基础上，让学生进行抽象思维。因为生物学教学中形态结构与功能是相统一的，生物的形态结构往往通过观察可以发现，但与之相适应的功能是无法从观察中发现的，而是需要学生运用心智技能才能完成，即学生由外部展开的活动(实验观察获得感性认识)到内部压缩的活动(分析与归纳，抽象与概括等心智技能)的转化过程。 学生要进一步理解植物的物质(水和无机盐)运输，不能仅仅停留在解决"是什么"层面上(茎的结构)，而是要进一步达到运用心智技能解决"为什么"的层面上(蒸腾作用的过程和意义)，所以蒸腾作用的过程和意义是本节教学重点。 3. 说教学难点 植物蒸腾作用的主要器官是叶片，因为叶具有适应这种功能的形态结构——气孔。气孔调节蒸腾作用的机制比较复杂、抽象，而且学生没有观察到叶片上的气孔，因此，指导学生理解气孔开闭调节植物蒸腾作用是本节教学难点。 现代教学理论认为，教师和学生是教育活动中的两个基本因素，这两个基本因素在教育活动中是互为作用，互为存在。在学生的学习活动中，学生是受教育者，但不完全是被动接受教育者，而是学习活动的主体，教师是学习活动的指导者，在学习活动中，通过教师与学生之间的交往与互动，让学生获得学习活动最有效的指导，以真正体现以学生发展为本。因此，现代教学论不主张教师的教法与学生的学法相提并论，而是主张教师的教法如何适应学生的学法。 批注：从教学内容或学生认知现状来说明确定重点与难点的缘由，可借鉴教学理论，但一定要合理。
说教学程序 批注：应阐述每一个教学程序设定的理由、所要达到的教学目标应有明确表述，且要达成这一目标有怎样的形式、内容和要求等，不可罗列过程。	问题激发——设置悬念。绝大多数教师习惯于以复习旧知识导入新课，而学生对此也已经习以为常，缺乏新鲜感。本节课教师以问题设置悬念，激发学生探究欲望。教师并不直接解答问题，而是将悬念与欲望始终贯穿到结束，悬念揭晓之时也是欲望达到之时。 以问题设置悬念除了帮助教师导入新 批注：应为新课。 以外，更主要的是引导学生从以接受性学习为主向接受性学习和探究性学习结合的方式转变。 教师提问：为什么在炎热的夏天，树林里的空气凉爽湿润，而操场上的空气却十分燥热呢？在学生讨论的基础上，教师指出这是因为植物具有蒸腾作用，从而提高了空气的湿度，降低了空气的温度。但是教师并不解答为什么，以此设置悬念。而是接着引导学生思考什么叫蒸腾作用？蒸腾作用对植物的生活有什么意义？蒸腾作用与人类生产和生活有什么关系？ 批注：课题的引出在学生感兴趣的基础上应直接、高效。提出问题或以一个实验直接引出，激发学生进一步探究的兴趣即可。如此时安排学生讨论问题指向不明确，活动肯定是低效的。 在此基础上引出新课题——《植物的蒸腾作用》。 实验演示——观察分析。因为植物的蒸腾作用的概念和蒸腾作用的主要器官是学生观察不到的内容，所以教师考虑通过实验演示使得抽象的概念以可观察到的直观现象体现出来，为学生学习探究创设条件。

说教学程序	第一步:教师出示 A 盆植株,要求学生注意观察:塑料袋的内壁上有什么物质生成?这种物质是以液体的形式流出来的,还是以气态形式散发出来的? 　　学生通过观察,思考并且回答问题,得出蒸腾作用的概念:植物内的水分以气体状态从植物表面散发出去的过程叫做蒸腾作用。 　　第二步:教师同时出示 A、B 两盆植株,要求学生观察比较 A、B 两盆植株有什么不同? 　　学生观察、比较得出结论:植物的蒸腾作用主要是由叶片来完成。 　　教师强调指出:植物的各个部分都可以蒸腾水分(幼苗的茎、叶都能蒸腾水分),但蒸腾水分的主要器官是叶。 　　自己动手——实验探究。教师首先提问: 批注:设问更合理。 叶片蒸腾作用是怎样进行的?引出"气孔调节植物蒸腾作用"的内容。因为气孔调节植物蒸腾作用的内容较为抽象,所以接着让学生实验观察,给予学生对事物抽象思考的感性认识基础。 　　因为学生对制作临时装片已有一定的基础,所以教师不必要多说,只要讲明每两人一组,分别制作置于清水中叶片表皮细胞临时装片 批注:实验设计好,但实验前的注意事项应给予学生必要指导。 和置于 20%蔗糖溶液中叶片表皮细胞临时装片,两人交换观察,并比较两者气孔不同的状态。 　　教师结合气孔特点以及细胞吸水原理,启发学生得出以下结论:置于清水中的保卫细胞吸水膨胀,气孔开放,置于 20%蔗糖溶液中的保卫细胞失水,气孔关闭。 　　因为上述实验只能解释保卫细胞吸水与失水可以调节气孔开与闭,但不能解释为什么保卫细胞吸水与失水可以调节气孔开与闭?所以教师进一步提问:为什么保卫细胞吸水与失水可以调节气孔开与闭?解决这个问题必须首先解决保卫细胞的结构问题,所以教师又设计"洋泡泡"演示实验,让学生获得有关保卫细胞的感性认识。
说教学程序	"洋泡泡"演示实验:用学生常见的、并且容易买到的两个"洋泡泡",其中"洋泡泡"一侧用透明胶粘贴,演示时先对其中一个吹气,让学生观察"洋泡泡"壁的变化,在此基础上,教师或学生代表对两个"洋泡泡"同时吹气,吹气时,将粘有透明胶的一侧靠在一起,并用一只手同时抓住两个"洋泡泡"下端,另一只手同时轻抓住两个"洋泡泡"上端,并用力吹气,让学生仔细观察两个"洋泡泡"壁的变化。 　　从演示实验,由学生观察并归纳得出以下结论:①保卫细胞靠近气孔一侧壁厚,背靠气孔一侧壁薄;②保卫细胞吸水时,较薄一侧壁容易伸长,细胞向外弯曲,气孔张开;保卫细胞失水时,较薄一侧壁拉直,气孔关闭。 　　联系实际——引导归纳。因为考虑到一节课只有 45 分钟,所以教材提供的演示实验让学生放到课后继续探究。但蒸腾作用的意义——促进水、无机盐的上升流动和降低叶面温度内容较为抽象,鉴于上述因素,教师采用谈话式讨论,在讨论解释生活中的某些现象的同时,达到获取相应知识。 批注:达到获取相应知识的目标。 　　教师问题引入:俗话说"水往低处流",为什么植物内的水却能从根部流向高处的树叶?在自然界中,水确实是往低处流,但是如果加上动力,水也可以往高处流。教师联系学生生活实际举例说明:平时用吸管吸饮料时,饮料就可以沿着吸管被吸入口内。植物内的水从低向高处流的原因就在于植物的蒸腾作用产生了拉力,能促进根毛对土壤中水分的吸收,也可以促使植物内的水分和无机盐沿着导管向上运输。师生共同归纳总结蒸腾作用的意义——促进水和无机盐的上升流动。 　　教师问题引入:在烈日下叶片会不会枯焦?这时教师指出:植物吸收的水分除了很少一部分参与植物内各种生命活动以外,绝大部分通过蒸腾作用散发到大气中。植物所吸收的水分有 99%用于蒸腾作用,只有 1%用于光合作用和其他生理过程,这是否是一种浪费呢?对植物有什么意义呢?师生共同归纳总结蒸腾作用的意义——降低叶面温度。

(续表)

说学生说学法 批注：应阐述自己任教班级学生的认知特点、心理特点、兴趣爱好及相关的知识基础等特征，指导教师确定适切的教学目标、教学方法、教学过程等，这些才是说学生说学法的主要内容。	植物散失大量的水分是正常的生理现象，如果不把这一点讲清楚，学生就不会理解这种生理现象对植物本身的重要性，甚至会误会这种现象对植物本身是有害的。因此，教师在讲解蒸腾作用的意义时，应该尽量联系学生的生活实际，使学生接受和理解蒸腾作用对于植物生活的意义。 　　合作交流——拓展视野。因为学生对蒸腾作用在农业生产中的应用知识了解不多，为了让课堂讨论形成专题性和知识性，又能达到拓展型课程（或探究型课程）与学科教学内容整合，让每位学生在获取信息、加工处理信息、表达和交流信息以及运用信息技术方面得到一定的训练，引起学生关注与生命科学有关的社会热点问题，所以本板块教师通过"三步曲"以保证完成相应的教学任务，达到相应的教学目标。 　　第一步：课前教师从学生的实际情况和社会关注的热点，结合学科自身特点，初步确定参考专题指南，学生选择自己感兴趣的内容，或自愿小组分工合作或单独收集处理资料，形成书面材料并按规定时间交教师审阅。 　　第二步：为了使教师更好地驾驭课堂教学，并突出交流内容具有主题性和知识性。所以教师在审阅学生材料时，必须选择确立相应的主题。 　　第三步：学生代表交流时，其余学生认真记录，填写好评价表，评价表交课代表登记。学生交流时，除了交流主题内容以外，还可以交流收集的过程和方法。 　　将学生评价表作为本次课堂作业。原因之一是因为学生交流时可能部分学生要分散注意力；原因之二为了让学生全员参与，相互合作交流，学会评价自己（他人）。 　　全面总结——揭晓悬念。围绕交流的主题以及减少蒸腾作用和增加蒸腾作用两个方面，全面总结蒸腾作用的原理在农业生产中的应用，明确指出空气湿度、温度以及光和风对蒸腾作用的影响。最后将话题重新转到开始时的问题，由学生揭晓悬念，点明蒸腾作用的概念、过程、意义。 　　现有教材并没有指出影响蒸腾作用的主要因素是什么，但是影响蒸腾作用的几个主要因素是学生了解蒸腾作用原理在农业生产中的应用的基础，所以教师在全面总结时明确指出空气湿度、温度以及光和风对蒸腾作用的影响，帮助学生进一步了解蒸腾作用原理在农业生产中的应用。 　　学生作业：现有练习册记忆性内容逐步向探究性学习内容过渡，所以教师把学生交流评价表和课前专题资料收集结果作为本节课堂作业。 　　提示：可从以下几个方面构思——学生的知识基础与生活经验会对新课程教学产生怎样的影响？学生能力基础分析，尤其已有的技能对新技能掌握有何影响？学生的心理特点与所教班级的学习风格？对你的教学有何影响？你应当采取怎样的教学对策？ 　　《生命科学》课程的内容和教学活动要大大加强学生自主参与的探究。通过让学生积极投入、亲身体验和主动探究，改变学生被动的学习方式，引导学生从以接受性学习为主向接受性学习和探究性学习结合的重要转变。 　　因为本节教材内容比较抽象，主要是要求学生运用心智技能才能得以完成，它是本章教学难点，所以教师采用学生听一听、看一看、做一做、想一想，具体说是教师引导与学生探究相结合，学生观察分析与实验探究相结合，课内与课外相结合（课外收集资料与课内合作交流相结合）的实验观察学习探究的方式。 　　学生从教师初步确定的参考专题指南，选择自己感兴趣的内容，或自愿小组分工合作或单独收集与处理资料，形成书面材料，并按规定时间交教师审阅。

(续表)

说教法手段 批注：说教法手段应讲述为达成教学目标所设计的教学主线，围绕这一教学主线所展开的有层次的教学活动，每一个教学活动展开的形式、内容与目标及设置的缘由等。	生物学是一门是与人类生产、生活关系极为密切的自然学科。它从生产实践、科学实验中产生和发展，又被广泛运用到生产实践中。《生命科学》新课程的设计思路主要是重视培养学生运用生命科学相关知识解决自身实际问题及生活相关问题的能力；更强调学生学习方式的转变，培养主动独立的学习态度与人格品质；更注重培养学生对生命科学乐于探究、勇于实践的精神。 　　教师将本节课设计成由五大模块组成的教学程序：问题激发（设置悬念）、观察分析（实验演示）、实验探究（自己动手）、合作交流（拓展视野）、全面总结（揭晓悬念）。每个板块首先考虑教师的教对学生的学的适应性，体现教学活动教师与学生的交往与互动。 　　为达到最大限度地让学生体验知识的获得过程，教师在课前做好大量准备工作。 　　① 叶的蒸腾作用的演示实验：因为该实验是学生了解植物蒸腾作用的概念、部位、原理、意义及应用的基础，而教材提供的实验过程和器材要求较为复杂，时间相对偏长，这样使得学生很难适时获得相应的感性认识，所以教师对实验内容和器材作适当改变。 　　准备两盆天竺葵，其中A盆不剪去叶片，用封闭的塑料袋套住带有叶片的枝条，并扎紧袋口；B盆剪去叶片，同样用封闭的塑料袋套住剪去叶片的枝条，并扎紧袋口。 　　② 气孔调节蒸腾作用的实验。 　　A. 观察蚕豆叶片气孔准备。若干片新鲜蚕豆叶分别浸制在清水和20％蔗糖溶液内。 　　B. "洋泡泡"实验材料准备。要求每位学生自己准备两个"小洋泡泡"和透明胶。 　　③ 学生专题参考指南和设计学生评价表。 　　A. 结合当前的社会热点，拟定参考指南。主要内容有： 　　● 大规模的植树造林对气候有什么影响？ 　　● 春季造林为什么要在树苗发芽前进行？夏季造林为什么要剪除一部分枝叶？ 　　● 为什么最好在阴天或傍晚移栽植物？移栽后的菜苗和花草为什么要遮荫？ 　　● 为什么说大树底下好乘凉？ 　　B. 评价表主要包括资料收集方式、主题、评论、补充内容以及总体评价等。

评析：

　　《植物的蒸腾作用》是上海市一期课改老教材初一《生物》第一学期第三章《物质在生物体内的运输和储藏》第二节教学内容，是本章节的重点内容。陆爱桢老师在这一节课的说课中，先展示这节课的详案，然后较全面、规范地从说教材、说教学程序、说学生、说学法、说教法手段等几个方面诠释这节课的设计，最后对自己的说课稿进行自我评价，非常全面，也很好地体现了教师自我反思的过程。

　　这节课的说课体现了这节课设计的几个亮点：

　　(1) "穿旧鞋走新路"

　　这节教学内容虽是一期课改老教材的教学内容，但教师能运用二期课改理念，挖掘教材内容，从知识、能力、情感三个角度来设定教学目标，这一点难能可贵。如果能从知识与技能、过程与方法、情感态度与价值观这三个维度去定位适切的教学目标将更好。

　　(2) "穿合脚的鞋走路"

　　教师的课堂教学应体现以学生发展为本，因此课堂教学的设计教师心中应有学生，应站在学生的角度来审视教材。陆老师在说教学程序中谈到了对教材的重组和再创造，基于学生的情况，陆老师设计了学生的观察实验和探究实验，来帮助学生理解植物蒸腾作用的概念和蒸腾作用的主要部位是叶。这样的设计既让学生感悟了知识的生成过程，又进一步培养了学生观察实验现象、分析现象推断实验结论的能力,较好地突破了教学重点。

(3) 借助理论反思说课

陆老师在说课稿的最后,能运用教学理论作为支撑,从科学性、可行性、预见性、改良性、前瞻性等五个方面较高位地来反思自己的说课,这对于教师的专业成长是非常有效的。

俗话说:课堂教学是一门有缺憾的艺术,再好的课总有需改进的地方。针对一节课的说课同样如此。陆老师的说课中要注意以下几点:

(1) 教学目标在教案和说课中的区别

教案中的教学目标应言简意赅地表述出这一节课中学生所需达成的学习目标,且一定要注意目标的科学与合理,而说课中切不可将教学目标简单罗列,应阐述目标确定的依据(教材地位与作用、课程标准的要求、学生实际的学习情况等方面)。

(2) 教学程序在教案和说课中的区别

教学程序在教案中可以理解为教学流程、教学过程或教学步骤。而在说课中切不可仅仅将教学流程的每一个环节怎么做作一个扩充,而应阐述教学过程中的主线,围绕主线展开的有层次的教学活动,教学活动的形式、内容、目标及目标达成的考量方法,重点、难点的突破等等。

(邱爱萍)

案例17 小学美术《会摇摆的玩具》说课

姓名	奚君(上海市南汇区网络培训学员)	所教学科	美术
所选课的主题	会摇摆的玩具	教学对象	一年级
课时数	1课时	所用教材	上海书画出版社

1. 教学目标

(1) 知识与技能目标:利用对称规律制作可以摇摆的纸立体物,了解它与平面图像的区别;学习折、剪、贴、画等基本方法。

(2) 过程与方法目标:能够用折折、剪剪、贴贴、画画的方法,自行制作会摇摆的立体物像。

(3) 情感态度价值观目标:把做纸立体物和做玩具结合起来,让学生从中体验制作立体物像的乐趣。

(4) 教学重点:认知对称线的连接作用,从而理解既能站又能摇摆的对称原理。

(5) 难点:利用对称,制作出造型各异、个性十足、会摇摆的动物纸立体物。

(6) 教具与学具:铅画纸、剪刀、胶水、绘画工具、范作、课件

2. 教学过程或步骤

(1) 导入

悬念导入:今天老师要和同学们一起做一件非常有意义的事情,大家准备好了吗?

(2) 新授

现在我们来玩过关游戏!

① 第一关

如何使这张总是躺着的纸站立起来?——对折

师:为什么对折后就能站立?

中间有了一条很重要的连接线——对称线。

对称:左右或上下,形状相同,大小相等。

② 第二关

(续表)

有什么办法,可以使它不仅能站立,而且能左右摇摆? ——碰到连接线,画半圆,剪出半圆形。

师:老师提醒你们一下。
出示辅助立体图形:
师:为什么半圆形可以摇摆?
师:我怎么剪,才能剪出既能站立又能摇摆的半圆形呢?
师生深入探究如何剪出既能站立又能摇摆的半圆形。
师引导:
情况1:纸居中画半圆;
情况2:倒过来,画半圆;
③ 生总结认识,并最终示范。
(3)创作启发
① 这个半圆,现在确实是既能站立又能摇摆。
可是,怎么使它看上去更有意思些呢?你有什么好主意吗?
想不想看看奚老师是怎么做的?
展示:范作1
师:是什么动物?
你知道老师是怎么把半圆形变成小兔子的吗?
剪出站立半圆——粘贴耳朵,画出五官——涂颜色
作为礼物,送给同学。希望我们成为好朋友!
范作2
……
② 还有这么多小动物等着我们,小朋友,把它们做成会摇摆的玩具送给好朋友,大家准备好了吗?
(4)学生作业
① 作业要求:利用折折、剪剪、贴贴、画画的方法,制作会摇摆的动物玩具。
② 看看谁的玩具最受欢迎?
③ 播放音乐,动物图片。
④ 师巡辅。
(5)欣赏评议
① 把玩具送给自己的好朋友,学生谈制作心得体会,朋友谈收到礼物的感受。
② 教师总结:只要我们都做有心人,就可以把一张平凡的纸变成小礼物送给朋友,增进友谊!
这样是不是更有意义?

说教材 批注:关注了教材内容以及具体的教法,对于教材分析和目标定位阐述得简单了,而说教材的重点恰恰是后者。	本课《会摇摆的玩具》教材来源于上海书画出版社一年级第一册第三单元。 "造型要素"是本套教材编写的主线之一,是解决知识和技能的重要途径。而其中"形状造型"是在儿童"点线涂鸦"的基础上的进一步深化,符合儿童的认知规律。同样,"用纸造型"是美术教学的重要手段,纸的表现力很强(能画、能折、能剪、能贴……)让学生在学习活动中,增加动手机会,激发创造欲望,提高造型能力,符合教材的编写意图。 教材中,本课的要求是利用对称原理让纸片站立。用纸立体物做摇摆动物玩具则是拓展内容。教参中的方法是:剪出圆形——对折圆形——装饰完善,同样也能得到站立摇摆的效果。但是,我个人认为,学生的认识是浮于表面的。所以,我把"使纸既能站又能摇"设为本课的重点,把原理分解细化,让学生根据他们目前的思维方式和预见能力,自主创造问题,发现问题,既而自行解决问题。从而认识对称线的重要连接作用,深刻认知对称原理,从而达到能灵活运用,实现创意制作的多元教学目标。我想应该会比教材中的做法精彩一些。

（续表）

说教学程序 批注：这里给我们呈现了一个完整的很不错的教学过程，但为何如此设计，只有第一个设计"悬念导入"是分析了激发学生兴趣的需要，其余的显得不足。	教学中，基本是逐层深入的环节设计。以学生自主探究为主，教师适时引导为辅。本课设计：①悬念导入由一张铅画纸而生成的一件有意义的事，激发学生兴趣（考虑到时间关系，导入基本直奔主题）。②继而利用学生生活经验，引导发现纸对折后就能站立，初步认识什么是对称及对称线的作用。③利用各种形状的立体造型，找出半圆形，并用"知错故犯法"直观演示，理解如何利用对称线，结合半圆形，使纸既能站又能摇的原理。④范作欣赏使知道摇摆玩具的完整制作步骤及创意添加，激发创作热情。多媒体动物造型欣赏为巩固并扩充创作形象，为创作垫基础。⑤学生作业，教师巡辅，了解学生的学习效果。⑥欣赏评价采用自评、互评，看到优缺点，提高鉴赏能力。⑦赠与朋友或亲人，增进感情的德育渗透，呼应主题，我们是如何做成一件有意义的事，学会做一名生活中的有心人！提升本课立意。
说学生说学法 批注：对于学生情况分析与教法和学法采用结合着表述，分析得简洁明了。	一年级学生知识基础、生活经验的缺乏，使大部分同学对新事物的认识不是很全面，需要发挥集体智慧和教师的引导和协助。所以，本课中，教学重点是教师需要重点为学生解决的。而教学难点则可以充分发挥低年级学生的天趣，利用已有的知识与技能加以实现。 说学生学法：在解决教学难点时，充分发挥低年级学生对新事物充满好奇，注意力集中短暂，又争强好胜的心理特点，运用"闯关"游戏以及教师"故错法"，在一惊一乍间，激励学生开动脑筋，让学生自主探究，从而使教学环节得以顺畅过渡，教学重点圆满解决。继而利用他们当前的心智特点，对小动物的热爱，对玩具的喜爱，为自己做一个心爱的玩具，符合学生身心成长，也激发学生创作热情。师生互动，推进教学目标的实现。
说教法手段 批注：教法的确立有根有据，直观演示与自主探究相得益彰，分析在理。	本课以手工和绘画相结合，在拓展学生对各种动物形象的认识和巩固上，我采用多媒体，以增加信息量，让学生有更宽广的创作余地；而在解决教学重点这一环节，由于低年级学生对认识事物欠缺预见力，所以还是采用直观演示的方法，让他们亲眼看到会出现的结果，深刻认识，集大家的智慧，一起寻找问题的根源，找到正确答案。师生互动，以学生自主探究为主，以教师引导为辅，让学生做学习的小主人；把完成的作品赠与朋友或亲人，体验成功的乐趣的同时，联系生活，培养他们意识到生活中亲情友情的重要性。体现作为一名教育工作者的最基本职责，那就是：教师，以育人为本。

评析：

奚老师的说课作业模板有着详细的教案和说课，仔细阅读可以感受奚老师的认真和思考，教案书写详尽，说课充满理性。

在教案书写中，奚老师图文并茂，难能可贵。

奚老师的这份说课有个非常突出的亮点是始终围绕学生来展开自己的说理和分析，值得借鉴和学习。在教材分析中，讲到教材编写意图时认定"符合学生的认知规律"，在确定难点时，能从学生认识"浮于表面"的特点来考虑。在教学程序中，以"学生自主探究"贯穿，开始的导入从"激发学生兴趣"考虑设置悬念；进一步探究时"利用学生生活经验"；让学生更好习得技能利用直观教学"知错故犯法"和范作欣赏；欣赏评价考虑学生的自评和互评等。处处都有从学生角度思考的痕迹。在分析学生学法中，一年级学生具有的优势和不足奚老师了如指掌，并能根据学情，在"闯关"、"故错法"等教学手段的辅助下，提出"自主探究"的学法，让学生得到锻炼，有所习得。在教法手段的采取中，奚老师直接从"低年级学生对认识事物欠缺预见力"的前提下，采用"直观演示"这一主要方法。最后"教师,以育人为本"为归结,其实奚老师在整个教学设计和说课中一直都很努力和执着。

不足之处,教材分析时应该紧扣目标。另外教学程序环节尽管交代明确,也涉及到一些理性,但都没有很好展开。还有一个疑问就是奚老师对一年级的学生了解很深入,但还是多次强调"对称线"是否合适?对于一年级学生应该"直观"为主,"对称线的作用"、"理解如何利用对称线"这样的提法是否应该避免?

(林军)

案例18 幼儿故事活动"好主意"(大班)说课

上海市南汇区幼儿园教师 陆文芳

1. 说选材

这次活动是由主题"我是中国人"引申出来的:由了解首都北京到我去过的地方,孩子们对地图产生了浓厚的兴趣,但通过观察,我发现他们对地图方位的认识只停留在知道"上北下南左西右东"这一概念,而对地图在生活中的运用甚为陌生,存在只会看不会用,甚至不会看也不会用的现象。如在"设计幼儿园路线图"时,大多数孩子只会采用顺着一条路的方向画,而没有一人能运用地理方位进行设计,导致在表述时自己也说不清具体路线,更不用说让同伴理解了。故事《好主意》以夸张的手法讲述了小松鼠的父母几次藏食物失败,而爱学习、勤动脑的小松鼠利用图示藏食物成功的故事。它与目前主题活动涉及的内容十分贴近,我的预设意图是以故事为引子,引领幼儿逐步还原于现实生活,不仅仅是要让幼儿按图示找物,而且要让幼儿在探索、讨论的过程中进一步了解图示和实际方位在生活中的意义,通过活动还能激发孩子主动地、有意识地去关心身边更多的图示,真正感受图示给我们生活带来的方便。

2. 说活动目标

新《纲要》明确指出:"教育要为幼儿一生的发展打好基础。"因此目标要注重全面性,通过自主学习,促进幼儿生动活泼、主动和谐的发展。根据本教材的内容与特点,我从认知、能力、情感三方面制定了活动目标:

(1) 在听赏故事的基础上,逐步了解图示的作用。
(2) 具有辨别图示和实际方位相对应的初步能力。
(3) 在按图示寻物的过程中,体验按图示寻物的乐趣。

根据活动目标的具体要求,我把活动的重点和难点分别定为:

3. 活动重点

感受图示对生活带来的方便,体验按图示寻物的乐趣。

大班幼儿有自己的思想,思维活跃,有一定的理解力,有表达与表现的欲望,本次按图示寻物要求对幼儿而言是有难度,但本次活动我们的定位重点是引发他们参与按图示寻物的兴趣,有兴趣才能体验到活动的乐趣,才有进一步学习的可能,才能感悟到图示的意义所在。

4. 活动难点

在理解图示的基础上,初步学会按图示寻物。

教学中我把故事《好主意》作为活动的引子,主要帮助幼儿通过理解故事内容,初步了解图示的作用,并借鉴故事中的方法来尝试按图寻物。由于幼儿平时对辨别图示、按图示寻物的方式几乎没有涉及,所以是有一定的新颖性与挑战性。解决难点的方法是运用多媒体动画,创设情境让幼儿在活动中学习理解,亲自操作。

5. 说教学程序

整个活动分为四个环节：故事设疑——认识图示——按图寻物——生活链接。

（1）故事设疑

以故事的前半部分为载体，在小松鼠的爸爸妈妈为了藏食物而想出一个主意后，提问："这个主意究竟好不好，食物有没有被狐狸偷走？"这样的设疑不仅能紧扣主题，而且能更好地激发幼儿继续听故事的兴趣。

（2）认识图示

这部分环节以故事的后半部分为载体，在三次藏物失败后，先让幼儿自己来想一个藏物的方法，因为不同的孩子对同一问题会有不同的理解，让幼儿自由地谈谈自己的方法，能激发幼儿的求知欲，又尊重了幼儿的主体性。然后过渡到小松鼠想出的好主意：在藏食物周围的地方有的栽上草，有的插上木牌，有的印上大象的脚印，先迷惑狐狸，再设计好一张地图，既让狐狸偷不走食物，也方便自己以后按图找物。

以上两个环节我运用多媒体动画，创设模拟真实情境让幼儿亲自操作，在活动中引导幼儿学习理解，初步认识图示的作用，即为活动难点服务。

（3）按图寻物

幼儿学习常常需要借助材料、环境等作为师幼互动的媒介和途径。因此我把活动室四周布置成藏物迷宫，把这个环节设置成两部分，第一部分由教师提供一份藏宝图，由全体幼儿一起来看图示对应活动室的方位，指出宝物的具体位置，再请多个幼儿分别验证，这部分内容巩固了幼儿对图示的进一步理解，对接下来的环节有一个启发性的示范作用。第二部分由幼儿分组操作，满足幼儿自己探寻宝物的愿望，体验成功的乐趣，这是为活动的重点部分服务的。

（4）生活链接

这里我为幼儿提供了一组生活中的图示照片，尊重幼儿的生活经验，使主题得到延伸和拓展，以完成活动的难点。

以上每个环节层层递进，步步深入：由识别故事中的图示——活动室的图示——身边的图示，范围越来越广，难度越来越大，从理解简单的符号记录——依据图示方位与实际方位寻物——了解不同的方位图示的意义，最终，学会将获得的新知识，内化为自己的新经验。

6. 说幼儿

二期课改中提出：教育应为幼儿的后继学习奠定基础，教育的重点应让幼儿掌握学习的方法，学会学习。《指南解读》中又提出：应把学习内容还原于幼儿的生活，与孩子的生活经验建立联系。我班孩子好学、好问、好探究，但限于年龄小对周围较复杂的因果关系的理解能力不强，因此我将故事进行了适当的改编、充实，帮助幼儿理解图示的作用，分辨图示与实际方位的对应关系，提高幼儿的逻辑思维能力；同时，根据我班男孩子个性活跃，思维比较敏捷，语言表达能力较强，女孩子胆小，好盲目随从的特点，我想尝试让幼儿在"藏物经验"的刺激下，倾听故事的讲述，观察多媒体的演示，依据故事发展情节，扩展想象，鼓励幼儿大胆表述自己的见解，为正确识别图示，并在此基础上探索图示与实际方位的对应关系作铺垫。同时，通过操作活动，获得按图示寻物的成功体验，帮助幼儿树立自信心，这将会对他们今后生活和个人的性格起着很关键的作用。

7. 说教法手段

（1）多媒体动画的应用

此方法代替了原有的教学挂图，希望幼儿在动态中对故事有所感、有所悟、有所获，达到其他教学媒体无法比拟的效果。

（2）遮伏法

此种方法的运用能激发幼儿的继续听赏故事的兴趣，每当答案得到验证时，孩子们会无比开心,可见那是真正适合他们的学习模式。

(3) 谈话法、讨论法

教学活动注重经验的构建和指导,幼儿的学习活动是建立在经验基础上的,这些方法能结合故事引导幼儿联系生活经验,分析问题,讨论交流,既提高幼儿的思维积极性和口语表达能力,又可以逐步认识图示的作用和图示在生活中运用的意义所在,从而很好地为教学目标服务。

(4) 操作法

给每个孩子操作和展示自我的机会,在按图寻物的活动过程中巩固幼儿对图示的认识,提升了他们的经验。

8. 说活动准备

(1) 小松鼠藏物背景图一幅,图示一张;故事的多媒体课件。

(2) 活动室内藏物地图教师用一张,幼儿用每人一张;小玩具若干。

(3) 拍摄生活中的图示一组。

9. 说活动特色

(1) 注重活动的多元化设计

本次活动大胆选取童话故事作为认知活动的引子和线索,使枯燥的认知活动趣味化、生动化,使孩子们以积极、主动的态度投入到活动中。整个活动不仅是语言领域文学作品的学习,还是和主题活动有机结合的,从主题中提炼,从主题中生成,赋予了它新的内容和意义,给予孩子更多的信息,体现了童话故事与认知活动的完美结合。

(2) 注重经验的建构和积累

幼儿的学习活动是建立在经验基础之上的。故事的设疑,用猜想——认识——理解的过程,充分发挥幼儿的好奇心,给予他们一个展示的平台;再从理解符号记录进行寻物,到读懂地图方位,接着联系到现实生活的具体方位,甚至更广泛的经验。这就是引发幼儿的已有经验,促使幼儿在已有经验的基础上深入学习新的知识点。

10. 说课教师的体会

通过对说课的继续学习,对第一次作业的修改,使我对说课的概念分析、说课与授课的异同、说课的意义、说课的内容、说课的实施、说课中应遵循的原则等等有了进一步的理解和体会:

(1) 说课是侧重于有针对性的理论指导的阐述。但所说的理论依据,不能穿靴戴帽式的集中"说理",而是要随说课的步骤提出,使教例与教理水乳交融,有机结合。

(2) 说课是教学设计的深化、扩展与完善。说课把自己对活动的设想,通过解说,形成直观的、形象的课堂授课状态,把抽象转化为具体。并在这一转化过程中,不断修正教学设计中不符合实际的东西。

(3) 尽管我在这次说课作业中会存在着许多不完善的地方,但总体来说,这对我在理念的提升方面、专业成长方面都有很大的帮助。

评析:

陆老师的说课——大班故事活动"好主意",是在深入了解幼儿、研究教材、把握幼儿在主题活动过程中存在的共性问题基础上,以三维教学目标为引领,以清晰的思路、理论联系实际的方法,在认真进行学习活动过程的具体设计之后实施说课说案的撰写,整个案例体系完整,层次分明。

该说案值得肯定的主要有以下几个特点。

(1) 注重把新课改理念、把幼儿园《学习活动》课程指南精神体现在说课表述的整个过程之中。在"说教材"时,关于活动的重点难点制定,她意识到"理解图示初步学会按图示寻物"对幼儿会有难度,但教师不能光盯着这项认知技能实行"硬教",提出学习的重点是落在"体验按图示寻物的乐趣,感受图示对生活带来的方便"。她认为,幼儿园学习注重的是兴趣的培养,只有幼儿有兴趣了,才能体验到活动的乐趣,才能有进一步学习的动力,才能去感悟"图示"的意义所在。由此可见,陆老师在理论联系实际,尊重幼儿的年龄特点,把握幼儿阶段的学习目标任务方面有较好的体现。

(2)"说教学程序",教师能把教案较好地转化成说案,能把构思过程中的隐性思维明确地表述,且条理清晰、层次分明、逐步深入,做到言之有物、言之有理。例在概括教学程序时最后说"由识别故事中的图示——活动室的图示——身边的图示;从理解简单的符号记录——依据图示方位与实际方位寻物——了解不同的方位图示的意义"。体现教师针对重点难点"按由近及远、由简单到复杂的教学原则",引导幼儿逐步学会"将获得的新知识,内化为自己的新经验"的思考。

(3)"说幼儿"能具体分析本班男女幼儿语言思维的不同特点,并将此作为教师设计、组织学习活动的最基本的依据,体现了教师教学的"对象意识"。"教法学法"考虑采用当前课改提倡的"幼儿学习模式":如师生互动法、情境教育法、操作实践等手法,尤其能"从幼儿形象性思维特点"出发。利用多媒体课件帮助幼儿学习作了较全面的思考与准备。

另外,陆老师对自己说课的特色加以概括,起到了突出新意、提升说课品位的作用。

存在不足的方面有:①尚未能用语言更切实际地说出为什么要作这样的目标认定,现在说案中的依据就是"根据三个维度",显得过于宽泛。②如能在说课中点出大班幼儿对图示理解的基本要求、具体程度是什么?预计幼儿可能会出现哪些错误等等,可能会进一步体现教师对幼儿的估计与了解,说课也就更深入。③本次学习活动的要求如果能同整个主题活动的目标联系起来说明意义,凸显现代幼儿园每一次综合性学习活动的目的功能都是主题目标的深化与具体化,我认为这样会更完美。

(沈琴芳)

教案:故事活动"好主意"(大班)

● **教学目标**

1. 在听赏故事的基础上,帮助幼儿了解图示的作用。
2. 培养幼儿辨别图示和实际方位相对应的能力。
3. 在按图示寻物的过程中,体验按图示寻物的乐趣。

● **教学重点与难点**

难点:在理解图示的基础上,会按图示寻物。
重点:体验按图示寻物的乐趣,感受图示对生活带来的方便。

● **教具与学具**

1. 小松鼠藏物背景图一幅,图示一张;故事的多媒体课件。
2. 活动室内藏物地图教师用一张,幼儿用每人一张;小玩具若干。
3. 拍摄生活中的图示一组。

● **教学过程和步骤**

故事设疑——认识图示——按图寻物——生活链接。

(一)故事设疑

1. 导入:我们一起来听个故事《好主意》。

教师边演示多媒体课件,边讲故事:秋天到了,松鼠一家准备了一些食物想留着冬天吃,可是怕忘记了地方,又怕被狐狸发现,因为每天中午都会有只狐狸从树下经过。

2. 继续演示课件,出现松鼠爸爸把木牌插入藏物的地方。

(1)提问:狐狸看到这个木牌,会偷走食物吗?
(2)请个别幼儿讲述。

3. 教师续讲故事。演示松鼠妈妈在藏物处栽了些草。
（1）提问:这个办法好不好？为什么？
（2）请个别幼儿讲述。
4. 教师续讲故事。演示松鼠爸爸用木头做成的一只大象的脚印。
（1）提问:猜猜这次狐狸能找到食物吗？
（2）狐狸又把食物偷走了,这下松鼠爸爸和松鼠妈妈可真的没办法了。谁能想出,既不让狐狸发现又能自己找到食物的好办法呢？
（3）结伴、个别讲述。

（二）认识图示
1. 师:小朋友们都很聪明,小松鼠也有个好主意！继续边讲故事边演示课件:小松鼠先把食物埋好,并在四处挖了好些小洞,有的插上牌子,有的栽上小草,有的印上脚印。
2. 问:小松鼠这样做,这次小狐狸能很快地找出食物吗？为什么？（个别幼儿讲述）
3. 食物到底有没有被小狐狸偷走呢？我们继续听故事。教师续讲"中午,狐狸……担心地问小松鼠。"
4. 小松鼠可会动脑筋了,他的主意可好了。瞧！他有一张有关藏食物的图示呢。小朋友能看了图示将食物找出来吗？（出示小松鼠藏物背景图和藏物图示）

（三）按图寻物
幼儿看教室示意图找物
1. 探索。有了图示还真方便,瞧,老师这就有一张我们班的"藏宝图",宝贝呢就是一辆黄色小汽车,它就藏在贴粘纸的地方,这个地方是在教室的哪个方向？能不能用手指出来？（帮助幼儿了解图示与实际地理位置的关联）
2. 集体观察示意图,并请个别幼儿按图示找物。（师强调东、南、西、北的方位）
3. 幼儿分组看图找小玩具。

（四）生活链接
1. 师:其实,我们身边还有许多有趣的图示,不知道你有没有发现过？（个别幼儿讲述）想不想看看陆老师寻找到的图示？
2. 观看身边的图示,教师适时插问。
3. 师小结。其实,我们身边还有许多图示,看懂了它,不但会给你的生活带来方便,而且还会避免许多麻烦呢！以后,我们可得多留意它！

（附）故事:好主意
秋天,小松鼠的爸爸和妈妈采集了一些食物,准备埋到树洞里,留着冬天吃。可他们怕忘记了地方,又怕被狐狸偷走,因为每天中午有只狐狸从树下走过。
"哈哈！我有主意了。"松鼠爸爸写了个小牌子,插到藏食物的地方。上面写着:"这儿什么也没有,更没有可吃的。"
中午,狐狸走来了,它读过小牌子后,眼珠一转,笑了。然后就用力挖起来,不一会儿就找到了食物,装进口袋里,哼着小曲儿走了。
"你的主意不好,看我的。"松鼠妈妈换了个地方埋食物,上面栽了些草。
中午,狐狸又来了,它看到草,说:"好怪！这儿怎么会孤零零地长了些草？"说完,尖嘴巴一翘,笑了。然后又用力挖起来,转眼功夫又把藏着的食物背走了。
"哈哈！我可想出最最好的主意了。"松鼠爸爸做了只大象的脚印。他说:"狐狸看到了大象的脚印,准得吓个半死。"

中午,狐狸又来了,他看到脚印,先是一惊,接着就哈哈大笑起来。"大象还得叫我师傅呢,我才不怕呢!"然后把食物挖走了。

"完了,完了。"松鼠爸爸和妈妈大哭起来。小松鼠说:"我有个好主意。"说完它跳到树下,用尺四下量了起来,然后埋好食物,并在四处挖好些小洞,有的插下牌子,有的栽上草,有的印上脚印。

中午,狐狸又乐滋滋地走来了,这次,还带上了它的孩子,他们东挖挖,西抠抠,脚爪子都磨出了血,也没挖出一点食物,只好空着袋子垂头丧气地走了。

可是,松鼠妈妈和松鼠爸爸担心地问小松鼠:"以后,你能找到藏食物的地方吗?""看,"小松鼠拿出一张地图说,"全记在上面了。"

后　　记

　　我从教四十余载，课堂教育研究、德育研究和干部培训几经转换，却对教师教学和课堂教学研究一直情有独钟：参与上海市第一、二期课程改革研究，参与数十本涉及高、初中和小学的教材、教参以及学生读物的编写。20世纪90年代起我编写的《备课、说课、听课、评课研究》和《现代教学与思维培育》师资培训教材，受到广大中小学教师的欢迎，两本教材总发行量超过万册，我也先后到几十所学校做校本师资专题讲座。

　　2006年春受华东师范大学网络教育学院之邀，主持中小学通识课程"如何说课、评课"的网络培训，广大参与培训的学员经过聆听专题讲座、阅读主持人所提供的音像和有关文本资料，在经历了十几天网上"任务帖"、"资源帖"、"讨论帖"互动之后，每个学员按表格式要求完成了"一篇教案与相应的1~2篇说课稿"作业任务，并进行相关点评，最后由各学科指导教师作总评。这次网络培训开辟了以说课为主题、以网络为载体，融听、读、写、议、评于一体的上下互动、同伴互助共进的崭新格局，受到参加培训教师的普遍欢迎。

　　为使这次培训的相关资源得以延续、提升与拓展。在华东师范大学网络教育学院闫寒冰博士的主持下，在网络培训中各相关学科主持人的协同下，经过近一年的筹划、设计与撰写，终于完成本书的编写工作。

　　本书的撰写人有的是区(县)教研员，有的是重点中学学科带头人，有的是区(县)骨干教师，他们都有一定的教学研究能力与教学经验，也可以说本书是多学科教师合作研究的成果。

　　本书的编写意在帮助教师构筑必要的备课理论基石，提升自我教学实践的理性层次，使说课成为教师个人与群体教研活动的有力载体和教师专业成长与发展的"脚手架"。愿我们的期望能在教师自我教学实践中"开花结果"。

方贤忠
2007年9月

参考书目

1. 朱慕菊主编：《走进新课程》，北京师范大学出版社2002年4月第一版
2. 李秉德主编：《教学论》，人民教育出版社2001年9月第二版
3. 于漪主编：《现代教师学概论》，上海教育出版社2001年9月第二版
4. 郑金洲编著：《教学方法应用指导》，华东师范大学出版社2006年12月第一版
5. 傅建明著：《教师专业发展——途径与方法》，华东师范大学出版社2007年5月第一版
6. 肖川主编：《名师备课经验》语文卷、数学卷，教育科学出版社2006年3月第一版
7. 刘显国、刘杰编著：《名师说课实录》，中国林业出版社2007年5月第一版
8. 刘显国编著：《说课艺术》，中国林业出版社2000年8月第一版
9. 闫承利编著：《素质教育课堂优化策略》，教育科学出版社2000年8月第一版
10. 周勇、赵宪宇主编：《说课、听课与评课》，教育科学出版社2004年6月第一版
11. 李兴良、马爱珍主编：《教学智慧的生成与表达——说课原理与方法》，教育科学出版社2006年7月第一版
12. 方贤忠主编：《备课、说课、听课、评课研究》，上海市杨浦区"十五"师干训教材，2001年
13. 胡庆雯、朱震远主编：《新一轮课程改革研究与实践》，东华大学出版社2003年8月第一版
14. 方贤忠主编：《现代教育与思维教育》，上海市杨浦区"十五"师干训教材，2003年
15. 朱绍禹主编：《中学语文课程与教学论》，高等教育出版社2005年4月第一版
16. 谢树平等主编：《新编思想政治(品德)教学论》，华东师范大学出版社2006年第一版
17. 浙江省教育学会、浙江省物理教学分会：《高中物理教育研究》，浙江教育出版社1995年出版
18. 唐安国、钱景华主编：《中学物理课程研究》，百家出版社1995年出版
19. 林立、杨传纬等著：《英语学科教育学》，首都师范大学出版社2001年第一版
20. 白月桥著：《历史教学问题探究》，教育科学出版社2001年第一版
21. 马忠林、任樟辉著：《数学思维论》，广西教育出版社1996年12月第一版
22. 沃苏青、曹存富主编：《初中数学说课稿精选》，宁波出版社2006年9月第二版
23. 陈澄主编：《地理教学论》，上海教育出版社1999年12月第一版
24. 孙大文主编：《地理学习论》，广西教育出版社2001年8月第一版
25. 关文信主编：《新课程理念与初中地理课堂教学实践》，首都师范大学出版社2003年6月第一版